交通部西部交通建设科技项目：2002-318-000-22

公路连拱隧道设计与施工关键技术

Key Technology of Design and Construction for Highway Twin-tunnel

李志厚　朱合华　丁文其　著

内 容 提 要

本书以连拱隧道建设关键技术课题研究报告为基础，参照课题组编制的连拱隧道设计标准图、施工操作规程及相关施工资料等撰写而成。书中简述了连拱隧道的发展历史，分析了病害产生的原因，提出了中墙类型及病害防止措施，介绍了连拱隧道设计和施工技术，详述了进洞、洞身掘进、衬砌施作程序、动态反馈分析及典型病害调查方法。

本书编著方式循序渐进，图文并茂，紧密联系实际，并经过 3～5 年实践检验，证明所述关键技术是成功的，并得到了广泛应用。本书可供从事公路隧道设计、施工、科研、监理等相关技术人员参考，也是相关院校师生的不可多得的一部重要参考书。

图书在版编目(CIP)数据

公路连拱隧道设计与施工关键技术/李志厚等著.
—北京：人民交通出版社，2010.11
ISBN 978-7-114-08683-0

I.①公… II.①李… III.①公路隧道：拱形隧道—设计②公路隧道：拱形隧道—工程施工 IV.①U459.2

中国版本图书馆 CIP 数据核字(2010)第 181213 号

书　　名：公路连拱隧道设计与施工关键技术
著 作 者：李志厚　朱合华　丁文其
责任编辑：刘永芬
出版发行：人民交通出版社
地　　址：(100011)北京市朝阳区安定门外外馆斜街 3 号
网　　址：http://www.ccpress.com.cn
销售电话：(010)59757969，59757973
总 经 销：北京中交盛世书刊有限公司
经　　销：各地新华书店
印　　刷：北京交通印务实业公司
开　　本：787×1092　1/16
印　　张：16.5
字　　数：383 千
版　　次：2010 年 11 月　第 1 版
印　　次：2010 年 11 月　第 1 次印刷
书　　号：ISBN 978-7-114-08683-0
定　　价：48.00 元

公路连拱隧道设计与施工关键技术
编写委员会

编著人员： 李志厚　朱合华　丁文其

编　　委： 李国锋　陈树旺　张发春　高世军
蔡永昌　苏生瑞　李玉文　雷　华
房　锐　王晓彤　谢东武　刘学增
夏才初　李晓军　米增福

序

近年来随着高速公路建设的不断发展，已经和正在修建大量的公路隧道。连拱隧道的采用虽然只有不到40年的历史，但因其适应于一些特殊地形和地质条件，因此发展很快，也由此积累了丰富的实践经验。

连拱隧道跨度大，结构复杂，各种不利因素比较多，施工困难，而可供类比的工程很少，难以寻求到可供借鉴的工程实例。鉴于人们对连拱隧道的认识尚未十分清楚，为了促使其健康发展，针对存在的一些病害，由云南省交通规划设计研究院为承担单位，同济大学、思小公路建设指挥部等部门参加，共同组成了连拱隧道课题研究小组，会同贵州省交通规划勘察设计研究院和四川省交通厅公路规划勘察设计研究院等单位，以思小公路工程为依托，开展了连拱隧道工程的课题研究。

云南省交通规划设计研究院李志厚总工、同济大学朱合华教授和丁文其教授等多年来积极开展有关连拱隧道的研究，已有较多积累，并长期工作在生产建设第一线，由他们牵头，综合了这方面的科研成果编著成本书。该书密切结合工程实际，深入浅出地讲述了相关各方面的技术内容与科研成果。书中所述的连拱隧道关键技术，密切结合勘察、设计、施工等的工作实际，丰富和发展了连拱隧道的设计与施工方法，系统总结了诸多重要的前沿技术问题，有如：连拱隧道中隔墙及横断面结构、连拱隧道设计与计算技术、连拱隧道施工方法、连拱隧道典型病害调查，以及连拱隧道的设计与施工分析软件等等，可作为从事公路隧道建设、勘察、设计、施工、监理和监测等领域的工程技术人员学习与参考，这类技术专著在国内外也尚不多见，它的出版非常可喜可贺。

我粗读了本书全稿，认为它具有较高的科研内涵与工程技术实用价值。值此本专著付梓问世之际，乐于写了以上的一点文字，向业内同行们推荐，是为序。

孙钧

2010年初秋佳日于同济园

孙钧先生，前国际岩石力学学会副主席暨中国国家小组主席、中国土木工程学会副理事长，同济大学终身荣誉教授，中国科学院资深院士。

前　言

伴随着西部经济大开发进程，我国高速公路建设不断向山区延伸，不可避免地要修建大量的公路隧道。有关统计资料显示，截至2006年底，云南省境内已建成的公路隧道超过260座，其中半数左右为连拱隧道。

连拱隧道1974年诞生于日本。虽然起步较晚，然而，连拱隧道却具有独特的优势，特别适宜一些特殊地形、地质条件，其他类型的隧道难以替代。

连拱隧道跨度大，结构复杂，不利因素多，施工困难，可供类比工程少，难以寻求到可借鉴的经验。尽管如此，它仍然以其强大的生命力受到隧道建设者的青睐。例如：云南元(江)磨(黑)高速公路，穿越崇山峻岭，全线23座隧道中，连拱隧道有16座，占70%；思(茅)小(勐养)高速公路(以下简称思小公路)全线15座隧道，其中连拱隧道有13座，占87%。

鉴于人们对连拱隧道的认识，尚未格物致知。为了使其健康发展，针对它存在的问题，由云南省交通规划设计研究院作为承担单位，同济大学、云南思小公路建设指挥部等参加，会同贵州省交通规划勘察设计研究院、四川省交通厅公路规划勘察设计研究院等，共同组成连拱隧道课题研究小组，以思小公路为依托，开展连拱隧道课题研究，并列入交通部(现交通运输部)西部交通建设科技项目，课题编号为2002—318—000—22。

世上无难事，只怕有心人。本课题攻关技术研究工作前后历时3年，探明了隧道围岩与连拱结构的力学转换机制，攻克了设计与施工中的技术难点，保证了依托工程顺利竣工，从而获得了一整套系统完善的研究成果。这些研究成果，包括连拱隧道设计标准图、施工操作规程，以及为实施动态反馈分析编制的软件等，经过3～5年的实践检验，证明其研究成果是成功的。本书即在本课题研究成果基础上，按照循序渐进的方式撰写而成，以便于初学者阅读，也便于研究者参考。

全书共分九章，绪论、第一章概述及第二章连拱隧道的构造，由李志厚、丁文其编著，朱合华审校；第三章连拱隧道设计与计算关键技术，由陈树旺、张发春编著，高世军审校；第四章洞口边(仰)坡稳定评价及洞身超前地质预报，由蔡永昌、苏生瑞编著，丁文其、李玉文审校；第五章连拱隧道施工关键技术由雷华、房锐编著，李国锋审校；第六章连拱隧道现场监控量测，由王晓彤、谢东武编著，刘学增审校；第七章连拱隧道动态反馈设计与信息化施工，由丁文其编著，李志厚审校；第八章连拱隧道典型病害调查由夏才初编著，李志厚审校；第九章连拱隧道设计与施工分析软件，由朱合华、李晓军编著，蔡永昌审校；后记由李志厚、朱合华、丁文其撰写。

书中所述的连拱隧道关键技术，密切结合勘察、设计、施工等实际，丰富和发展了连拱隧道设计与施工方法，可作为从事公路隧道建设、勘察、设计、施工、监理和监测等技术人员学习和参考。

本书在编写过程中，得到了云南省交通运输厅、云南省高速公路投资公司、思小公路建设指挥部、云南省交通规划设计研究院、同济大学、贵州省交通规划勘察设计研究院、四川省交通厅公路规划勘察设计研究院等，以及思小公路施工、监理及监测单位的大力支持，在此一并表示衷心感谢。本课题研究资料丰富，鉴于时间仓促、水平有限，书中若有不妥之处，或挂一漏万，敬请读者不吝赐教。

如今，西部交通公路建设事业，方兴未艾，愿本书所介绍的连拱隧道关键技术能有的放矢，在西部交通建设中发挥积极作用。

作　者

2010 年 10 月

目　　录

绪　论

随着高速公路向山区延伸，为了降低路线纵坡，改善公路线形，优化车辆行驶条件，最大限度保护生态环境，需要修筑大量公路隧道。如今，在山区高速公路中，长大隧道、隧道群、隧道与桥梁相连，已屡见不鲜，成为山区高速公路不可或缺的构筑物(图 0-1)。

图 0-1 是云南水麻高速公路上一路段写真，该路段围绕山体旋转 360°展线，以达到降低路线纵坡，改善车辆行驶条件的目的。路转峰回，山与路相互辉映，勾勒出一幅壮美的画卷。画卷里，分离式隧道、连拱隧道相互协调，分别发挥着举足轻重的作用。

图 0-1　云南省水麻高速公路上螺旋线路段上隧道作用

1. 公路隧道类型

目前，在高速公路上修建的隧道，按上下行两座隧洞的横向布置不同，可以分为三种类型：

- 两隧洞之间的净距大，彼此之间互不影响，分别独立的设置，称为分离式独立隧道。
- 两隧洞虽然独立设置，但它们之间的净距相对较小，在施工期间彼此相互影响，称为小净距隧道。
- 两隧洞像“连体婴儿”那样，彼此相连在一起，称为连拱隧道。

上述三种不同类型的公路隧道，各自拥有自己的“用武之地”，分别适宜不同地势地形条件。

2. 连拱隧道及其特征

连拱隧道作为一种结构，在它出现之初，以其良好的视觉效果、较好的线形以及多方面的优点，获得了隧道建设者的青睐。但是，在公路隧道建设中，以往却很少被选用，国内外对此研究的也甚少。据有关资料显示，1974 年日本在伊祖隧道首次采用了连拱隧道结构方案。在同一时期里，欧洲的一些国家，也相应修建了一些连拱隧道。在连拱隧道建设技术发展方面，日本、意大利、瑞士、法国、澳大利亚等国家，已有相当的设计施工经验。

1)连拱隧道特征

连拱隧道两端接线对地形要求不高，布线方便，接线工程量小，线形顺畅。对于其他类型来说，这些特点常常是难以具备的。

2)公路隧道比选

总结我国近几十年来公路隧道建设经验，在隧道选型上，对于长、特长隧道，分离式隧道应是首选方案。对于中或短隧道，应是其他结构形式隧道竞争的目标。特别是在山区敷设高速公路时，线路时常穿过小垭口、鸡爪地形，或沿溪敷设路线，在这种情况下，一般有四种方案可选：即路堑、分离式隧道、小净距隧道和连拱隧道。如果选用路堑方案，路基边坡的坡高一般会出现≥40m 的情况，左右两条路幅难以布设成分离路基，于是放弃分离式独立隧道难以发挥作用；而只对小净距隧道与连拱隧道方案进行比选。

近年来，全国许多条高速公路，积极推崇连拱隧道，并相继被选用。随着经验积铢寸累，连拱隧道形式、设计、施工技术日渐成熟，修建数量快速增长，如贵州省这两年来，就有 20 多座连拱隧道开工建设。

(1)不同类型隧道基本特征

2001 年，刘伟等针对不同类型的隧道，假设在各自适宜的条件下，曾对它们进行过归纳对比，从而概括出各自适用条件(表 0-1)。

三种类型的公路隧道结构形式比选表 表 0-1

结构形式	普通分离式隧道	连拱隧道	小净距隧道
双洞最小净距	$(1.5\sim5.0)B$		$3m\sim1.5B$
占地宽度	$(2.5\sim7.0)B$	$2B+3m$	$2B+(3m\sim1.5B)$
接线难度	较大	较小	较小
施工难度	较小	较大	中等
工期要求	t	$2\sim3t$	$1\sim1.5t$
工程造价	M	$1.3\sim1.5M$	$1.1M$
质量控制难易	较易	较难	中等
爆破震动	基本不控制	<10cm/s	<10～20cm/s
环境保护	山区狭窄地带可能出现高边坡	山区狭窄地带可降低边坡	山区狭窄地带可降低边坡
使用条件	各种隧道	短隧道	短隧道或围岩条件较好的中长隧道

注：上表 B 代表单洞隧道宽度。t 为相同长度下的分离式独立隧道施工工期。

表 0-1 所列举的各类隧道基本特征指标，虽然是在其各自使用条件允许的情况下做出的，然而却分别完全展示了各自的“用武之地”。如果在客观条件只允许修建连拱隧道时，其他结构形式必然受到冷落。

(2)不同类型隧道经济对比

在山区隧道选型时，首先要考虑隧道所处的地形条件。在地形条件符合要求的前提下，于是经济效能则占据主要地位。

2004 年，陈文辉、秦峰等对京福高速公路福州、三明、南平路段上不同隧道工程造价进行了对比分析，其分析结果如下：

比较顺序：小净距隧道：连拱隧道分别为：

- 福州段为 0.80∶1.0；
- 南平段为 0.54∶1.0；
- 三明段为 0.68∶1.0；
- 三福段为 0.70∶1.0。

上述对比方法：结论直观方便。但是，由于合同投标价包含了工程的各个方面，尽管对比结果具有宏观性参考价值，仅从经济比较，显然小净距隧道略占优势。

(3)不同类型隧道工程量对比

从设计工程量上分析，理论上可以获得较为精确的比较指标。对分离式隧道、连拱隧道和小净距隧道的工程量分析，结果如下：

比较顺序依次是：普通分离式隧道∶小间距隧道∶连拱隧道

- V 级围岩浅埋为 0.74∶0.97∶1.0；
- V 级围岩为 0.77∶0.88∶1.0；
- IV 级围岩浅埋为 0.60∶0.82∶1.0；
- IV 级围岩为 0.48∶0.57∶1.0；
- III 级围岩为 0.75∶0.79∶1.0；
- II 级围岩为 0.76∶0.76∶1.0。

上述分析比较方法，虽然也很直观，但是由于工程规模不同，分离式和小净距隧道引起路基工程增量，未能充分考虑，因此，难以做出综合比较。

(4)小净距与连拱隧道综合分析

最后，根据以上比较，对京福高速公路福上隧道做出综合分析，隧道主洞每延米工程造价的比值平均为：

普通公路隧道：小净距隧道：连拱隧道＝100∶130∶170(图 0-2)。

在工程造价和进度方面，小净距隧道相对于连拱隧道而言，对于高围岩级别而言具有一定的可比优势，但对于低围岩级别而言，视净距的大小而定，净间距大于 15m 时，也有一定优势，净距小于 8m 时，造价高于连拱隧道。

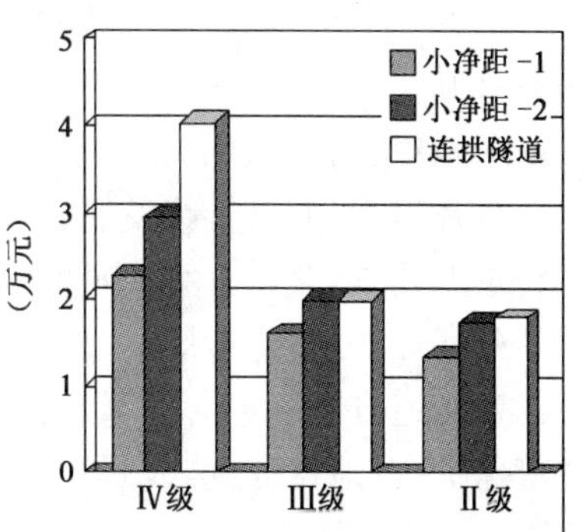

图 0-2 小净距与连拱隧道造价对比图

以上比较虽然具有一定的科学性和客观性，但是，只限于隧道自身比选，却忽略了小净距隧道引线工程增量；其次，没有针对同一个具体设计进行比较，因此，比较结果也具有一定的局限性。

(5)云南省交通规划设计研究院分析比较

云南省交通规划设计研究院，对相同条件下隧道方案进行了比较，其比较结果见表0-2。

部颁定额计算分析结果　　表0-2

围岩级别	连拱隧道（万元/延米）	两洞分修（万元/延米）	连拱(两洞)	小净距隧道夹岩加固（元/延米）
IV级	13.72	11.87	1.16	6 000
III级	11.74	10.11	1.16	2 000

从表0-2中可见，连拱隧道比两洞分修的隧道造价要高，对IV、V级围岩连拱隧道造价分别高出16%。

对大(理)保(山)高速公路上的七座隧道分析和比较，其结果如表0-3所示。

大保公路七座隧道统计分析结果　　表0-3

围岩级别		连拱隧道（万元/延米）	两洞分修（万元/延米）	连拱(两洞)
V级	合同价	8.40	7.69	1.09
	实施价	9.10	10.0	0.90
IV级	合同价	7.38	5.03	1.47
	实施价	9.38	8.26	1.13
平均				1.15

表0-3说明：隧道工程造价对施工和计划经营者是不同的，即业主的工程造价(实施价)和施工中实际施工单位的工程造价(合同价)。两者的造价有时相差较大，应该给予严格的区分。例如峪口隧道，业主总造价应为3 554万元，单洞延长米造价为3.554万元；承包人总造价2 758.6万元，单洞延长米的造价为2.759万元。从一般中短公路隧道来看，二者之差在20%～30%，隧道越长差值就越大。

3)综合分析比较

基于以上的对比分析，无论是路堑、分离式隧道、小间距隧道、连拱隧道，都有其各自的优点。因此，不能一概而论说哪种形式最好，它们都有各自适用的条件，只有基于这些条件下，才可论证其优劣。

(1)隧道与路堑比较

从环境保护、可持续发展、以人为本的理念出发，隧道优于路堑。如果仅考虑工程造价和工程进度要求，路堑方案占足够的优势。

(2)隧道方案比选

当隧道方案一定的情况下，且属于中长隧道，从工程造价条件出发，应选用分离式隧道；从环境保护、占地宽度、接线难度条件考虑，连拱隧道或小间距隧道两者可与分离式隧道开展竞争。

(3)连拱和小间距隧道竞争

当对连拱隧道和小间距隧道举棋不定时，若考虑工程造价、施工难度，可以优选小间距隧道。

若考虑到占地面积极少、地形特别复杂、桥隧接线、景观设计、科技创新、地质预报、环境保护的角度，连拱隧道优于小间距隧道。

4)综述

连拱隧道与传统的、比较成熟的分离式隧道相比，除工期长、造价高以及质量控制难度大外，在地形条件受到限制时，连拱隧道优势是非常明显的，其他结构类型的隧道，均逊色一筹。

连拱隧道所具有的优势其他类型的隧道虽然不可比拟，但是工期长、造价高以及质量控制难度大等缺点，制约其发展。如果在设计、施工及监测工作中有所突破，能够合理选型，简化繁杂结构和施工工序，并有效降低造价，同时解决隧道某些病害的情况下，连拱隧道就可能成为工程师乐于采用的一种结构形式。

3. 连拱隧道攻关技术

1)连拱隧道存在的问题

归纳连拱隧道存在的问题，主要体现在洞身复合衬砌设计、中隔墙结构设计与防水设计、洞体开挖设计和衬砌施工等方面。在已建成的连拱隧道上，这些问题主要集中表现为二次衬砌裂缝和渗漏水。

连拱隧道存在的上述问题，表明在衬砌结构设计、施工和中隔墙防水方面，还存在许多技术问题有待完善，目前仍处于探索、积累经验的阶段，还没有一套系统完善的、用于连拱隧道设计与施工的方法和成套工程技术，相应的规范也没有形成。

2) 连拱隧道技术实践与研究总结

针对连拱隧道存在的问题，笔者拟借鉴国内外有关资料加以用之，但是，从收集到的 7 000 种期刊中，有关连拱隧道的文献、资料尚不多见，且多集中于 1998 年后。归纳起来，主要集中在以下几方面。

(1)连拱隧道设计方法方面

通过归纳分析，目前对连拱隧道设计实践和研究，主要集中在以下几个方面：

①洞体开挖设计、洞身复合衬砌设计、中隔墙结构设计与防水设计；

②复合受力体系下施工荷载和部分围岩压力由初期支护承担、二次衬砌承担另一部分围岩荷载的设计分担系数；

③荷载-结构法的设计方法；

④中隔墙的厚度与高度优化等。

(2)连拱隧道施工方法方面

连拱隧道施工方法为传统的新奥法，除了中导洞先期施作和随后浇筑中隔墙外，两侧洞体视围岩级别高低采用全断面(III 级以下)、上下台阶(IV 级)和侧壁导坑(V 级以上)施工顺序。采用复合式衬砌，初期支护用锚、喷、钢筋网和格栅(拱架)联合方式，在围岩差的条件下使用超前支护。

(3)关于防水问题方式

目前，连拱隧道防水处理有以下三种：

•第一种防水方式

防水和结构设计统一处理，即在不削弱结构的条件下，将两侧二次衬砌各自独立成环，按单洞整体式断面施工，从而取消了中隔墙与拱部结合部位的纵向工作缝，避免了预埋件损坏防水板，也避免了多次施工对中隔墙已铺设防水板的损坏。

• 第二种防水方式

不设橡胶防水板，取而代之的是防水混凝土，以保证衬砌的质量，有利于防水。

• 第三种防水方式

加宽中隔墙厚度，并将其中部掏空，以形成直接的排水通道，消除中隔墙常见的渗漏水现象。

分析总结上述实验和研究成果，基本上还处于理念上的研究，尚无成熟的可以直接用于工程上的技术和经验。

3)连拱隧道攻关技术

连拱隧道关键技术研究于2002年5月正式启动，至2005年6月结束，前后历时3年，攻克了设计与施工中的技术难点，获得了以下研究成果：

①在广泛调查研究的基础上，总结出连拱隧道裂缝分布规律，揭示其产生的机理，提出了预防措施。

②通过模型试验，探讨了连拱隧道围岩压力分布的定性规律。

③依据依托工程监测数据、模型试验、经验公式、理论计算围岩压力分布，首次建立了完整的连拱隧道荷载计算模式，形成了系统的连拱隧道设计计算方法。

④针对连拱隧道中隔墙结构、厚度、高度，进行了优化分析，提出了不同形式的中隔墙高度、厚度的建议值。首次提出了三层直(曲)中隔墙的成套设计与施工方法，并总结出不同结构形式的设计、施工及防排水技术。

⑤基于连拱隧道受力特征，从总量与增量控制出发，探讨出了不同围岩级别下连拱隧道监测预警值与判断标准，对于连拱隧道稳定和安全施工具有重要的使用价值。

⑥从连拱隧道结构特征出发，开展中导洞先行施工方法研究，总结和提出了一整套中导洞超前地质预报流程与施工方法，系统地建立起动态反馈设计与信息化施工模型，能够及时、快速、超前处理施工中所发生的问题和一切突发事故。

⑦从连拱隧道适用条件、过渡方式、过渡段长度、过渡段线形4个方面比较，提出其5种洞外接线方式。

⑧利用极限平衡法和强度折减法，对洞口的边仰坡进行了二维和三维稳定性分析，获得了实用性结论。

⑨通过面向对象的设计方法，建立了同济曙光统一图形平台，在此基础上研制出连拱隧道监测数据库管理软件、施工动态数值模拟分析软件、施工动态反馈分析软件、计算机辅助设计软件和边坡稳定性分析软件，开发出成套连拱隧道设计、分析与计算方法的软件，实现了连拱隧道的动态设计、自动化设计。编制出连拱隧道设计准则、设计标准图及施工操作规程，以指导连拱隧道设计和施工。

4. 连拱隧道标准图与施工操作规程

针对连拱隧道存在的上述问题，为解决其设计与施工上的技术难题，扩大其应用范围，本研究课题小组根据研究成果，编制出连拱隧道设计准则、标准图、设计计算及理论分析和管理

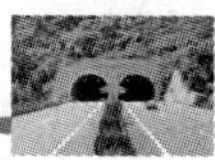

软件、施工操作规程，用于指导连拱隧道工程设计和施工，以期在我国公路交通上发挥积极的作用。

在上述研究成果中，连拱隧道标准图是以思小公路上的麻地河（现名松山岭）1～4 号、曼歇 1～4 号、南岛河，贵州的崇遵线开肩堡Ⅱ号、四川西攀线龙塘湾等连拱隧道设计图纸为基础汇集一起，经过分析、研究编撰成册，其荷载模式、计算模型、计算方法，由“连拱隧道建设关键技术的研究课题”研究提出，并经过实践检验是可行的。该图集既对连拱隧道设计经验进行了全面的总结，又为同类工程提供了有益的参考。

标准图集包括的连拱隧道形式有：三层曲中隔墙、三层直中隔墙、整体曲中隔墙及整体直中隔墙等四种形式，可作为连拱隧道设计参考，主要内容包括以下几部分：

（1）总说明。

（2）连拱隧道的建筑限界与内轮廓设计图。

（3）四种形式的连拱隧道结构设计图。

• 连拱隧道衬砌断面设计图

在Ⅴ～Ⅱ级围岩条件下，四种形式的连拱隧道衬砌断面设计图，以及整体式连拱隧道洞口部位半明半暗明洞断面设计图。

• 连拱隧道超前支护图

在Ⅴ、Ⅳ级围岩条件下，四种形式的连拱隧道衬砌断面超前支护图。

• 衬砌配筋图

在Ⅴ、Ⅳ级围岩条件下，四种形式的连拱隧道衬砌配筋图，以及包括整体式连拱隧道洞口部位半明半暗明洞段衬砌配筋图。

• 防、排水工程图

四种形式的连拱隧道的施工缝、变形缝防水设计图及衬砌防、排水设计图。具体内容包括：隧道防水板铺设图，施工缝、沉降缝、伸缩缝防水布置及防水构造，二次衬砌回填预埋注浆管布置图及隧道衬砌防排水总布置图。

(4)施工程序图。

在Ⅴ～Ⅱ级围岩条件下，四种形式的连拱隧道的施工程序示意图，以及整体式连拱隧道洞口部位半明半暗明洞段施工程序示意图。

(5)监控量测工程图

监控量测工程图包括：主观测断面监测方案图、一般观测断面监测方案图、信息化设计流程图。

(6)隧道内路面工程图

路面工程图包括：隧道路面分块布置图、隧道路面结构图、隧道洞口路面结构图、隧道洞内电缆沟、排水边沟布置图、隧道洞内电缆沟、排水边沟配筋图、隧道洞内路面盲沟布置图。

本书从连拱隧道标准图中选择部分常用的结构编排于有关章节中，同时对相应的施工操作规程，在以后章节中以详解的方式进行阐述，以便于读者参考。

5. 连拱隧道发展与展望

上述关于连拱隧道研究成果，可以说解决了目前连拱隧道建设中存在的一些关键问题，弥补了国内在这方面的空白，并且在云南省及江西、贵州、四川等地连拱隧道建设中得到应用。经过近 3～5 年的工程实践表明，这些研究成果，对丰富和发展我国公路隧道的设计与施工方法，亦具有十分重要的意义。

连拱隧道与分离式和小净距隧道相比，虽然其跨度大、结构复杂、工序繁多，设计与施工难度均大，以往很少采用，然而，随着科技发展，新技术、新材料不断涌现，工业化水平不断提高，加之破解了施工中遇到的种种技术难题，连拱隧道已初露锋芒，显示其独特的优势，在自己的用武之地范围内，其他结构均略逊一筹。

云南省是一个多山的省份，世界闻名的横断山，横铺东西，纵贯北南，绵延数千里。在那崇山峻岭中，时常遇到高山深谷，高速公路难以布线，此时，连拱隧道大有作为。云南公路隧道之多，连拱隧道之多，在全国来说还是少见的。上述研究成果在山区公路建设中已发挥了重要作用，在连拱隧道建设过程中，也培养了一大批连拱隧道设计、施工人才。

本书所述内容，是根据连拱隧道研究报告、归纳总结出的连拱隧道标准图集、连拱隧道施工操作规程撰写而成，从而系统地介绍了连拱隧道的关键技术，期望为连拱隧道发展铺平道路，贡献出一些微薄之力。

第一章

概　　述

在本书绪论中已述及，公路隧道可分为三种类型，即：分离式（或称独立式）隧道、小净距隧道和连拱隧道。它们之间的区别在于上下行两隧洞之间的净距不同。当两隧洞之间的净距小到一定程度时，则被定义为小净距隧道；当其净距趋于中隔墙宽度时，则定义为连拱隧道。

第一节　分离式隧道

前述三种不同类型的公路隧道，在工程实践中如何界定、如何选择隧道类型，主要取决地形条件，隧道断面大小，其次是工程造价，以及对环境的影响等，但是，它们之间往往彼此相互关联。

我国《公路隧道设计规范》（JTG D70—2004）第 4.3.2 条规定："高速公路、一级公路一般应设计为上、下行分离的两座独立隧道"，也就是说，两座独立隧洞之间的最小净距应大于表 1-1 规定的距离。反之，如果两隧洞之间的间距小于表 1-1 规定的数据，则被定义为小净距隧道或连拱隧道（本书从此以下所述及的隧道，均指公路隧道）。

当地形条件允许时，分离式隧道应是首选的结构。该类隧道不仅历史悠久，而且施工技术日渐成熟，在施工和运营过程中应对突发事件时，具有其他形式隧道不可比拟的优势。

分离式独立双洞间的最小净距　　表 1-1

围岩级别	I	II	III	IV	V	VI
最小净距(m)	$1.0\times B$	$1.5\times B$	$2.0\times B$	$2.5\times B$	$3.5\times B$	$4.0\times B$

注：B——隧道开挖断面的宽度。

图 1-1 分别是两座典型的分离式公路隧道工程实例，从图上可以看出，洞前有比较开阔的谷地或山地，在洞前几百米处，高速公路路基已分离成两支，分别从不同的位置穿过山体。

图 1-1　分离式公路隧道工程实例

第二节　小净距隧道

当受地形条件限制，两独立的隧道净距满足不了表 1-1 的要求时，小净距隧道应是优选方案。所谓小净距隧道，就是在施工过程中两隧洞彼此之间受到相互影响。

小净距隧道设计和施工方法，与分离式隧道一样，遵循“少扰动、快加固、勤量测、早封闭”的原则。该种类型的隧道施工时，关键是选择合理的施工程序，采取妥善的施工措施，以保证两隧洞之间岩柱体稳定。因此，在设计和施工过程中，应及时对中间岩柱体进行加固，以确保其安全施工。在地震动峰值加速度大于 0.15g 的地区，如果选用小净距隧道，还应进行抗震强度和稳定性验算。施工掘进时，最大临界震动速度，应遵循《爆破安全规程》(GB 6722)相关规定。

图 1-2　小净距隧道工程实例

图 1-2 是一座小净距公路隧道工程实例，在洞前地形比较狭窄，没有足够空间使路基分成两支布设，两隧道之间距很小。

第三节　连拱隧道及关键技术

图 1-3 是两座连拱隧道工程实例，它们的两个隧洞分别连接成一个整体，彼此之间互相依存；两隧洞相互连接的部分称为中隔墙；也就是说，中隔墙是两座隧洞的共用结构，这种类型的隧道称为连拱隧道。从该图中可知，洞前地形十分狭窄，只能布设整体式路基，此时连拱隧道显示出其他类型隧道不可比拟的优势。

图 1-3　连拱隧道工程实例

随着科技进步，新材料、新设备不断涌现，加之本课题又解决了设计和施工中遇到的种种难题，探索出预防结构裂缝的措施，如今连拱隧道崭露头角，成为山区公路上一簇新葩。

中隔墙是连拱隧道有别于其他类型隧道的关键所在，换句话说，中隔墙设计是连拱隧道成败的关键。据笔者了解：日本设计的连拱隧道，多采用曲中隔墙结构。

中隔墙有直墙式和曲墙式(图 1-4)之分。两者分别又可分为整体式和分层式连拱隧道。

a)

b)

图 1-4 整体式中隔墙连拱隧道

a)曲中隔墙连拱隧道;b)直中隔墙连拱隧道

所谓整体式中隔墙,就是用混凝土或钢筋混凝土浇筑成一个整体。分层式就是整个中隔墙分成三层施工,中间部分称为中间墙,两侧既是二次衬砌侧面的一部分,也是中隔墙的组成部分,此时,中隔墙的厚度等于中间墙+两侧的二次衬砌。图 1-5 是正在施工的中隔墙,其中a)图为三层曲中墙,b)图为整体浇筑的直中墙。

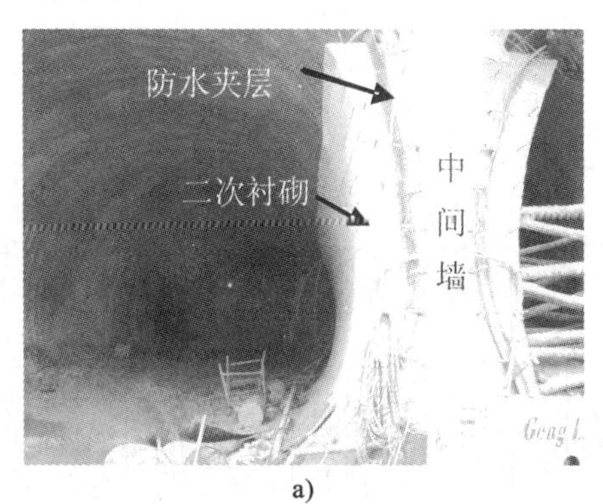

a)

b)

图 1-5 思小高速公路上正在施工的连拱隧道中隔墙

a)曼歇 3 号连拱隧道三层曲中隔墙;b)南岛河连拱整体式直中隔墙

早期国内设计的连拱隧道,绝大多数为整体式直中隔墙(表 1-2)。近两年来贵州、云南、福建、湖南、河南等地在建和拟建的连拱隧道,绝大部分采用三层中隔墙的结构形式。

1. 连拱隧道的中隔墙

连拱隧道课题组通过调查研究、分析归纳、总结国内外经验,认为在前期修建的连拱隧道,其中隔墙结构有以下几个特点。

1)中隔墙材料

我国早期设计的连拱隧道,中隔墙多为素混凝土结构。在结构的整体性及内力调整方面,素混凝土结构是力不从心的,因此,目前多为钢筋混凝土结构。

2)中隔墙尺寸

从中隔墙尺寸上看:中隔墙厚度差别也很大;整体式中隔墙厚度从 1.4~2.5m 不等;

• 四车道连拱隧道跨度一般在 24m 左右,中隔墙厚度大多在 1.5m;

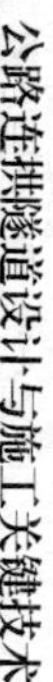

表 1-2

国内外部分已建连拱隧道设计施工资料

序号	隧道名称	埋深(m)	跨度(m)	围岩级别	超前支护	中隔墙厚度(m)	锚杆长度(m)、间距(横×纵)	喷混凝土厚(cm)	格栅钢架间距(m)	拱墙厚、材料(cm)	仰拱、材料(cm)	施工 方法
1	下到津(日)	2~20	22.76	V、VI	长管棚	2.3(分曲)	4.0(1.2×1.0)	25	1.0(H200)	40、RC	50、RC	中导洞台阶法
2	小束山(日)	5~35	24.5	VI	小导管长管棚	1.5(整曲)	4.0	25~30	1.0(H250)	60、RC	60、RC	中导洞台阶法
3	大代古填(日)	12~14	37.4	VI	长管棚	2.0(整曲)	6.0	30	(HH200)	50、RC	70、RC	三导洞台阶法
4	阿部仓(日)	30	27.4	V	长管棚	2.4(分曲)	未知	25	(H200)	50、RC	50、RC	三导洞
5	天鹿圆木强	2~60	30 六车道	V	ϕ108 管棚*	2.4(整直)	4.0(0.8×0.8)	30	0.8(I25a)	50、RC	50、RC	三导洞台阶法
				IV	ϕ50 管棚		3.0(0.8×0.8)	28	1.0	50、RC	50、RC	
				III	—		2.5(1.0×1.0)	15	—	40、C	40、C	
6	象山四连拱	2~23	35.4	V	钢插管	1.0(整曲)	3.5(1.0×1.0)	25	0.75	40、RC	40、RC	中导边洞法
				IV	—		3.5(1.0×1.0)	25	1.0	30、RC	30、RC	
				III	—		3.5(1.0×1.0)	25	1.0	30、RC	30、RC	
7	五龙岭	3~40	32.5 六车道	V	ϕ108 管棚	2.3(整直)	4.0(1.0×1.0)	27	0.7(I20b)	50、RC	50、RC	三导洞台阶法
				IV	—		4.0(1.2×1.2)	22	1.0(I20b)	50、RC	50、RC	
8	金竹林	100	22.6	IV	—	1.4(整直)	3.0(1.0×1.0)	20	1.2	60、RC	60、RC	三导洞台阶法
				III	—		2.5(1.2×1.2)	15	—	40、C	40、C	
9	小关	浅埋	23.9	V	ϕ42 导管	2.0(整直)	未知	25	(I 字钢)	50、RC	50、RC	三导洞
10	水磨房	57.6	24.76	V	ϕ108 管棚	2.0(整直)	3.5(0.8×0.8)	25	—	60、RC	40、C	中导洞先拱后墙
				IV	ϕ42 导管		3.5(1.0X1.0)	20	—	50、RC	40、C	
11	练江	8.5~47.4	24.76	V	ϕ108 长管棚	2.0(整直)	4.0(0.75×0.75)	25	—	60、RC	40、RC	中导洞先拱后墙
				IV	小导管		未知	未知	—	60、RC	40、RC	
12	老苍坡	59	24.58	IV、V	ϕ42 导管	2.0(整直)	3.5(0.8 ×0.8)	25	—	60、RC	40、RC	三导洞
13	开肩堡 II 号	8.9~35.3	22.9	IV、V	ϕ108 管棚	2.4(分直)	3.5(0.8×0.8)	20	—			
14	麻地河 4 号	7.8~46.2	24.8	IV、V	ϕ108 长管棚	1.8(分曲)	3.5(0.8 ×0.8)	24	—			

注:* 导管直径 ϕ 单位为“mm”。

• 六车道连拱隧道跨度一般在 30m 以上，中隔墙厚度在 2m 以上；

• 分层式连拱隧道中隔墙厚度，一般大于整体式，厚度一般在 1.8m 以上，这主要是在施工期间考虑到中隔墙稳定问题，使其厚度不能太薄，再加上两侧主洞二次衬砌的厚度，这样一来整个曲中隔墙厚度就会比整体式大。

随着施工技术进步和施工经验的积累，分层式连拱隧道中隔墙厚度与整体式中隔墙厚度已相差不大。

2. 连拱隧道支护参数及仰拱

就隧道而言，连拱隧道与其他类型的隧道一样，其支护参数与围岩级别密切相关，也就是说，不同级别的围岩，采用不同的支护参数。

1)支护参数

(1)在Ⅴ级(旧Ⅱ类)围岩条件下，国内外的连拱隧道，一般都设有辅助施工措施，多采用管棚或小导管注浆进行超前支护。图 1-6 是采用小导管注浆进行超前支护施工实况。

a)

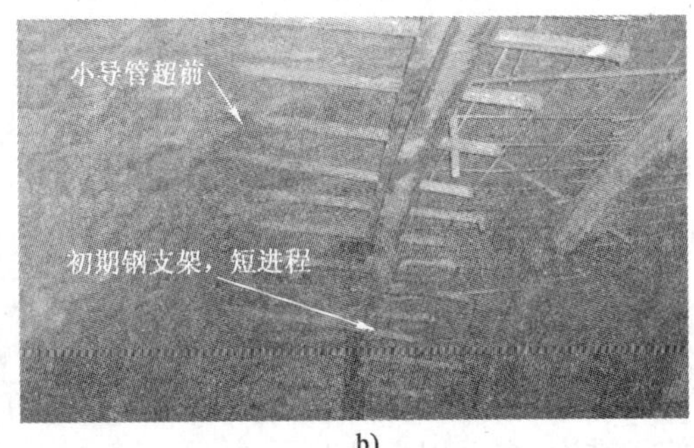

b)

图 1-6　超前小导管施工实例

a)云南金竹坪隧道；b)云南波支隧道

(2)在Ⅳ、Ⅴ级围岩条件下，尤其是浅埋、偏压情况下，一般都采用工字钢或格栅钢架进行初期支护；二次衬砌多采用钢筋混凝土结构。

图 1-7 是云南保龙高速公路上的户冲河 1 号隧道初期支护施工实况，它使用工字钢和钢筋组成的格栅作为骨架，再喷上混凝土组成隧道初期支护。

(3)在Ⅲ级以下围岩条件下，多采用素混凝土支护。

由于素混凝土结构为脆性结构，不能形成塑性铰，因而无法进行内力的调整，加之地下结构受力的不确定性，在局部压力作用下，结构受力最不利位置常发生掉块、脱落等病害；若为钢筋混凝土结构，结构将自行进行内力调整，一般不可能产生像掉块之类直接危及行车安全的病害。因此，二次衬砌宜应采用钢筋混凝土，当计算不需要配筋时，可进行构造配筋。

2)仰拱

在连拱隧道的设计中，日本设计的连拱隧道比较注重仰拱作用，仰拱部位二次衬砌一般都强于拱墙部位，至少也不比拱墙部位差。我国设计的连拱隧道，以前不太注重仰拱的设计，总觉得不经济、浪费。因此，初期设计的一些连拱隧道，甚至在Ⅳ级(旧Ⅲ类)、Ⅴ级(旧Ⅱ类)围岩条件下，都没有设置仰拱，致使隧道建成后不久即出现边墙下沉、路面破坏、边沟隆起等病害。总结以往的经验教训，在这种围岩地质条件下修建连拱隧道，现在从设计到施工上都已加强仰拱作用。图 1-8 是云南蒙新高速公路五背冲连拱隧道仰拱施工实况，使用工字钢作骨架，强化了仰拱作用。

图 1-7　云南保龙高速公路户冲河 1 号隧道初期支护骨架实况

图 1-8　云南蒙新五背冲隧道仰拱施工实况

3. 连拱隧道施工方法

连拱隧道课题组根据调查资料，经过归纳整理，在连拱隧道施工中，一般采用三导洞施工法、中导洞施工法、单洞施工法及双洞全断面平行施工法。至于怎样选用这些施工方法，关键问题依据围岩类别等级而定。

1）连拱隧道施工方法适应性

（1）当围岩条件较差时，国内外均多采用三导洞法施工。这种方法，优点是施工安全；缺点是对围岩反复扰动、工序多、工期长（图 1-9）。在围岩条件稍好时，如 IV 级（旧 III 类）围岩为加快施工进度，多采用中导洞台阶法。

a)

b)

图 1-9　思小高速公路上连拱隧道三导洞施工实例

a)开挖出的中导洞；b)施作完毕的整体曲中隔墙

图 1-9 所示的连拱隧道施工现场，采用的是三导洞施工方法。图 a)是思小高速公路上麻地河 2 号隧道，已开通了中导洞，并进行临时支护；图 b)是该公路上的曼歇 2 号隧道，其整体曲中墙已施工完毕的实况。一般待中隔墙完成后，再先后分别开挖两边主洞岩体，形成三条导洞，分别再进行主洞的衬砌结构施工。

（2）当围岩条件比较好时，如 III 级（旧 IV 类）以上围岩，采用中导洞和左右幅分别进行全断面开挖的方法（图 1-10）。这种施工方法进度快，但是全断面开挖爆破震动大，会对先行施工的洞室产生较大的影响；如果控制不力会引起中隔墙与先行洞室支护的破坏。

在Ⅱ级(旧Ⅴ类)围岩条件下,可采取左右洞全断面平行掘进、跳槽式开挖、施作中隔墙施工方法。这是一种新颖的施工方法,具有施工工序简单、各施工阶段应力传递明确、施工工期短等优点。但是,需要指出的是隧道掘进多为机械开挖,对围岩的扰动少。如果用矿山法爆破开挖,这种开挖方法对围岩的扰动破坏很大。

图 1-10 中隔墙施作完后,主洞全断面开挖

2)施工动态反馈技术

连拱隧道工期较长、工序较多、对围岩多次扰动。为了确保其安全施工,进行超前地质预报,强化施工监控量测,根据中导洞开挖的地质情况和监控量测数据,使用本研究成果编制的分析软件,及时进行动态反馈分析,通过调整支护参数或施工方法,都会获得满意的效果。

4. 连拱隧道施工关键技术

由于连拱隧道前述的特征,给施工提出了许多新问题,为保证安全施工,必须采取相应措施,这些措施可大致归纳为以下几方面。

1)超前地质预报与现场监测

连拱隧道的裂缝,与围岩压力大小及分布密切相关。然而,根据当今技术水平,在隧道施工之前所获得的地质勘测资料,仅仅是初步的,难以准确地反映连拱隧道地质全貌;因而,在施工过程中,不断地进行超前地质预报和监控量测显得尤为重要,这是连拱隧道安全施工的前提条件。

连拱隧道施工,都是先贯通中导洞,其所揭露出的围岩岩性、构造、岩体结构、地下水等情况,与两侧主洞的地质情况基本是一致的,既是有差别也是很小的。显然,中导洞开挖的地质记录,对于主洞开挖来说,是最准确的地质预报。

在中导洞所揭露的地质情况基础上,重新划分围岩级别,进而确定支护参数,安排施工工序,合理地配置施工设备和人员,对于保证连拱隧道的施工安全,节约工程投资,确保工程质量,保证工期具有重要的意义。

2)室内模型试验研究

模型试验是研究连拱隧道的重要手段。在复杂的地质条件下,可能出现许多难以预料的问题,通过模型试验模拟复杂的地质条件,获得连拱隧道开挖过程中围岩与结构变化状况及其相应的工程力学参数,以便对稳定性作出综合评价,预测可能出现的问题,拟订应对预案对策,对于保证连拱隧道安全施工也是不可缺少的重要手段。

3)连拱隧道计算技术

目前,连拱隧道由于构造特殊,在设计上如果仍沿用单洞方法,显然有悖于实际情况,如何形成一套能反映连拱隧道实际受力荷载模式的设计方法,是目前亟待解决的问题。

公路隧道锚杆、初期支护和二次衬砌等结构,在几何形状上分别具有两个方向或一个方向的尺度比其他方向小得多的特点。目前,常用有限单元法软件,采用专门杆梁板壳单元模拟这些结构杆件。但是,这样处理仍会带来一些麻烦,例如:对于隧道初期支护、二次衬砌的二维分析,如果将两者都简化为梁,无论采用初期支护还是二次衬砌的中心线,或与初期支护相接的围岩轮廓线作为梁的计算位置，与实际相比都有较大的差距，而且杆梁模型的简化，也会进一步给其结构设计和验算带来较大的不便；况且，按照梁单元的理论，连拱中隔墙部分显然不能简化为梁单元。

为了较为准确地考虑连拱结构实际受荷情况，可以采用实体单元来进行模拟。但是，由于连拱隧道二次衬砌主要是以弯曲为主的受力构件，从材料力学原理知悉，衬砌结构的挠曲函数次数一般比较高，故需要沿厚度方向多布几层低阶单元（一般5层）或用一层高阶单元来分析才能达到足够的精度，这给编程处理和实际计算带来了一定的困难；衬砌的厚度一般比较薄，沿厚度方向布置几层低阶单元需要很多的离散单元，并可能会产生畸形单元带来较大的计算误差。

4）各种结构形式设计参数与防排水技术系统

在我国隧道工程中，连拱隧道已得到了广泛应用，因此，有必要对各种连拱结构形式的设计、施工方法做一系统总结，以形成一套较系统的设计准则、设计图集、施工规程等。

5）动态反馈设计-施工一体化

隧道信息化反馈设计和施工方法，一般由三部分组成：信息采集、信息处理、信息反馈。其实质上是：通过分析施工前和施工过程中采集到的大量信息（情报）来指导设计和施工，以期获得最优地下结构，也可称为信息化设计和施工方法。隧道工程结构体系信息化设计和施工方法，将最大限度地解决隧道设计与施工相脱节的问题，并向设计施工一体化的方向发展。

6）理论与数值模拟分析方面

对于任何类型的隧道，洞口边坡，包括仰坡稳定，都是不可回避的问题。特别是连拱隧道，不但洞门附近边坡存在失稳的可能，洞口还可能受到偏压，以及潜在的滑坡、剥落、崩塌和塌滑、蠕动等病害威胁，这些都是不可忽视、亟待解决的课题。在施工过程中，如何考虑连拱隧道与边坡共同作用，以及隧道开挖对围岩和支护结构稳定性的影响，这是连拱隧道面对的重要课题。

第二章

连拱隧道的构造

在前章已经述及，所谓连拱隧道，就是通过中隔墙将上下行洞室连成一个整体，从而构筑成一种特殊的双连洞结构。中隔墙结构的重要性，可以说不言而喻。中隔墙是连拱隧道传力和承力关键部位，是维持连拱隧道整体稳定的中枢，也是防排水重点设置部位。在连拱隧道结构中，中隔墙的重要性可以说举足轻重。它的设计和施工质量，关系到连拱隧道整体质量。为了叙述方便起见，从本节起中隔墙一律简称为**中墙**，并视其类型冠于“整体、整浇”或“三层”曲或直中墙。

第一节　连拱隧道中墙及病害分析

在《公路隧道设计规范》(JTG D70—2004)和《公路隧道施工技术规范》(JTG F60—2009)中，对于连拱隧道构造，仅作了一些有限的宏观的规定，尚不能满足设计和施工要求。伴随山区高速公路建设进程，连拱隧道应运而生，显示其特有的优势。公路建设者们见微知著，在吸取国内已取得经验的基础上，开始修建连拱隧道。经过十余年的实践，在崇山峻岭中的高速公路上，处处可见其“身影”，在福建、贵州、四川等省的山区公路建设中，连拱隧道也倍受青睐。

1. 中墙横断面形式

目前，国内外已建成或在建的连拱隧道工程中，无论是曲中墙还是直中墙结构，其断面形式都有整体式和分层式(复合式)两大类。从发展趋势分析，隧道的衬砌结构，多采用分层式衬砌结构，因此，分层式中墙列为本书研究讨论的重点

1)中墙基本形式

根据调查、统计资料分析，按照中墙的断面形式，前面对其进行了分类。图 2-1 示出了中墙结构的基本断面形式，即直中墙和曲中墙。

按照施工方法分析，中墙结构一般可以浇筑成整体。在满足构造需要后，上述两类中墙都可以做成中空的，也可采取分层浇筑，于是中墙又派生出中空和分层结构形式，如图 2-2 所示。

2)中墙的构造要求

连拱隧道中墙高度，与隧道建筑限界和电缆沟及排水沟的形式与宽度、施工方案密切相关。

(1)中墙高度

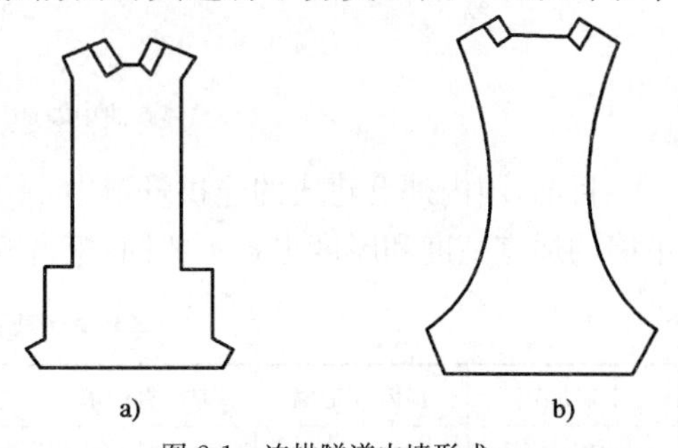

图 2-1　连拱隧道中墙形式

a)整体直中墙；b)整体曲中墙

- 路面以上的中墙高度，一般应不小于 4m；
- 中墙高度主要受中导洞施工制约，同时设计高度还应考虑主洞拱部开挖方式等因素的影响。

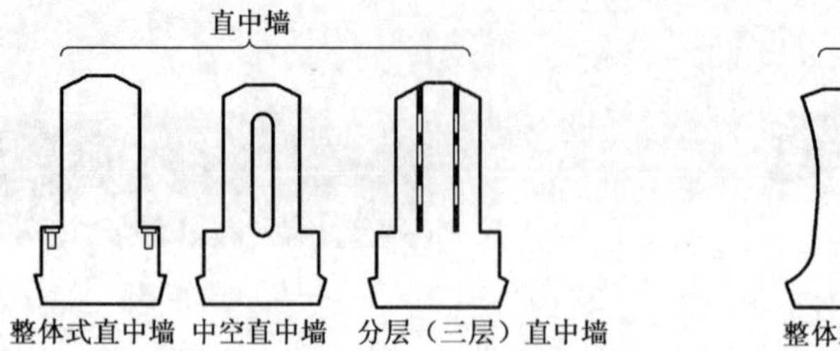

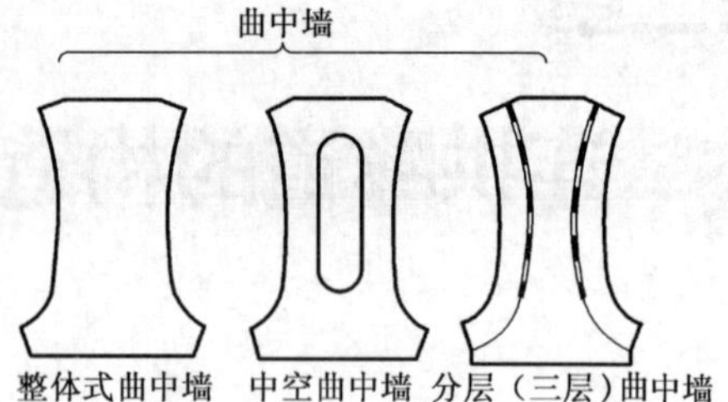

图 2-2　中墙横断面基本形式

(2)中墙厚度

中墙的厚度，主要取决于中导洞开挖后，中导洞拱部围岩压力大小、连拱隧道不对称施工产生的侧向推力、是否需要设置中墙排水沟，以及洞外线路条件等因素的影响。

从施工考虑，一般要求中墙顶部区域最小宽度 b 不小于 1.5m(图 2-3)。

从已建成的连拱隧道中墙受力分析，在埋深不大的情况下，中墙的轴力并不控制设计，主要是由中墙底的宽度、墙底的应力，以及施工过程中的稳定等条件控制。所以，中墙地基的承载力，墙底的宽度是设计的关键和控制点。在基底承载力不足时，为了提高中墙基底的强度，常用注浆小导管对其墙底围岩进行加固，以达到提高墙基围岩承载能力的目的。

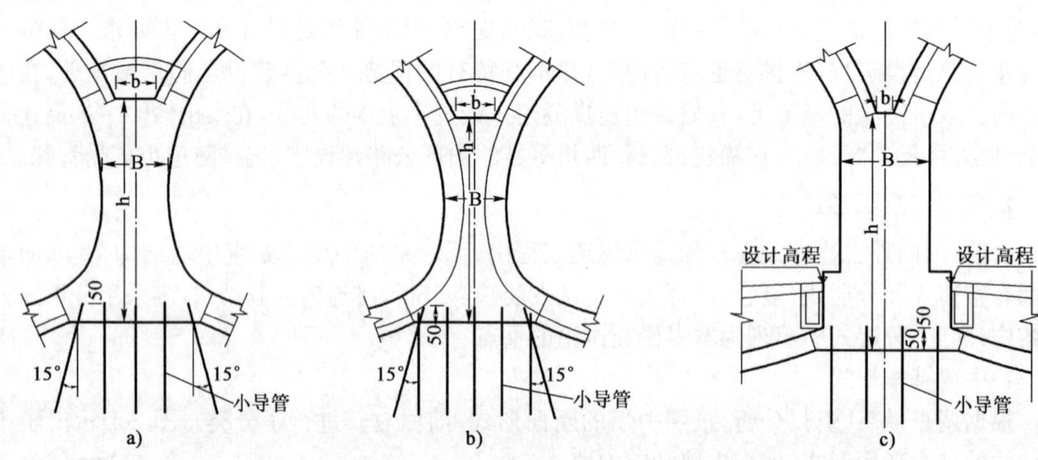

图 2-3　中墙构造(尺寸单位：cm)

a)整体式曲中墙；b)三层式曲中墙；c)整体式直中墙

目前，国内外已建成的连拱隧道中，多选用整体中墙，在建隧道多选用分层中墙，各种形式中墙的适宜高度和厚度也各不相同，笔者根据统计资料分别归纳整理在表 2-1 中，可供参考。

各种中墙厚度及高度建议取值表　　表 2-1

中墙形式	整体直中墙	中空直中墙	分层直中墙	整体曲中墙	中空曲中墙	分层曲中墙
中墙厚度(m)	1.5～2.0	2.5～3.5	1.8～2.5	1.5～2.5	2.5～3.5	2.0～2.5
中墙高度(m)	4.0～5.0	4.0～5.0	4.0～5.0	3.5～4.5	3.5～4.5	3.5～4.5

从表 2-1 中可以看出，整体直中墙厚度，一般不宜小于 1.5m，不宜大于 2.0m。小于 1.5m 时，对中墙受力及施工过程中的稳定性不利；厚度大于 2.0m 时，工程量增大较多，会造成浪费。

《公路隧道设计规范》(JTG D70—2004)规定："两车道连拱隧道设计为整体式中墙时，中墙厚度不宜小于 1.4m；设计为复合式中墙时，中墙厚度不宜小于 2.0m。"

三车道连拱隧道设计为整体式中墙时，中墙厚度不宜小于 1.6m；设计为复合式中墙时，中墙厚度不宜小于 2.2m。

2. 连拱隧道病害分析

课题组在研究过程中，对已建成的连拱隧道病害进行了调查，从隧道出现裂缝的部位来看，大多出现在施工缝和变形缝(温度缝、沉降缝)位置、中墙顶与拱部接触部位、中墙墙脚部位，以及边墙与拱部接触带，其中以中墙与拱部交接处出现裂缝居多，一般 80%以上的裂缝出现在这些位置，隧道渗水也多出现在这些裂缝处(图 2-4)。

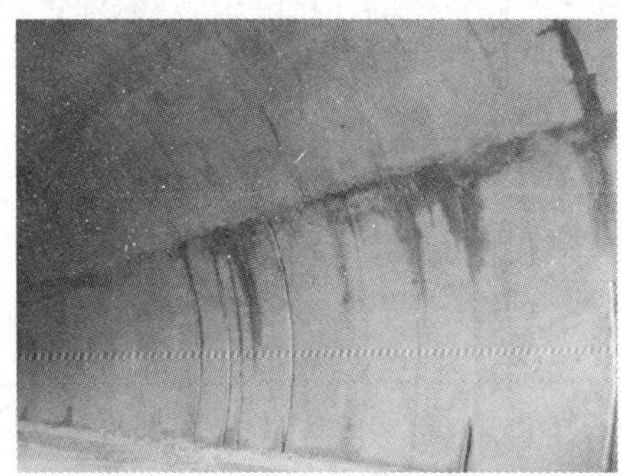

图 2-4 某隧道墙与拱接触处和施工缝渗水病害

隧道中裂缝多为水平、垂直方向，仅有少数呈倾斜状态，这是因为隧道很少有受扭弯情况所致。

1)中墙渗漏水病害的病因分析

前面已述及，在连拱隧道裂缝分析中，在中墙与拱部交接处出现裂缝居多，一般 80%以上的裂缝出现在此处，其原因分析如下：

(1)施工缝和变形缝处裂缝。在施工缝和变形缝处出现的裂缝，主要是由于施工缝处混凝土连接质量不理想，受力较大且沉降不均，而导致在结构的薄弱部位施工缝处产生开裂，也有一些环向或竖向裂缝未处于施工缝处，这些裂缝主要是由于混凝土施工质量差，加上混凝土收缩等因素造成的。

(2)中墙顶部裂缝。中墙顶部是施工最复杂的地方，拱部空洞、隧道超挖和塌方部位大部分未回填，隧道裂缝绝大多数为环向或竖向裂缝。

(3)结构性裂缝。也有一部分是属于结构性破坏裂缝，由于结构受力不合理，在局部产生较大的弯矩，再加上混凝土抗拉能力差，造成中墙顶部出现水平裂缝。

(4)直中墙与拱部连接处裂缝。直中墙与拱部连接处、边墙墙脚常出现裂缝，因为这些部分是应力集中的地方；而整体浇筑的曲中墙，由于中墙与二次衬砌光滑连接，不易产生集中应力，结构整体稳定性也较好。三层曲中墙结构的二次衬砌各自成环，受力性能较整体曲中墙更好。

2)裂缝、渗漏水病害分析结论

通过上述对裂缝、渗漏水病害分析,可以得出以下结论:

(1)整体式直中墙在中墙顶和基座部位存在着非圆滑过渡,容易产生应力集中,这些部位也是结构裂缝多发部位和抗震的薄弱部位。

(2)整体式曲中墙在隧道左右洞各自形成了圆弧结构,客观上能使结构的受力得到优化。

(3)三层曲中墙淡化了中墙在结构整体受力中的传力中枢作用,减小了整个隧道结构稳定对中墙的依赖。同时,由于左右拱圈各自成环,能形成较好的受力体系,有利于围岩、支护结构的整体稳定,是连拱隧道发展的方向。

3. 中墙形式选用

三层直中墙、三层曲中墙连拱隧道,它们的中墙相对较厚,在满足结构和施工要求的前提下,将中墙分为三层,可以满足中墙防排水技术要求。

最近几年来,已经建成了很多三层曲中墙和三层直中墙的连拱隧道,从修建过程中和建成后的效果看,彻底解决了原来连拱隧道的渗漏水情况,并且在施工过程中未发现结构存在失稳等问题。

1)整体式与三层中墙比较分析

根据对依托工程跟踪调查资料分析,连拱隧道课题组认为:三层中墙的连拱隧道结构,主要有以下优点:

(1)从结构上彻底解决了渗漏水病害。

三层中墙结构,完善了防排水设计,从结构上保证了连拱隧道防排水的施工质量,彻底解决了连拱隧道普遍存在的渗漏水病害。具体体现在:防水板在二次衬砌中墙处延伸至隧道边墙底,且在二次衬砌施工前一次铺设完毕;在中墙处二次衬砌也延伸至边墙基底,且一次采用模板台车施工成形,避免了在中墙顶处最易积聚地下水处留有施工缝的问题。

三层中墙连拱隧道的中墙,相当于分幅隧道初期支护,降低了对中墙的施工精度和施工平整度的要求,使得在狭窄的中导坑内施工更容易达到中墙设计要求。

(2)三层中墙结构能有效控制中墙顶部围岩变形及松动区发展。

三层中墙结构中墙顶的回填密实度更易得到保证,且顶部支撑范围远高于整体中墙连拱隧道,使得在隧道主洞尚未开挖前,即隧道中墙顶的围岩在基本未发生变形和松弛的时候,三层中墙的中间墙就给予了围岩足够强的和宽的支撑,从而有效地控制了隧道中墙顶围岩变形及松动区的发展。例如:设计时中导坑的设计偏一些,则中墙右侧顶部基本位于中墙的最高处,采用泵送混凝土,很容易保证中墙顶的回填质量。

2)三层中墙结构缺点

凡事总不是完美的,有利中也蕴藏着一些不利的因素,三层中墙结构存在以下缺点:

(1)三层中墙总厚度一般比单层中墙大,这是构造所决定的。

(2)三层中墙的刚度,一般小于单层中墙;就中墙的承载能力而言,三层中墙也比不上单层中墙墙体承载能力。

中墙是连拱隧道防排水的重点设置部位,是连拱隧道中最为重要的结构。应根据具体情况在整体式直中墙、整体式曲中墙、三层直中墙和三层曲中墙中进行优化分析、选择。

第二节 连拱隧道横断面形式

从隧道纵断面来看，当路线与被穿越山体走向垂直或接近垂直时，连拱隧道与其他类型的隧道一样，整座隧道结构分为洞门、明洞、浅埋和深埋洞段。但是，当路线中线与山体走向斜交时，明洞和浅埋洞的连拱隧道，其横断面常出现一明一暗的洞段，也就是说，上（下）行隧道的主洞，一幅为明洞另一幅为暗洞（图 2-5）；此时，暗洞隧道往往处于偏压状况，为抵挡斜体边坡滑动，在明洞一侧需要修筑支挡结构，以阻挡边坡滑移，或对边坡采取加固措施，以保证边坡稳定。

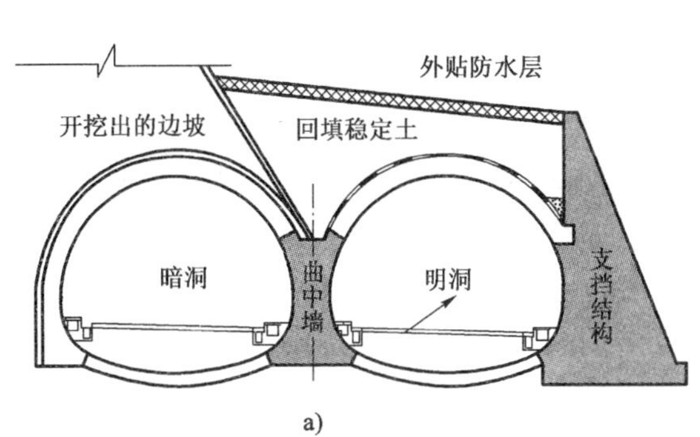

a)

b)

图 2-5 一明一暗（傍山）连拱隧道洞口

a）设置支挡结构一明一暗连拱；b）对洞口边坡进行加固实例

1. 连拱隧道洞门

同其他类型的隧道一样，连拱隧道的洞门，应从有利于隧道洞口稳定和保护环境出发，选用适宜的洞口形式，例如：端墙式、台阶式、削竹式等形式的洞门。鉴于洞门是隧道的唯一外露部分，应结合隧道所在位置的地形、当地的自然环境和人文景观进行装饰，体现自然景观和文化内涵，给往来乘客提示前进方位，给他们留下美好的记忆。

图 2-6a）是思小公路上百花山隧道洞门实例，该洞门设计时结合地形条件和当地自然环境，创建出与自然相互辉映的洞门形式，体现出了路与自然相互和谐的景观。图 2-6b）是该公路上大渡岗连拱隧道削竹式洞门工程实例，洞门的坡率与仰坡一致，最大限度地保护洞口处的

a)

b)

图 2-6 连拱隧道洞门构造工程实例

a）端墙式洞门构造实例；b）削竹（马蹄形）式洞门实例

自然环境，同时延伸了阳光照射洞身的距离，改善了驾驶员由明光过渡到暗光的适应过程，有利于车辆安全行驶。思小高速公路上的15座隧道，其洞门结构各式各样，分别反映了环境、自然风貌，并映射出不同的民族文化特征。

2. 连拱隧道洞身

连拱隧道与其他类型的隧道相比，无论洞门、明洞、暗洞在结构上都是两洞并排在一起。在连拱隧道横断面上，根据中墙的结构形式不同，其横断面可分为整体直中墙、整体曲中墙、中空直中墙、中空曲中墙、三层直中墙、三层曲中墙等六种形式。

1)整体直(曲)中墙连拱隧道

整体直中墙、整体曲中墙连拱隧道，也就是说中墙整体浇筑成型，厚度一般相对较薄，适用于洞外地形条件受到限制，或构造和施工上不允许设计成其他形式的情况，其典型的横断面形式如图2-7、图2-8所示。

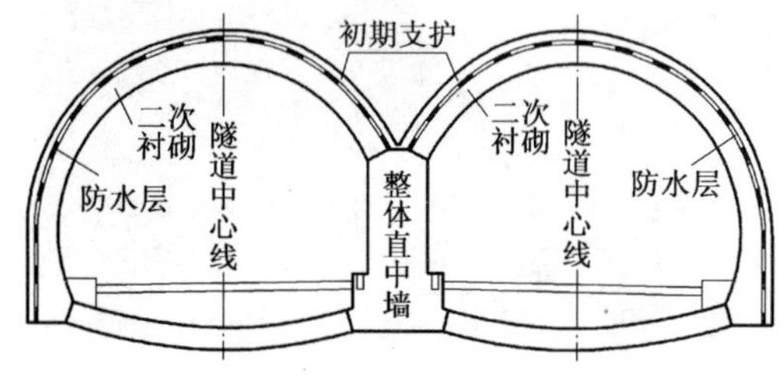

图2-7 典型的整体直中墙连拱隧道断面

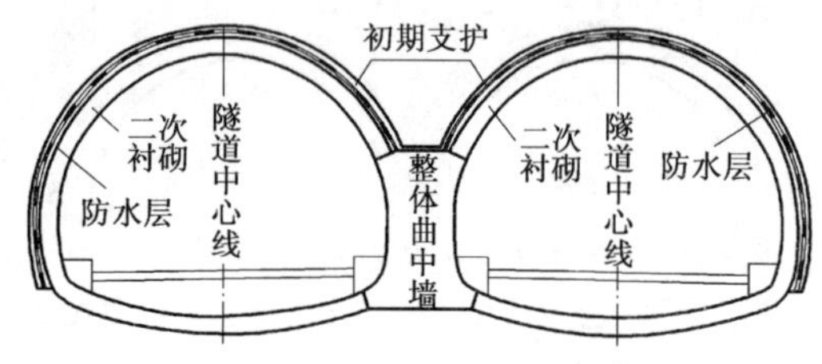

图2-8 典型的整体曲中墙连拱隧道断面

2)中空直(曲)中墙连拱隧道

当整体式中墙比较厚时，在满足结构和施工要求的前提下，为减小中墙工程量，解决中墙排水或设置共用管沟时，可以把中墙做成空心结构，即为中空直中墙、中空曲中墙连拱隧道(图2-9、图2-10)。

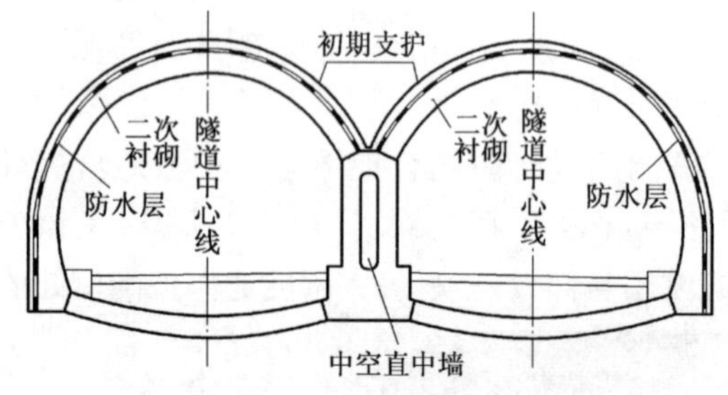

图2-9 典型的中空直中墙连拱隧道断面

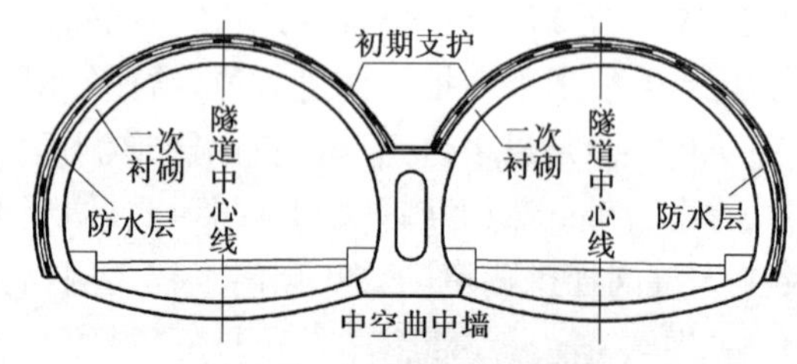

图2-10 典型的中空曲中墙连拱隧道断面

3)三层直(曲)中墙连拱隧道

所谓三层中墙连拱隧道，就是将整体直中墙和曲中墙，分成三层施工，其中间的部分，称为中间墙，是连拱隧道中间部位，其两侧为与隧道主洞二次衬砌共用部分。按中墙断面形式不同，三层中墙结构细化为三层直中墙、三层曲中墙连拱隧道，其断面形式见图2-11、图2-12。

从图2-7～图2-12知悉，连拱隧道与非连拱隧道的洞室构造是一样的，所不同之处是中墙。从连拱隧道横断面整体结构分析，也进一步表明：中墙系连拱隧道的关键构件，是区别于其他类型隧道的地方。

比较上述连拱隧道，可以直观看出，在中墙与衬砌交接处的构造，曲中墙连拱隧道优于直中墙。因为三层曲中墙结构、整体曲中墙结构衬砌构成圆弧、利于成拱，提高了自身承载能力；同时衬砌成圆弧形，结构内力主要是轴力，有利于发挥混凝土的高抗压能力。

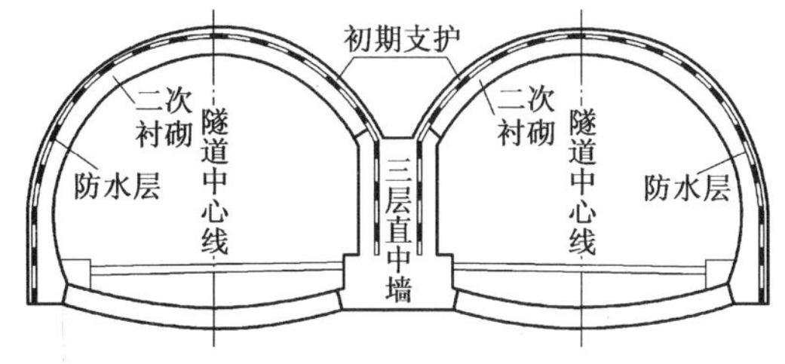

图 2-11 典型的三层直中墙连拱隧道断面

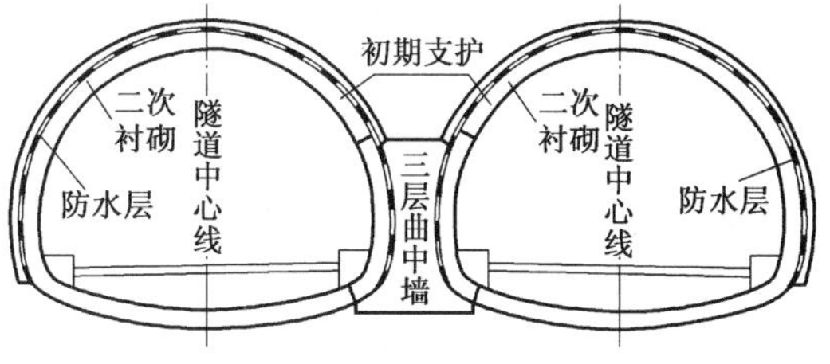

图 2-12 典型的三层曲中墙连拱隧道断面

4)连拱隧道洞室结构实例

连拱隧道的洞室结构，除去衬砌和仰拱与中墙连接处构造外，其余的部位与其他类型的隧道一样。可以说，适宜 V 级(旧 II 类)围岩的洞室，一般选用复合式衬砌，其代表性的洞室结构，一般由超前支护、初期支护、防水夹层和二次衬砌(含仰拱)组成，其仰拱结构多与二次衬砌组合成整体并填充素混凝土，其上铺筑隧道内路面(图 2-13)。

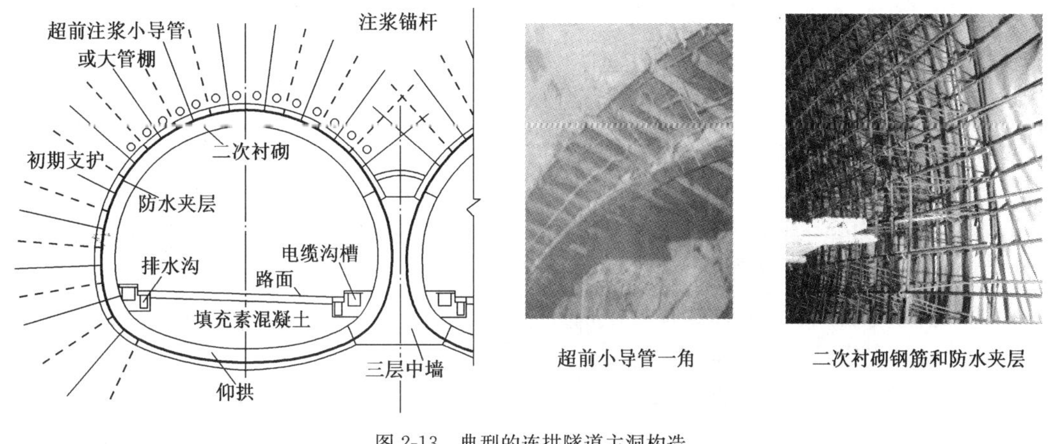

图 2-13 典型的连拱隧道主洞构造

第三节 连拱隧道防排水系统

前已所述，隧道衬砌裂缝、渗水、漏水病害，是连拱隧道的主要病害，它不仅影响着隧道的正常使用，久而久之还会危及隧道的运营安全，于是科学、合理地解决防水排水问题，就成为决定连拱隧道成败的关键中的关键。

1. 连拱隧道病害治理原则

1)裂缝与渗漏水病害

课题组通过调查、分析已建成的连拱隧道，发现常见的病害有裂缝、掉块、中墙渗漏水、翻浆冒泥等，其中裂缝是最主要的病害，它是导致其他病害的基础。在有地下水存在的地方，随着裂缝的发生，必然发生渗水病害。总之，几乎所有病害都与裂缝有关，这是一个不可争辩的

事实。裂缝是连拱隧道所有病害的源头，所以解决隧道裂缝问题是治理渗漏水病害的基础。

2)根治病害，对症下药

连拱隧道裂缝的产生，是其衬砌受力状态的综合反映，它与衬砌结构形式、结构几何尺寸、围岩压力大小及分布、施工技术、工程质量及建筑材料等多种因素相关。因此，解决裂缝和渗漏水病害问题，应从结构设计、防排水系统布设，中墙地基加固、防水材料质量和施工程序及施工质量控制等多方面入手，才能得到根本解决。关于防止裂缝产生的技术措施，将在相关章节中分别介绍。本节主要是解决从构造上如何完善连拱隧道防排水系统的问题。

3)治愈"病害"的基本原则

连拱隧道防排水系统与一般分离式隧道一样，同样遵循"因地制宜，以防、排为主，防、排、截、堵相结合"的综合治理原则，构筑成完整的防排水体系，以达到"排水通畅、防水可靠"的目的。

根据上述原则，连拱隧道防排水系统，总体也是分为两部分：

一是防水系统，二是排水系统。

本研究课题组，针对连拱隧道的特征，从设计上提出一系列的防排水设计，对总体布局和结构设计细节上，都采取了应对措施，取得了良好效果。

2. 连拱隧道防水系统

连拱隧道的防水问题，与其他类型隧道一样，采取结构上的措施，预防围岩渗漏水流入洞室内，其措施可归纳为：三道结构防水线、特殊部位防水。

1)三道结构防水线

一是洞身开挖出后，施作初期支护，用喷射混凝土封闭围岩上大小不同的缝隙，即初期支护除承受围岩压力外，还起到第一道防水功能。同时，打入围岩的注浆锚杆，除可增强围岩强度外，同样也起到封闭围岩裂隙，减少渗水的作用。

图 2-14 是向围岩中钻孔而打设中空注浆锚杆实况，然后再通过其压注水泥浆液增强围岩强度，同时也封闭或降低了围岩渗漏水。

二是在初期支护下，铺设防水夹层，防止和截流通过初期支护渗漏的围岩地下水，阻断地下水在衬砌结构中的渗流通道，隔绝其渗入隧道内，应当说这是最关键的一道防水措施。图 2-15 是在初期支护和二次衬砌之间正在铺设的防水夹层工程实况，由此可见，防水夹层自身材料质量和铺筑施工质量，决定着整座隧道工程整体防水效果。

图 2-14　拱顶中空注浆锚杆施工实况(仰视)

图 2-15　初期支护和二次衬砌间的防水夹层施工实况

三是二次衬砌混凝土自身防水功能，这是洞室最后一道防水防线。

防水是为防止围岩中的地下水渗透进入隧道内部，一般根据地下水性质、渗水量、工程重要性质，合理地确定一座隧道设置为两道还是三道防水防线，这是隧道防水设计中最重要的一环。

防水夹层视洞身的部位不同，其布置方法也略有区别。对于暗洞防水夹层，一般由一层无纺土工布(以下简称土工布)和塑料防水板(PVC-P)组合而成，布设在初期支护与二次衬砌之间。明洞防水层一般由两层土工布和一层防水板组合而成，外贴在明洞的衬砌上。图 2-16a)是暗洞洞段常见的防水夹层构造形式；图 b)是明洞洞段外贴防水层工程实况。

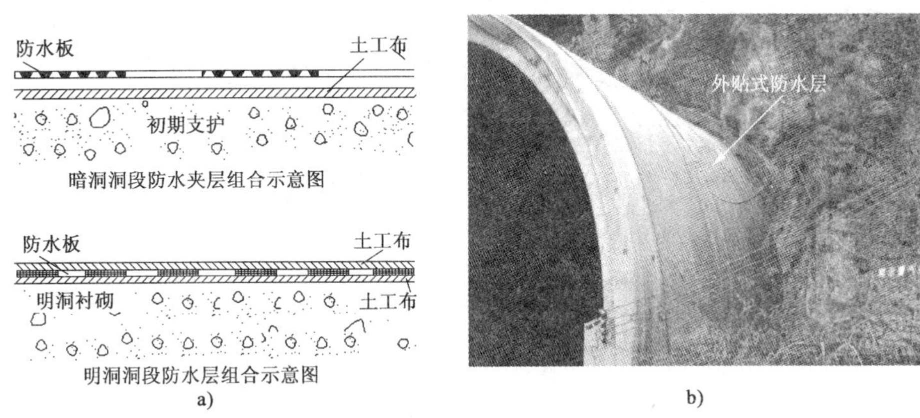

图 2-16 防水夹层组合和明洞防水层
a)暗、明洞段防水层组合方式；b)明洞外贴式防水层工程实例

2)特殊部位的防水

所谓特殊部位是指施工缝、沉降缝和伸缩缝，以下简称“三缝”，工程实践表明，这些地方是防水最薄弱的位置。其防水功能主要取决于施工质量，其具体防水方法，将在第五章第四节中详细介绍。

3. 连拱隧道排水系统

隧道衬砌内渗水、漏水的水源，可以说是来自穿过初期支护围岩中渗漏的水，被防水层阻止后，不断的聚集成积水；这些积水一有机会就通过二次衬砌的裂缝渗漏到洞室之内，于是发生了隧道渗漏水病害。为了防止渗漏水聚集成害，于是连拱隧道就需要设置完整的排水系统。

图 2-17 所示的排水管道，展示出了整座隧道的防排水系统。这个排水系统由环向排水管、横向引水管及纵向排水管、隧道内排水沟组成。环向排水管、横向引水管及纵向排水管，一般选用 HDPE 打孔波纹管。

连拱隧道整个排水过程，可以简要的概括如下：

隧道围岩的渗水，一是一般渗水，由防水夹层截留，然后沿防水夹层背后，漫流到边墙脚下的纵向排水管。二是围岩集中渗水处，设置 Ω 弹簧软管(图 2-18)，将渗水汇集在一起，沿着拱背布设的软管，分别引流到设在边墙墙脚处和中墙顶处的纵向排水管；该纵向排水管与竖向排水管相连接，通过铺设在墙脚下的横管，流入隧道排水沟，排到隧道之外。

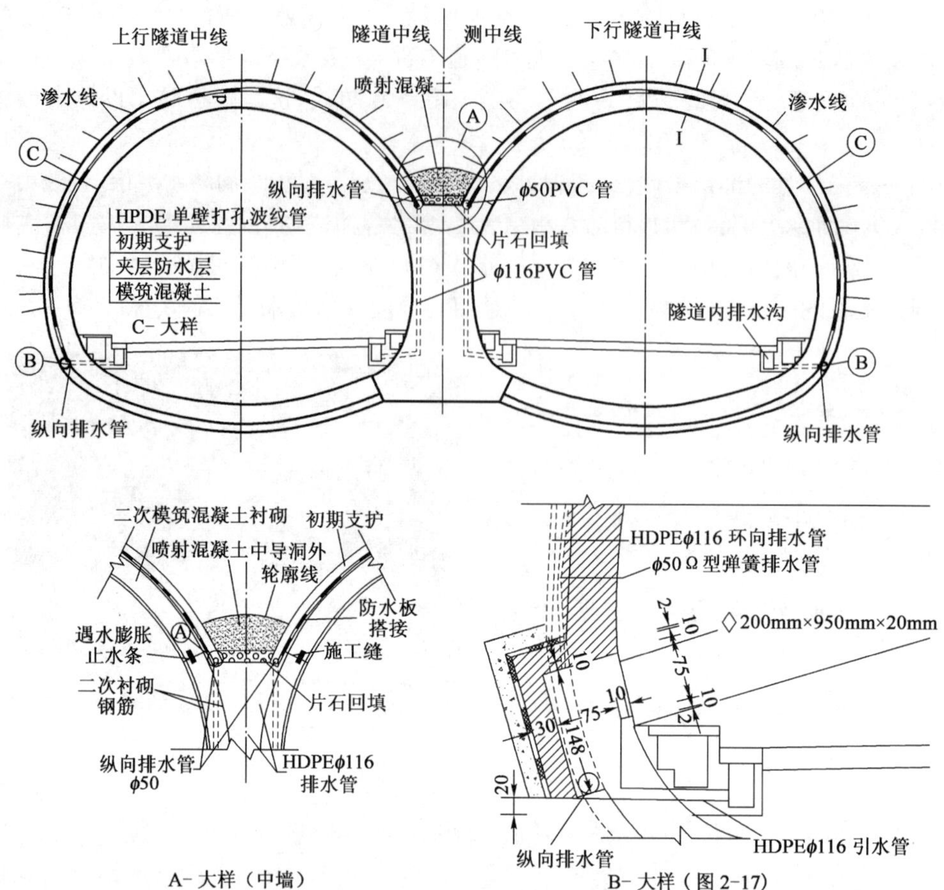

图 2-17　连拱隧道洞身排水系统

1)环向排水管

环向排水管,在初期支护下沿洞室(二次衬砌背部)环向布设,原则上铺设在围岩渗水、滴水处,一般 5m 设一道;在施工中,根据地下水实际渗漏情况可做适当调整,但是,数量只能增多,不得减少。Ω形弹簧排水管布置,应根据实际渗漏水情况设置,原则上凡是有渗水的地方均应布设。环向排水管用 5cm 长钢钉固定,拱部钉距 1m,墙部钉距 1.2m。

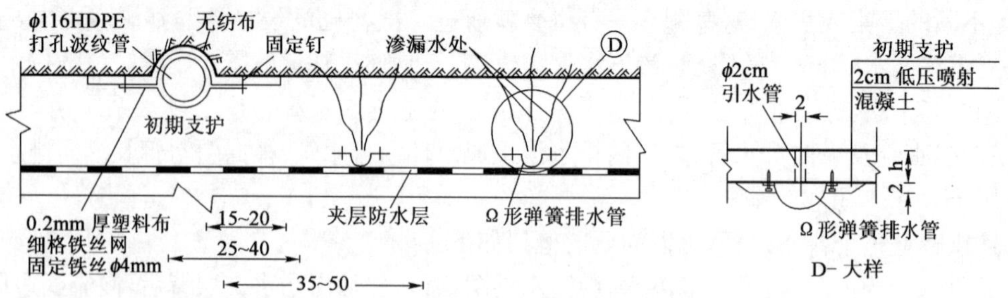

图 2-18　在裂隙集中渗水处设置弹簧管或 Ω 形弹簧排水管,将渗水引流到纵向排水管

环向排水管使用 φ116mmHPDE 单壁打孔波纹管,外用铁丝裹上两层 $400g/m^2$ 土工布,既能防止淤塞,还能防止围岩日久被地下水冲失,同时也可防止喷射混凝土时被砂浆堵塞。

2)纵、横向引水管

纵向排水管一般布设在隧道边墙底部和中墙顶和中墙的墙脚处，并与隧道竖向排水管全线贯通，以汇集环向管汇集的围岩渗漏水。在中墙顶部设置的纵向排水管，选用 ϕ50mmPVC管，在管壁上每隔 10cm 按梅花形打设 ϕ0. 6～0. 8cm 的小孔，以便于汇集拱背防水层漫流下来的渗水。

隧道内横向引水管通常每 25m 布设一道，并与隧道排水沟连通。有关 Ω 形弹簧管、纵向排水管与横向引水管等相互连接的方法，如图 2-19 所示。

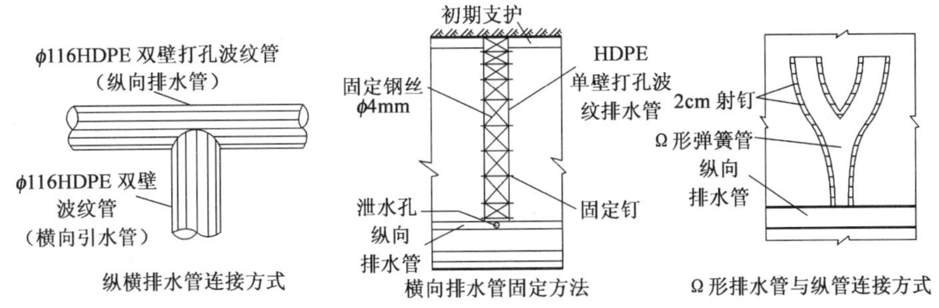

图 2-19　排水系统连接方法(尺寸单位:cm,管件:mm)

3)围岩内排水管道

在富水围岩的岩层里，如果修建了隧道，无形之中阻挡或改变了围岩中水流规律，于是水会汇聚在隧道周围，久而久之会危及洞室安全。为了避免产生对洞身不利的积水，通常在隧道底部，每隔 10m 设置一道深入围岩中的排水管道，给围岩中的积水开辟排水通道，直接流入洞内排水沟里，如此不断降低围岩中水位，避免对洞室造成一定的压力，确保隧道安全。这个经验在云南大风垭口隧道中得到成功应用。

4. 地面截排水

在隧道洞身对应的地面，如果有河流经过或有积水，应对河床进行治理或对积水底部进行处理，防止渗入围岩中，或对河流改道，对积水挖沟排流，使其离开洞身对应的地面，目的在于切断地面水补给。在云南元磨高速公路的大风垭口隧道对应山顶上，恰有一道河流流经那里；河水不断通过岩石裂隙渗入洞室，结果导致正在施工的洞室出现泥石流病害，最终发生大塌方、冒顶病害。经过对河底铺砌处理后，改移了部分河道，确保了隧道安全施工，根除日后隧道渗水病害。

第四节　连拱隧道内路面构造及交通安全设施

连拱隧道内路面结构和安全设施，与其他类型的隧道相同。隧道内路面一般由沥青混合料上面层与水泥混凝土下面层组成，沥青混合料上面层一般厚度为 8～10cm，宜采用两层；水泥混凝土下面层为 C40 水泥混凝土，厚 22～26cm，弯拉强度应不小于 5. 6MPa，弯拉弹性模量不小于 3.5×10^4MPa。有仰拱的地段不设平整层。路面的基本构造和安全设施的布设，本书均省略，请读者查阅现行的公路隧道设计规范。

第三章 连拱隧道设计与计算关键技术

连拱隧道一般为中短隧道，其轴线选择自由度大，可布设于直线上，也可能布设在曲线上，或一段位于直线另一段在曲线上。因此，在设计连拱隧道时，应将洞外与路线连接视为关键技术之一。其余的设计关键技术，如同其他类型的隧道一样，根据公路等级要求，确定行车道间距，拟定断面尺寸，确定其净孔轮廓尺寸后，再根据地质条件，选用适宜的衬砌结构，进行受力分析。所不同的是怎样选择中墙结构形式，这是关系着连拱隧道整体质量的关键所在。为此，本章将对其进行重点详解。

第一节 连拱隧道洞外(内)接线设计

由于构造上的原因，连拱隧道左右洞行车道之间的间距，往往大于洞外整体式路基行车道之间的间距，因此，如何使洞外线形舒适、顺畅、安全地过渡到洞内线形，这是关系未来连拱隧道使用效果及安全的重大技术问题。根据已建成的连拱隧道调查资料，经过归纳整理，连拱隧道洞外接线主要有以下几种方法。

一、位于直线路段上洞外(内)接线方法

当连拱隧道全部位于直线上时，其与洞外接线主要有三种方式。

1. 接线方式一

保持路线中线不变，上下行线路行车道中线向两侧各偏移 Δ，中间路段一般采用两段反向三次抛物线过渡(图 3-1)。

这种接线方式，适宜位于长直线上，且洞口与山体走向正交，洞外边坡较低的连拱隧道。这样布设的连拱隧道，需要人为的增加过渡段，其过渡段的长度，可按下式计算：

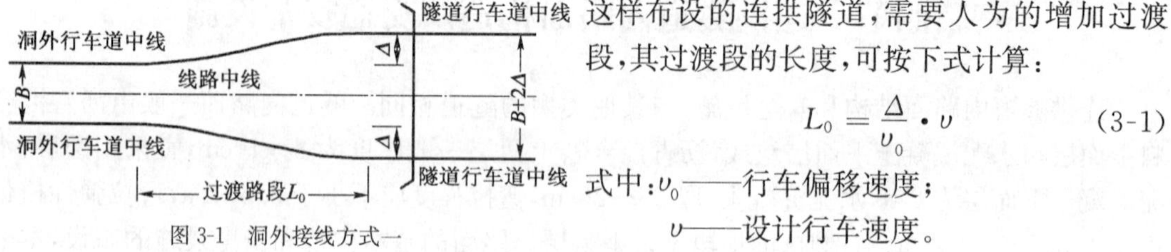

图 3-1 洞外接线方式一

$$L_0 = \frac{\Delta}{\upsilon_0} \cdot \upsilon \tag{3-1}$$

式中：υ_0——行车偏移速度；

υ——设计行车速度。

2. 接线方式二

连拱隧道内保持上行(或下行)线路行车道中线不变，线路中线向下行(或上行)线路侧偏

移 Δ，下行（或上行）线路行车道中线向外侧偏移 2Δ，中间过渡段一般采用两段反向的三次抛物线（图 3-2）。当隧道位于长直线上，且隧道洞口处于偏压状态，一侧边坡较高，向两侧偏移会过分增大工程量，或形成高边坡的情况下，洞外接线适宜选用这种接线方式。

这种洞外接线方式，如同第一种接线方式一样，需要人为增加一段过渡段，其长度按下式计算：

$$L_0 = \frac{2\Delta}{v_0} \cdot v \tag{3-2}$$

式中符号意义同式（3-1）。

3. 接线方式三

如果隧道洞外位于曲线上，可保持线路中线不变，调整洞外上下行线路行车道中线曲线半径，使上下行线路行车道中线的间距加宽 2Δ（图 3-3）。当隧道位于较短直线上，或位于曲线上时，洞外接线宜选用这种方式。

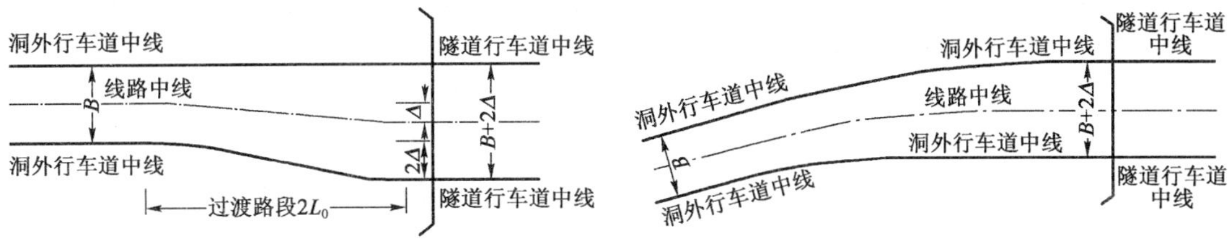

图 3-2　洞外接线方式二　　　　图 3-3　洞外接线方式三

这种洞外接线方式，可利用洞外既有曲线要素，在不改变其线形条件下形成自然过渡。

二、位于圆曲线上洞外（内）接线方法

当连拱隧道位于圆曲线上时，其洞外有以下两种接线方式。

1. 接线方式四

路线中线保持不变，上下行线路行车道中线向两侧各偏移 Δ，通过缓和曲线对过渡段进行调整（图 3-4）。

当隧道位于圆曲线上，且隧道洞口与山体走向正交，边坡较低时，洞外接线可采用这种方式。洞外接线过渡方法，可利用洞外既有缓和曲线要素，调整上下行行车道中线。

2. 接线方式五

连拱隧道保持上行（或下行）线路行车道中线不变，线路中线向下行（或上行）线路侧偏移 Δ，下行（或上行）线路行车道中线向外侧偏移 2Δ，过渡段通过缓和曲线调整过渡（图 3-5）。

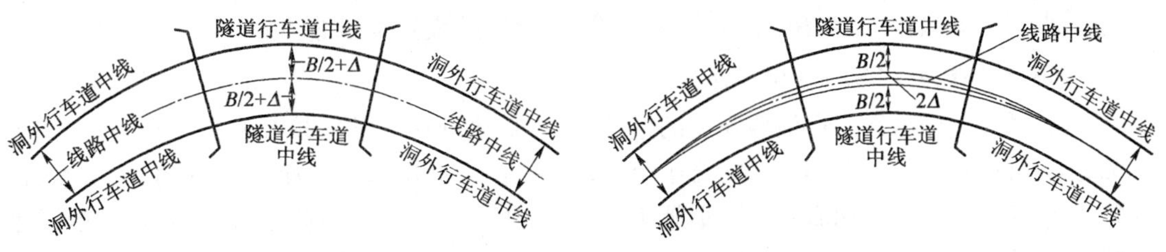

图 3-4　洞外接线方式四　　　　图 3-5　洞外接线方式五

当隧道位于圆曲线上，且隧道洞口处于偏压状态，一侧边坡较高，如果向两侧偏移会过分增大工程量，此时的洞外接线宜采用这种接线方式。其具体过渡方法，保持靠山侧线路行车道中线曲线要素不变，通过调整另一行车道中线(既有缓和曲线要素)进行过渡。

第二节　连拱隧道结构选择

在特定的地形地质条件下，其他类型隧道的优势受到制约时，连拱隧道则成为较优的替代选择方案。此时，应根据地形、地质条件，选用适宜的连拱隧道结构，对边墙、中墙、仰拱以及防排水系统进行优化组合配置，使之更为科学合理。

1. 断层、褶皱、破碎带连拱隧道断面选择

(1)在断层地带，岩石一般比较破碎，易发生塌方事故；同时，断层带透水性一般也比较发育，在较高水头压力作用下，可能弱化围岩性质，对衬砌结构产生不利影响。

(2)在褶皱地带，岩层一般呈弯曲状态，个别部位比较破碎，同时可能有小型断层伴生，褶皱的弯曲可能产生局部富水带。

(3)破碎带可能产生于断层带、褶皱带，也可能产生于其他构造发育部位，其对隧道围岩的影响一个是荷载，另外一个是裂隙水。

在上述地质条件下，适宜选用带仰拱的三层曲中墙、曲边墙连拱隧道结构。

2. 浅埋连拱隧道选型

连拱隧道埋深浅，可能难以在围岩中形成受力拱，从而导致隧道结构受力较大。加之浅埋的围岩一般力学性质较差，地下水径流较短，降雨对隧道围岩和防水产生比较大的影响；如果隧道一旦出现塌方，可能塌至地表，形成冒顶坍塌事故。

鉴于此，在浅埋破碎地层中，修建连拱隧道时，要加强超前支护。在隧道不长的情况下，可采用对打的大管棚；在管棚难以达到的部位，可采用超前小导管等进行超前支护。在施工中，应适当加密钢拱架的间距，必要时可在二次衬砌中加强钢筋并紧跟施工，以防止洞室围岩塌方，或围岩出现大变形。此时，连拱隧道结构，可采用整体式直中墙，或整体式曲中墙隧道。

3. 富水带连拱隧道选型

在富水地带，除从结构受力方面需要考虑外，还需要在防水工作上下工夫，在浅埋富水带地层，建议采用双重防水，即除采用复合式衬砌中夹层的防水板外，还要在隧道二次衬砌中采用防水混凝土。同时，还要做好“三缝”(施工缝、沉降缝、伸缩缝)防水，保证排水系统通畅。

4. 地震带连拱隧道选型

在地震地带的连拱隧道，除其自身应保证初期支护与围岩，二次衬砌与初期支护的密贴外，应适当减小二次衬砌结构的刚度，在洞口合适的位置，设置抗震缝。

5. 围岩条件良好地段连拱隧道选型

在围岩情况良好，无不良地质作用的条件下，可适当削减超前支护和初期支护，仅采用喷射混凝土进行喷面防护，选用整体式直中墙、直边墙、不设仰拱的连拱隧道，并可减薄二次衬砌厚度，甚至取消衬砌中的钢筋。在隧道施工中，采用中导洞—上下台阶法，以简化连拱隧道繁杂的施工工序。

第三节　连拱隧道中墙优化设计

中墙是连拱隧道最关键的构件，其基本形式前已述及，可分为六种形式。通过课题组实地调查、研究分析，指出了施工缝和变形缝、中墙顶与拱部接触部位易产生裂缝的原因。

从连拱隧道整体来看：直中墙与边墙墙脚处极易发生裂缝，因为这些部位都是应力集中的地方，而整浇曲中墙与二次衬砌连接处呈曲线光滑连接，不易产生集中应力，结构整体稳定性也较好。三层曲中墙结构其二次衬砌各自成环，受力性能较整浇曲中墙更好。

图 3-6 是一座连拱隧道的三层曲中墙施工实例，在曲中墙墙脚处与二次衬砌连接处施作成环弧状，避免了产生应力集中现象，同时强化了钢筋布设，增强了该处连接的强度，可以有效地避免产生裂缝病害，同时铺设了竖向和横向排水管道，使汇集的水流顺利排泄到隧道的排水沟里。

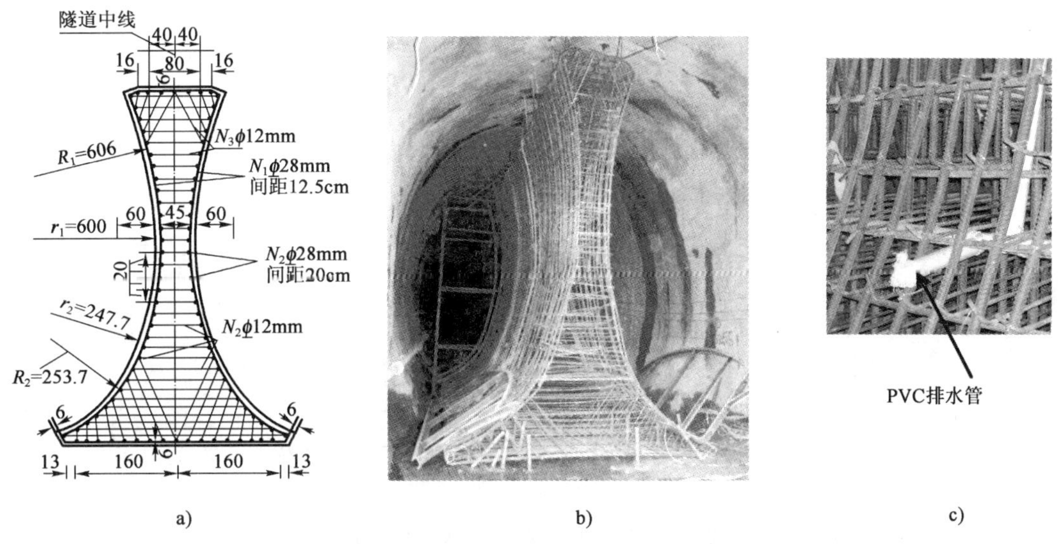

a)　　b)　　c)

图 3-6　三层曲中墙连拱隧道工程实例(尺寸单位：cm)

a)三层曲中墙的中间墙钢筋布设；b)中间墙施工实况；c)曲中墙墙脚钢筋和排水管

第四节　连拱隧道监测数据分析

监控量测是连拱隧道必备的工序，通过监控数据能够及时掌握围岩的动态，以便进行信息反馈施工。图 3-7 是在依托工程上麻地河 4 号 ZK52＋120 断面中墙里埋设的钢筋计，监测中墙轴力变化，监测数据结果列于表 3-1。

中墙钢筋计轴力实测值(压力为负)　　表 3-1

位置	A	B	C	D
最不利工况(kN)	4.87	−20.94	−3.77	−7.17
稳定值(kN)	−2.52	−23.41	−6.96	−7.36

从表 3-1 中可以看出：通过监控量测数据分析，中墙最终稳定时主要承受的是压力，最不利受力工况出现在施工过程中，最大压力不超过－25kN，最大拉力不超过 8kN。

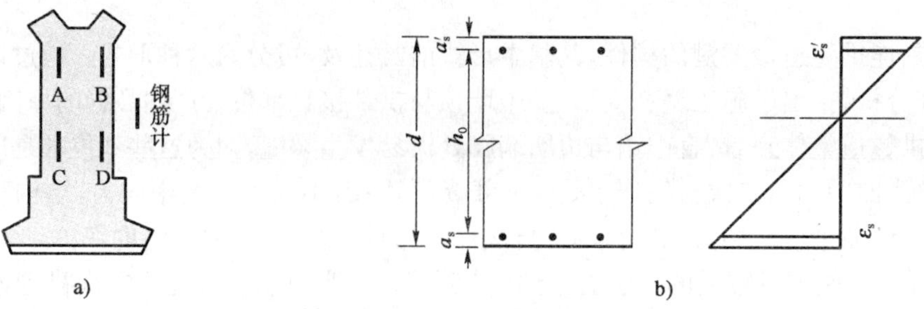

图 3-7　中墙钢筋计布设和钢筋测点布置图

a）中墙钢筋计测点位置；b）应变分布图

按最大压力不超过－25kN，最大拉力不超过 8kN 考虑，则最大压应变为：

$$\varepsilon_s' = \frac{\sigma_s}{E_s} = \frac{F_s}{A_s E_s} = \frac{-25 \times 10^3}{\frac{\pi}{4} \times 25^2 \times 3 \times 10^5} = -0.000\,170$$

最大拉应变为：$\varepsilon_s = 5.44 \times 10^{-5}$。

以上均小于钢筋极限拉应变（0.01）和 C25 混凝土的极限拉应变（6.78×10^{-5}）的要求。

目前，对于Ⅴ级（旧Ⅱ类）围岩，整体直中墙厚度一般大于 1.5m，整体曲中墙与三层曲中墙厚度一般为 2.0～2.5m，中墙的自身强度足以满足设计和使用要求。

在施工过程中，如果做到左右洞平行施工，可减少施工带来的偏压影响，以及严格控制施工质量，中墙厚度可得到进一步优化。比如麻地河 4 号隧道，其中墙整体厚度为 1.8m（中间层 0.6m），由于施工方案得当，严格控制施工质量，施工过程未出现任何事故，目前该隧道已投入运营，几乎没有裂缝、渗漏水现象。既节约了工程造价，又创造了良好的社会效益。

第五节　连拱隧道洞身支护和参数

连拱隧道衬砌，一般采用复合式衬砌结构，其二次衬砌为整体式。复合式衬砌的支护参数设计，应综合考虑使用要求、工程地质和水文地质条件、围岩级别、隧道埋深及隧道断面形状、开挖方法、施工顺序和断面的闭合时间等条件，通过工程类比和结构计算综合分析确定。

一、连拱隧道衬砌

1. 初期支护

连拱隧道典型的复合式衬砌的初期支护，一般由喷射混凝土或喷射钢纤维混凝土、系统锚杆、钢筋网、钢架支撑等组成。图 3-8 是一座正在施工中的初期支护工程实例，已铺设上钢筋网，支立上工字钢拱架，喷射上混凝土后，即可构筑成初期支护。

(1)在一般的围岩条件下，采用喷射混凝土，其设计强度一般不低于 C20。围岩松散、稳定性极差的土（岩）体中，可采用喷射钢纤维混凝土，其设计强度一般不低于 C25。喷射混凝土厚

度应不小于 5cm，不宜大于 30cm。

a)

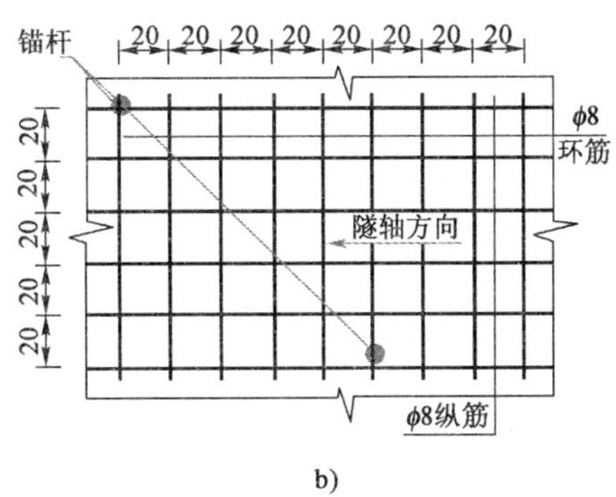

b)

图 3-8 初期支护（尺寸单位：cm，钢材：mm）

a）初期支护施工实况；b）初期支护钢筋网布设实例

（2）连拱隧道喷射的混凝土，一般应配合使用单层 φ6.5mm 的钢筋网，钢筋网隔间距 150～250mm。

（3）连拱隧道的系统锚杆，一般采用 φ22～27mm 中空注浆锚杆和砂浆锚杆，对于岩体破碎、成孔困难的围岩，可采用 φ27～32mm 自进式锚杆。一般锚杆构造、平面布置见图 3-9，锚杆长度根据围岩地质情况确定。

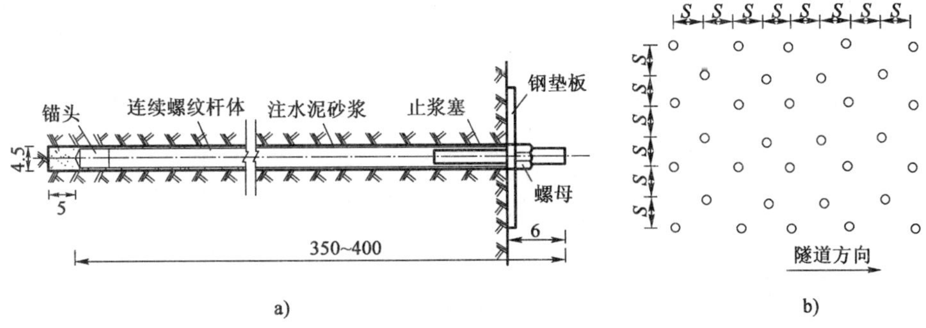

a) b)

图 3-9 初期支护锚杆（尺寸单位：mm）

a）一般锚杆构造；b）锚杆平面布置

（4）在地质条件较差，自稳时间短、初期变形大的地层中，一般用钢架支撑。在洞口浅埋地段及 IV、V 级围岩中，常用到钢架支撑。连拱隧道的钢架支撑常用格栅钢架、工字钢钢架，也有用倒 U 形钢架、H 形钢架。钢架间距根据地质情况一般为 0.6～1.0m。

（5）连拱隧道洞口段或洞身 V 级（旧 II 类）围岩地段，在这些区段围岩一般比较破碎，开挖后不能自稳，往往需要设置超前支护；超前支护方式，主要有超前大管棚、超前小导管、超前锚杆等，超前支护往往配合钢架一起施工。

2. 连拱隧道防水夹层

连拱隧道防水设计，请见下节防排水设计。

3. 连拱隧道二次衬砌

复合式连拱隧道的二次衬砌，一般采用现浇混凝土。当围岩为 IV、V 级时，二次衬砌采用钢筋混凝土结构，中墙较薄时一般采用钢筋混凝土；中墙较厚时，一般可采用混凝土或少筋混凝土。在围岩比较差的IV、V级地段应设置仰拱，III级围岩最好也要设置仰拱，II、I级围岩可不设仰拱。

4. 连拱隧道预留变形量

连拱隧道复合式衬砌应当设置预留变形，其大小根据围岩级别、断面大小、隧道埋深及施工方法、初期支护等情况，采用工程类比法进行预测。也可参照表3-2取值。

连拱隧道预留变形量

表3-2

围岩级别	II	III	IV	V	备注
预留变形量(cm)	0～5	5～10	10～15	15～25	

5. 支护参数经验数据

连拱隧道支护参数，一般应通过结构计算确定，或采用工程类比法拟定。表3-3列出经验数据可供参考。

双车道连拱隧道复合式衬砌支护参数参考表

表3-3

围岩级别	初期支护					二次衬砌	
	喷混凝土(cm)	锚杆(cm)		钢筋网(cm)	钢架间距(cm)	拱墙(cm)	仰拱(cm)
		长度	间距				
V	20～25	350～400	60～80	@15×15	60～80	钢筋混凝土60～80	钢筋混凝土60～80
IV	20～25	300～350	80～100	@20×20	80～100	钢筋混凝土50～60	钢筋混凝土50～60
III	10～15	250～300	100～120	@25×25	/	50～60	(50)
II	5～10	200～250	局部设置	局部@25×25	/	40～50	/

注：III级围岩二次衬砌可根据地质情况确定是否设仰拱。

二、连拱隧道防排水设计

连拱隧道洞内应布设成一个完整的、畅通的、可靠的防排水系统，以保证各种设备正常使用，车辆安全行驶。

1. 公路隧道防水一般要求

(1)拱部、边墙不滴水。

(2)路面不冒水、不积水、设备箱洞处不渗水。

(3)冻害地区隧道衬砌背后不积水，排水沟不冻结。

(4)汽车专用公路隧道，则应达到拱部、墙部及设备箱洞处均不渗水。

2. 连拱隧道防排水设计原则和方法

1)防排水设计原则

连拱隧道结构复杂，施工困难，为达到以上防水要求，连拱隧道的防排水更显得尤为重要。布设连拱隧道防排水设施时，应视水文地质条件，因地制宜地采取“以防、排为主，防、排、截、堵

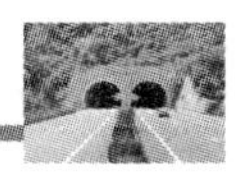

相结合”的综合治理原则，以达到排水通畅、防水可靠、经济合理、不留后患的目的。

2)连拱隧道防、排水方法

连拱隧道的防排水系统，应具有分离式隧道防排水系统相同的特点，即:防水系统通常由防水层和防水混凝土组成，施工缝、沉降缝采用止水条(带)止水；极少数只采用防水混凝土自行防水。

排水系统一般由排水盲沟、纵横向排水管和纵向排水沟组成立体排水网络，即:地下水通过横向排水盲沟、边墙底部布设有孔塑料管，将水汇集一起，通过墙底横向无孔塑料管，将水引至洞内排水沟里排出洞外。

除此之外，由于连拱隧道自身独特的中墙结构，使得连拱隧道中墙部位的防排水又有别于一般隧道，不同的中墙结构，又有不同的防排水设计思想、方法和施工工艺，下面分别介绍常用的几种中墙防排水方式。

(1)中墙防排水方式一

中墙顶部布设的防水层，如果左右洞不连通，中墙顶部左右应各设一道纵向有孔排水管，将渗漏的水汇集在一起，再通过斜向管汇入共用的竖向排水管，连接墙底处的横向引水管，将汇集的水流排入洞室的排水边沟里(图 3-10)。这种排水方式适宜整体实心中墙。

中墙防、排水方式一般比较复杂，在施工过程中，钢架预埋件或钢筋易穿透防水层；同时，排水系统也复杂，排水管之间的连接多，还易引起排水管堵塞，造成排水不畅，一旦施工质量得不到保证，其排水效果不能令人满意。

(2)中墙排水方式二

左右洞防水夹层在墙顶部连接一起，左右洞各设(或共设)一道纵向有孔排水管，将汇集的水通过竖向排水管，排至墙底部的引水管里，排入洞室的排水沟里(图 3-11)；这种防排水方式适用于无钢架的整体实心中墙。不过防排水效果仍然不令人满意。

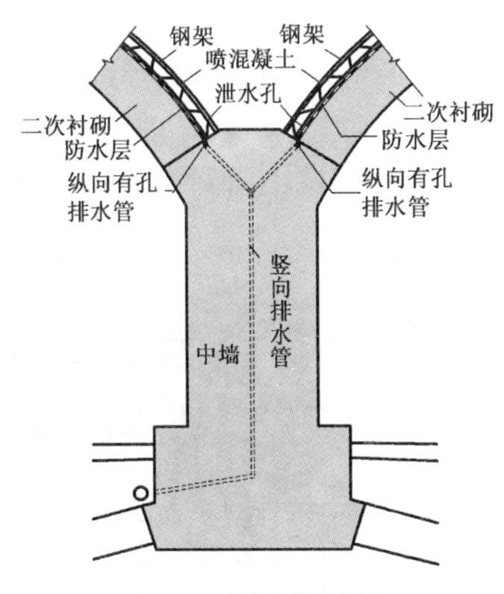

图 3-10 中墙防排水方式一

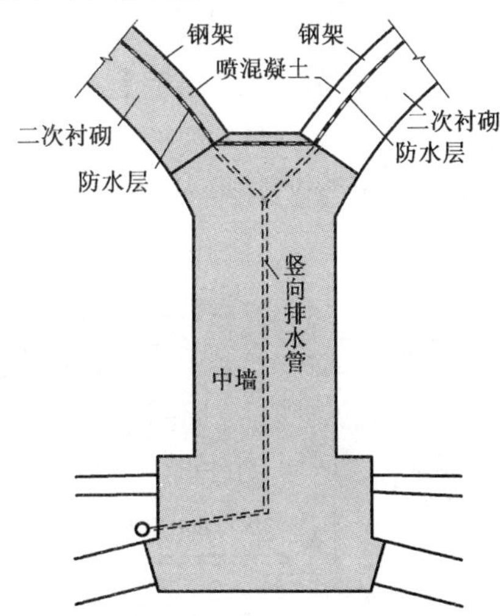

图 3-11 中墙防排水方式二

(3)中墙防排水方式三

中墙顶部左右洞防水层不连通，顶部左右洞各设一道有孔排水管，将汇集的水通过布设在中墙中的横向排水管，将水排至中墙空心部分里设置排水沟，沿纵向排出洞外，适用于中空中墙(图 3-12)。

防排水方式三,其防水缺点与方式一相同,防水系统复杂,施工困难;在施工过程中,钢架预埋件或钢筋易穿透防水层,施工质量难以保证,防水效果还是难以保证。但是,排水系统比方式一、二简单,排水通畅,不过中空中墙内的排水沟维护困难,施工也比较复杂。与上述方法相比,排水效果尚可,防水效果难以进行评价。

(4)中墙防排水方式四。

防排水方式四,仅适用于分层中墙,类似于单洞防排水系统,左右洞排水系统相互独立(图 3-13)。该种防排水系统与分离式隧道相同,施工相对方便,施工质量能够得到保证。防水效果理想,排水系统可靠。

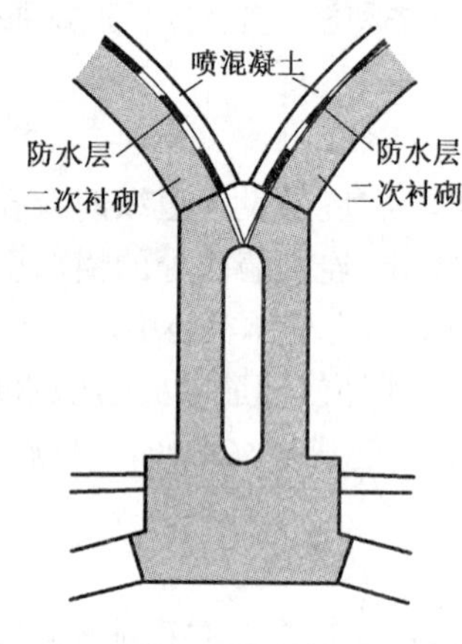

图 3-12　中墙防排水方式三

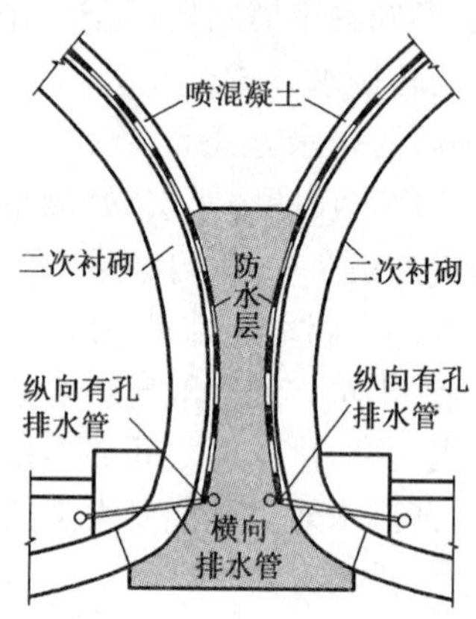

图 3-13　中墙防排水方式四

三、三层中墙防排水设计

对于三层中墙连拱隧道而言,其结构本身防排水设计与分离式隧道相比基本一致,所以防排水设计只需参照分离隧道进行设计即可(图 3-14)。目前,分离隧道的防排水设计,已经积累了很丰富的设计和施工经验,所以,对三层中墙连拱防排水设计,无需进行单独的研究。

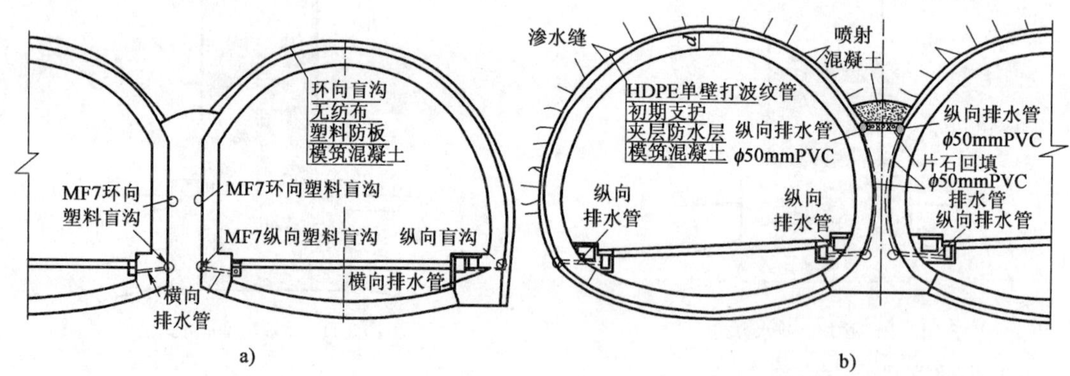

图 3-14　三层中墙连拱隧道防水系统设计

a)直中墙;b)曲中墙

根据分离式隧道的防排水设计思路，无论是三层直中墙还是三层曲中墙连拱，都需要在防水板和初期支护之间铺设环向和纵向盲沟，并与洞室内布设的排水沟连通，从而构筑成洞身排水网络。

鉴于中墙采用模筑混凝土，其表面较光洁和硬实，并且在二次衬砌和中墙间无任何预留变形量，在此处的防排水设计和施工，与分离式隧道相比，不同之处在于此。通过依托工程的实践，在课题组研究成果基础上，为解决该问题，建议采取的措施如下：

(1)由于二次衬砌是连拱的主要承载结构，在高级别围岩中，均采用钢筋混凝土结构，盲沟不能侵入二次衬砌，所以，在中墙施工过程中，应预留盲沟的位置。

(2)建议在布设中墙钢筋时，适当增加一定的保护层厚度。

第六节 连拱隧道设计荷载

在进行隧道计算时，一般使用荷载结构法，采用围岩的松动压力作为计算荷载。松动压力的确定方法有：

· 现场实地测量法；

· 理论公式计算法；

· 统计法确定的公式计算法。

应当说，实地测量法应是今后的努力方向，但是，按目前的量测手段和技术水平来看，量测的结果尚不能充分反映真实情况。由于围岩地质条件千变万化，理论计算所引用的计算参数难以确切取值。因此，目前也还没有一种能适合于各种客观实际情况的统一理论。在大量施工塌方事件的统计基础上，建立起来的统计方法，在一定程度上能够反映围岩压力的真实情况。

一、深埋连拱隧道围岩压力

人们认为在具有一定黏结力的松散介质中开挖坑道后，其上方会形成一个抛物线形的塌落拱，作用在支护结构上的围岩压力就是塌落拱内松散岩体的重力。根据松散体理论，洞室开挖以后，岩层将产生如图 3-15 的破裂面，在毛洞顶部形成跨度为 $2a_1$ 和高度为 h_1 的拱形破裂面，而侧面岩体的破裂面与毛洞竖直侧面的夹角为 $45°-\varphi/2$，其中 φ 为围岩计算摩擦角。

按照按公路隧道设计规范规定，塌落拱高度 h_1 为：

$$h_1 = 0.45 \times 2^{S-1}\omega \qquad (3\text{-}3)$$

式中：S——围岩级别；

ω——宽度影响系数，$\omega=1+i(B-5)$；

B——隧道跨度(m)；

i——B 每增减 1m 时的围岩压力增减率，以 $B=5$m 的围岩垂直压力为准，当 $B<5$m 时，取 $i=0.2$；$B>5$m 时，取 $i=0.1$。

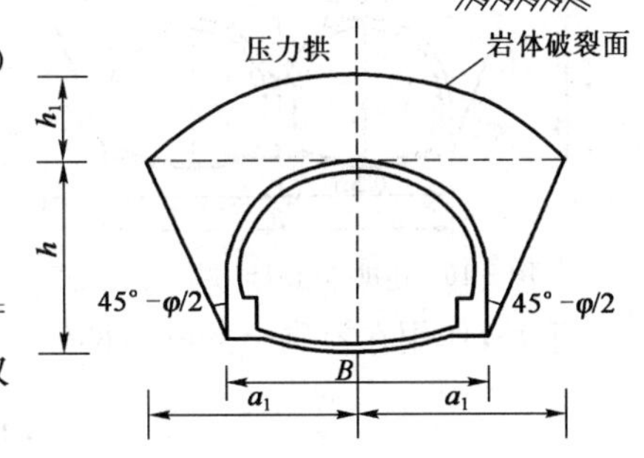

图 3-15 塌落拱高度计算简图

对于连拱隧道而言，中导洞开挖后，施工中墙时已对中间围岩进行了加固。显然，若按整个开挖跨度计算的垂直压力应该小于实际的垂直压力；理论上分析，若中墙在其顶未发生变形前就进行支护，且和围岩密贴，那么隧道计算松动压力的宽度应选择一般的连拱隧道宽度的一半；但是，实际上施工时，首先是中墙顶部的围岩在支护时已经发生了一定的变形，其次中墙施工也不可能做到和围岩完全密贴，所以连拱隧道松动压力计算值，应该在半结构宽度与整个开挖宽度之间取值。图3-16给出了各种情况下的塌落拱曲线。

情况一：不考虑中墙支护作用，以整个连拱隧道开挖宽度作为毛洞跨度的塌落拱曲线，为最不利情形，此时的塌落高度为：

$$h_1^{\mathrm{w}} = 0.45 \times 2^{S-1}[1 + i(B-5)] \tag{3-4}$$

情况二：取连拱隧道半跨结构计算的塌落拱曲线，是为最理想情形，其塌落高度为：

$$h_1^{\mathrm{h}} = (0.45 \times 2^{S-1}[1 + i(0.5B-5)] \tag{3-5}$$

情况三：连拱隧道假定压力拱曲线，与中墙顶部回填的及时性以及密实度等有关。

从图3-16可以看出，连拱隧道左、右洞中线之间顶部增大了塌落面积(图3-16阴影部分)，两侧拱部塌落面积增加不大，于是认为中墙顶部荷载有较大的增加，其分布范围为左右洞隧道中线之间，垂直压力均布荷载按半结构计算。

综合考虑上述情况，深埋连拱隧道荷载分布如图3-17所示，其隧道顶部垂直压力及其附加压力为：

$$\begin{aligned} q &= \gamma h_1^{\mathrm{h}} = 0.45 \times 2^{S-1}\gamma[1 + i_1(0.5B-5)] \\ q' &= \xi\gamma(h_1^{\mathrm{w}} - h_1^{\mathrm{h}}) = \xi\gamma \times 0.45 \times 2^{S-1} \times B(i_2 - 0.5i_1) \end{aligned} \tag{3-6}$$

式中：q——隧道垂直均布压力(kN/m²)；

q'——隧道中墙顶部附加压力(kN/m²)；

γ——围岩容重(kN/m³)；

h_1^{h}、h_1^{w}——分别以0.5B、B为计算宽度时的塌落拱高度(m)；

i_1、i_2——分别以0.5B、B为计算宽度时的围岩压力增减率；

B——连拱隧道总宽度(m)；

ξ——附加荷载修正系数，中墙顶部回填及时，且中墙顶部围岩与中墙密切接触取ξ=0.2～0.4，反之取ξ=1，一般情况取ξ=0.5～0.7。

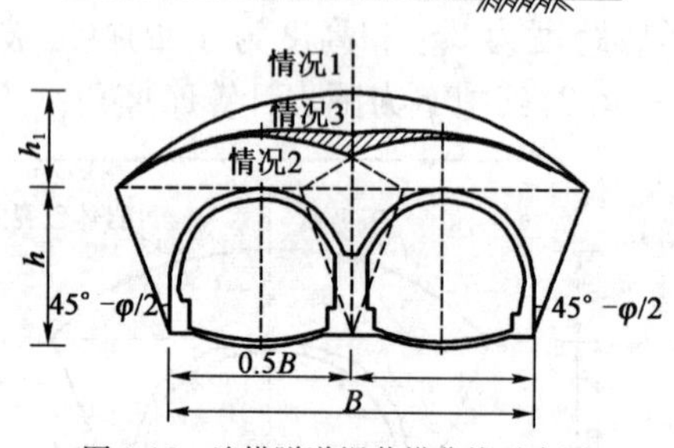

图3-16 连拱隧道塌落拱曲线示意图

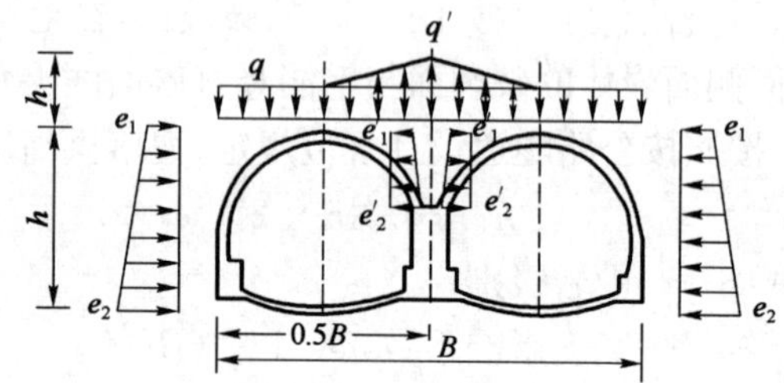

图3-17 深埋连拱隧道荷载分布图

于是，作用在衬砌上的隧道两侧水平围岩压力为：

$$\left.\begin{aligned} e_1 &= \gamma h_1^{\mathrm{h}} \tan^2\left(45° - \frac{\phi}{2}\right) \\ e_2 &= \gamma(h_1^{\mathrm{h}} + h)\tan^2\left(45° - \frac{\phi}{2}\right) \end{aligned}\right\} \tag{3-7}$$

式中：e_1、e_2——隧道拱顶与底部的水平围岩压力；

γ——围岩容重(kN/m³);

h_1^h——以 0.5B 为计算宽度时的塌落拱高度(m);

h——隧道开挖高度(m);

ϕ——围岩计算摩擦角(°)。

作用在衬砌上的中墙两侧水平围岩压力为:

$$\left.\begin{aligned} e_1' &= (q+q')\tan^2\left(45^\circ - \frac{\phi}{2}\right) \\ e_2' &= (q+q')\tan^2\left(45^\circ - \frac{\phi}{2}\right) \end{aligned}\right\} \tag{3-8}$$

二、连拱隧道深浅埋分界值

连拱隧道浅埋和深埋隧道分界线,主要参照公路隧道设计规范的方法,按荷载等效高度值,并结合地质条件、施工方法等因素综合确定。按荷载等效高度的判定公式为:

$$H_p = (2 \sim 2.5)h_q \tag{3-9}$$

式中:H_p——深浅埋隧道分界深度(m);IV～VI 级围岩取,H_p=2.5h_q;I～III 级围岩取,H_p=2.0h_q。

h_q——荷载等效高度(kN/m²),按下式计算:

$$h_q = \frac{q_0}{\gamma} \tag{3-10}$$

式中:q_0——连拱隧道等效垂直均布压力(kN/m²),按式(3-6)确定,取 $q_0=q+q'$;

γ——围岩容重(kN/m³)。

三、浅埋连拱隧道围岩压力

1. 埋深 H≤等效荷载高度 h_q 连拱隧道围岩压力

如图 3-18 所示,隧道顶部垂直压力

$$\left.\begin{aligned} q &= \gamma H \\ q_z &= \gamma(H_1 - H) \end{aligned}\right\}$$

式中:q——隧道垂直均布压力(kN/m²);

q_z——为中墙与两侧拱肩所夹三角形块体自重(kN/m²),如图 3-18 阴影部分所示;

γ——围岩容重(kN/m³);

H——隧道埋深,指隧道顶部至地面的距离(m)。

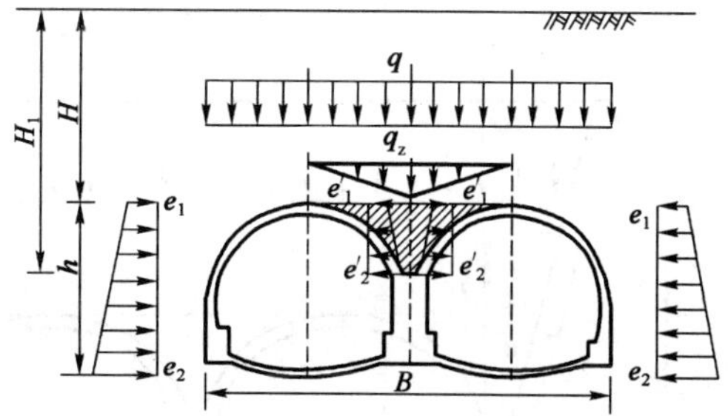

图 3-18 埋深<h_q 连拱隧道荷载分布示意图

于是,作用在衬砌上的隧道两侧水平围岩压力为:

$$\left.\begin{aligned} e_1 &= \gamma H\tan^2\left(45^\circ - \frac{\phi}{2}\right) \\ e_2 &= \gamma(H+h)\tan^2\left(45^\circ - \frac{\phi}{2}\right) \end{aligned}\right\} \tag{3-11}$$

式中：e_1、e_2——隧道拱顶与底部的水平围岩压力；

γ——围岩容重(kN/m^3)；

H——隧道埋深，指隧道顶部至地面的距离(m)；

h——隧道开挖高度(m)；

ϕ——围岩计算摩擦角(°)。

作用在衬砌中墙上的两侧水平围岩压力为：

$$\left.\begin{aligned} e'_1 &= q\tan^2\left(45^\circ - \frac{\phi}{2}\right) \\ e'_2 &= (q+q_z)\tan^2\left(45^\circ - \frac{\phi}{2}\right) \end{aligned}\right\} \tag{3-12}$$

2. 埋深 $H>h_q$、$H\leqslant H_p$，拱隧道围岩压力(图 3-19)

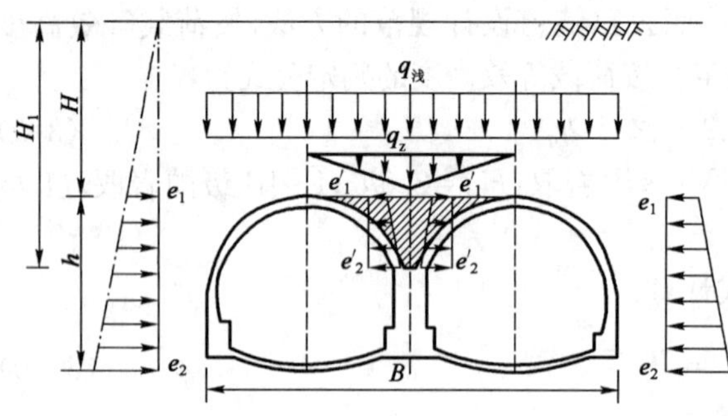

图 3-19 埋深$>h_q$、$\leqslant H_p$ 连拱隧道荷载分布示意图

埋深大于 h_q 小于等于 H_p(深浅埋隧道分界深度)时，为便于计算，假定岩体中的破裂面是一条与水平面成 β 角的斜直线，如图 3-20 所示。$EFGH$ 岩体下沉，带动两侧三棱岩体(如图中 FDB 和 ECA)下沉时，又要受到未扰动岩体的阻力；斜直线 AC 或 BD 是假定破裂面，分析时考虑内聚力 c，并采用了计算摩擦角 ϕ，另一滑面 FH 或 EG 则并非破裂面，因此，滑面阻力小于破裂面的阻力，若该滑面的摩擦角为 θ，则 θ 值应小于 ϕ 值，无实测资料时，θ 可按表 3-4 采用。

各级围岩的 θ 值　　表 3-4

围岩级别	I、II、III	IV	V	VI
θ 值	0.9ϕ	$(0.7\sim0.9)\phi$	$(0.5\sim0.7)\phi$	$(0.3\sim0.5)\phi$

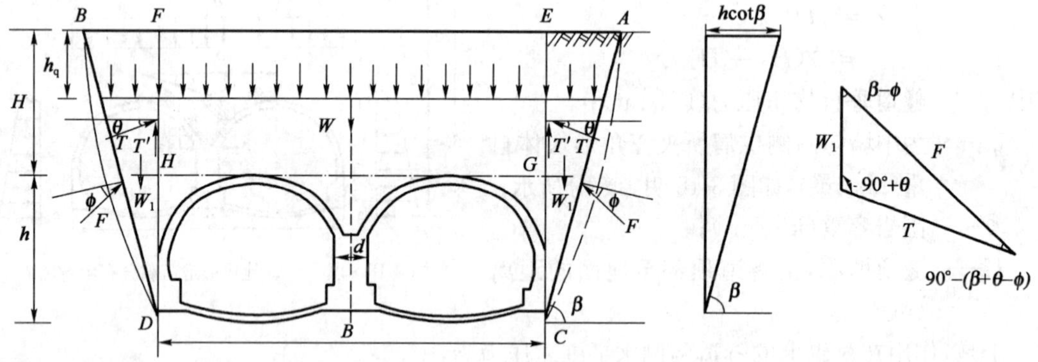

图 3-20 埋深$>h_q$、$\leqslant H_p$ 连拱隧道分析示意图

由图 3-20 可见，隧道上覆岩体 $EFGH$ 的重力为 W，两侧三棱体 FDB 和 ECA 的重力为 W_1，未挠动岩体对整个滑动岩体的阻力为 F，当 $EFGH$ 下沉，两侧受到阻力 T 或 T'，作用于 HG 面上的垂直压力总值$Q_浅$ 为：

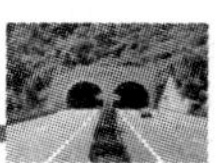

$$Q_{浅} = W - 2T' = W - 2T\sin\theta \tag{3-13}$$

三棱体自重为：

$$W_1 = \frac{1}{2}\gamma h \frac{h}{\tan\beta} \tag{3-14}$$

式中：h——坑道底部到地面的距离(m)；

β——破裂面与水平面的夹角(°)。

根据正弦定理可得：

$$T = \frac{\sin(\beta - \phi)}{\sin[90° - (\beta - \phi + \theta)]} W_1 \tag{3-15}$$

则有：

$$T = \frac{1}{2}\gamma h^2 \frac{\lambda}{\cos\theta} \tag{3-16}$$

式(3-16)代入式(3-13)，得：

$$Q_{浅} = W - 2T' = W - \gamma h^2 \tan\theta \tag{3-17}$$

由于 GC、HD 与 EG、EF 相比往往较小，而且衬砌与土之间的摩擦角也不同，前面分析时均按 θ 计，当中间土体下滑，由 FH 及 EG 面传递，考虑压力稍大些对设计的结构偏于安全，因此，摩阻力不计隧道部分而只计洞顶部分，即在计算中用 H 代替 h，这样，式(3-17)为

$$Q_{浅} = W - 2T' = \gamma BH - \gamma H^2 \tan\theta = q_{浅} B \tag{3-18}$$

$$q_{浅} = \gamma H\left(1 - \frac{H}{B}\lambda\tan\theta\right) \tag{3-19}$$

式中：$q_{浅}$——隧道垂直压力(kN/m²)；

γ——坑道上覆围岩容重(kN/m³)；

H——隧道埋深，指坑顶至地面的距离(m)；

B——连拱隧道总宽度(m)；

λ——侧压力系数。

$$\lambda = \frac{\tan\beta - \tan\phi}{\tan\beta[1 + \tan\beta(\tan\phi - \tan\theta) + \tan\phi\tan\theta]} \tag{3-20}$$

$$\tan\beta = \tan\phi + \sqrt{\frac{(\tan^2\phi + 1)\tan\phi}{\tan\phi - \tan\theta}} \tag{3-21}$$

式中：ϕ——围岩计算摩擦角(°)；

θ——滑面的摩擦角(°)，按表 3-4 确定。

中墙顶部三角形块体自重：

$$q_z = \gamma(H_1 - H) \tag{3-22}$$

作用在衬砌上的隧道两侧水平围岩压力为：

$$\left.\begin{aligned} e_1 &= q_{浅}\tan^2\left(45° - \frac{\phi}{2}\right) \\ e_2 &= (q_{浅} + \gamma h)\tan^2\left(45° - \frac{\phi}{2}\right) \end{aligned}\right\} \tag{3-23}$$

式中：e_1、e_2——隧道拱顶与底部的水平围岩压力；

γ——围岩容重(kN/m^3)；

h——隧道开挖高度(m)；

ϕ——围岩计算摩擦角(°)。

作用在衬砌上的中墙两侧水平围岩压力为：

$$\left.\begin{aligned} e_1' &= q_{浅}\ \tan^2\left(45° - \frac{\phi}{2}\right) \\ e_2' &= (q_{浅} + q_z)\tan^2\left(45° - \frac{\phi}{2}\right) \end{aligned}\right\} \tag{3-24}$$

四、偏压连拱隧道围岩压力

隧道开挖后边坡仍基本稳定，无下滑力情形；对不稳定情形，则应按隧道与边坡共同作用考虑(图3-21)，假定偏压分布图形与地面坡度一致，则：

$$Q = \frac{\gamma}{2}[(h + h')B - (\lambda h^2 + \lambda' h_2'^2)\tan\theta] \tag{3-25}$$

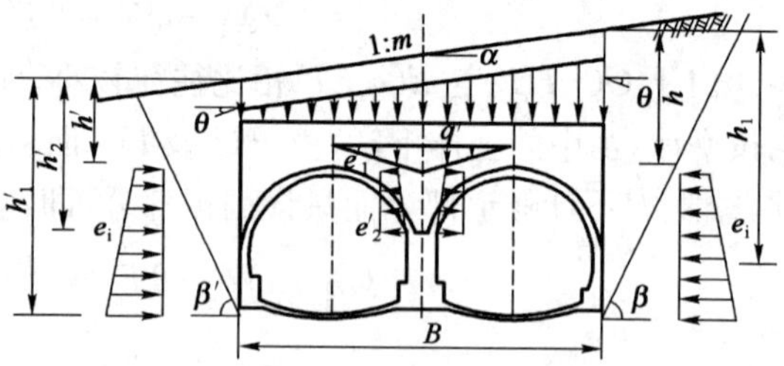

式中：h、h'——内外侧由拱顶水平至地面底高度(m)；

B——连拱隧道坑道整体宽度(m)；

γ——坑道上覆围岩容重(kN/m^3)；

θ——顶板土柱两侧摩擦角(°)，可按表3-4确定；

λ、λ'——内外侧的侧压力系数，按式3-26、式3-27计算：

图3-21 偏压连拱隧道分析示意图

$$\lambda = \frac{1}{\tan\beta - \tan\alpha} \times \frac{\tan\beta - \tan\phi}{1 + \tan\beta(\tan\varphi - \tan\theta) + \tan\phi\tan\theta} \tag{3-26}$$

$$\lambda' = \frac{1}{\tan\beta + \tan\alpha} \times \frac{\tan\beta' - \tan\phi}{1 + \tan\beta'(\tan\phi - \tan\theta) + \tan\phi\tan\theta} \tag{3-27}$$

$$\tan\beta = \tan\phi + \sqrt{\frac{(\tan^2\phi + 1)(\tan\phi - \tan\alpha)}{\tan\phi - \tan\theta}} \tag{3-28}$$

$$\tan\beta' = \tan\phi + \sqrt{\frac{(\tan^2\phi + 1)(\tan\phi + \tan\alpha)}{\tan\phi - \tan\theta}} \tag{3-29}$$

式中：α——地面坡坡角(°)；

ϕ——围岩计算摩擦角(°)；

β、β'——内、外侧产生最大推力时破裂角(°)。

偏压隧道水平侧压力

内侧：
$$e_i = \gamma h_i \lambda \tag{3-30}$$

外侧：
$$e_i = \gamma h_i' \lambda' \tag{3-31}$$

式中：h_i、h_i'——内外侧任一点 i 至地面的距离。

第七节 连拱隧道计算方法与模型

一、计算原理及方法

连拱隧道相对于分离式隧道，在施工中不可避免地对围岩进行多次扰动，因此其施工具有相当大的难度。加之中墙部位受力十分复杂，压、拉、弯、扭、剪均有，应力也在此集中，因此中墙是结构计算的重点部位。

目前，公路隧道的结构设计计算方法，按衬砌与地层相互作用考虑方式的不同，主要分为荷载结构法和地层结构法。

荷载结构法认为：地层对结构的作用只是作用在结构上的荷载，包括主动地层压力和被动地层抗力，结构在荷载作用下产生内力和变形。在荷载结构法计算过程中，需先确定地层压力的分布与量值，然后计算衬砌结构在地层压力及其他荷载作用下的内力与变形。

地层结构法认为：衬砌与地层一起构成受力变形的整体，并可以按连续介质力学原理计算衬砌和周边地层的受力和变形。

1. 荷载—结构法

1）基本未知量与基本方程

取衬砌结构结点位移为基本未知量，由最小势能原理或变分原理可得系统整体求解时的平衡方程为：

$$[K]\{\delta\} = \{P\} \tag{3-32}$$

式中：$\{\delta\}$——由衬砌结构结点位移组成的列向量，即，$\{\delta\}=[\delta_1 \quad \delta_2 \quad \cdots \quad \delta_m]^{\mathrm{T}}$；

$\{P\}$——由衬砌结构结点荷载组成的列向量，即，$\{P\}=[P_1 \quad P_2 \quad \cdots \quad P_m]^{\mathrm{T}}$；

$[K]$——衬砌结构的整体刚度矩阵，为 $m\times m$ 阶方阵，m 为体系接点自由度的总个数。

矩阵$\{P\}$、$[K]$和$\{\delta\}$，可由单元的荷载矩阵$\{P\}^{\mathrm{e}}$、单元的刚度矩阵$[k]^{\mathrm{e}}$ 和单元的位移向量矩阵$\{\delta\}^{\mathrm{e}}$ 组装而成，故在采用有限元方法进行分析时，需先划分单元，建立单元刚度矩阵$[k]^{\mathrm{e}}$和单元荷载矩阵$\{P\}^{\mathrm{e}}$。

隧道承重结构轴线形状为弧形时，需用折线单元模拟。划分单元时只需确定杆件单元的长度。杆件厚度 d，即为承重结构的厚度，杆件宽度取为 1m。

相应的杆件横截面积：$A=d\times 1(\mathrm{m}^2)$；

抗弯惯性矩为 $I=\frac{1}{12}\times 1\times d^3(\mathrm{m}^4)$；

弹性模量 $E(\mathrm{kN/m^2})$，取为混凝土的弹性模量。

2）单元刚度矩阵

在局部坐标系下，设梁单元的结点位移：$\{\overline{\delta}\}=[\overline{u_i},\ \overline{v_i},\ \overline{\theta_i},\ \overline{u_j},\ \overline{v_j},\ \overline{\theta_j}]^{\mathrm{T}}$；

相对应的结点力为$\{\overline{f}\}=[\overline{X_i},\overline{Y_i},\overline{M_i},\overline{X_j},\overline{Y_j},\overline{M_j}]^{\mathrm{T}}$，于是，则有：

$$\{\overline{f}\} = [\overline{k}]^{\mathrm{e}}\{\overline{\delta}\} \tag{3-33}$$

式中：$[\overline{k}]^{\mathrm{e}}$——在局部坐标系下，梁单元的刚度矩阵，并有

$$[\bar{k}]^e = \begin{bmatrix} \frac{EA}{l} & 0 & 0 & -\frac{EA}{l} & 0 & 0 \\ 0 & \frac{12EI}{l^3} & \frac{6EI}{l^2} & 0 & -\frac{12EI}{l^3} & \frac{6EI}{l^2} \\ 0 & \frac{6EI}{l^2} & \frac{4EI}{l} & 0 & -\frac{6EI}{l^2} & \frac{2EI}{l} \\ -\frac{EA}{l} & 0 & 0 & \frac{EA}{l} & 0 & 0 \\ 0 & -\frac{12EI}{l^3} & -\frac{6EI}{l^2} & 0 & \frac{12EI}{l^3} & -\frac{6EI}{l^2} \\ 0 & \frac{6EI}{l^2} & \frac{2EI}{l} & 0 & -\frac{6EI}{l^2} & \frac{4EI}{l} \end{bmatrix} \tag{3-34A}$$

式中：l——梁单元的长度；

A——梁的截面积；

I——梁的惯性矩；

E——梁的弹性模量。

对于整体结构而言，各单元采用的局部坐标系均不相同，故在建立整体矩阵时，需按式(3-35)将按局部坐标系建立的单元刚度矩阵$[\bar{k}]^e$转换成结构整体坐标系中的单元刚度矩阵$[k]^e$。

$$[k]^e = [T]^T[\bar{k}]^e[T] \tag{3-34B}$$

式中：$[T]$——转置矩阵，表达式为

$$[T] = \begin{bmatrix} \cos\beta & \sin\beta & 0 & 0 & 0 & 0 \\ -\sin\beta & \cos\beta & 0 & 0 & 0 & 0 \\ 0 & 0 & 1 & 0 & 0 & 0 \\ 0 & 0 & 0 & \cos\beta & \sin\beta & 0 \\ 0 & 0 & 0 & -\sin\beta & \cos\beta & 0 \\ 0 & 0 & 0 & 0 & 0 & 1 \end{bmatrix} \tag{3-34C}$$

式(3-34C)中的β为局部坐标系与整体坐标系之间的夹角。

3)地层抗力的作用模式

地层弹性抗力由下式给出：

$$F_n = K_n \cdot U_n \tag{3-35}$$

$$F_s = K_s \cdot U_s \tag{3-36}$$

其中，

$$K_n = \begin{cases} K_n^+ & U_n \geqslant 0 \\ K_n^- & U_n < 0 \end{cases} \tag{3-37}$$

$$K_s = \begin{cases} K_s^+ & U_s \geqslant 0 \\ K_s^- & U_s < 0 \end{cases} \tag{3-38}$$

式中：F_n、F_s——分别为法向和切向弹性抗力；

K_n、K_s——相应的围岩弹性抗力系数，且K^+、K^-分别为压缩区和拉伸区的抗力系数，通常令为$K_n^- = K_s^- = 0$。

一旦杆件单元确定后，即可确定地层弹簧单元，它只设置在杆件单元的结点上。地层弹簧单元可沿整个截面设置，也可只在部分结点上设置。

沿整个截面设置地层弹簧单元时，在计算过程中需用迭代法作变形控制分析，以判断出抗力区的确切位置。

2. 地层—结构法

1）基本方程

令施工步表示一个相对完整的施工阶段，并设每个施工步包含若干个增量步。各施工步产生的开挖释放的荷载，在所包含的增量步中逐步释放，每个增量步荷载释放量，由释放系数控制。

对各施工步，采用地层—结构法计算时有限元分析的表达式为：

$$[K]_i\{\Delta\delta\}_i=\{\Delta F_r\}_i+\{\Delta F_g\}_i+\{\Delta F_p\}_i \quad (i=1,L) \tag{3-39}$$

$$[K]_i=[K]_0+\sum_{\lambda=1}^{i}[\Delta K]_\lambda \quad (i\geqslant 1) \tag{3-40}$$

式中：L——施工步数；

$[K]_i$——第 i 施工步岩土体和结构总刚度矩阵；

$[K]_0$——土体和结构（施工开始前存在时）的初始总刚度矩阵；

$[\Delta K]_\lambda$——施工过程中，第 λ 施工步的岩土体和结构刚度的增量或减量，用以体现岩土体单元的挖除、填筑及结构单元的施作或拆除；

$\{\Delta F_r\}_i$——第 i 施工步开挖边界上的释放荷载的等效结点力；

$\{\Delta F_g\}_i$——第 i 施工步新增自重等的等效结点力；

$\{\Delta F_p\}_i$——第 i 施工步增量荷载的等效结点力；

$\{\Delta\delta\}_i$——第 i 施工步的结点位移增量。

对每个施工步，增量加载过程的有限元分析表达式为

$$[K]_{ij}\{\Delta\delta\}_{ij}=\{\Delta F_r\}_i\cdot\alpha_{ij}+\{\Delta F_g\}_{ij}+\{\Delta F_p\}_{ij} \quad (i=1,L;j=1,M) \tag{3-41}$$

$$[K]_{ij}=[K]_{i-1}+\sum_{\xi=1}^{j}[\Delta K]_{i\xi} \tag{3-42}$$

式中：M——各施工步增量加载的次数；

$[K]_{ij}$——第 i 施工步中施加第 j 增量步时的刚度矩阵；

α_{ij}——第 i 施工步第 j 增量步的开挖边界释放荷载系数，开挖边界荷载完全释放时有 $\sum_{j=1}^{M}\alpha_{ij}=1$；

$\{\Delta F_g\}_{ij}$——第 i 施工步第 j 增量步新增单元自重等的等效结点力；

$\{\Delta\delta\}_{ij}$——第 i 施工步第 j 增量步的结点位移增量；

$\{\Delta F_p\}_{ij}$——第 i 施工步第 j 增量步增量荷载的等效结点力。

2）开挖效应与释放荷载

开挖效应通过在开挖边界上设置释放荷载进行计算，表达式为：

$$[K-\Delta K]\{\Delta\delta\}=\{\Delta P\} \tag{3-43}$$

式中：$[K]$——开挖前的系统刚度；

$[\Delta K]$——开挖部分的刚度；

$\{\Delta P\}$——开挖释放荷载的等效结点力。

释放荷载可采用单元应力法或 Mana 法转换为结点力。

二、广义梁单元研究及其在连拱隧道设计计算中的应用

上述的荷载结构法和地层结构法，均可以用数值方法来求解。公路隧道的锚杆、初期支护、二次衬砌等结构，在几何形状上分别具有两个方向或一个方向的尺度比其他方向小得多的特点。如果使用有限单元法软件，将这些构件用专门的杆梁板壳单元来模拟，会带来一些麻烦。

例如：对隧道初期支护和二次衬砌进行二维分析，如果将它们都简化为梁，无论采用初期支护还是二次衬砌的中心线或与初期支护相接的围岩轮廓线作为梁的计算位置，与实际相比都有较大的距离，虽然杆梁模型的简化会给进一步的结构设计和验算带来较大的方便，然而，按照梁单元的理论，连拱的中墙显然不能简化成梁单元。

1. 广义梁元和广义杆元

为了较为准确地考虑隧道的初期支护、二次衬砌或中墙等结构的实际承载和受荷作用，可以采用实体单元来进行模拟。但是，由于隧道的二次衬砌等是以弯曲为主的构件，从材料力学的知识知道，衬砌结构的挠曲函数次数一般比较高，故需要沿厚度方向多布几层低阶单元（一般 5 层），或用一层高阶单元来分析，才能达到足够的精度，这又给编程处理和实际计算带来了一定的困难。

衬砌的厚度一般比较薄，沿厚度方向布几层低阶单元会需要很多的离散单元，并可能会产生畸形单元带来较大的计算误差；而采用有限元的高阶单元会存在边中结点，且有时为了地层和结构离散的方便及控制总的求解自由度等的需要，要求采用过渡单元等给前处理及编程带来了困难。当然，该困难是相对的，随着计算机图形技术和前处理技术的发展，高阶等参数单元及过渡单元也时常有一定应用。

低阶单元由于具有前处理网格离散方便等特点，在岩土工程数值计算中被广泛使用。但是，由上述第一个问题可以知道，用于杆梁单元离散需要过多的单元给实际应用带来了较多的不便。该问题可以通过广义结点有限单元法的高阶位移函数来得到解决：将杆、梁等线单元划分为实体单元，采用传统的有限元网格作为广义结点有限单元法的数学覆盖，在物理覆盖上采用级数形式的位移函数，通过增加流形单元覆盖位移函数的阶数而不是单元的结点数来提高数值求解的精度，而且还可以在分析区域的不同地方（如结构杆件、应力集中）采用不同阶次的覆盖位移函数来提高精度和求解效率。

本课题组利用高阶的有限元等参数单元和广义结点有限单元法，研制了连拱隧道的结构计算软件，即同济曙光软件的连拱隧道分析模块，用实体单元进行二维杆、梁等线单元的分析求解，再按通常的杆、梁单元理论将该实体单元的应力计算结果转化为工程常用的弯矩、轴力和剪力等，保证了线单元模拟的数值精度，同时又克服了常用的杆梁线单元计算位置与实际位置不相符合从而带来计算误差和结构设计不便等缺点，以便于对连拱隧道进一步的设计和分析。在本软件中采用的杆梁单元考虑了结构的实际几何厚度和尺寸，同时又能给出工程所需的剪力、轴力和弯矩等内力，为了区别于传统的杆、梁线单元，本文将该单元命名为广义梁单元和广义杆单元，简称广义梁元和广义杆元。

同济曙光软件的连拱隧道分析软件，可以采用实体的广义梁元和杆元对各种结构模式的连拱隧道进行荷载结构法和地层结构法分析求解，也可以采用杆、梁等结构单元计算连拱隧道的结构内力。

下面简要介绍一下有限元等参数单元及广义结点有限元法的基本原理。

2. 有限元等参数单元

等参单元的提出，为有限单元法成为现代工程实际领域最有效的数值分析方法迈出了重要的一步，它采用相同数目的结点参数和插值函数把几何形状规则的单元转换到实际边界为曲线或曲面的相应单元，且还兼具有精度高的优点。

图 3-22 中的四边形单元几何变换可表示为：

$$\begin{cases} x = \sum_{i=1}^{4} N_i(\xi,\eta)x_i \\ y = \sum_{i=1}^{4} N_i(\xi,\eta)y_i \end{cases} \tag{3-44}$$

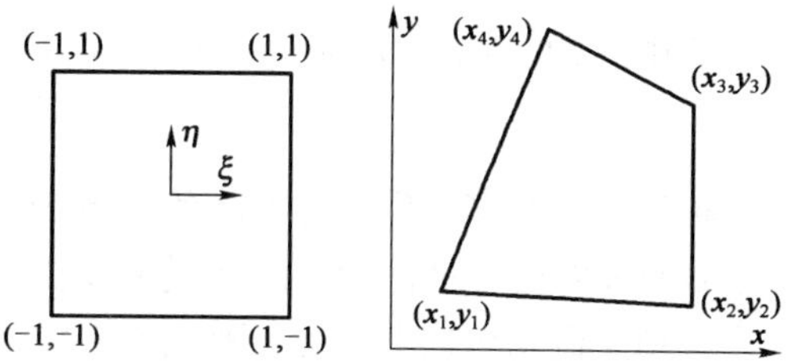

图 3-22　等参变换图式

式中 x_i、y_i 为实际单元的四个结点坐标，$N_i(\xi,\eta)$是定义在规则坐标系下的插值形函数：

$$N_i(\xi,\eta) = \frac{1}{4}(1+\xi_i\xi)(1+\eta_i\eta) \tag{3-45}$$

式中 ξ_i、η_i 为规则坐标系下单元的四个结点坐标。则位移函数可写为：

$$\begin{cases} u = \sum_{i=1}^{4} N_i(\xi,\eta)u_i \\ v = \sum_{i=1}^{4} N_i(\xi,\eta)v_i \end{cases} \tag{3-46}$$

有了单元的位移函数后，可用最小势能原理或变分原理推导得出有限元法的求解方程 $K \cdot U = F$。

在本软件中，采用了 8 结点的等参数单元，以满足梁单元模拟需要较高阶位移函数的要求。其位移函数的构造原理与上面的四结点等参单元一样。

3. 广义结点有限元法基本原理

广义结点有限单元法中的节点是广义的，节点为物理覆盖。通过提高定义在覆盖上的局部逼近函数，即覆盖函数的阶数，可有效地提高广义结点有限单元法总体解的精度。

设 S_k 为传统有限元空间，插值基函数取为$[N_1 \quad N_2 \quad \cdots \quad N_n]^T$，则以传统有限元法所表达的位移函数近似解为

$$U = \sum_{i=1}^{n} N_i a_i \tag{3-47}$$

其中 $a_i(i=1,2,\cdots,n)$是结点 i 上的自由度向量$[u_i \quad v_i]^T$。在位移元中，它们对应着结点位移。

将传统有限元的结点自由度广义化，认为每一结点为可以有任意多个广义自由度的点，即将式(3-47)中的传统自由度向量 a_i 进一步表示为多个广义自由度的函数，例如：

$$a_i=\begin{Bmatrix}u_i\\v_i\end{Bmatrix}=\sum_{j=1}^{m_i}\begin{bmatrix}f_{ij}(x,y)&0\\0&f_{ij}(x,y)\end{bmatrix}\begin{Bmatrix}d_{i,2j-1}\\d_{i,2j}\end{Bmatrix}\tag{3-48}$$

将式(3-48)代入式(3-47),从而得到新的一类有限元近似解表达式,得到了式(3-49):

$$\begin{aligned}U&=\sum_{i=1}^{n}N_i\sum_{j=1}^{m_i}\begin{bmatrix}f_{ij}(x,y)&0\\0&f_{ij}(x,y)\end{bmatrix}\begin{Bmatrix}d_{i,2j-1}\\d_{i,2j}\end{Bmatrix}\\&=\sum_{i=1}^{n}N_iF_iD_i=\sum_{i=1}^{n}N_iD_i\end{aligned}\tag{3-49}$$

式中的 D_i 为结点 i 的广义自由度向量,其形式为:

$$D_i=[d_{i,1}\quad d_{i,2}\quad\cdots\quad d_{i,2m_i}]^{\mathrm{T}}\tag{3-50}$$

称这种具有多个广义自由度的结点为"广义结点"。这里 N_i 为所采用的插值函数矩阵,由于含有原基函数 N_i 的作用,新的基函数 N_i 将使解的协调性得到自然满足。将这种通过引入广义结点概念构造出来的有限元称为广义结点有限元。当

$$a_i=\begin{Bmatrix}u_i\\v_i\end{Bmatrix}=\begin{pmatrix}1&0\\0&1\end{pmatrix}\begin{Bmatrix}d_{i,1}\\d_{i,2}\end{Bmatrix}\tag{3-51}$$

时,这种广义结点有限元方法便退化为传统有限元方法。

在广义结点有限元中,一个广义结点上的广义自由度的个数是与人们所期望的单元插值函数的阶数有关的,可任意取定。

与传统有限元一样,广义结点有限元插值函数,也具有局部非零的性质。其阶数随结点广义自由度个数的增加而提高。传统有限元方法采用低阶分片插值多项式作为逼近空间;而广义结点有限元方法,则采用高阶分片多项式甚至级数展开式作为逼近空间,因此,广义结点有限元方法可通过提高广义结点覆盖函数的阶数,在不增加结点个数的前提下有效提高总体近似解的精度。

根据(3-47)的广义结点有限单元的位移函数,可以按传统有限元法同样的步骤得出其求解的平衡离散方程组 $K\cdot U=F$。

4. 广义梁元定义

综上所述,在进行结构分析时,可用高阶等参元或广义结点有限单元来模拟杆梁结构,从而得到任意平面单元的结点位移和应力、应变等值,但在实际的结构设计和校核中,工程师往往需要的是结构的内力(轴力、剪力、弯矩),因此还需要将广义梁元的内力转换出来。

广义梁元是用两条成对出现的线段来定义的,在本文中以及同济曙光图形平台中,将这种成对出现的线段称为对偶线,对偶线可以是两条直线段、两条圆弧,或者一条直线段和一条圆弧。对偶线是由用户来指定的,被指定为对偶线的两条线段之间的平面区域即是广义梁元的纵断面。这里以两条圆弧为例(图 3-23a),对广义梁单元进行研究。

从图 3-23a)的结构轮廓线,即:对偶线,可以提取出衬砌的有效计算中心线的位置,如图 3-23b)。然后,将该中心线划分为分段的线单元 1-2、2-3、…、8-9、9-10。以单元 2-3 为例,过点 2、3 作垂直于单元 2-3 的垂线,与衬砌轮廓线的交点为 1′-2′和 3′-4′,单元 2-3 如图 3-23c)所示,则可以求出点 2、3、1′、2′、3′和 4′的坐标。

使用直接积分法求广义梁单元的结构内力，取广义梁单元的一个端面，如图 3-23c）中的 1′-2′，线单元 2-3 在整体坐标系下如图 3-24 所示。其中 $\bar{x}$，$\bar{y}$ 为整体坐标系，x，y 为广义梁单元的局部坐标系，ξ 为 1′-2′断面的自然坐标。

对于广义梁单元的任意横断面，用直接积分的方法求该断面的内力，计算方法如式(3-52)：

$$N=\int_{-\frac{h}{2}}^{\frac{h}{2}}\sigma_x \mathrm{d}y \quad M=\int_{-\frac{h}{2}}^{\frac{h}{2}}\sigma_x y \mathrm{d}y \quad Q=\int_{-\frac{h}{2}}^{\frac{h}{2}}\tau_{xy} \mathrm{d}y \tag{3-52}$$

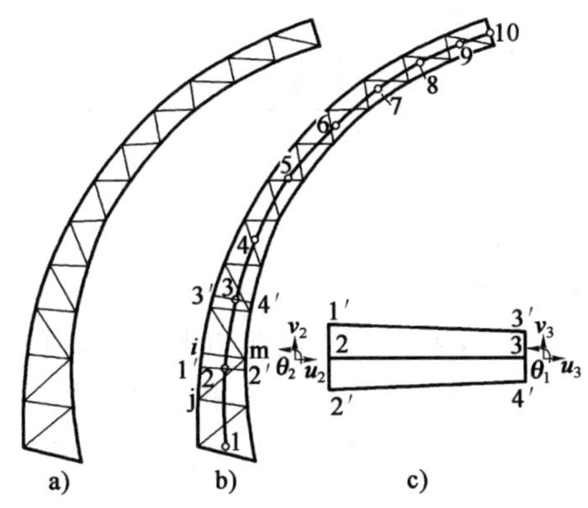

图 3-23 广义梁元示意图

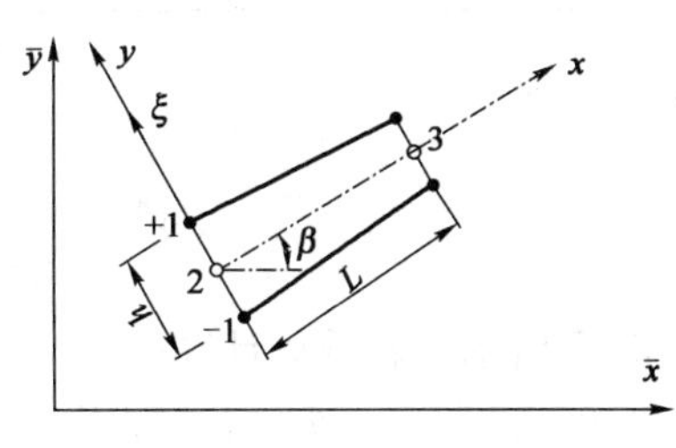

图 3-24 梁单元示意图

本文采用高斯积分的方法求上式中的 N、M、O。则式(3-52)变为：

$$\begin{cases} N=\sum w_i\sigma_{xl} \\ M=\sum\limits_i^i w_i\sigma_{xi}y_i \\ Q=\sum\limits_i^i w_i\tau_{xyi} \end{cases} \tag{3-53}$$

式中：$w_i=\dfrac{h}{2}H_i$，H_i 为积分权系数；

$y_i=\dfrac{h}{2}\xi_i$，ξ_i 为积分点坐标，$\xi_i\in[-1\quad 1]$；

σ_{xi}，τ_{xyi}——ξ_i 点的局部坐标系下的应力。

为了求积分点上的应力值，首先将 ξ_i 转换成总体坐标系下的坐标，以 1′-2′断面为例：

$$\begin{cases} \bar{x}_i=\bar{x}_2-\dfrac{h}{2}\xi_i\sin\beta \\ \bar{y}_i=\bar{y}_2+\dfrac{h}{2}\xi_i\cos\beta \end{cases} \tag{3-54}$$

根据总体坐标($\bar{x}_i$，$\bar{y}_i$)，可以找到该点所在的平面单元，也就得到了该平面单元的广义结点位移 D^e，进而可以求得该点在总体坐标系下的应力 $\bar{\sigma}_{xi}$、$\bar{\sigma}_{yi}$ 和 $\bar{\tau}_{xyi}$，应变矩阵和应力矩阵。

然后将总体坐标系下的应力 $\bar{\sigma}_{xi}$、$\bar{\sigma}_{yi}$ 和 $\bar{\tau}_{xyi}$ 转换成局部坐标系下的应力 σ_{xi}、σ_{yi} 和 τ_{xyi}：

$$\begin{cases} \sigma_{xi}=\bar{\sigma}_{xi}\cos^2\beta+\bar{\sigma}_{yi}\sin^2\beta+2\bar{\tau}_{xyi}\sin\beta\cos\beta \\ \tau_{xyi}=(\bar{\sigma}_{yi}-\bar{\sigma}_{xi})\sin\beta\cos\beta+\bar{\tau}_{xyi}(\cos^2\beta-\sin^2\beta) \end{cases} \tag{3-55}$$

将式(3-52)的结果代入式(3-53)即可求出广义梁单元该断面的内力。

三、广义梁单元算例分析

1. 算例 1:悬臂梁

如图 3-25a)所示的悬臂梁,在末端受有垂直向下的集中力 $p=5\text{kN}$,厚度 $t=1\text{m}$,长 $l=10\text{m}$,宽 $h=1\text{m}$。材料的弹性模量 $E=2.8\times10^7\text{kPa}$,泊松比 $\mu=0.2$,不计自重。用梁单元计算结果,如图 3-25b)所示。

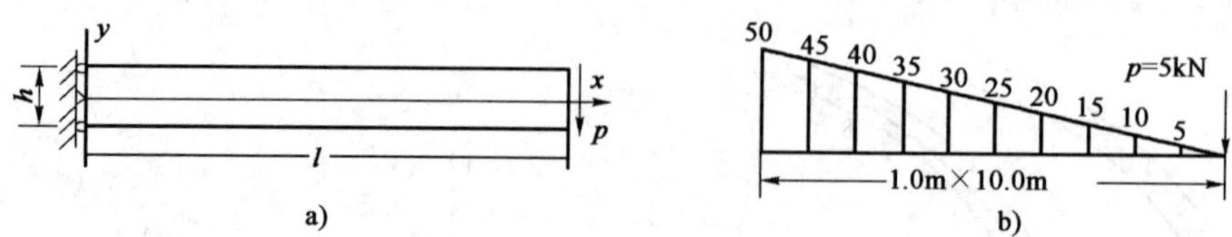

图 3-25 悬臂梁计算图示(单位:kN・m)

a)计算简图;b)内力(弯矩)计算结果

图 3-25 所示的悬臂梁计算图示,采用广义梁单元计算,采用八结点四边形单元,所得到的梁弯矩结果,如图 3-26 所示,与采用一般梁单元计算结果(图 3-25b),彼此相互均吻合,最大误差不超过 0.6%。但是,在计算时间上,与传统有限单元法相比,总的时间消耗只是略有增加。

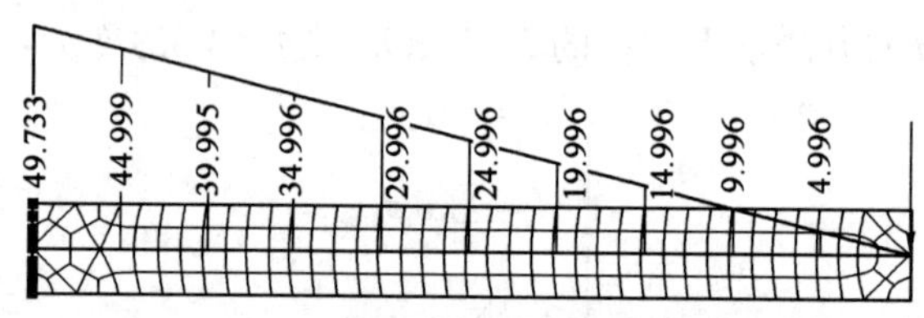

图 3-26 广义梁单元计算的梁弯矩(单位 kN・m)

2. 算例 2:圆形隧洞

如图 3-27 所示的圆形隧洞,厚度 $t=0.4\text{m}$,外径 $r=5.0\text{m}$,上下受垂直均布力 $p=100\text{kPa}$,左右受水平均布力 $e=\lambda p=0.5\times100=50\text{kPa}$;材料的弹性模量 $E=2.8\times10^7\text{kPa}$;泊松比 $\mu=0.2$,不计自重。按一般梁单元计算,衬砌内力为:

$$\left.\begin{aligned}M&=\frac{pr^2}{4}(1-\lambda)\cos2\alpha\\N&=pr(\cos^2\alpha+\lambda\sin^2\alpha)\\Q&=\frac{pr}{2}\sin2\alpha(1-\lambda)\end{aligned}\right\}\tag{3-56}$$

对本圆形隧道工程,采用广义梁单元计算模型(图 3-28),划分为 392 单元、1 480 节点,其计算结果见图 3-29。

现取衬砌中心线的计算半径,使用梁单元法和广义梁单元法对同一构件的计算结果列于表 3-5,然后汇列出最大内力值列于表 3-6,以资相互进行比较。

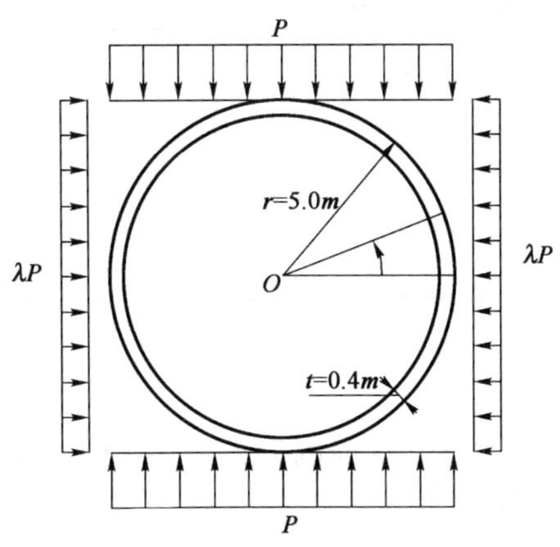

图 3-27 圆形隧洞计算简图

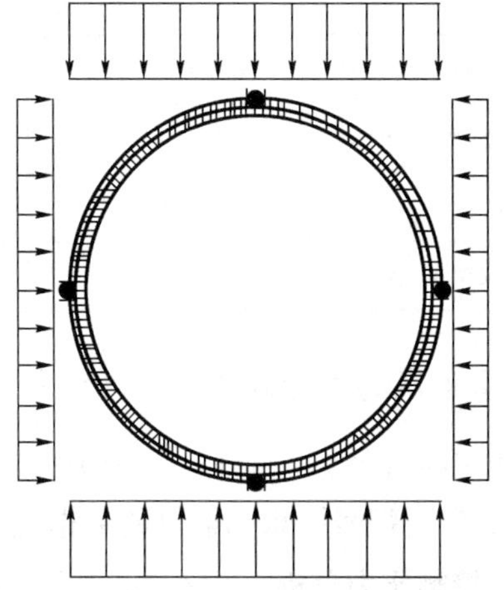

图 3-28 广义梁单元有限元模型

梁单元方法与广义梁单元方法内力比较 表 3-5

位 置	弯矩(kN·m)			轴力(kN)			剪力(kN)		
方法	梁单元	广义梁单元	相差比例	梁单元	广义梁单元	相差比例	梁单元	广义梁单元	相差比例
α=0	−287	−288	0	480	507	5.6%	0	0	0
α=45°	0	0	0	360	367	1.9%	−125	−135	12.5%
α=90°	281	287	2.1%	240	241	0	0	0	0
α=135°	0	0	0	360	367	1.9%	125	96	−30.2%
α=180°	−287	−288	0	480	507	5.6%	0	0	0
α=215°	0	0	0	360	367	1.9%	−125	−135	12.5%
α=270°	281	287	2.1%	240	241	0	0	0	0
α=315°	0	0	0	360	367	1.9%	125	96	−30.2%

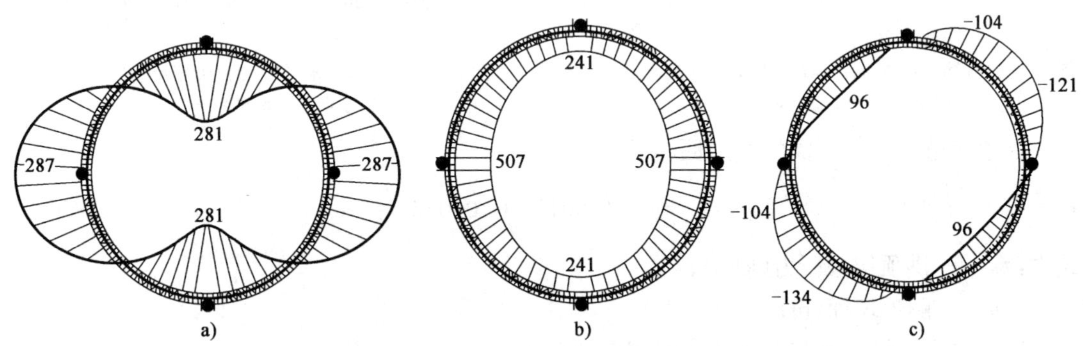

图 3-29 广义梁单元计算的内力图(弯矩单位:kN·m;轴向力和剪力单位:kN)

a)弯矩图;b)轴力图;c)剪力图

从表 3-6 可以看出,取衬砌外径作计算半径易引起弯矩比实际值大,取衬砌中心线作计算半径易引起轴力比实际值小。

采用广义结点梁法,可有效避免了由于衬砌厚度存在引起的内力计算误差,且与衬砌实际受力情况相符。

梁单元方法与广义梁单元方法最大内力比较　　表 3-6

计算方法	弯矩(kN·m)	轴力(kN)	剪力(kN)	备　注
梁单元解($r=5$m)	312.5	500	125	
梁单元解($r=4.8$m)	288	480	120	
广义梁单元法	287	507	135	

四、连拱隧道计算模型

为了探讨围岩与衬砌结构内力变化规律，选择基本上处于Ⅴ级围岩条件下 9 座连拱隧道进行现场监控量测，根据监测的数据进行了整理、分析研究。

1. 接触压力分析

接触压力有一个重要特征——随机性，而且影响变量较多，用数理统计分析方法分析其规律性是一个可取的途径。所以必须进行各种条件下的实地量测工作，以便积累大量随机数据，这对探讨支护结构的荷载状态，分析结构－围岩之间的相互作用规律是十分重要的。分析研究结果表明，初期支护与二次衬砌之间接触压力与隧道埋深有近乎线性关系（图 3-30、图 3-31），鉴于目前监测数据仍然较少，只能作简单统计。从监测数据看，实测值较理论值小得多。

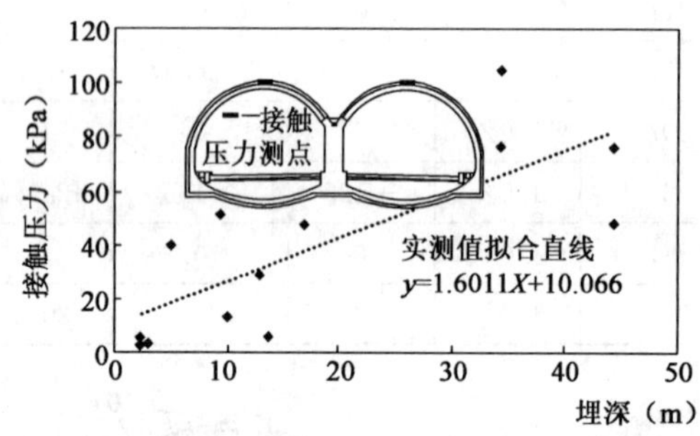

图 3-30　连拱隧道左右洞拱顶接触压力统计图及回归直线（初期支护与二次衬砌之间）

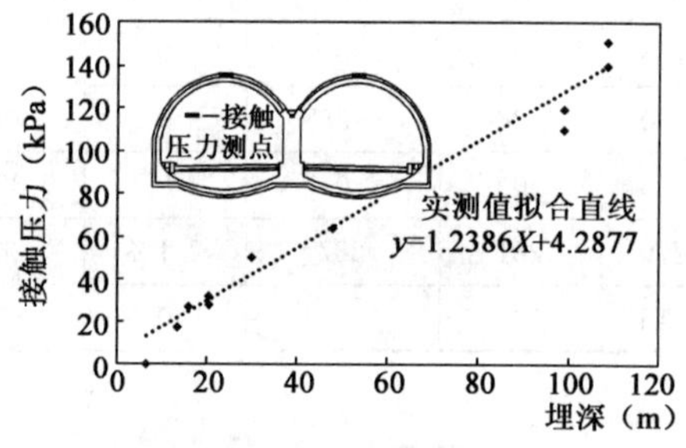

图 3-31　连拱隧道水平接触压力统计图及回归直线（初期支护与二次衬砌之间）

拱顶接触压力与埋深的线形回归关系为：

$$\sigma_{顶}=1.6011h+10.066 \tag{3-57}$$

式中：$\sigma_{顶}$——拱顶接触压力(kPa)；

h——隧道埋深(m)。

侧向水平接触压力与埋深的线形回归关系为：

$$\sigma_{侧}=1.2386h+4.2877 \tag{3-58}$$

式中：$\sigma_{侧}$——侧向水平接触压力(kPa)；

h——隧道埋深(m)。

需要说明的是：式(3-57)、式(3-58)是针对Ⅴ级围岩条件下，浅埋连拱隧道的统计关系，侧向水平压力较垂直压力小。另外，通过对监测数据的进一步分析，可以得出如下结论：对非偏

压连拱隧道，左、右洞开挖顺序，对最终左、右洞的荷载状态影响不大，其影响主要体现在施工过程中。

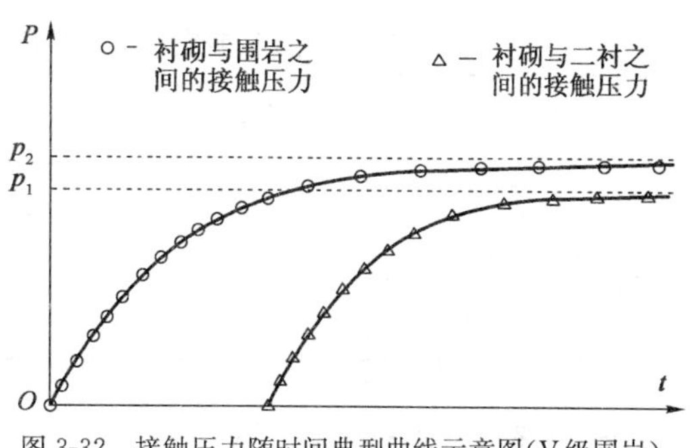

图 3-32 接触压力随时间典型曲线示意图(Ⅴ级围岩)

2. 荷载结构法的荷载分担比例

在图 3-32 中：

假定 p_2 为支护结构总压力，p_1 为初期支护与二次衬砌之间接触压力最终稳定值。则定义初期支护承担的荷载比例为：$\frac{p_2-p_1}{p_2}$。

于是，二次衬砌所承担的荷载比例为 p_1/p_2。

统计结果表明：在二次衬砌施作之前，初期支护与围岩之间接触压力，占最终稳定值的 50%～90%；二次衬砌施作之后，初期支护自身承担的荷载反而减少，表 3-7 为其一组典型数据。

实测数据表明，稳定时初期支护承担的荷载比例为 10%～30%，二次衬砌承担的荷载比例为 70%～90%。其余各级围岩荷载分担比例建议按表 3-8 取值。

元磨高速公路岔河隧道 SK232+358 断面接触压力 表 3-7

测点	初期支护—围岩接触压力 (MPa)*	最终初期支护—围岩接触压力 (MPa)	最终初期支护—二次衬砌接触压力 (MPa)	测点位置图 (上行、中隔墙、下行；测点 A、B、C)
A	0.027	0.03	0.025	
B	0.028	0.038	0.031	
C	0.025	0.032	0.028	

注：* 初期支护－围岩接触压力为二次衬砌施作之前数据。

荷载承担比例与荷载释放系数(%)建议取值 表 3-8

围岩级别	Ⅰ级	Ⅱ级	Ⅲ级	Ⅳ级	Ⅴ级	Ⅵ级
初期支护	0	100	50～60	30～40	10～30	0～10
二次衬砌	0	0	40～50	60～70	70～90	100

3. 地层结构法的荷载释放系数

已有连拱隧道施工，一般都采用新奥法。在深埋情况下，隧道压力不仅仅是松弛压力，特别是在软弱围岩情况下，围岩压力主要为形变压力。压力值也可按释放荷载考虑，其释放系数建议按表 3-9 取值，但是，深埋隧道构造应力复杂，较难确定地应力大小，为此，建议采用地层结构法计算，对其计算结果只作方案比较，用于定性分析。

围岩开挖、初期支护、二次衬砌施作时荷载释放系数(%)建议取值　　表 3-9

围岩级别	Ⅰ级	Ⅱ级	Ⅲ级	Ⅳ级	Ⅴ级	Ⅵ级
围岩	100	80～90	40～70	20～40	10～20	0
初期支护	0	10～20	20～30	20～30	10～30	10～30
二次衬砌＋初期支护	0	0	10～30	30～50	50～70	70～90

五、荷载结构法设计计算实例

1. 工程实例概况

思小高速公路上的麻地河 4 号隧道，位于 K52＋015～K52＋235 之间，全长 220m，全隧道位于 $R=376.988$m，$L_s=155$m，$i=5\%$ 的右转曲线上；纵坡为＋3.0%。隧道最大埋深 46.25m，设计为三层曲中墙的整体式双跨连拱结构。单跨净宽为 10.8m，净高为 6.9m，中墙为三层曲墙，边墙为曲墙的单心圆结构，隧道净宽为 23.4m(图 3-33)。

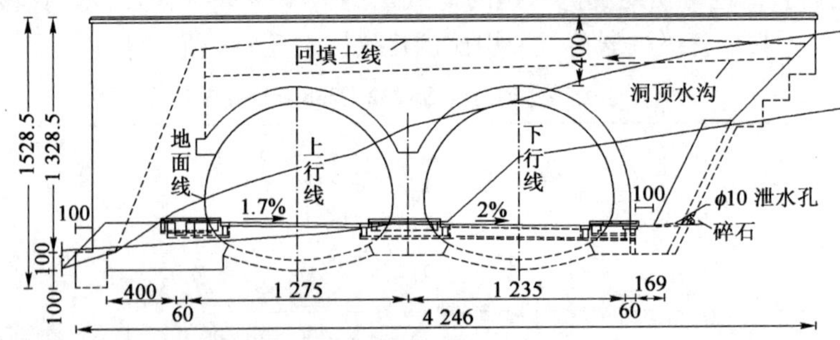

图 3-33　麻地河 4 号隧道思茅端进口(尺寸单位：cm)

隧道所处的地形地貌属于构造剥蚀中低山区，位于自然森林保护区里，地面植被十分茂密。出露地层为白垩系紫红色、褐红色泥岩、泥质粉砂岩以及砂岩互层。

岩层产状 358°∠26°，隧道轴线与岩层走向成约 68°交角，产状对围岩稳定有利。岩石节理裂隙发育，多为陡倾角裂隙，在 45°～83°之间，主要发育 5 组，倾向 78°～353°，裂隙间距 10～40cm，宽 0.5～1.0cm，一般发育 19～22 条/m^2，以北东—南西向居多，多张开，无充填，或少量黏土充填。

K53＋015～K53＋100 段、K53＋175～K53＋250 段，围岩为薄～中厚层状泥岩、泥质粉砂岩夹砂岩，强风化，碎石状，围岩弹性纵波波速 V_p＝800～1 200m/s。

K53＋100～K53＋175 段，围岩为薄～中厚层状泥岩、泥质粉砂岩夹砂岩，弱风化，碎块状，围岩弹性纵波波速 V_p＝2 700～3 200m/s，属于Ⅴ级围岩。

2. 荷载确定

荷载计算图式，见本章图 3-18。

麻地河 4 号隧道，选取 K53＋100 为计算断面，埋深 29.7m，由计算得知：

h_q＜隧道埋深≤H_q，于是，围岩压力确定如下：

按《公路隧道设计规范》(JTG D70—2004)取值：$\theta=0.6\phi(\phi=30°)$，按本章式(3-20)计算侧

压力系数 λ、按公式(3-21)计算最大推力时破裂角 β:

$$\lambda=\frac{\tan\beta-\tan\phi}{\tan\beta[1+\tan\beta(\tan\phi-\tan\theta)+\tan\phi\tan\theta]}=0.418$$

$$\tan\beta=\tan\phi+\sqrt{\frac{(\tan^2\phi+1)\tan\phi}{\tan\phi-\tan\theta}}=2.876$$

按公式 3-19 计算的垂直压力:

$$q_{浅}=\gamma H(1-\frac{H}{B}\lambda\tan\theta)=498.5\text{kN/m}^2$$

按公式 3-22 计算中墙顶部附加荷载:

$$q_z=\gamma(H_1-H)=75\text{kN/m}^2$$

作用在衬砌上的隧道两侧水平围岩压力,按公式(3-23)计算为:

$$\begin{cases}e_1=q_{浅}\tan^2\left(45^\circ-\dfrac{\phi}{2}\right)=166.2\text{kN/m}^2\\ e_2=(q_{浅}+\gamma h)\tan^2\left(45^\circ-\dfrac{\phi}{2}\right)=272.5\text{kN/m}^2\end{cases}$$

作用在衬砌上的中墙两侧水平围岩压力,按公式(3-24)计算为:

$$\begin{cases}e_1'=q\tan^2\left(45^\circ-\dfrac{\phi}{2}\right)=166.2\text{kN/m}^2\\ e_2'=(q+q')\tan^2\left(45^\circ-\dfrac{\phi}{2}\right)=191.2\text{kN/m}^2\end{cases}$$

3. 参数定义

参照表 3-8,初期支护承担围岩压力的 25%;二次衬砌承担围岩压力的 75%,中墙顶部三角块自重荷载由二次衬砌与中墙承担。为此,采取以下三种情况进行分析比较:

- 情况一:二次衬砌与中墙均采用梁单元计算;
- 情况二:二次衬砌采用梁单元,中墙采用广义梁单元计算;
- 情况三:二次衬砌与中墙均采用广义梁单元计算。

在后两种计算方法中,二次衬砌与中墙之间考虑防水板影响,设置接触面取 $K_n=3\times10^5$kPa/m,$K_s=3\times10^3$kPa/m。

按《公路隧道设计规范》(JTG D70—2004),围岩法向弹性抗力系数 $K_n=150$MPa/m,$K_s=0$。二次衬砌与中墙具体物理力学参数见表 3-10。

材料参数表 表 3-10

材料	弹性模量(GPa)	泊松比 μ	重度 γ (kN/m³)	凝聚力 c (kPa)	摩擦角 ϕ (°)	面积 A (m²)	惯性矩 I(m⁴)
中墙(实体)	28.5	0.2	25	1 000	55	—	—
中墙(梁)	28.5	—	25	—	—	1.8	0.48
二次衬砌(实体)	28.5	0.2	25	1 000	55	—	—
二次衬砌(梁)	28.5	—	25	—	—	0.6	0.018

1)情况一(二次衬砌与中墙均采用梁单元计算)

计算模型见图 3-34,计算结果见图 3-35～图 3-37。

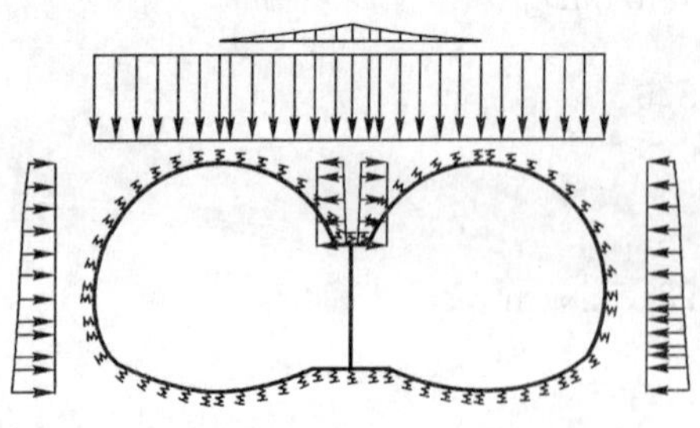

图 3-34　情况一:计算模型

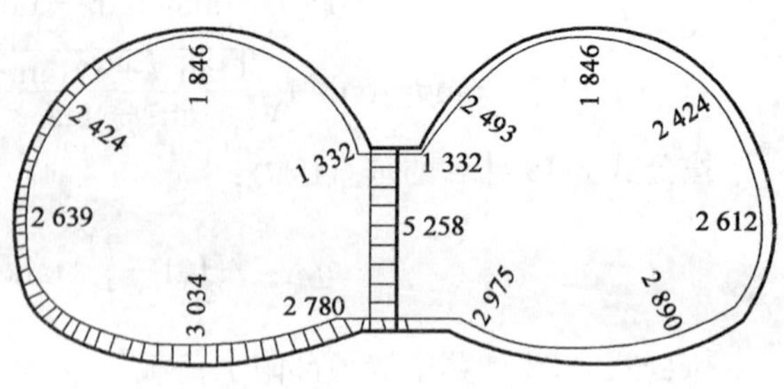

图 3-35　情况一:轴力图(kN)

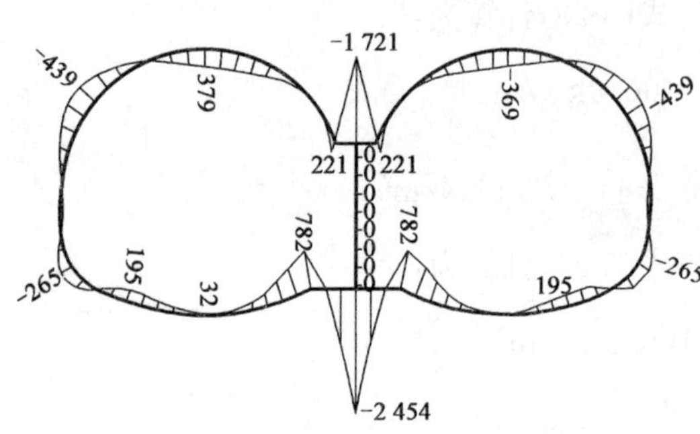

图 3-36　情况一:弯矩图(kN・m)

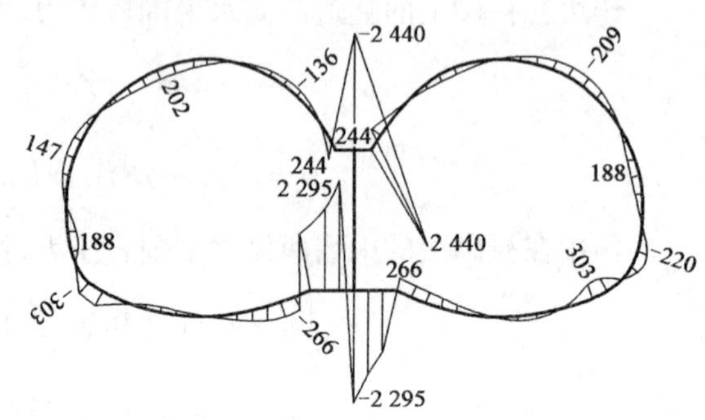

图 3-37　情况一:剪力图(kN)

2)情况二(二次衬砌采用梁单元,中墙采用广义梁单元计算)

计算模型见图 3-38,计算结果见图 3-39～图 3-42。

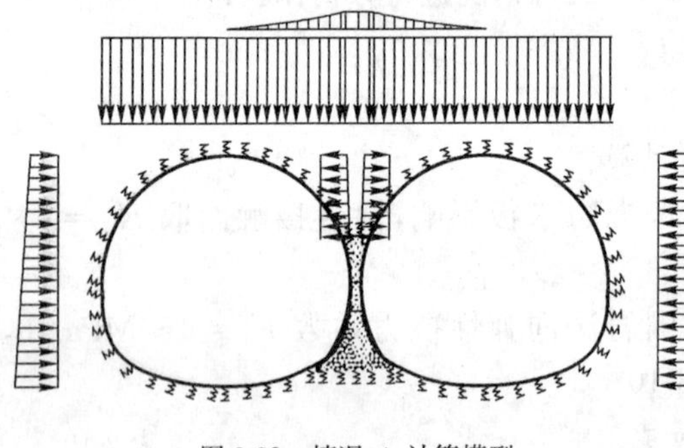

图 3-38　情况二:计算模型

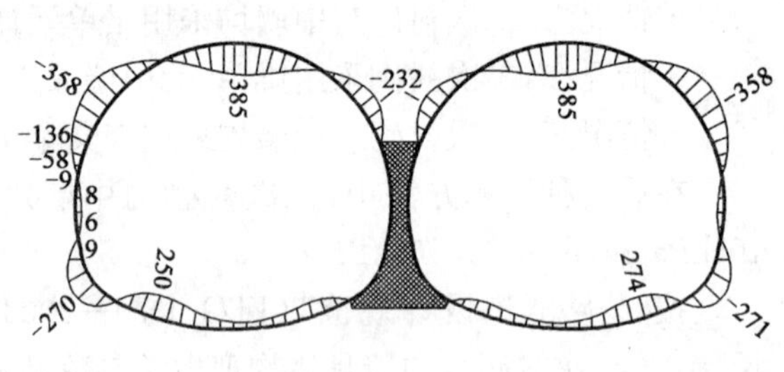

图 3-39　情况二:弯矩图(kN・m)

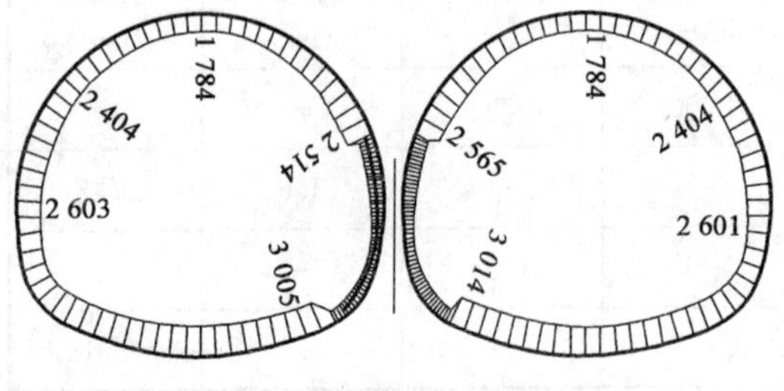

图 3-40　情况二:轴力图(kN)

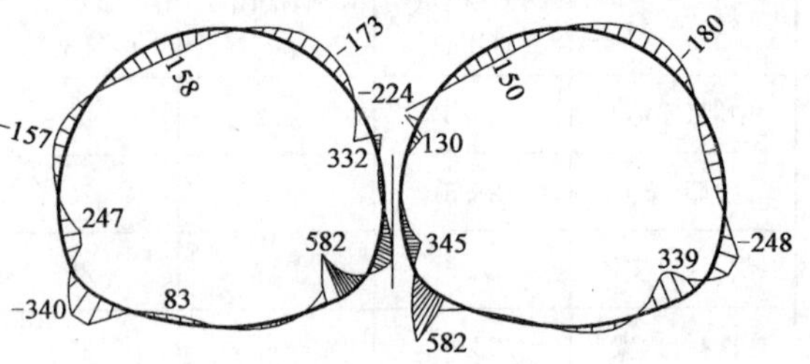

图 3-41　情况二:剪力图(kN)

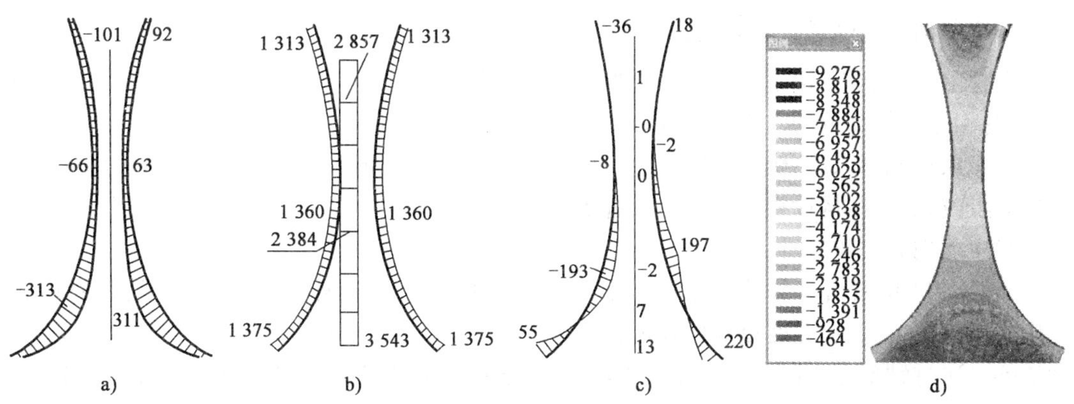

图 3-42　中墙部分弯矩、轴力、剪力局部详图和竖向应力图

a)弯矩局部详图(kN·m);b)轴力局部详图(kN);c)剪力局部详图(kN);d)竖向应力图(kPa)

3)情况三(二次衬砌与中墙均采用广义梁单元计算)

计算模型见图 3-43,计算结果见图 3-44～图 3-48。

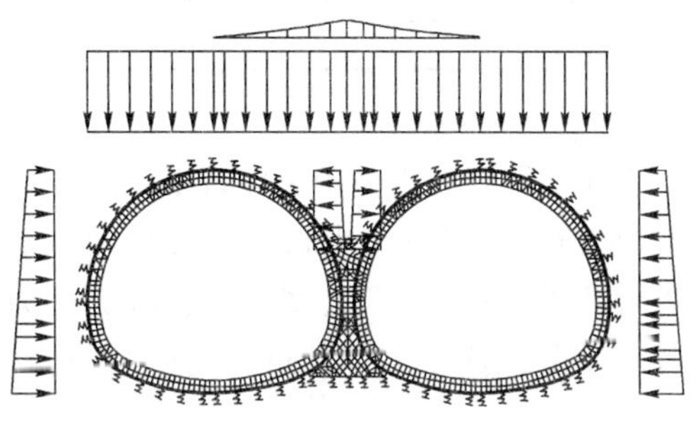

图 3-43　情况三:计算模型

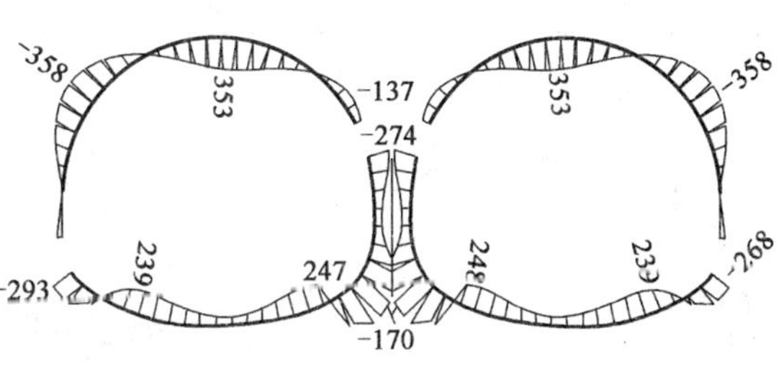

图 3-44　情况三:弯矩图(kN·m)

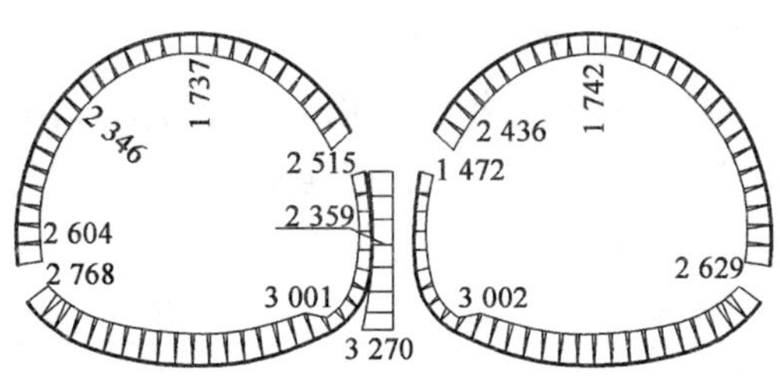

图 3-45　情况三:轴力图(kN)

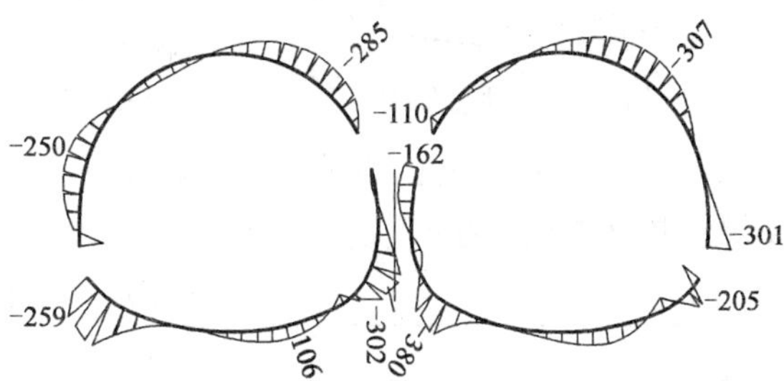

图 3-46　情况三:剪力图(kN)

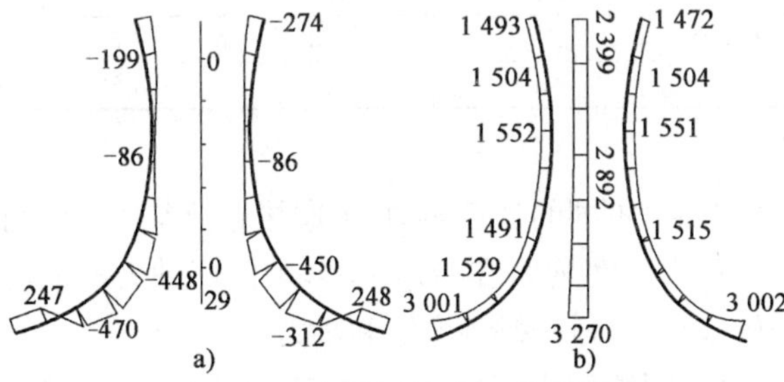

图 3-47　中墙部分局部弯矩、轴力详图

a)局部弯矩详图(kN·m);b)局部轴力详图(kN)

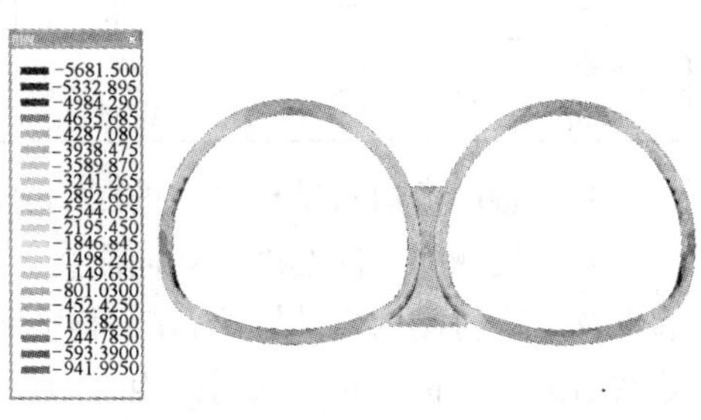

图 3-48　整体竖向应力图(kPa)

4. 麻地河 4 号隧道计算结果分析

总体上讲，梁单元法不能较好地模拟中墙及其与二次衬砌的交接部分，这是它的最大的缺点，且易引起交接部分的内力集中，以致引起结构整体内力的变化。

广义梁单元引入后，较好地解决了梁单元的缺点，且能模拟二次衬砌与中间墙的实际相互作用，是连拱隧道结构计算方法的一大进步。

1）中墙内力比较分析

从表 3-11 中看出，三种计算情况所计算的中墙内力相差不大。广义梁单元法相对最大。采用实体模拟二次衬砌，能更好地表现二次衬砌与中间墙的相互作用关系，计算得到广义梁单元法的二次衬砌轴力比混合梁单元法小，中间墙承担更大的轴力，基本上是左、右洞二次衬砌轴力之和。

中墙最薄处内力比 表 3-11

计 算 情 形	中间墙轴力（kN）	二次衬砌轴力（kN）	中墙轴力（kN）
情况一	—	—	5 258
情况二	2 857	1 313	5 483
情况三	2 399	1 504	5 407

2）二次衬砌内力比较分析

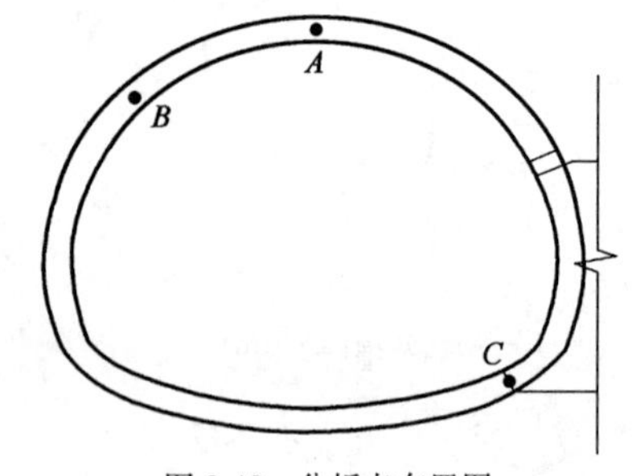

图 3-49 分析点布置图

从前面各种方法计算得到的内力图可以看出：

轴力相对均匀；左、右洞拱顶（A 点）、连拱隧道两侧拱肩（B 点）以及中墙与仰拱交接处（C 点）弯矩最大，部位为大致范围（图 3-49）。以下就这三个部位进行比较分析，具体内力见表 3-12。

从表 3-12 可以看出：采用梁单元容易引起中墙与仰拱交接处（点 C）的应力集中，产生较大的内力。情况二与情况三相差不大。结合前面的内力图，可以认为：总体上情况二的轴力较广义梁单元大；情况三弯矩较小，这主要是由于情况二不能很好地模拟二次衬砌与中墙的相互作用引起的。

分析点二次衬砌内力比较 表 3-12

情 况	A		B		C	
	弯矩（kN·m）	轴力（kN）	弯矩（kN·m）	轴力（kN）	弯矩（kN·m）	轴力（kN）
情况一	379	1 846	439	2 424	782	2 780
情况二	385	1 784	358	2 404	313	1 375
情况三	353	1 737	358	2 346	470	1 529

3）接触面参数对结构受力的影响分析

分析接触面法向刚度和切向刚度，分别采用四组不同的计算参数，考虑接触面参数对中间墙以及二次衬砌内力的影响，在对称荷载作用下，中间墙剪力和弯矩为零，中间墙轴力取最薄处截面进行分析。对二次衬砌内力的影响分析，取二次衬砌拱顶弯矩和轴力。

从图 3-50 中可以看出：接触面法向刚度，对中间墙轴力与中墙两侧二次衬砌轴力影响较大，中间墙轴力随着法向刚度的增加而减少；两侧二次衬砌轴力随法向刚度增加而增加，主要

是法向刚度增加时，两侧二次衬砌受中间墙水平向约束作用加强，应力无法以弯矩形式表现，而以轴力形式表现出来。在法向刚度小于 3×10^5kPa/m 时，中间墙与左、右侧二次衬砌合力基本保持不变。法向刚度与切向刚度与非中墙部位的二次衬砌内力基本没有影响(图 3-51)。因此，可以认为：接触面刚度系数取值只影响中墙及与之接触二次衬砌的结构内力，而不对非中墙部位结构内力产生影响。

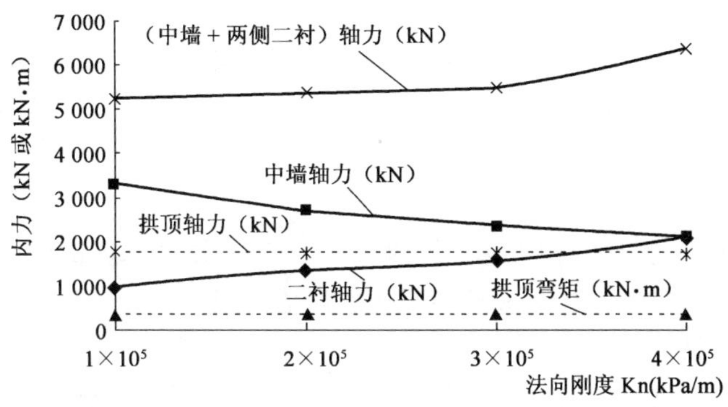

图 3-50　法向刚度对结构内力影响情况

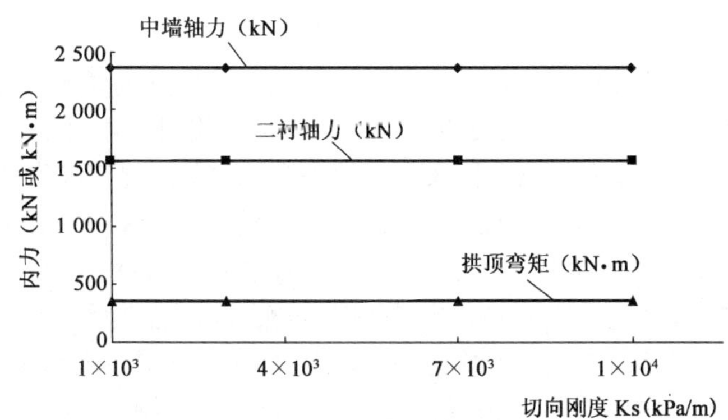

图 3-51　切向刚度对结构内力影响情况

第八节　连拱隧道施工方案设计

1. 连拱隧道施工要求

1)洞室掘进方法选择

连拱隧道施工，对于不同级别的围岩，其所选用的施工方法也不同。对 V 级围岩而言，在施工过程中，应做到“管注浆超前、弱爆破、短进尺、少扰动、早喷锚、勤量测、早成环、二次衬砌紧跟”。

在 III 级(旧 IV 类)围岩洞段，应采用“短进尺、弱爆破、少扰动、早喷锚、勤量测、早成环、快衬砌”等技术措施，并应根据监控量测成果，及时调整开挖方法，恰当地调整设计参数，以保证结构和施工安全。根据围岩情况不同和隧道跨度大小，洞身掘进时可参照表3-13选择适宜的开挖方法。

不同级别围岩的连拱隧道开挖方法　　表3-13

围岩级别	Ⅰ	Ⅱ～Ⅲ	Ⅳ～Ⅵ	备　注
开挖方法	全断面开挖法	中导洞＋微台阶法	三导洞法	

2)爆破作业技术要求

在隧道开挖之前，施工单位应编制详细的爆破计划；爆破方式应选用控制爆破（光面爆破和预裂爆破），装炸药量应严格控制，应尽量控制对围岩扰动，以避免或减少超挖现象。衬砌段超挖厚度宜控制在15cm以内，严禁出现欠挖现象。

3)初期支护

洞室的初期支护，应紧随开挖工作面及时施作，以减少围岩暴露时间，控制围岩变形，防止围岩松弛，其工艺应严格按照《公路隧道施工技术规范》(JTG F60—2009)和有关规章办理。

4)二次衬砌施工技术要求

二次衬砌采用模筑混凝土时，应根据开挖长度、围岩变形情况，选择适当时机施作；在灌注模筑混凝土时，应注意预留和预埋照明、消防所需的洞室和线路管、孔、槽；隧道二次衬砌完成后，对衬砌顶部及中墙顶部及时用水泥浆进行回填注浆。

2. 超前地质预报

在地质勘察阶段，虽然按照有关规范规定对工程地质进行了勘察，而且在有些隧道的施工过程中也应用各种方法进行了超前地质预报，但是，由于地质问题本身的复杂性，岩性、构造、地下水变化无常，目前的勘察和预报手段还不能准确查明和预测隧道围岩性质及地下水状况。深埋长隧道是这样，浅埋短隧道也是如此。因此，以最经济、最方便的手段得到最准确的围岩信息，并将其充分利用，就成为隧道建设、设计和施工者的最大愿望。而在这一方面，可望取得突破的首推连拱隧道，因为连拱隧道的中导洞开挖，是实现这一愿望最理想的条件。

目前，连拱隧道特别是短连拱隧道的施工，基本上都是首先贯通中导洞，施工中墙，然后再开挖两侧的主洞。根据一般地质规律和连拱隧道断面尺寸，中导洞开挖所揭露的围岩岩性、构造、岩体结构、地下水等地质情况，一般与两侧主洞开挖所揭露的地质情况差别很小。显然，中导洞开挖的地质记录，是对主洞开挖的最准确的地质预报，而且不必增加任何预报费用。所以，以中导洞开挖所揭露的地质情况为基础，应重新划分围岩级别，进而确定支护参数，安排施工工序，并合理地配置施工设备和人员，对于保证连拱隧道的施工安全，节约工程投资，确保工程质量，保证工期具有重要的意义。

3. 监控量测

监控量测是隧道设计与施工的重要组成部分，是隧道施工管理中不可缺少的重要环节。根据隧道围岩组成特点，适当选择量测项目，例如拱顶下沉量测、地质与支护状态观测、周边位移量测、地质超前预报、地表下沉量测、围岩内部位移量测、围岩压力及支护间压力量测、锚杆轴力及拉拔力量测、钢支撑及内外力量测、支护与衬砌内应力或表面应力及裂缝量测、围岩弹性波测试、山体边坡稳定性等监控量测项目，根据量测结果，进行回归分析及反分析；再根据分析结果调整支护参数，合理变更、修改设计，以确保连拱隧道安全而顺利施工。

第九节 连拱隧道设计、施工标准图集

为了对连拱隧道设计和施工经验进行系统总结，以解决工程上遇到的问题，指导连拱隧道设计和施工，连拱隧道研究课题组通过实地调查、理论分析和科学试验，密切结合依托工程上的连拱隧道实际，以云南思小高速公路上的麻地河（现松山岭）1～4 号、曼歇 1～4 号、南岛河等连拱隧道，贵州的崇遵线开肩堡Ⅱ号连拱隧道，四川西攀线龙塘湾等连拱隧道设计图纸为基础，根据本课题研究成果，编制出连拱隧道设计、施工标准图，以期为同类工程提供有益的参考和借鉴，为进一步发展和提高连拱隧道建设水平奠定基础。

一、连拱隧道设计图集总说明

1. 图集编制主要依据

本图集系在依托工程上的连拱隧道的基础上，依据下列标准和科研成果进行编制的。

（1）公路隧道设计规范（JTG D70—2004）；

（2）公路水泥混凝土路面设计规范（JTG D40—2002）；

（3）公路沥青路面施工技术规范（JTG F40—2004）；

（4）公路隧道施工技术规范（JTG F60—2009）；

（5）公路隧道通风照明设计规范（JTJ 026-1—1999）。

2. 连拱隧道材料选用

用于连拱隧道的建筑材料，除应符合国家有关标准规定外，尚应符合下列要求：

（1）混凝土不应使用碱活性集料；

（2）钢筋混凝土构件中，钢筋技术条件应符合国家标准《钢筋混凝土热轧带肋钢筋》（GB 1499）与《钢筋混凝土热轧光圆钢筋》（GB 13013）；

（3）片石强度等级不应低于 MU40，块石强度等级不应低于 MU60，混凝土砌块强度等级不应低于 MU20，有裂缝和风化的石材不应采用。

（4）片石混凝土内片石掺量不得超过总体积的 30%。

3. 图集使用范围

本图集仅适用于标明的 V、IV 级围岩中修建的连拱隧道。

4. 图集内容

本图集共分七章，可以作为三层曲中墙、三层直中墙、整体曲中墙及整体直中墙连拱隧道设计参考。

·第一章：总说明部分，对图集内容作简要说明。

·第二章：包括四种类型连拱隧道建筑限界与内轮廓设计图。

·第三章：连拱隧道衬砌断面设计图，包括四种连拱隧道类型在Ⅴ～Ⅱ级围岩条件下的衬砌断面设计图，同时，包括整体式连拱隧道洞口部位半明半暗明洞断面设计图。

·第四章：施工程序示意图，包括四种连拱隧道类型在Ⅴ～Ⅱ级围岩条件下的施工程序示意图，同时包括整体式连拱隧道洞口部位半明半暗明洞段施工程序示意图。

·第五章：超前支护图，适用于四种连拱隧道类型Ⅴ、Ⅳ级围岩段衬砌断面超前支护。

·第六章：复合式衬砌配筋图，提供了四种连拱隧道类型在Ⅴ、Ⅳ级围岩条件下的衬砌配筋图，同时包括整体式连拱隧道洞口部位半明半暗明洞段衬砌配筋图。

·第七章：在防、排水工程图中，包括四种连拱隧道类型的施工缝、变形缝防水设计图及衬砌防、排水设计图。

二、连拱隧道建筑界限

1. 连拱隧道建筑界限

图 3-52 中各符号的意义：

W——行车道宽度，按表 3-14 采用；

S——行车道两侧路缘带跨宽度，按表 3-14 采用；

C——余宽，当计算行车速度≥100km/h 时为 0.5m，<100km/h 时为 025m；

H——净高，汽车专用公路、一般二级公路为 5m，三、四级公路为 4.5m；

E——建筑限界顶角宽度，当 $L \leqslant 1\text{m}$ 时，$E=L$；当 $L>1\text{m}$ 时，$E=1\text{m}$；

L——侧向宽度，见图 3-52。

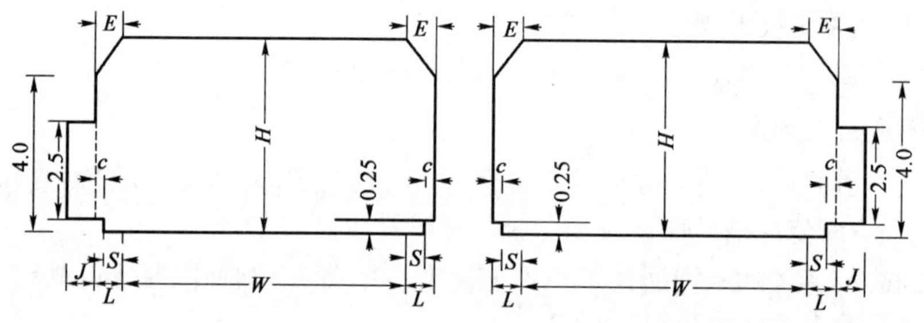

图 3-52　连拱隧道建筑界限

高速公路、一级公路上的短隧道，其侧向宽度宜取硬路肩宽度；

R——人行道宽度；J——检修道宽度。

2. 曲中墙连拱隧道建筑界限(图 3-53)

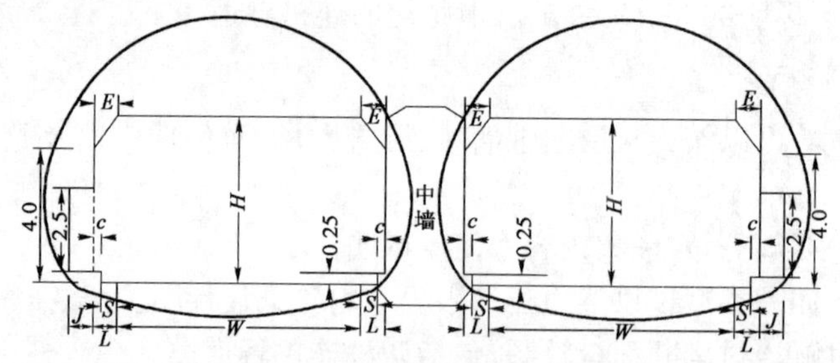

图 3-53　曲中墙连拱隧道建筑界限(尺寸单位：m)

图中各符号的意义同图 3-52。

图 3-52、图 3-53 中各符号的意义，视公路等级不同，从表 3-14 中选用。

各级公路隧道建筑界限基本宽度(m)　　表 3-14

<table>
<tr><th rowspan="2">公路分类</th><th rowspan="2">公路等级</th><th rowspan="2">地　形</th><th rowspan="2">行车道宽度(单洞)W</th><th colspan="2">侧向宽度</th><th rowspan="2">人行道 R</th><th rowspan="2">检修道(一侧)J</th><th colspan="2">隧道建筑限界净宽</th></tr>
<tr><th>路缘带 S</th><th>余宽 C</th><th>设检修道或不设人行道</th><th>设人行道</th></tr>
<tr><td rowspan="8">汽车专用公路</td><td rowspan="4">高速公路</td><td>平原微丘</td><td>7.5</td><td>0.75</td><td>0.50</td><td></td><td rowspan="8">0.75</td><td>10.75</td><td></td></tr>
<tr><td>重丘</td><td>7.5</td><td rowspan="3">0.50</td><td>0.50</td><td></td><td>10.25</td><td></td></tr>
<tr><td rowspan="2">山岭</td><td>7.5</td><td>0.25</td><td></td><td>9.75</td><td></td></tr>
<tr><td>7.0</td><td>0.25</td><td></td><td>9.25</td><td></td></tr>
<tr><td rowspan="2">一级</td><td>平原微丘</td><td>7.5</td><td>0.5</td><td>0.50</td><td></td><td>10.25</td><td></td></tr>
<tr><td>山岭重丘</td><td>7.0</td><td>0.5</td><td rowspan="9">0.25</td><td></td><td>9.25</td><td></td></tr>
<tr><td rowspan="2">二级</td><td>平原微丘</td><td>8.0</td><td>—</td><td></td><td>9.25</td><td></td></tr>
<tr><td>山岭重丘</td><td>7.5</td><td>—</td><td></td><td>8.75</td><td></td></tr>
<tr><td rowspan="6">一般公路</td><td rowspan="2">二级</td><td>平原微丘</td><td>9.0</td><td></td><td rowspan="4">0.75</td><td></td><td>9.5</td><td>10.5</td></tr>
<tr><td>山岭重丘</td><td>7.0</td><td></td><td></td><td rowspan="4">7.5</td><td>8.5</td></tr>
<tr><td rowspan="2">三级</td><td>平原微丘</td><td>7.00</td><td></td><td></td><td>8.5</td></tr>
<tr><td>山岭重丘</td><td>7.0</td><td></td><td></td><td>8.5</td></tr>
<tr><td rowspan="2">四级</td><td>平原微丘</td><td>7.0</td><td></td><td></td><td></td><td></td></tr>
<tr><td>山岭重丘</td><td>7.0/4.5</td><td></td><td></td><td></td><td>7.5/5.0</td><td></td></tr>
</table>

注:1. 汽车专用公路隧道只在左侧设检修道;
2. 山岭重丘区的四级公路,只有当路基宽度为 4.5m 时,行车道宽度可采用为 4.5m;
3. 四级公路一般可不设人行道。

3. 直中墙连拱隧道界限

依托工程采用的直中墙连拱隧道的建筑界限如图 3-54 所示。

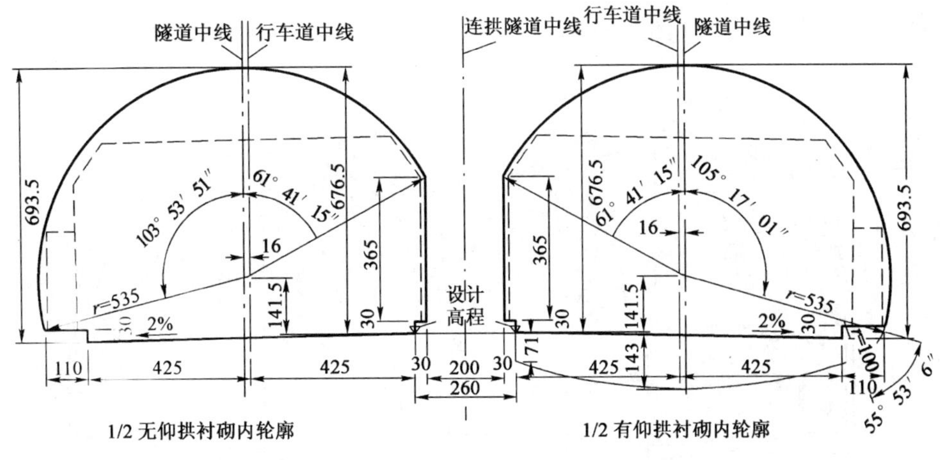

图 3-54　直中墙连拱隧道建筑界限(尺寸单位:cm)

三、共用符号意义和规则

在以下所摘编的图集中，为了编写方便起见，突出图中重点内容，凡是连拱隧道内部轮廓尺寸，均用符号标识，具体尺寸用文字表述，适宜本章相应的连拱隧道。

1. 曲中墙连拱隧道内部轮廓符号

曲中墙连拱隧道，其内部轮廓尺寸符号位置和意义，见图 3-55。

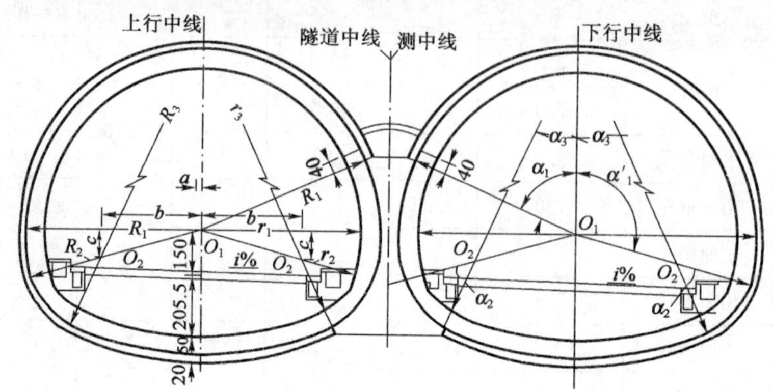

图 3-55　曲中墙内部轮廓尺寸符号意义

曲中墙内部轮廓尺寸，左右对称同类符号只标在一侧，各符号所代表的几何意义如下：

- r_1——O_1 到隧洞内缘尺寸；
- R_1——(r_1＋衬砌厚度)，其中衬砌厚度＝初期支护＋防水夹层＋二次衬砌。
- r_2——O_2 到衬砌内缘半径；
- R_2——(r_2＋衬砌厚度)，其中衬砌厚度＝初期支护＋防水夹层＋二次衬砌。
- r_3——仰拱内缘半径；
- R_3——(r_3 仰拱厚度)，仰拱外缘半径。
- 角度 α_1、α'_1、α_2、α_3 和 a、b、c 的位置和意义如图 3-55 所示。

2. 直中墙连拱隧道内部轮廓符号

直中墙内部轮廓尺寸如图 3-56 所示。左右对称同类符号只标在一侧，各符号所代表的几何意义如下：

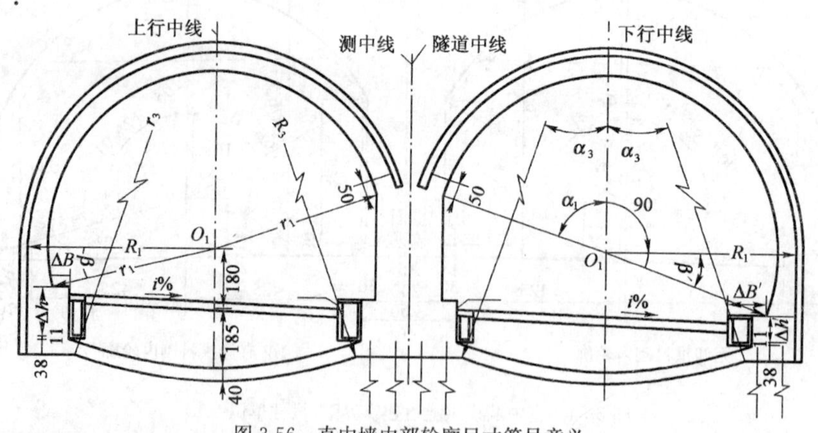

图 3-56　直中墙内部轮廓尺寸符号意义

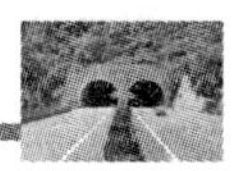

整体直中墙内部轮廓几何尺寸左右对称，各符号所代表的几何要素如下：

- r_1——O_1 到隧洞内缘尺寸；
- R_1——(r_1＋衬砌厚度)，其中衬砌厚度＝初期支护＋防水夹层＋二次衬砌。
- r_2(无)；
- r_3——仰拱内缘半径；
- R_3——(r_3＋仰拱厚度)，仰拱外缘半径。
- 角度 α_1、α_3 的意义见图 3-56。

图中 ΔB、$\Delta B'$ Δh、$\Delta h'$、β'、β 由路拱横坡值确定。

四、明洞结构标准图

连拱隧道明洞洞段，分傍山式明洞(一明一暗)和非傍山式明洞。前者路线与被穿越的山体走向斜交，于是一幅洞身为明洞，另一幅为暗洞，暗洞时常处于偏压状况。后者与山体走向直交，连拱的两隧洞的洞口段为明洞。

1. 傍山式明洞断面标准图

图 3-57 所示的傍山式明洞内部轮廓几何尺寸：

r_1＝540cm(内缘)；R_1＝(r_1＋衬砌厚度)＝630cm；

r_2＝187.7cm

r_3＝1 000cm，R_3＝(r_3＋衬砌厚度 60cm)＝1 060cm

$\alpha_1=66°32'15''$；$\alpha_1'=105°21'15''$，$\alpha_2-49°54'46''$，$\alpha_3=24°43'16''$

a＝20cm，b＝339.7cm，c＝93.4cm，

(R_1、r_1、r_2、R_3、r_3，α_1、α'_1，a、b、c 的意义见图 3-55)。

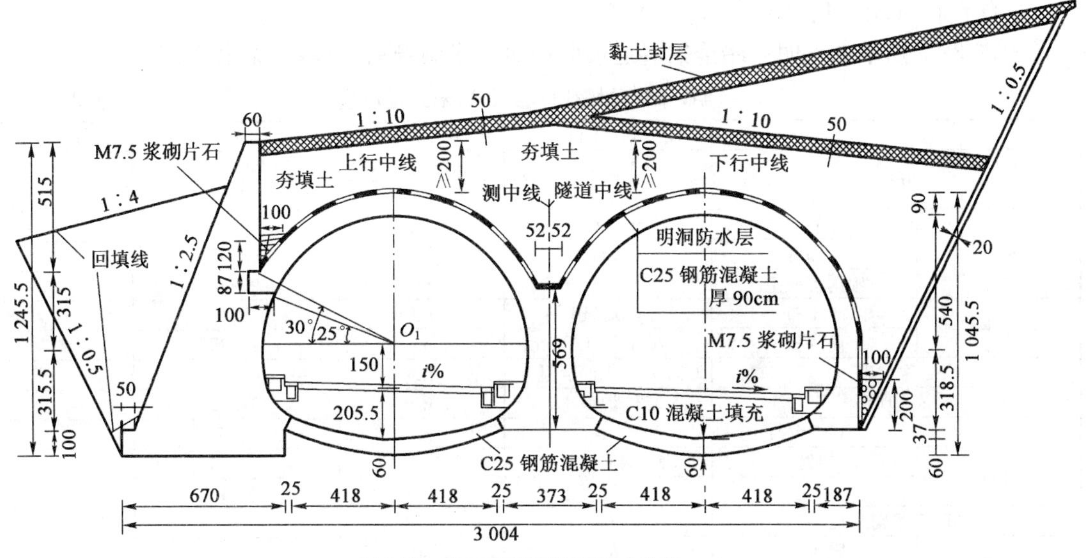

图 3-57 傍山式明洞断面(尺寸单位：cm)

本图所示的明洞断面，适宜各种类型的曲中墙连拱隧道，具体尺寸可随不同的中墙类型而变化。洞顶填土必须对称夯实，填土纵坡为 3％，i 随路段而定。

2. 傍山式一明一暗断面标准图

图 3-58 所示的一明一暗连拱隧道标准图,适宜 V 级围岩洞段。

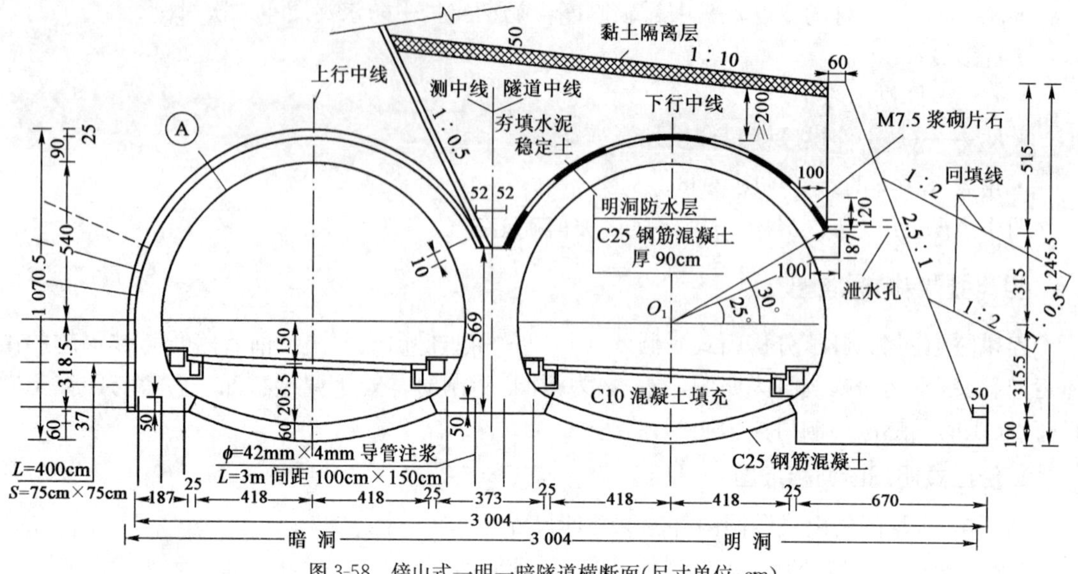

图 3-58 傍山式一明一暗隧道横断面(尺寸单位:cm)

1)暗洞衬砌:A——大样结构层次

· 初期支护:ϕ25mm 中空注浆锚杆,L=400cm;喷射混凝土 C25,厚 25cm;ϕ8mm 钢筋网,网格为 20cm×20cm。

· 防水层:400kg/m² 土工布及 PVC-P 防水板。

· 二次衬砌:C25 防水钢筋混凝土衬砌厚 90 cm。

2)隧洞内部轮廓几何尺寸,同图 3-57。

3)图 3-58 所示的一明一暗连拱隧道横断面每延米洞身的工程量,见表 3-15。

一明一暗连拱隧道洞身每延米工程数量 表 3-15

项目		规格	单位	每延米数量	备注
开挖		土方	m³	132.36	
		石方	m³	88.24	
初期支护	锚杆	ϕ25mm 中空注浆	kg	53.33	
	钢筋网	ϕ8mm	kg	83.51	
	喷射混凝土	C25	m³	6.66	
防水夹层	土工布	400g/m²	m²	70.7	
	防水板	PVC-P 厚 1.2mm	m²	35.35	
二次衬砌		C25 防水钢筋混凝土	m³	44.46	
外边墙		C20 混凝土	m³	34.92	
C15 混凝土			m³	1.27	
仰拱	拱圈	C25 钢筋混凝土	m³	10.66	
	填充	C10 混凝土	m³	24.34	
M7.5 浆砌片石		m³	0.54	—	
回填	隔水层	黏土	m³	9.4	
	夯填土	水泥混凝土碎石	m³	124.6	
注浆管		D42mm×4mm	kg	52.5	
注浆		1.08	m³	1.08	
植树草皮			m²	400/25	

3. 非傍山式明洞断面标准图(图 3-59)

非傍山式明洞断面隧道内部轮廓几何尺寸同图 3-57。

本图所示的明洞断面,适宜各种类型曲中墙的连拱隧道,隧道内轮廓的几何尺寸,可随不同的中墙类型而变化,但洞顶填土必须对称夯实,填土纵坡为 3%,i 随路段而定。

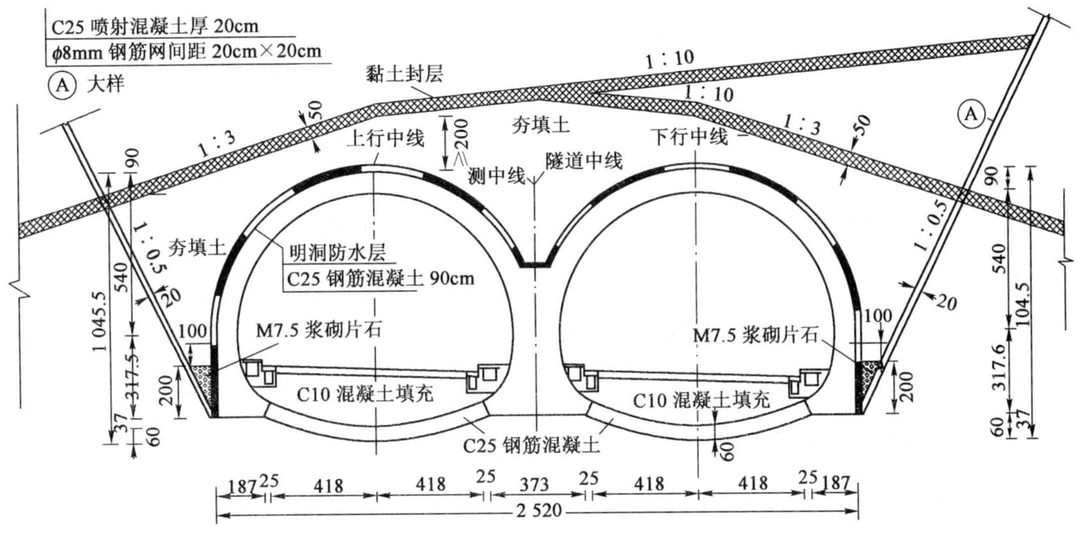

图 3-59　非傍山式明洞断面标准图(尺寸单位:cm)

五、套拱横断面标准图

套拱是明暗洞连接处的结构,其纵横断面结构见图 3-60。

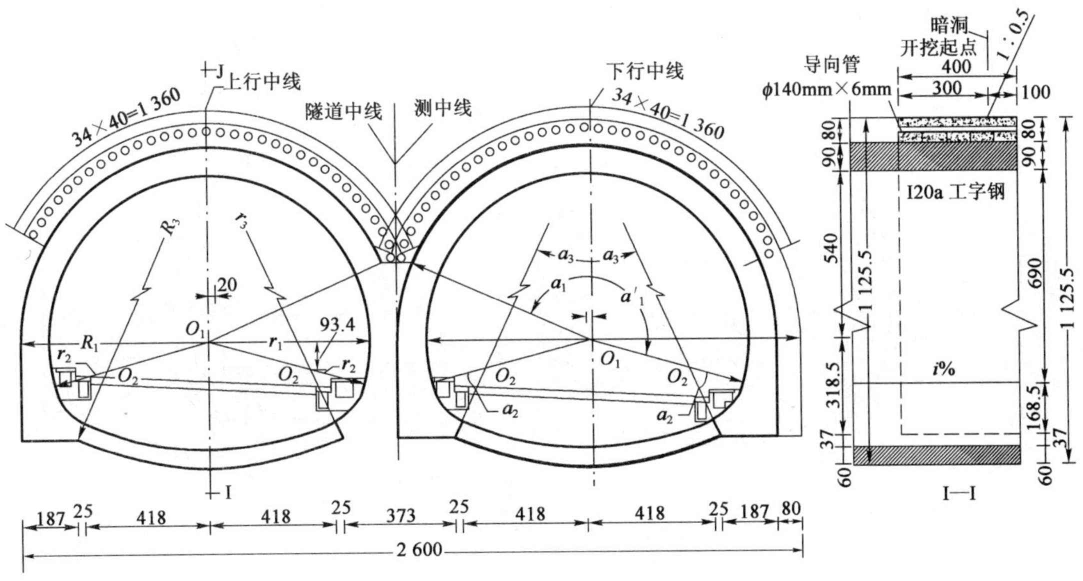

图 3-60　连拱隧道明暗洞套拱立面(尺寸单位:cm)

1. 隧道明暗洞套拱立面(尺寸单位:cm)

r_1=540cm(内缘);R_1=(r_1+衬砌厚度)=710cm;

r_2=187.7cm(内缘);

r_3=1 000cm,R_3=(r_3+衬砌厚度 40cm)=1 060cm

$\alpha_1=66°32'15''$;$\alpha_1'=105°21'58''$,$\alpha_2=49°54'46''$;$\alpha_3=24''54'46''$。

2. 套拱的工程数量(已计入两洞口数量):

- C25 混凝土护拱 232.16m³;
- I20a 工字钢 8 097.7kg;
- 导向管 11 104.8kg。

本套拱图对整体直中墙、三层曲中墙均适用,图中 i 为隧道纵坡。具体尺寸可随中墙类型而变化。

六、V 级围岩整体曲中墙连拱隧道衬砌标准图

1. 浅埋整体曲中墙连拱隧道

适宜 V 级围岩浅埋的、整体曲中墙连拱复合式衬砌标准图如图 3-61 所示,其几何尺寸如下:

- r_1=530cm(内缘);R_1=(r_1+衬砌厚度)=590cm;
- r_2=180cm(内缘);R_2=(r_2+衬砌厚度)=240cm;
- r_3=1 000cm,R_3=(r_3+衬砌厚度 40cm)=1 060cm;
- $\alpha_1=66°49'47''$;
- $\alpha_1'=107°20'52''$,$\alpha_2=48°36'35''$;$\alpha_3=24°02'33''$。

a=20cm、b=334cm、c=104cm。

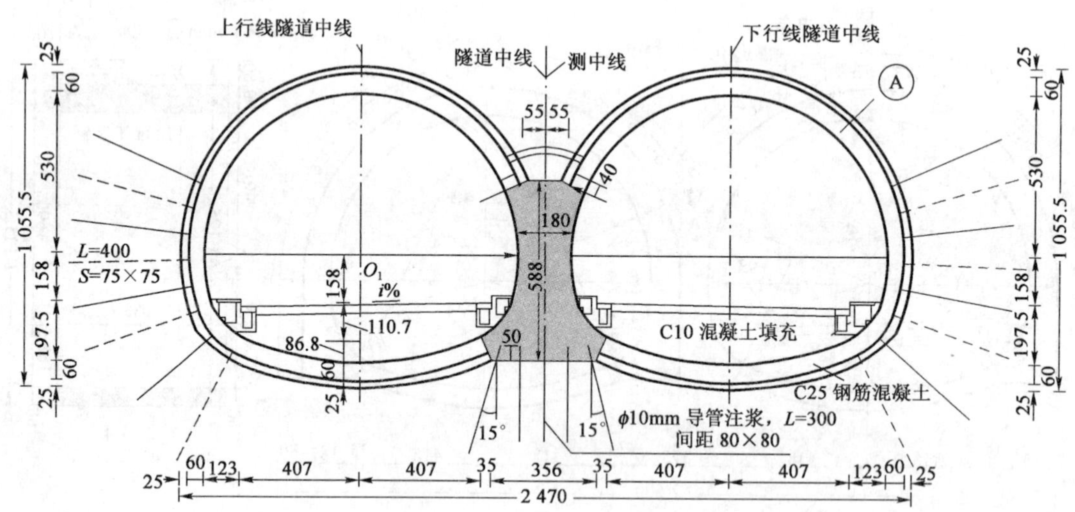

图 3-61 V 级围岩浅埋整体曲中墙连拱复合式衬砌横断面(尺寸单位:cm)

2. 深埋整体曲中墙连拱隧道

适宜Ⅴ级围岩深埋的、整体曲中墙连拱复合式衬砌标准图，如图3-62所示，其洞身几何尺寸同图3-61。

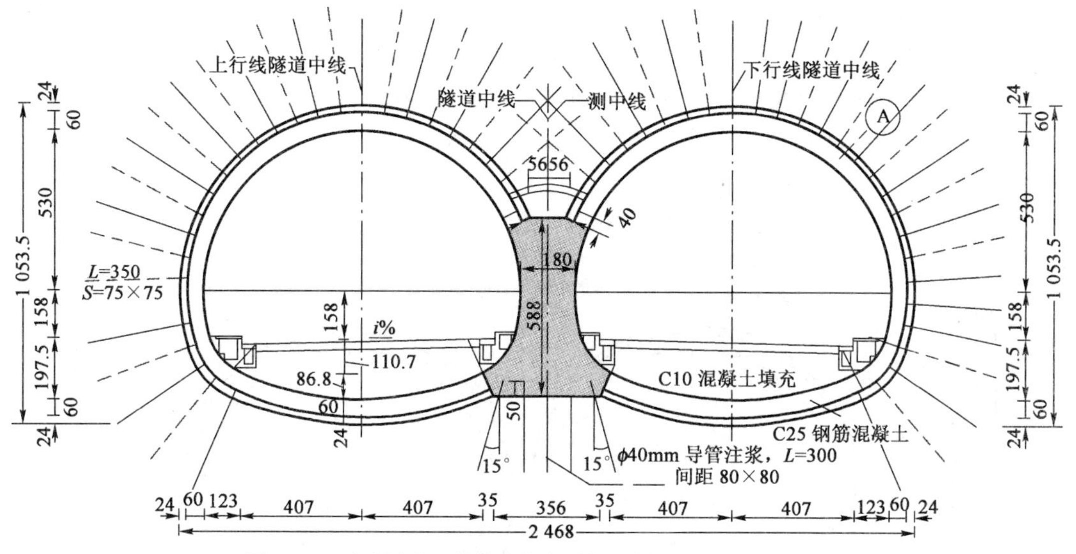

图3-62 Ⅴ级围岩深埋整体曲中墙连拱隧道横断面（尺寸单位：cm）

3. 浅（深）埋整体曲中墙连拱隧道衬砌

适宜Ⅴ级浅（深）埋整体曲中墙连拱复合式衬砌，即为图3-61、图3-62。图中的A——大样：

· 初期支护：ϕ25mm中空注浆锚杆，$L=400$cm；C25喷射混凝土，厚25(24)cm；ϕ8mm钢筋网，网格为20cm×20cm。

· 防水层：400kg/m^2 土工布及PVC-P防水板。

· 二次衬砌：C25防水钢筋混凝土衬砌厚60cm。

4. 每延米工程数量

Ⅴ级围岩浅（深）埋整体曲中墙连拱复合式衬砌，每延米工程数量，见表3-16。

浅（深）埋整体曲中墙连拱复合式衬砌每延米工程数量表 表3-16

项目		规格	单位	浅埋连拱	深埋连拱
开挖		土方	m^3	215.38	214.76
初期支护	锚杆(mm)	ϕ25中空注浆	kg	106.67	303.33
	钢筋网	ϕ8	kg	147.85	147.85
	喷射混凝土	C25	m^3	14.72	14.12
防水夹层	土工布	400g/m^2	m^2	37.92	37.92
	防水板	PVC-P厚1.2mm	m^2	37.92	37.92
二次衬砌		C25防水钢筋混凝土	m^3	34.82	34.82
仰拱	拱圈	C25钢筋混凝土	m^3	12.52	12.52
	填充	C10混凝土	m^3	21.98	21.98
注浆管		ϕ42mm×4mm	kg	70.31	70.31
注浆		水泥浆	m^3	0.77	0.77
超挖回填		C25混凝土	m^3	8.62	8.59

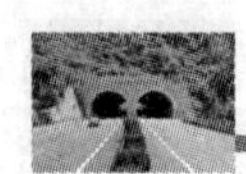

七、V、IV 级围岩三层曲中墙连拱复合式衬砌标准图

1. 适宜 V 级围岩浅埋三层曲中墙连拱隧道

适宜 V 类围岩浅埋的、整体曲中墙连拱复合式衬砌标准图如图 3-63 所示，其几何尺寸如下：

- r_1=540cm(内缘)；R_1=(r_1+衬砌厚度)=600cm；
- r_2=187.7 cm(内缘)；R_2=(r_2+衬砌厚度)=247.7cm；
- r_3=1000cm；R_3=(r_3+衬砌厚度 40cm)=1060cm；
- $\alpha_1=66°32'15''$；$\alpha_1'=105°21'58''$；$\alpha_2=49°54'56''$；$\alpha_3=24°43'16''$；
- a=20cm、b=339.7cm、c=93.4cm(70cm 适宜 IV 级围岩)。

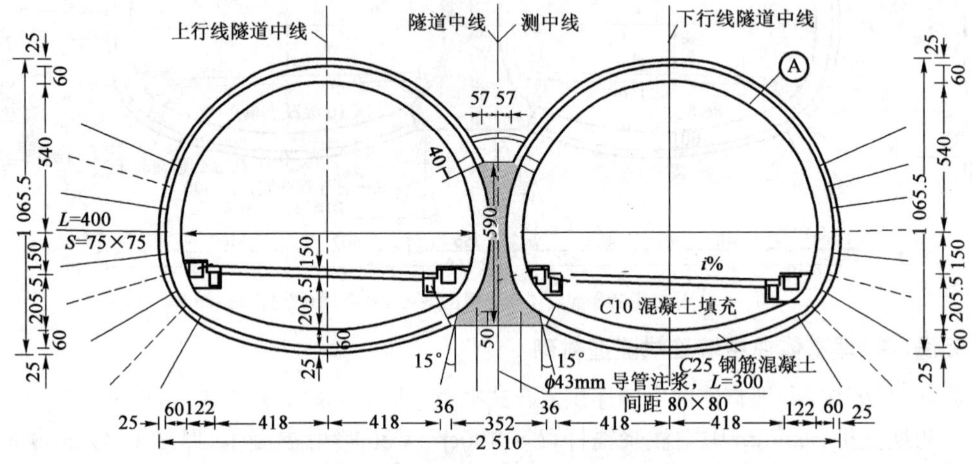

图 3-63　V 类级围岩浅埋三层连拱隧道衬砌标准图(尺寸单位：cm)

2. 适宜 V 级围岩深埋三层曲中墙连拱隧道

适宜 V 类围岩深埋的、三层曲中墙连拱隧道复合式衬砌标准图如图 3-64 所示，其洞身几何尺寸同图 3-63。

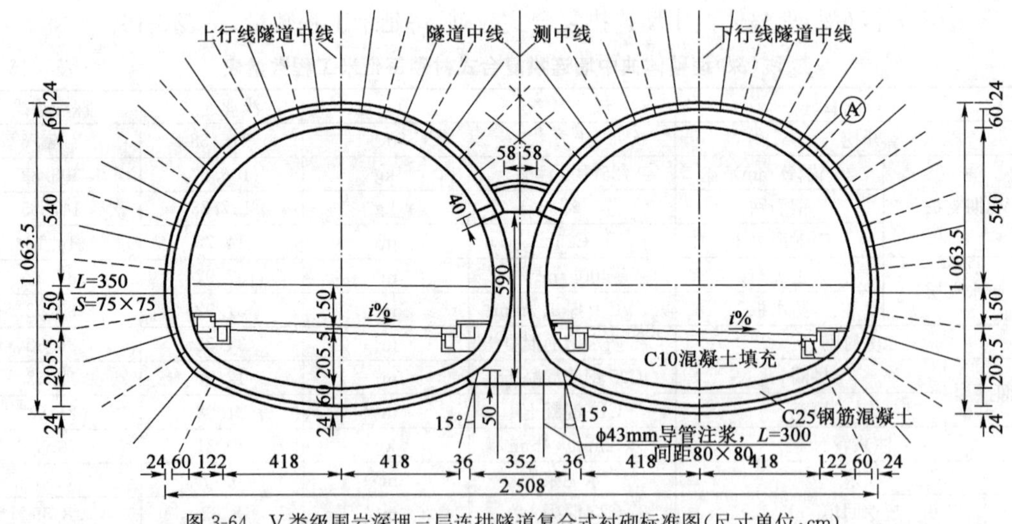

图 3-64　V 类级围岩深埋三层连拱隧道复合式衬砌标准图(尺寸单位：cm)

在图 3-63 图 3-64 中所示的三层曲中墙连拱隧道衬砌结构，即图中 A-大样结构层次如下：

- 初期支护：ϕ25mm 中空注浆锚杆，$L=400$cm；C25 喷射混凝土，厚 25(24)cm；ϕ8mm 钢筋网，网格为 20cm×20cm。
- 防水夹层：400kg/m^2 土工布及 PVC-P 防水板。
- 二次衬砌：C25 防水钢筋混凝土衬砌厚 60cm。

3. 适宜 IV 级围岩深埋三层曲中墙连拱隧道

适宜 IV 级围岩深埋的、三层曲中墙连拱复合式衬砌标准图如图 3-65 所示，其洞身几何尺寸同图 3-63。

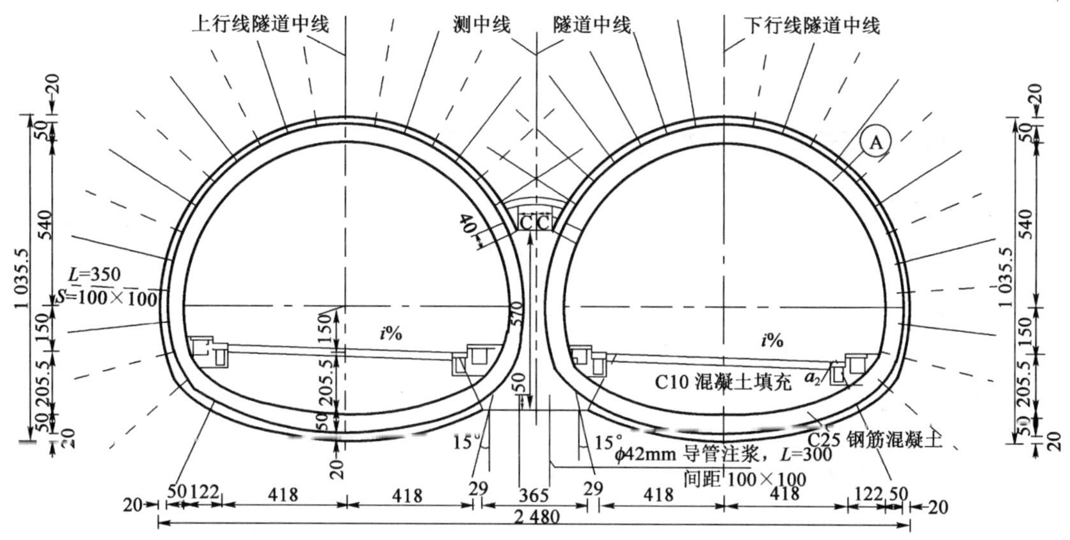

图 3-65 IV 级围岩深埋三层曲中墙连拱复合式衬砌标准图(尺寸单位：cm)

图 3-65 中 A-大样，即适宜连拱隧道衬砌结构如下：

- 初期支护：ϕ25mm 中空注浆锚杆，$L=400$cm；C25 喷射混凝土、厚 20cm、钢筋网 ϕ8mm、20cm×20cm；
- 防水夹层：400kg/m^2 土工布及 PVC-P 防水板
- 二次衬砌：C25 防水钢筋混凝土、厚 50cm。

4. 三层中墙连拱隧道工程数量

适宜 V 级和 IV 级围岩三层曲中墙连拱复合式衬砌，其每延米工程数量见表 3-17。

浅(深)埋三层曲中墙连拱复合式衬砌每延米工程数量表 表 3-17

项目		规格	单位	V 浅埋	V 深埋	IV 深埋
开挖		土方	m^3	220.40	219.78	211.04
初期支护	锚杆(mm)	ϕ25 中空注浆	kg	120	315	175
	钢筋网	ϕ8mm	kg	148.09	147.97	—
	喷射混凝土	C25	m^3	14.94	14.40	11.72

续上表

项　目		规　格	单　位	V浅埋	V深埋	IV深埋
防水夹层	土工布	400g/m²	m²	38.16	38.16	37.5
	防水板	PVC-P厚1.2mm	m²	37.92	38.16	37.5
二次衬砌		C25防水钢筋混凝土	m³	34.92	34.88	30.80
仰拱	拱圈	C25钢筋混凝土	m³	12.94	12.94	10.07
	填充	C10混凝土	m³	24.54	24.54	27.28
注浆管		ϕ42mm×4mm	kg	70.31	70.31	45
注浆		水泥浆	m³	0.77	0.77	0.77
超挖回填		C25混凝土	m³	8.62	8.62	8.44

八、V级围岩整体直中墙连拱复合式衬砌标准图

1. 浅埋整体直中墙连拱隧道

适宜V级围岩浅埋的、整体直中墙连拱复合式衬砌标准图如图3-66所示，其几何尺寸如下：

- r_1=540cm（内缘）；
- R_1=（r_1+衬砌厚度）=600cm；
- r_1、R_2（无）；
- r_3=1 301cm；
- R_3=（r_3+衬砌厚度40cm）=1 341cm；
- $\alpha_1=71°38'10''$；
- α_2（无）；
- $\alpha_3=19°25'00''$。β根据路拱横坡确定。

以上符号所代表意义及意义见图3-66。

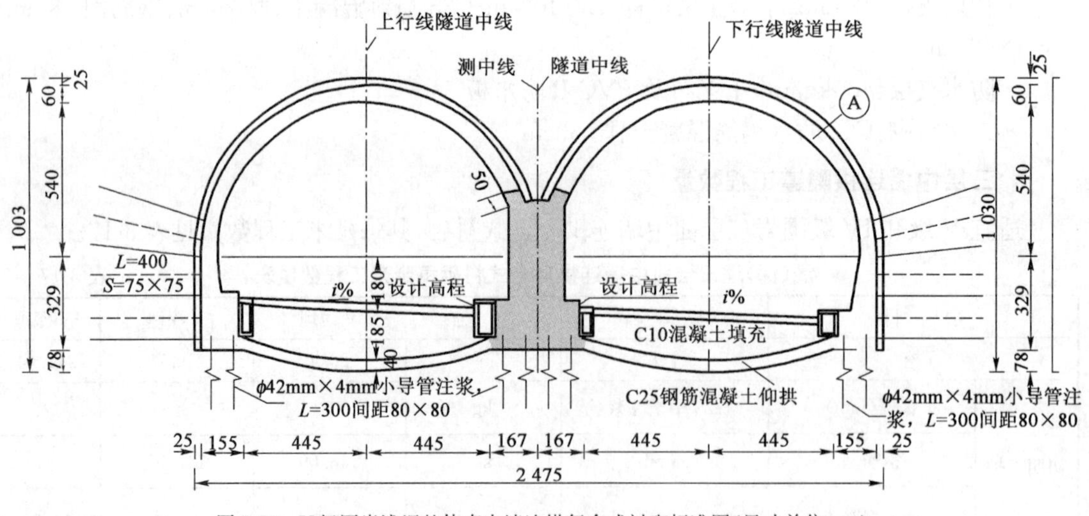

图3-66　V级围岩浅埋整体直中墙连拱复合式衬砌标准图（尺寸单位：cm）

2. 深埋整体直中墙连拱隧道

适宜Ⅴ级围岩深埋的、整体直中墙连拱复合式衬砌标准图如图3-67所示，其几何尺寸同图3-66。

图3-66、图3-67中的A—大样结构层次如下：

· 初期支护：ϕ25mm中空注浆锚杆，间距$S=75\text{cm}\times75\text{cm}$，$L=400\text{cm}$；C25喷射混凝土，厚25cm；$\phi$8mm钢筋网，网格为15cm×15cm。

· 防水层：400 kg/m^{2}土工布及PVC-P防水板。

· 二次衬砌：C25防水钢筋混凝土衬砌厚60cm。

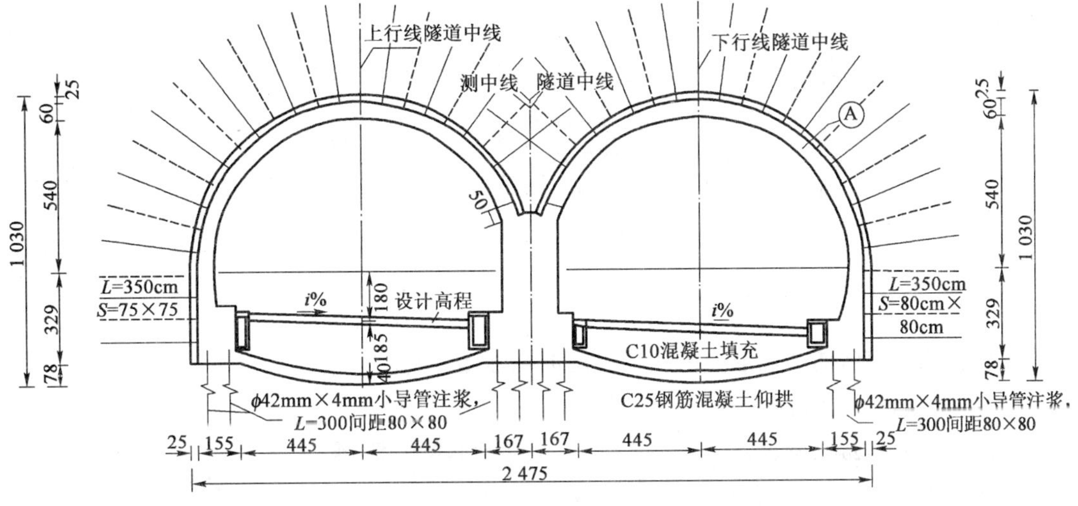

图3-67 Ⅴ级围岩深埋整体直中墙连拱复合式衬砌标准图（尺寸单位：cm）

3. Ⅴ级围岩浅(深)埋整体直中墙及边墙构造

浅(深)埋整体直中墙及左右边墙的构造见图3-68。

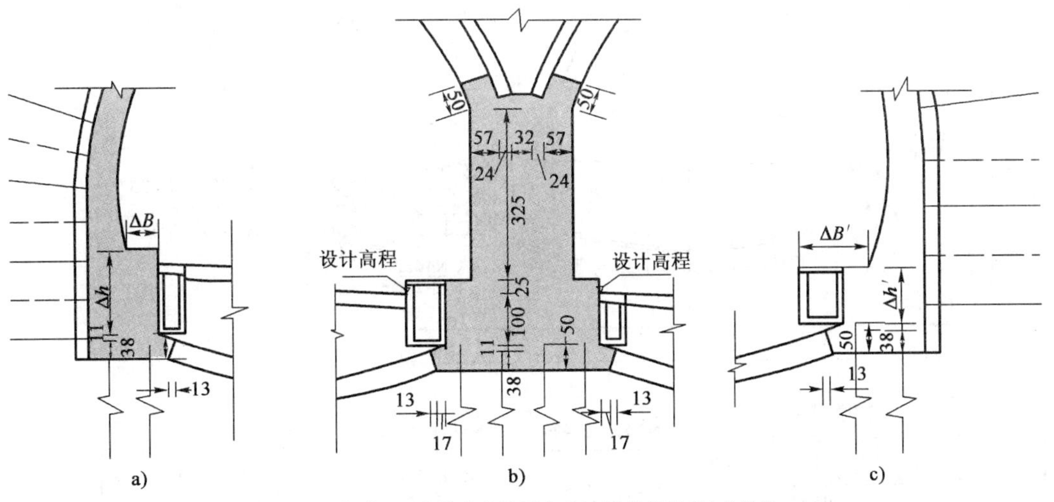

图3-68 浅(深)埋整体直中墙及左右边墙的构造(尺寸单位：cm)

a)左边墙；b)整体直中墙；c)右边墙

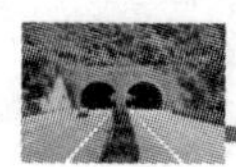

4. 整体直中墙连拱隧道工程数量

适宜Ⅴ级围岩整体直中墙浅(深)埋连拱隧道复合式衬砌,每延米工程数量见表 3-18。

整体直中墙浅(深)埋连拱衬砌每延米工程数量表 表 3-18

项目		规格	单位	浅埋衬砌	深埋衬砌
开挖		土方	m^3	213.14	213.14
初期支护	锚杆(mm)	ϕ25mm 中空注浆	kg	93.33	251.56
	注浆小导管	ϕ42mm×4mm	kg	112.5	112.5
	注浆	水泥浆	m^3	1.23	1.23
	钢筋网	ϕ8mm	kg	219.62	164.32
	喷射混凝土	C25	m^3	10.28	10.28
防水夹层	土工布	400g/m^2	m^2	40.44	40.44
	防水板	PVC-P 厚 1.2mm	m^2	40.44	40.44
二次衬砌		C25 防水钢筋混凝土	m^3	38.92	38.92
仰拱	拱圈	C25 钢筋混凝土	m^3	7.14	7.14
	填充	C10 混凝土	m^3	22.40	22.40
超挖回填		C25 混凝土	m^3	8.53	8.53

九、连拱隧道二次衬砌配筋标准图

1. Ⅴ级围岩整体曲中墙连拱二次衬砌配筋标准图(图 3-69、表 3-19)

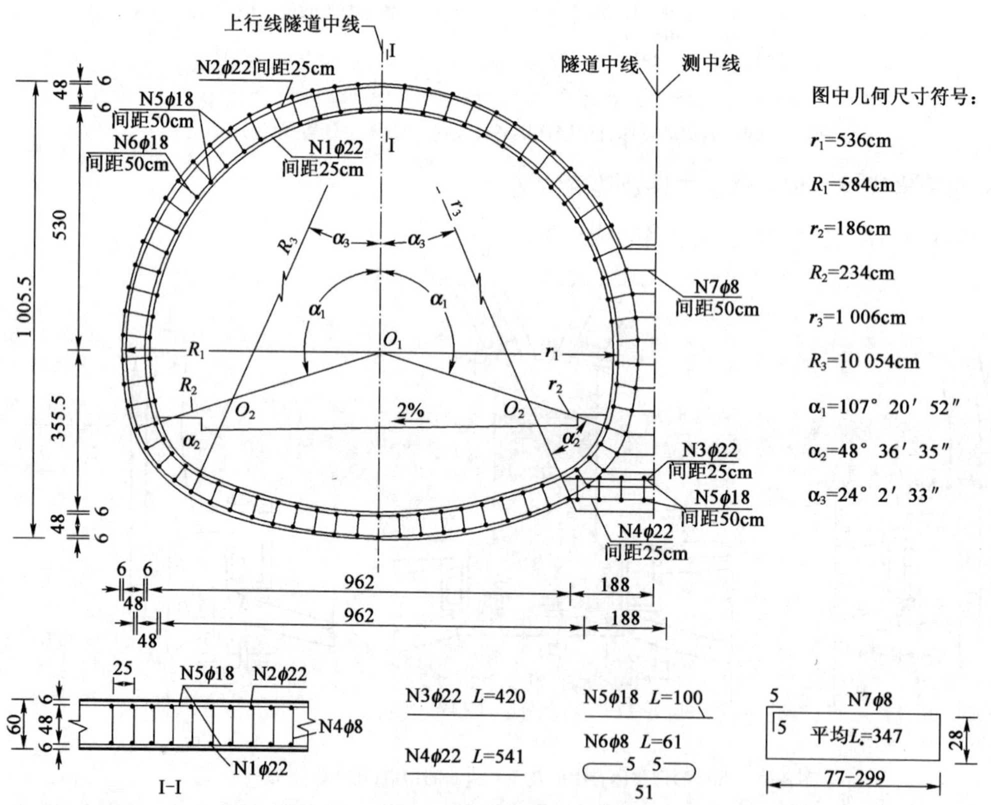

图 3-69 Ⅴ级围岩整体曲中墙二次衬砌配筋半断面图(尺寸单位:cm,钢材:mm)

每延米钢筋数量及钢筋大样 表 3-19

项 目	规 格	单 位	每延米数量
N1	ϕ22mm 螺纹钢筋	kg	31.68
N2	ϕ22mm 螺纹钢筋	kg	34.71
N3	φ22mm 螺纹钢筋	kg	4.20
N4	ϕ22mm 螺纹钢筋	kg	5.42
N5	ϕ18mm 螺纹钢筋	kg	1.00
N6	ϕ8mm 圆钢	kg	0.61
N7	ϕ8mm 圆钢	kg	3.47
* 未计入钢筋搭接和损耗量			

N1ϕ22 L=3 168
N2ϕ22 L=3 417
2 188
2 008
R_3=1 054
r_3=1 006
α_3 α_3
α_1 α_1
O_1
O_2 O_2
α_2 α_2
158 158
199 199
844
885

钢筋大样

2. V 级围岩三层曲中墙连拱二次衬砌配筋标准图(图 3-70、表 3-20)

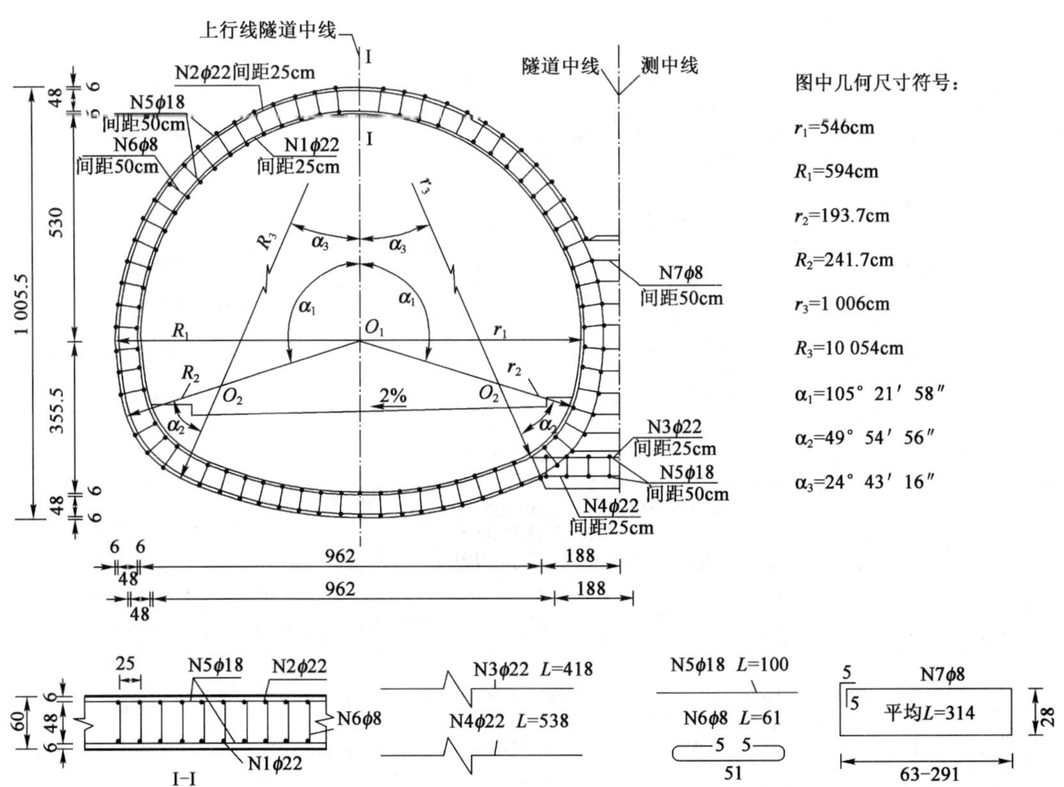

图 3-70 V 级围岩三层曲中墙二次衬砌配筋半断面图(尺寸单位:cm,钢材:mm)

每延米钢筋数量及钢筋大样

表 3-20

项 目	规 格	单 位	每延米数量	钢筋大样
N1	ϕ22mm 螺纹钢筋	kg	32.14	
N2	φ22mm 螺纹钢筋	kg	35.17	
N3	ϕ22mm 螺纹钢筋	kg	4.18	
N4	ϕ22mm 螺纹钢筋	kg	5.38	
N5	ϕ18mm 螺纹钢筋	kg	1.00	
N6	φ8mm 圆钢	kg	0.61	
N7	φ8mm 圆钢	kg	3.14	
* 未计入钢筋搭接和损耗量				

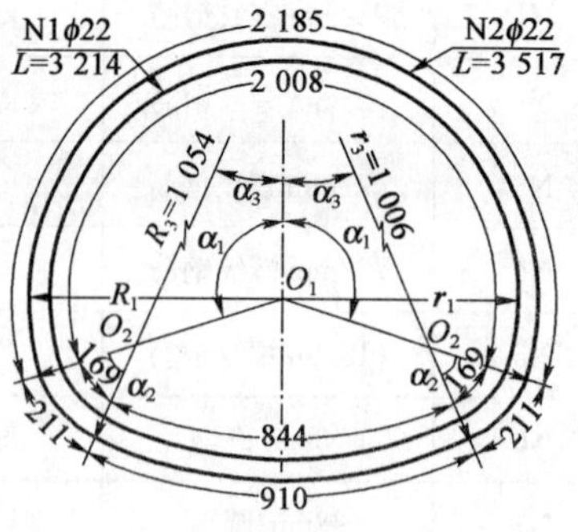

3. IV 级围岩三层曲中墙连拱二次衬砌配筋标准图(图 3-71、表 3-21)

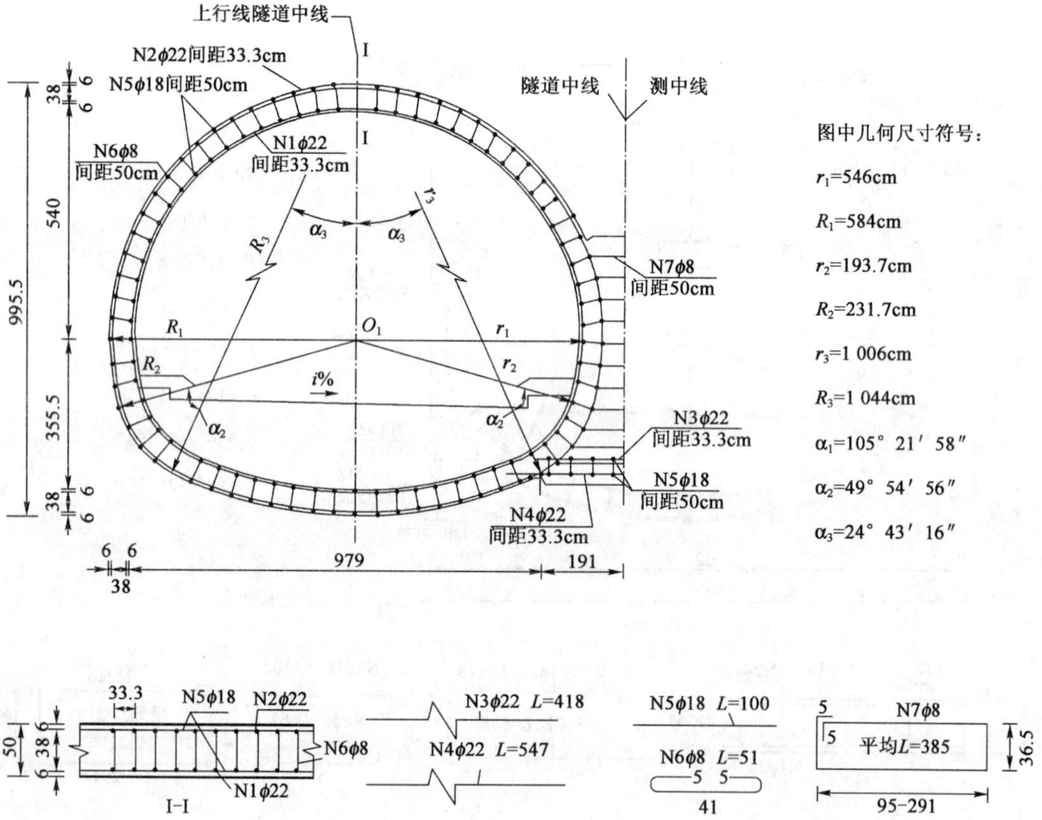

图 3-71 IV 级(旧 III 类)围岩三层曲中墙二次衬砌配筋半断面图(尺寸单位:cm,钢材:mm)

每延米钢筋数量及钢筋大样　　表 3-21

项　目	规　格	单　位	每延米数量
N1	ϕ22mm 螺纹钢筋	kg	32.14
N2	ϕ22mm 螺纹钢筋	kg	34.53
N3	ϕ22mm 螺纹钢筋	kg	4.18
N4	ϕ22mm 螺纹钢筋	kg	5.47
N5	ϕ18mm 螺纹钢筋	kg	1.00
N6	ϕ8mm 圆钢	kg	0.61
N7	ϕ8mm 圆钢	kg	3.85
* 未计入钢筋搭接和损耗量			

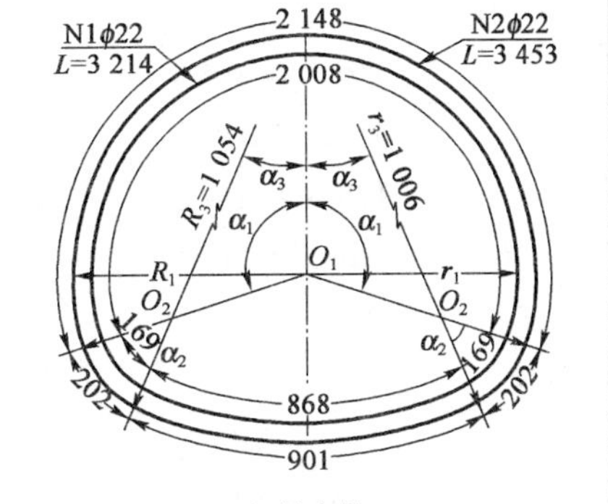

钢筋大样

4. V 级围岩整体直中墙连拱二次衬砌配筋标准图(图 3-72、表 3-22)

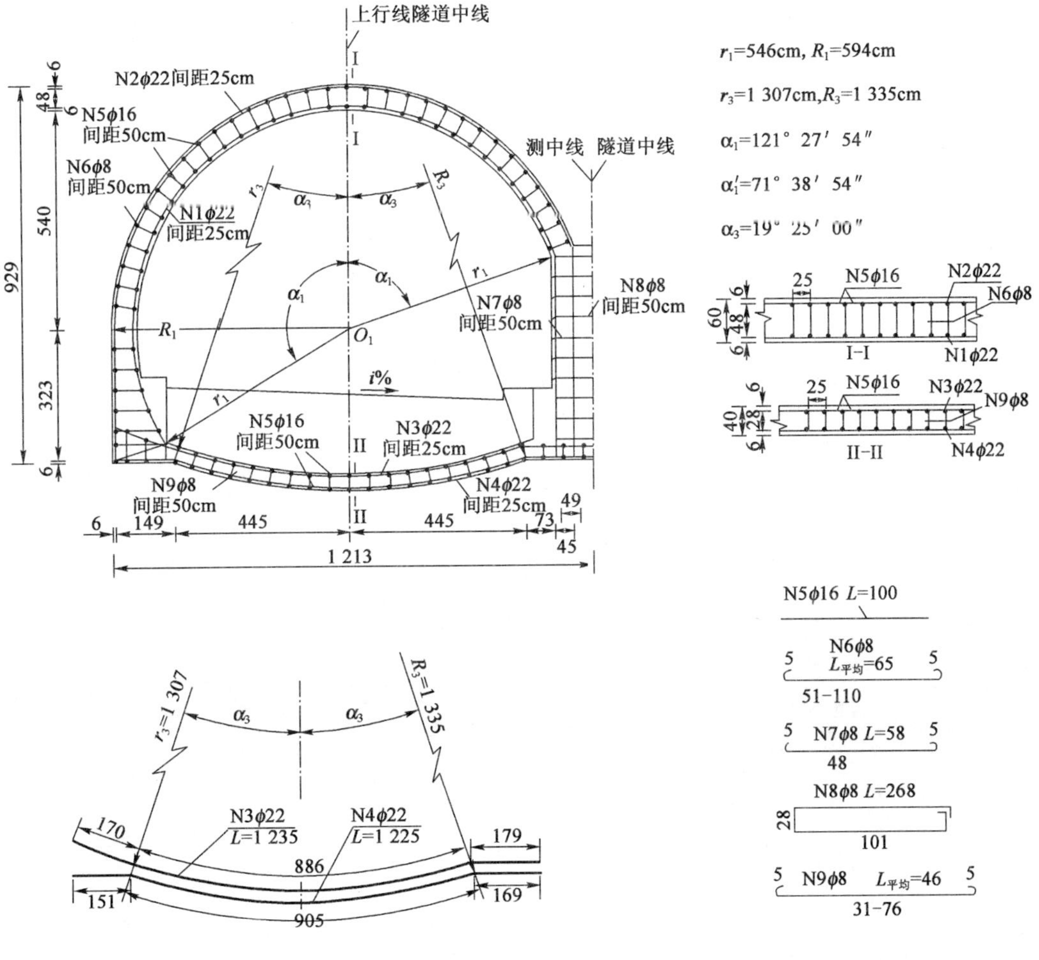

图 3-72　整体直中墙连拱隧道标准图(尺寸单位:cm,钢材:mm)

整体直中墙每延米主要工程数量

表 3-22

项　目	规　格	单　位	每延米数量
N1	ϕ22mm 螺纹钢筋	kg	23.35
N2	ϕ22mm 螺纹钢筋	kg	26.61
N3	ϕ22mm 螺纹钢筋	kg	12.35
N4	ϕ22mm 螺纹钢筋	kg	12.25
N5	ϕ18mm 螺纹钢筋	kg	1.00
N6	ϕ8mm 圆钢	kg	0.65
N7	ϕ8mm 圆钢	kg	0.58
N8	ϕ8mm 圆钢	kg	2.68
N9	ϕ8mm 圆钢	kg	0.46

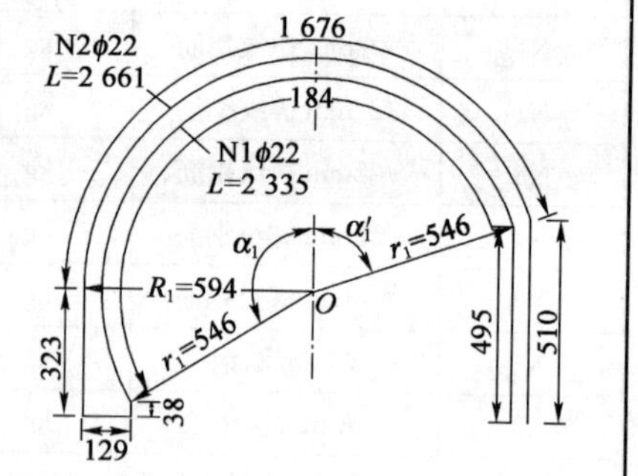

N2ϕ22
L=2 661
1 676
184
N1ϕ22
L=2 335
α_1
α_1'
r_1=546
R_1=594
O
r_1=546
323
38
129
495
510

钢筋大样

注：表中工程量未计入钢筋搭接和损耗量。

本节以上所述内容，仅从中摘编出一部分主要连拱隧道结构图，以便于读者参考和借鉴，以达到举一反三的作用，有关支护设计内容，穿插施工章节进行解读，以方便参考或借鉴，便于理论联系实际。

第四章

洞口边（仰）坡稳定评价及洞身超前地质预报

连拱隧道施工如同分离式隧道一样，也有两个关键技术，一是进洞，二是洞身掘进。前者遇到的关键技术是如何维护洞口边坡稳定问题；后者是需要进行超前地质预报，以确保洞身安全顺利掘进和衬砌结构稳定。

鉴于连拱隧道结构自身特征，施工时总是先贯通中导洞，中导洞揭露出的地质情况，基本上反映整座隧道围岩状况。在思小高速公路上，以中导洞开挖所揭露的围岩基础上，结合简易岩石力学试验，提取了围岩岩体参数，重新进行了隧道围岩分级，研究了隧道围岩稳定性，修改了支护参数，完善了设计，调整了施工程序，对提高连拱隧道的设计、施工水平具有重要的指导意义。

第一节　洞口边坡稳定性评价及治理措施

无论是连拱隧道，还是其他类型的隧道，其进出口边坡稳定与否，都是关系着隧道施工成败关键的大问题。为了阐明洞口边坡稳定的重要性，本章以依托工程上的曼歇4号隧道进口端边坡稳定问题为例，对边坡稳定性评价方法和治理措施进行系统解说。

思小高速公路上曼歇4号隧道，进口端为一古滑坡，且埋深较浅(图4-1、图4-2)。在中导洞施工过程中，由于进口处于严重偏压状态，岩体节理发育，在洞口左上部产生了两条裂缝，其中上面一条裂缝较宽，宽度0.5～1.0cm，产状70°∠46°，长度0.7m。下面一条较窄，宽度0.1～0.3cm，产状120°∠71°，呈弯曲状，长约2.0m。在隧道施工初期，裂缝不断变宽，施工方采用了打锚杆、挂网喷锚的措施，裂缝宽度才逐渐趋于稳定。

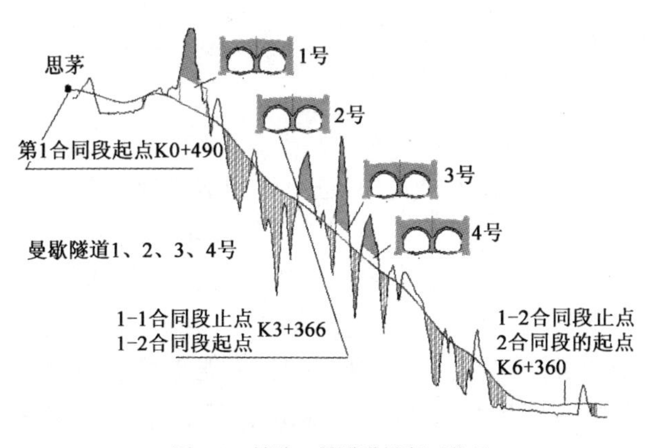

图4-1　曼歇4号隧道纵断面位置

图4-2　进口端右侧古滑坡体

一、洞口边坡稳定性评价意义

在对调边坡稳定性评价前，首先对曼歇4号连拱隧道洞口边坡稳定性进行描述。根据该隧道进出口边坡倾向和坡角的几何关系，运用赤平投影分析法，分别研究隧道进、出口边坡和隧道内岩体的稳定性。

1. 曼歇4号隧道洞口边坡状况

曼歇4号隧道进口端，边坡倾向约为335°，倾角约为43°，其与结构面的几何关系如图4-3a)所示。从该图中可以看出，进口端边坡有多个滑动方向，其中滑动方向受主要结构面与边坡坡面共同控制，与隧道轴线近平行，表明进口端边坡稳定条件差，其洞顶上方，特别是右侧山坡上的树多呈"马刀状"，这就表明边坡处于不稳定状态。

在中导洞施工期间，边坡上出现了裂缝，进一步说明边坡处于不稳定状态，一旦正洞施工开挖后，仰坡还有可能发生滑动。滑动方向2、3、4为有利于边坡稳定的方向。

出口端边坡倾向约为190°，坡角约为33°，其与结构面的几何关系，见图4-3b)。从图4-3b)中可以看出，由于出口端边坡坡向与三组结构面倾向一致，边坡坡角小于其中两组结构面的倾角，在天然状态或轻微扰动情况下边坡稳定条件良好。但是，在正洞开挖后，仰坡有发生局部滑动的可能。

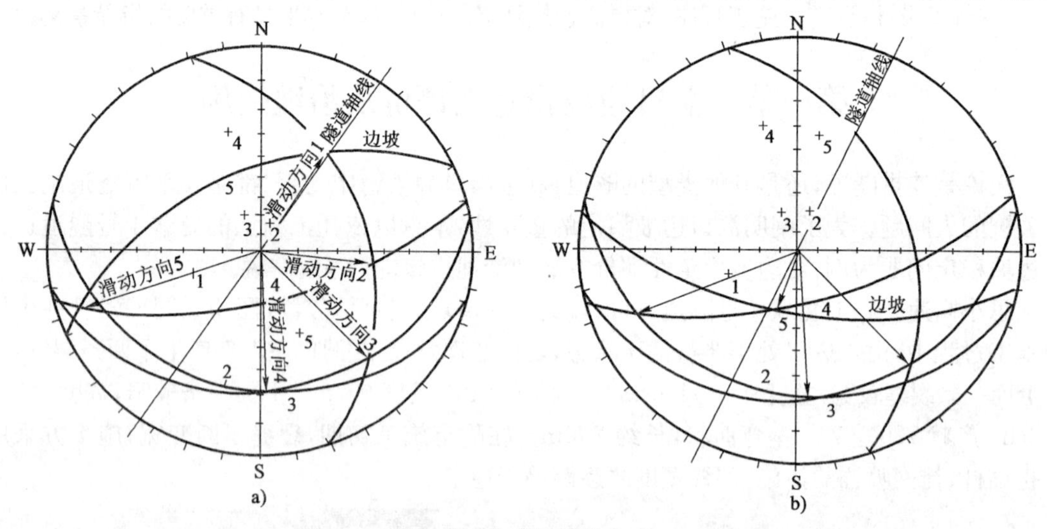

图4-3 洞口边坡

a)进口端边坡；b)出口端边坡赤平投影图(上半球投影)

2. 曼歇4号隧道洞口施工方案

前已述之，曼歇4号进口端为一古滑坡，在中导洞施工过程中，进口端边坡已经出现过裂缝。而根据前面的分析，进口端天然边坡坡角本身较陡，正洞的施工将会使坡角更陡，一旦边坡开挖后，边坡有可能发生滑动。为此，设计时在下行线外侧设置了偏压墙(图4-4)。根据中导洞揭露的围岩及结构面发育情况分析，这一设计是十分合理的。但是，需要强调的是，施工时务必要保证把挡土墙的基础置于基岩上，而且洞顶填土必须对称夯实，不能少填也不能多堆。洞身掘进时应先开挖下行线右侧土石方，浇筑桩基承台、偏压墙，全部桩基承台、外边墙施作结束后，再开挖中导洞、浇筑中墙。但实际情况是，施工时先开挖了中导洞，这已经对洞口边

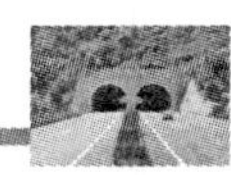

坡的稳定造成了影响，因此，在正洞施工的各个环节中，必须严格执行操作规程。

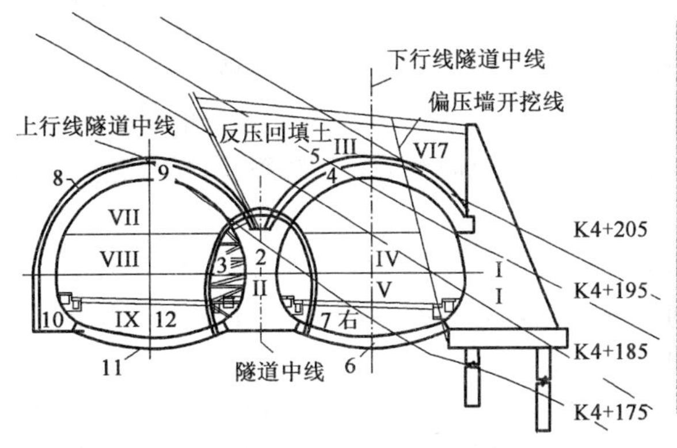

图 4-4　曼歇 4 号隧道浅埋偏压段施工示意图

图中：希腊字母表示开挖顺序；阿拉伯数字表示衬砌支护顺序。

隧道出口端边坡坡角小于其中两组结构面的倾角，在天然状态或轻微扰动情况下边坡稳定条件良好。但是，在正洞开挖后仰坡有发生局部滑动的可能。所以，建议在下行线出口端开挖前也先对边坡进行加固处理，然后再开挖正洞岩土。

二、连拱隧道边坡稳定性分析方法

对于隧道洞口边坡稳定分析，常见的方法有极限平衡法、强度折减法。

1. 边坡稳定性极限平衡法

极限平衡分析法是传统的方法，属于求解土力学稳定问题的近似方法。它是从选定的边坡破坏面形状中寻找最危险滑移面的位置，虽然这些形状是假设的，但是通常可以给出满意的结果。

采用这种分析方法，需要假设边坡沿滑移面的应力分布，将研究的问题转化为简单的静力学问题，这样才能列出平衡方程。值得注意的是，边坡滑移面两侧的应力均不能很好地满足固体力学方程。

1)极限平衡法基本原理

极限平衡法利用了极限分析的上限规则的基本原理，即利用一个假想滑移面求得一个最小上限，但是，不是精确满足上限解的要求，而且基本不考虑土体运动学条件，平衡条件也是有限意义下的满足。因而，它不一定是一个上限解，也不一定是一个下限解。然而，任何极限分析的上限解，显然会是一个极限平衡解。

用这种方法获得的各种解，在 Terzaghi(1943)和 Taylor(1948)的著作中，以图表的形式给出。目前，该种方法在实践中仍然被广泛应用，基于极限平衡法的条分法就是其中的代表。

2)条分法概述

假定边坡破坏是由于土体在滑移面发生滑动造成的，一个扰动因素使土体从稳定状态进入极限平衡状态，此时土体内出现一条假想的滑移面，滑移面上的土体服从破坏条件，每一点的法向应力和切向应力都满足摩尔库仑强度准则。这个扰动因素在边坡稳定问题中通常的做法是引入安全系数 F，将土体的抗剪强度指标 c' 和 $\tan\phi'$ 减少为 c'/F 和 $\tan\phi'/F$。

(1)假设滑移面已知，其形状可以是直线、圆弧、对数螺旋线，或者其他的不规则曲线，通过考虑由滑移面形成的隔离体的静力平衡，可以确定沿这一滑移面发生滑动的扰动因素——安全系数 F。

(2)在简单情况下，可以考虑隔离体整体的平衡，但是，一般为了确定沿滑移面的应力分布需要，可将滑动土体分成若干垂直土条。通过分析作用于土条上的力建立土条的平衡方程，为了使问题变得静定可解，还需要对土条间的作用力作一些简化和假定，最终获得使该滑移面处于极限平衡状态的安全系数 F。

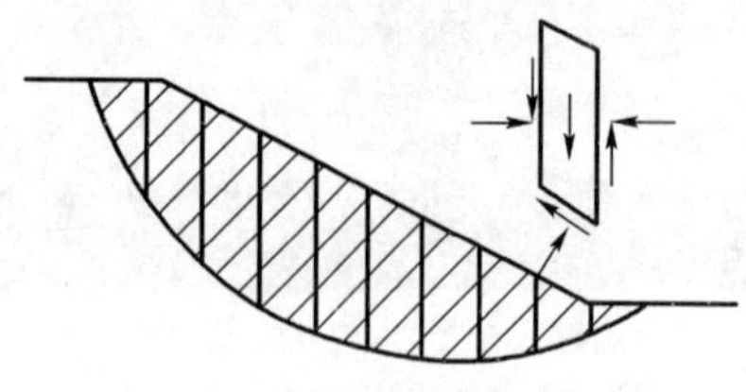
图 4-5 条分法基本分析模型

在求得一个滑移面的安全系数 F 后，还要对不同的滑移面重复这一计算步骤，以确定最小安全系数和与之对应的最危险滑移面。

(3)基于极限平衡(Limit Equilibrium)理论的条分法最早诞生于 20 世纪早期，条分法的基本分析模型如图 4-5所示。条分法有许多种形式，但是它们的基本思想是一样的。各个方法的不同之处，就是表现在如何做简化和假设，为了把问题转化为静定可解的，主要有以下三个方面：

①考虑并满足哪些平衡条件；

②计入哪些条间力；

③条间法向力和切向力之间满足什么样的假定关系。

3)条分理论分析方法

(1)瑞典圆弧法

瑞典圆弧法是最早的条分法，仅适用于圆弧边坡，它忽略了条间法向力和切向力，只满足力矩的平衡，很显然这种方法不需要迭代，通过手算就可以得到结论。

(2)简化 Bishop 和 Janbu 法

简化的 Bishop 法，也仅适用于圆弧边坡，它计入了条间的法向力，但是，却忽略了切向力，满足了力矩和竖向力平衡；由于条间切向力的引入，导致安全系数必须求解一个非线性方程才能得到，这样迭代过程就不可避免了。

简化 Janbu 法和简化 Bishop 法，对条间力的假设相同，唯一的区别在于：简化 Janbu 法满足是水平向力和竖向力的平衡，而不满足力矩平衡。

(3)Morgenstern-Price 法和 Spencer 法

随着计算机的普及，同时考虑条间法向力和切向力，而且同时满足力与力矩平衡的方法出现了，这就是 Morgenstern-Price 法和 Spencer 法。

(4)通用极限平衡法(GLE)

上世纪 70 年代，Fredlund 提出了通用极限平衡法(GLE)的公式。GLE 方法使用两个安全系数公式，一个公式基于力矩平衡给出安全系数，另一个公式基于水平方向力的平衡给出安全系数。GLE 法可以用于任何静力允许的滑移面形状，这就意味着在圆弧滑移面基础上推导出来的公式，比如简化 Bishop 法，也可以用于非圆弧滑移面。

4)临界滑移面确定方法

条分法的一个关键问题，是在众多的可能滑移面中，寻找一个相应最小安全系数的临界滑移面。在实际应用中，确定滑移面的形状可以分为两大类：

第一类：人为规定滑移面的形状，如圆弧形、对数螺旋形、圆弧－直线等，其中圆弧形滑移面形式最为简单，实际应用中采用的最多。

第二类：在搜索当中确定滑移面的形状，即不预先限定其形状。

通常，第二类滑移面都是通过细分滑移面为多个点，再用通过这些点的多段折线或样条曲线来拟合滑移面，对于复杂土层、受力或边界条件的情况，这种滑移面的假定较符合实际。

确定第二类滑移面时，试算方法的原理简单，是早期边坡稳定分析中最常用的一种方法，一般只用于对圆弧滑移面的搜索。其基本思想是：

把圆心搜索区域按一定的密度划分成栅格，然后，对每一个栅格点尝试不同的半径计算安全系数，用取得到最小安全系数的圆心和半径确定临界滑移面。

这种方法由于搜索点在搜索进行之前就已经确定，因此，不会受安全系数函数形态的影响，也不会陷入局部极小值。但是，该方法搜索范围广、计算量大，精度提高取决于栅格的密度。

20 世纪 70 年代后期，一批研究者试图利用变分法来进行边坡稳定分析，他们把边坡的安全系数看成滑移面、正应力分布、条间力分布这些变量的泛函，利用变分法求得使安全系数达到极小值的临界滑移面及应力分布。该方法是一种解析方法，数学处理相当复杂，适用范围也具有很大局限性。然而，把安全系数看成是临界滑移面泛函的思想，为临界滑移面搜索的数值解法带来了新的启示。

5)随机搜索方法确定临界滑动面

随机搜索方法分为随机产生方法和随机修改方法。随机产生方法就是随机地产生巨大数量的一系列潜在滑动面，分别进行计算比较，认为其中安全系数最小的滑动面即为临界滑动面。

随机修改策略是在现有最优解基础上进行微小的随机修改，然后把新滑动面与原滑动面进行比较，依次搜索下去。从搜索效率上来说，这种方法比随机产生方法精度要高。随机搜索方法，对复杂的边坡分析不会遇到数值问题，也不会陷入局部极值，而且理论比较简单，易于编程计算，也易于根据实际问题对程序进行调整。这种方法最大的缺点就是计算量大，自由度数较多时，要想用该方法搜索出最危险滑动面，几乎是难以想象的。

另外，遗传算法、神经网络法、模拟退火法等这些现代优化方法也都被应用于临界滑移面的搜索，这些方法的突出优点就是搜索效率高、全局搜索能力强。

6)条分法存在的问题

条分法中一个非常重要的变量是土条底面的法向力。然而，土条底面法向力并不是土体中的真实应力状态。有限元计算表明：土钉或土锚等加筋会引起土条底面法向力的增加，但并不像条分法的计算结果那么显著。事实上，有限元计算的结果应该更接近于实际土体的应力状态，这就从一个侧面说明极限平衡法得到的应力分布存在很大的误差，而之所以能够得出近似的结果，是因为土条底面法向力确实受土条自重影响的比重比较大。

极限平衡法假设每个土条底面的安全系数都是一样的，而有限元计算表明，每个土条底面的安全系数是不同的，强制各个土条具有相同的安全系数等于对问题附加了许多约束条件，这也将引起计算的误差。

应该说明，由于极限平衡法所做的种种简化和假定，导致计算出来的应力分布和实际情况不符。极限平衡法以刚体的静力平衡为基础，只要求各个土条在这种应力分布下保持平衡，而且各个土条具有相同的安全系数就可以了，完全没有涉及应变和位移，不考虑应力应变关系，它的结论不满足位移协调条件，这自然会引起误差。引入应力应变关系可以解决上述问题，借助有限元求解，可以得到更准确的应力分布。

尽管极限平衡法存在上面的问题，但是这种方法确实可以给出比较好的结果，是工程当中非常实用的一种方法，这是经过无数工程检验得出的结论。因为就方法本身是有其理论基础的，只不过做的一些简化、假定导致了误差的出现。

2. 边坡稳定性强度折减法

对于天然的、无支护结构、具有简单剖面的均质边坡，从直观意义上能够比较准确地把握潜在破坏面的位置与形状，从而采用极限平衡法能够较方便地确定边坡的临界破坏面及相应的稳定安全系数。但是，实际中无论是天然边坡还是人工填土边坡或切土边坡，往往断面比较复杂，同时一般为保证边坡的稳定性而须采取一定的加筋或加固支护措施，对于这种具有复杂断面或加筋、加固的边坡，由于难于事先确定滑动面的形状与位置，传统极限平衡条分法的应用受到了限制。

1)抗剪强度折减系数定义

1975 年，Zienkiewicz 等首次在土工弹塑性有限元数值分析中提出了抗剪强度折减系数概念，由此所确定的强度储备安全系数与 Bishop 在极限平衡法中所给出的稳定安全系数在概念上是一致的。

抗剪强度折减系数定义为：在外荷载保持不变的情况下，边坡内土体所发挥的最大抗剪强度与外荷载在边坡内所产生的实际剪应力之比。

外荷载所产生的实际剪应力，应与抵御外荷载所发挥的最低抗剪强度(即按照实际强度指标)折减后所确定的、实际中得以发挥的抗剪强度相等。

当假定边坡内所有土体抗剪强度的发挥程度相同时，这种抗剪强度折减系数定义为边坡的整体稳定安全系数。由此所确定的安全系数，可以认为是强度储备安全系数。而在地基极限承载力与传统边坡稳定性分析中，其所采用的常规安全系数，一般是指荷载增大系数(或加载系数)。

抗剪强度折减概念能够将强度储备安全系数与边坡的整体稳定安全系数统一起来，而且在有限元数值分析中，无需事先确定破坏面形状与位置，其实质与传统方法是一样的，它的好处是系统处于极限状态时，土体和支挡结构的强度得以充分发挥。而传统的计算方法只是考虑了土体达到极限状态时的强度，没有充分考虑支挡结构的极限强度。因此，在实际中逐渐得到广泛应用。

2)强度折减法的基本思想

强度折减法的基本思想是保持作用在边坡上的荷载不变，不断折减土体的强度参数，直至边坡失稳。这等同于极限平衡法是将 c 和 $\tan\varphi$ 折减为 $c/(F.S)$ 和 $\tan\varphi/(F.S)$，使边坡的安全系数等于 1，即极限平衡状态。

这样理解，则极限平衡法中的安全系数 $F.S$ 也是强度折减系数。

由此可见，强度折减法中的强度折减系数 F 和极限平衡条分法中的安全系数 $F.S$ 意义是一样的。

三、连拱隧道洞口边仰坡稳定性分析实例

本节以麻地河 1 号隧道为例，分别采用极限平衡法和强度折减法，对该连拱隧道洞口边坡

稳定性进行二维分析；采用强度折减法进行三维分析，然后对进洞施工安全性作出评价。

1. 麻地河 1 号隧道概况

思小高速公路上麻地河 1 号隧道，位于构造剥蚀低中山地形地貌区，植被森林十分茂密。

1)山体岩性

山体顶部岩性为：褐色、褐红色残破积亚黏土、碎石土。亚黏土呈可～硬塑状，厚约 1.1～1.8 m；碎石土呈稍密状、稍湿，厚约 5～8m。根据物理勘探资料所悉，V_S＝120～350m/s，V_P＝600～1 000m/s。

山体下部基岩为白垩系褐红色、褐灰色泥岩、泥质粉砂岩、细砂岩不等厚互层。岩层产状 30°∠29°。隧道进出口自然坡度陡，左侧山体稳定性较差。

2)洞室围岩

隧道洞室置于强～弱风化基岩中，岩石节理裂隙很发育，具角(砾)碎(石)状松散结构，裂隙中等富水；根据物理勘探资料所悉，强风化岩层 V_S＝350～800m/s，V_P＝1 200～1 800m/s；弱风化岩层 V_S≥800m/s，V_P＝2 300～2 900m/s。

3)地下水类型

隧道所处位置的地下水为基岩裂隙水，中等富水，季节性补给，随着季节变化而变化。在隧道开挖后，局部可出现季节性的滴水或涌水，水文地质条件较差。

4)隧道构造

该隧道位于 K48＋435～K48＋545 之间，全长 110m，思茅洞口端 K48＋435～K48＋492.41 段，长 59.21m 位于 R＝255m、L_s＝205m、i＝7％的右转缓和曲线上；小勐养端 K48＋494.41～K48＋545 段，长 50.79m 位于直线上，纵坡为＋0.3％。隧道最大埋深 20.0m。

隧道结构系根据围岩级别、地形、埋深、成洞条件等进行设计。进出口成洞条件为困难洞段，设计成长 20m 的 S_1 型明洞衬砌*，其余各段与围岩级别 V 级相对应设计为 S_2、S_3 型复合式衬砌。由于本隧道地质条件相对较差，因此，S_2 型衬砌段采用大管棚，S_3 型衬砌段采用小导管，对前方围岩进行注浆加固后再开挖，S_2、S_3 型衬砌段采用工字钢支撑。隧道洞身衬砌采用初期支护、二次支护共同承担荷载结构，用荷载一结构法和有限元数值法进行设计理论分析。

2. 边仰坡稳定性二维分析

1)采用极限平衡法分析

麻地河 1 号隧道边坡各土层材料特性如表 4-1，水平地震系数 0.1g，即水平地震加速度为 0.1g，边坡形状见图 4-6。要求采用总应力模式，使用简化 Bishop 法求出最危险圆弧滑动面的位置。

边坡土质材料性质 表 4-1

土 层 名	土 体 类 型	容重(kN/m³)	黏聚力(kPa)	内摩擦角(°)	备 注
土层 1	土层	18.00	19.50	20.00	
土层 2	岩层	19.60	100.00	30.00	

注：* 思小高速公路上的连拱隧道，根据洞身围岩级别设计出不同类型的洞身衬砌，其中 S_1、S_2 为浅埋洞段衬砌，S_3、S_4 …为适应于相应围岩级别的衬砌类型。

2)采用强度折减法分析

运用强度折减法，对同一座隧道的边坡，使用 Ansys 软件进行二维分析；围岩按 V 级考虑，采用 4 节点平面单元网格离散，衬砌 2 节点用梁单元模拟。计算分析时本构关系采用弹塑性模型，屈服准则为线性 Drucker-Prager 准则，然后，以平面应变情况进行计算。计算选取范围为，在 X 方向左右边界距离大于 3 倍的两洞开挖宽度，在 Y 方向上边界取至地面，下边界取至开挖洞底的距离大于 3 倍的洞高，网格划分如图 4-7 所示。

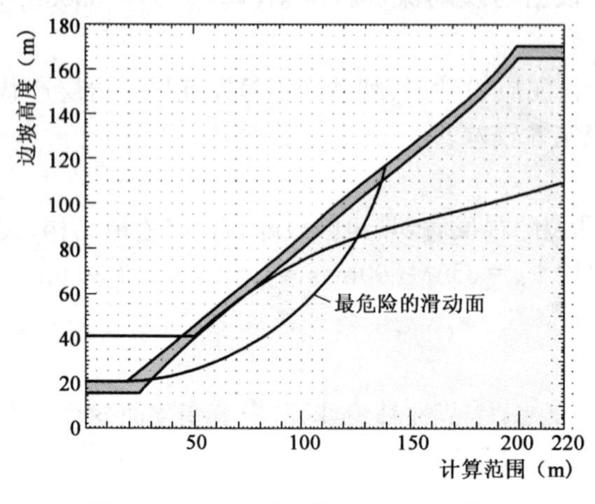

图 4-6　麻地河 1 号边坡稳定分析平面模型

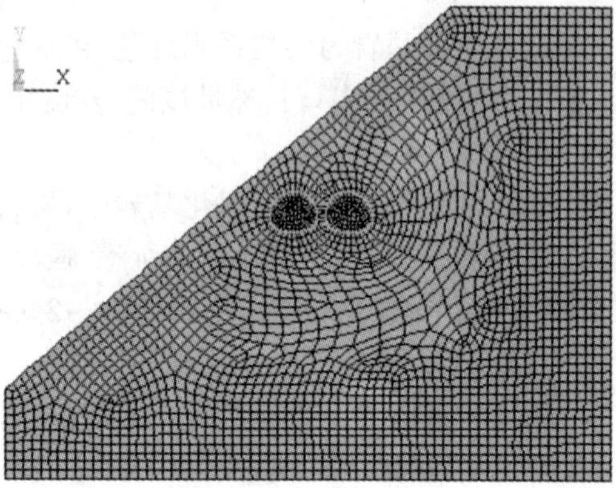

图 4-7　网格划分示意图

边界条件均采用位移边界条件，上边界取至地面为自由面，两侧为 x 方向位移约束，底边为 y 方向位移约束。初始荷载均为岩土体的自重荷载。围岩及衬砌(C25 混凝土)材料的参数如表 4-2 所示。通过强度折减法，计算得出了在不同工况下坡体的安全系数，具体见表 4-3。

模型材料计算参数表　　表 4-2

材料名称	弹性模量 E (GPa)	泊松比 μ	密度 ρ (t/m^3)	黏聚力 c (kPa)	内摩擦角 ϕ(°)
V 级围岩	0.35	0.3	1.96	100	30
C25 混凝土	28.5	0.2	2.5	2 000	55

不同工况下坡体的安全系数　　表 4-3

序号	工况	安全系数	序号	工况	安全系数
1	只开挖左洞	1.44	3	先开挖左洞，后开挖右洞	1.29
2	只开挖右洞	1.30	4	先开挖右洞，后开挖左洞	1.30

从计算结果可知，对比单调开挖的安全系数，工况 1 与工况 2 进行对比，先开挖左洞时的安全系数大于先开挖右洞时的值。对比当两个洞都开挖后的安全系数，工况 3 与工况 4 对比，坡体的安全系数差别不大。因此，从施工过程中的安全性考虑，在隧道开挖时，先开挖左侧隧道更为有利。

3. 边仰坡稳定性三维分析

采用强度折减法，利用美国 MSC 公司的大型通用有限元软件 MSC. MARC，对麻地河 1 号隧道施工过程进行三维动态数值模拟，并分析施工过程中洞口边坡的稳定性情况，以确保施

工安全。

1)基本构造模型选取

麻地河1号隧道围岩以V级考虑，采用8节点六面体单元进行网格离散，一、二次衬砌采用4节点壳单元进行网格离散，锚杆采用2节点梁单元模拟，利用Marc分析软件进行三维有限元分析，具体模型按如下原理建立：

(1)本构模型选取

选用弹塑性模型进行有限元分析。弹塑性模型把总的变形分成弹性变形和塑性变形两部分，用虎克定律计算弹性变形部分，用塑性理论计算塑性变形部分。对于塑性变形做以下三方面的假定：

· 破坏准则和屈服准则；

· 硬化规律；

· 流动法则。

本课题作了无塑性应变硬化的假定。

在Marc软件中，线性Mohr-Coulomb屈服准则，实际上是线性Drucker-Prager屈服准则，本课题选用此准则来进行计算。

假设隧洞围岩和混凝土是弹塑性材料，锚杆是线弹性材料来进行分析。另外，按照隧道的实际设计，隧洞锚杆是按梅花形布置，沿径向设置，间距是0.75m。

但是，在建立模型时，为了减少计算量，单元的尺寸可能大于实际的锚杆分布间距，同时将锚杆的截面面积进行了面积折算，使模型锚杆总截面面积等于设计总截面面积。

(2)弹塑性应力应变关系

当前对于弹塑性问题的解决都用了增量法，以适应应力应变发展的非线性规律，其基本途径为：分别计算出一定应力条件下由应力的变化所引起的弹性应变部分和塑性应变部分，然后，相加求取实际的总应变。对于塑性应变部分，则需用塑性理论来解决。利用流动法则给出各塑性应变增量之间的比例关系，从而确定塑性应变增量各分量。

2)边坡有限元求解基本原理

岩土边坡工程问题中的有限元方法，是将研究的路基边坡划分成有限个大小不等的小区域，这些有限个大小不等的小区域即称有限单元。单元与单元之间，依靠定点相连。这些定点称为节点。

(1)在离散化的模型上，对单元逐个进行分析，再将各单元组合进行整体分析，结合所要求解的位移(或应力)边界条件，按结构分析中的位移法(或力法)求解各节点处的位移，进而求出各单元的应力、应变及所研究区域的屈服区等。

在有限元分析计算中，采用八节点六面体单元，以岩层分界线为划分基准线，并对边坡形状进行简化处理。单元离散化以后，根据离散化单元的节点数和自由度选择合适的位移模式，即假定位移是坐标的某种简单函数。位移模式确定以后，利用几何方程求得单元应变，利用本构方程求得单元的应力表示，利用虚功原理求得单元刚度矩阵，在整体分析的基础上求解线性方程组，可求解所有单元的应力、应变和位移。

(2)与单洞隧道不同，连拱隧道在开挖过程中，围岩与边坡的稳定性情况在很大程度上受相邻隧道施工的影响。所以，相邻隧道的施工进度和施工速度、支护方式，都将影响隧道的围岩和边坡的稳定性。三维有限元可以直接考虑由于开挖而引起的应力释放效应，直观看到由于开挖对围岩和边坡稳定性状态的改变过程，而二维有限元分析，则必须通过所谓的释放系数才能对开挖过程加以分析。连拱隧道的释放系数的选取，一般需要相关的经验。因此，三维有限元分析更有利于直接全面的了解隧道开挖过程中围岩的变形过程和受力状态，从而更好地来判断围岩和边坡的稳定性情况。

3)边坡稳定系数和强度储备安全系数定义

(1)边坡稳定系数定义为：沿滑动面的抗剪强度与滑移面上的实际剪力的比值。这种安全系数定义方法，不需要假定滑移面的形状，只需要对安全系数取一系列的值来反复试算，直到程序收敛为止，我们称这种方法为土体强度参数折减系数法。其优点是系统处于极限状态时，土体和支挡结构的强度得以充分发挥。

(2)针对边坡的复杂地质条件，在三维弹塑性有限元分析中，用强度储备法研究边坡的稳定性及失稳破坏机理。该方法认为：岩体强度参数 c 及 $\tan\varphi$ 具有一定的安全储备，将其下浮 k_f 倍，边坡内最危险滑面上的滑体，将濒于失稳的极限平衡状态，则 k_f 即为所求的强度储备安全系数。

在边坡稳定分析中，涉及岩体强度、荷载等多种复杂因素。强度储备法，主要抓住影响边坡稳定诸多因素中最关键最难确定的岩体强度因素，通过研究不同强度参数所对应的破坏区域的演变关系，用来分析边坡潜存的破坏机理，其突出优点在于：在分析中能保护破坏状态与正常工作状态主应力方向不变，能帮助我们正确认识边坡潜存的失稳破坏机理，为边坡设计和加固提供依据。

4)三维有限元模型

(1)模型的建立

计算选取范围为，在 X 方向，取左右边界距离大于 3 倍的两洞开挖宽度；在 Y 方向，取上边界取至地面，下边界至开挖洞底的距离大于 3 倍的洞高；在 Z 方向选取 K48＋455～K48＋503 之间，坐标与模型简图如图 4-8 所示。

①单元的划分

单元的划分应遵循以下几点：

· 单元边界应当划分在材料分界面和开挖分界线上，单元应内密外疏；

· 一个单元内边长不能相差过于悬殊；

· 单元节点要布置在荷载即锚杆的端点。不同类型的单元和节点的剖分信息如表 4-4 所示。

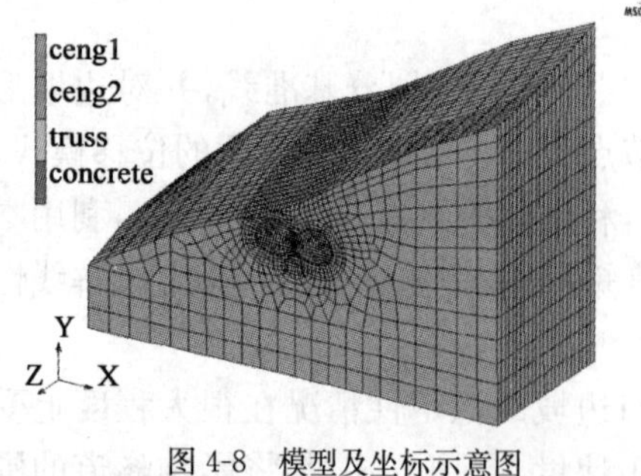

图 4-8　模型及坐标示意图

单元和节点的剖分信息　　表 4-4

网格信息	单元数	节点数
8 节点六面体单元	15 344	13 501
4 节点壳单元	1 728	952
2 节点梁单元	1 344	1 680
总数	18 416	16 133

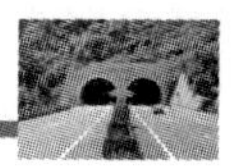

②边界条件

边界条件均采用位移边界条件，上边界取至地面为自由面，平行于 yoz 面的两侧为 x 方向位移约束，平行于 xoy 面的两侧为 z 方向位移约束，底边为 x 和 y 方向的位移约束。初始荷载均为岩土体的自重荷载。

(2)计算模型材料参数

初期支护、二次衬砌、仰拱以及中墙，都采用 C25 混凝土喷射或浇筑，故选用的材料参数相同。围岩及其他材料的参数如表 4-5 所示。

模型材料的参数　　表 4-5

材料名称	弹性模量 E (GPa)	泊松比 μ	密度 ρ (t/m^3)	黏聚力 c (kPa)	内摩擦角 φ(°)
粉质黏土	0.015	0.35	1.80	19.5	20
Ⅴ级围岩	0.35	0.3	1.96	100	30
锚杆	200	0.3	7.8	—	—
C25 混凝土	28.5	0.2	2.5	2 000	55

5)开挖顺序设计

麻地河 1 号隧道为整体曲中墙的连拱隧道，采用三导坑开挖，其施工工序如图 4-9 所示。从图中可以看出施工的顺序为：

①开挖中导洞；

②中导洞贯通后浇筑中墙；

③开挖左侧导洞；

④左侧导洞支护；

⑤回填中墙顶空间；

⑥左洞拱部开挖；

⑦左洞拱部支护；

⑧开挖左洞下半断面及仰拱；

⑨浇筑左洞仰拱及二次衬砌；

⑩开挖右侧导洞；

⑪右侧导洞支护；

⑫右洞拱部开挖；

⑬右洞拱部支护；

⑭开挖右洞下半断面及仰拱；

⑮浇筑右洞仰拱及二次衬砌。

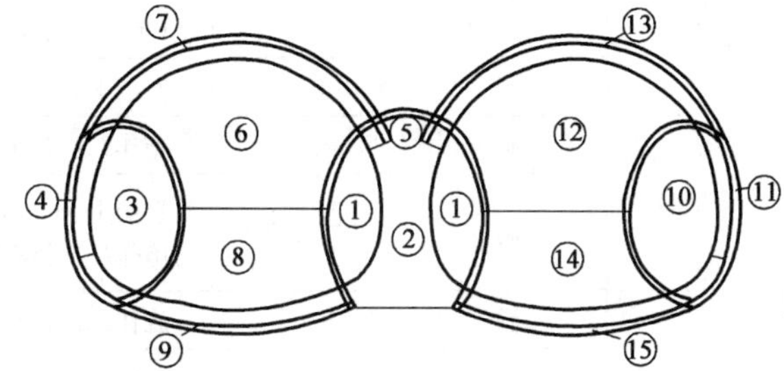

图 4-9　三导坑开挖施工工序示意图

由于上述施工过程比较复杂，在进行三维有限元模拟时，还作了适当的简化，采用了上、下台阶法进行开挖，左洞先开挖时，开挖支护的具体施工进程见表 4-6。

开挖支护施工工况表

表 4-6

工 况	隧 道	掌子面位置	说 明
工况 1	—	K48+455	计算自重
工况 2	—	K48+455	开挖中导洞
工况 3	—	K48+455	回填中墙
工况 4	左洞	K48+461	左洞上、下台阶开挖、初期支护
工况 5	左洞	K48+467	左洞上、下台阶开挖、初期支护
工况 6	左洞	K48+473	左洞上、下台阶开挖、初期支护
工况 7	左洞	K48+479	左洞上、下台阶开挖、初期支护
工况 8	左洞	K48+485	左洞上、下台阶开挖、初期支护 施作二次衬砌、仰拱至 K48+461
	右洞	K48+461	右洞上、下台阶开挖、初期支护
工况 9	左洞	K48+491	左洞上、下台阶开挖、初期支护 施作二次衬砌、仰拱至 K48+467
	右洞	K48+467	右洞上、下台阶开挖、初期支护
工况 10	左洞	K48+497	左洞上、下台阶开挖、初期支护 施作二次衬砌、仰拱至 K48+473
	右洞	K48+473	右洞上、下台阶开挖、初期支护
工况 11	左洞	K48+503	左洞上、下台阶开挖、初期支护 施作二次衬砌、仰拱至 K48+479 (至此左洞开挖完毕)
	右洞	K48+479	右洞上、下台阶开挖、初期支护
工况 12	左洞	—	施作二次衬砌、仰拱至 K48+485
	右洞	K48+485	右洞上、下台阶开挖、初期支护 施作二次衬砌、仰拱至 K48+461
工况 13	左洞	—	施作二次衬砌、仰拱至 K48+491
	右洞	K48+491	右洞上、下台阶开挖、初期支护 施作二次衬砌、仰拱至 K48+467
工况 14	左洞	—	施作二次衬砌、仰拱至 K48+497
	右洞	K48+497	右洞上、下台阶开挖、初期支护 施作二次衬砌、仰拱至 K48+473
工况 15	左洞	—	施作二次衬砌、仰拱至 K48+503
	右洞	K48+503	右洞上、下台阶开挖、初期支护 施作二次衬砌、仰拱至 K48+479 (至此右洞开挖完毕)
工况 16	右洞	—	施作二次衬砌、仰拱至 K48+503

6)三维数值模拟计算结果分析

(1)开挖方式对坡体稳定性影响

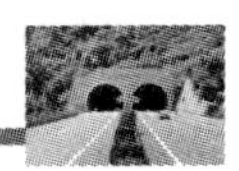

现选用三维数值模拟分析方法，对麻地河 1 号连拱隧道分别选取左洞或右洞先开挖方式，对工况 4、工况 6、工况 8、工况 10、工况 12、工况 14、工况 15 时的内力状况进行分析，从而得到了在这几个工况下边坡的安全系数见表 4-7。坡体出现的塑性区见图 4-10 所示。

不同施工进度下边坡的安全系数 表 4-7

工况	左洞先开挖		右洞先开挖	
	施工进度	安全系数	施工进度	安全系数
工况 4	左洞挖进 6m	1.83	右洞挖进 6m	1.83
工况 6	左洞挖进 18m	1.68	右洞挖进 18m	1.68
工况 8	左洞挖进 30m、右洞挖进 6m	1.64	右洞挖进 30m、左洞挖进 6m	1.64
工况 10	左洞挖进 42m、右洞挖进 18m	1.62	右洞挖进 42m、左洞挖进 18m	1.62
工况 12	左洞挖通、右洞挖进 30m	1.61	右洞挖通、左洞挖进 30m	1.61
工况 14	左洞挖通、右洞挖进 42m	1.61	右洞挖通、左洞挖进 42m	1.60
工况 15	左洞、右洞挖通	1.60	右洞、左洞挖通	1.59

①根据计算结果分析

·从计算结果可知，该边坡在开挖过程中是处于稳定状态的，安全系数都在 1.5 以上，而且随着开挖的逐步进行，安全系数是逐渐减小的，随着开挖的进一步深入，安全系数最后趋于稳定。

·从各种施工进度下出现的塑性区看，潜在的滑移面出现在两种岩土材料的接触面上。

在地形较陡的坡体处，等效塑性应变值大，容易发生滑坡，在地形较平坦处，等效塑性应变小，不易产生滑坡。

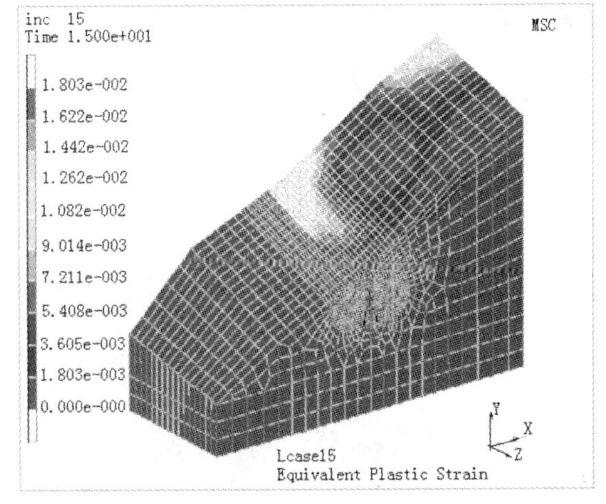

图 4-10 隧道挖通后坡体出现的塑性区

·从得出的安全系数分析，由于该滑面处于隧道的上部，在刚开挖时，坡体的坡度较小，左右洞分别先开挖的方式对坡体的影响不大。

随着施工的进行，隧道上部坡体逐渐变陡，也就逐渐的反映出了两种开挖方式对坡体稳定性影响的微小差别，即先开挖左洞得到的安全系数稍大于先开挖右洞时得到的安全系数。

②结论

根据以上分析，故而得出初步结论：

对于此隧道，采用先开挖左洞的方式比先开挖右洞更有利于边坡的稳定。

③结论验证

由于在两种开挖方式下得出的安全系数差别较小，为了验证结论的可靠性，故选取本隧道的一个断面进行验证。所选坡度在 45°左右的一个断面进行二维分析，岩土体均为同一材料，通过比较在同一折减系数下两种开挖方式对应的塑性区的大小，来判别哪种开挖方式更有利于坡体的稳定。

分别选用折减系数为 1.30，1.40，1.50 时，得到的先开挖左洞或右洞的不同开挖方式下对应的同一折减系数出现的塑性区，如图 4-11 所示。

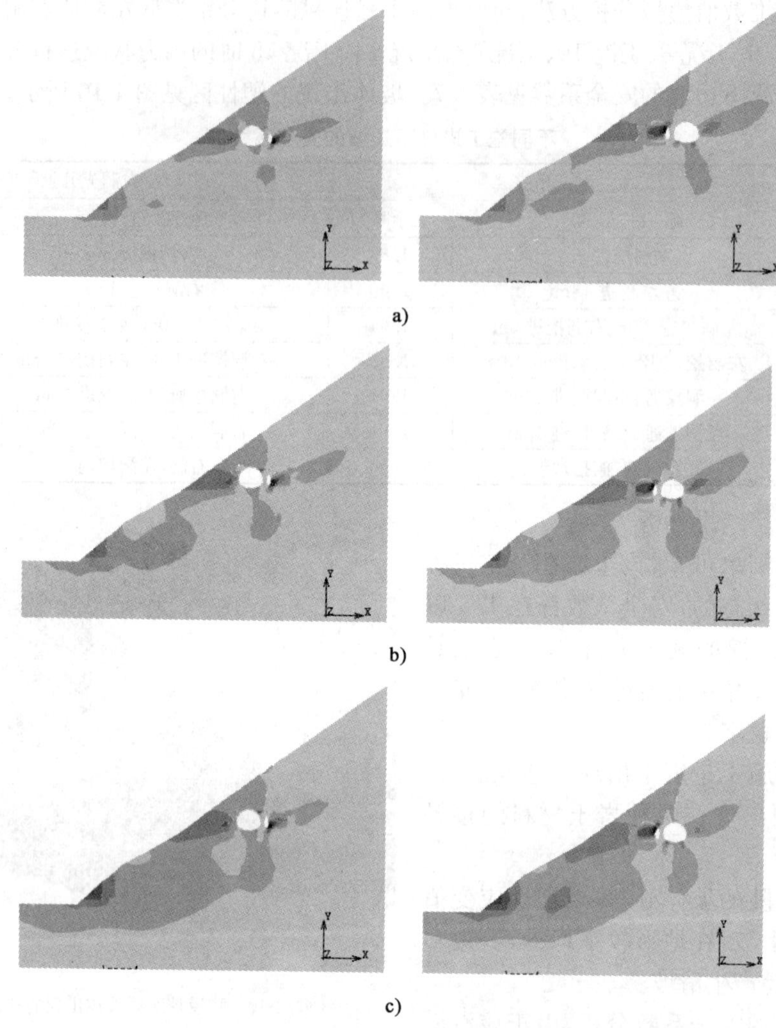

图 4-11 左右洞分别开挖时在同一折减系数下出现的塑性区
a)折减系数为 1.30;b)折减系数为 1.40;c)折减系数为 1.50

从图 4-10 可以很明显地看到,在同一折减系数下,先开挖左洞时出现的塑性区明显小于先开挖右洞的塑性区。

④通过分析以上三维和二维隧道开挖模拟可知:

·隧道开挖对边坡稳定影响较大,同时,开挖的先后顺序对坡体的稳定也有一定的影响,因此考虑到隧道开挖对上部边坡稳定性的影响,在进行施工过程中,应选有利于边坡稳定的开挖方式。对于此隧道而言,属于一个明显的偏压隧道,从以上分析得出:

先开挖靠边坡一侧的隧道,对边坡的稳定是有利的。此结论可以为设计人员在选择其他类似隧道的开挖时提供参考。

·边坡潜存的破坏失稳机理为:该边坡可发育为推动式滑坡,首先是上部的粉质黏土层发生剪切破坏,形成滑体的上部滑动面,随着分离后土体下滑力的不断积累,挤压下部围岩,产生更大的位移和变形,使滑动面逐步向下延伸,最后发生整体滑动。为此,在施工中应采取必要

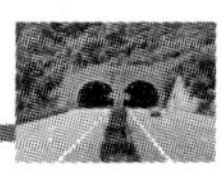

的应对措施:采用预应力锚索加固及加强施工期及永久观测是必要的。

(2)边坡对支护结构的影响

下面在左洞先开挖的基础上,对支护结构进行分析。

选取的分析断面为左洞洞口处,以边坡处于自然状态和临界状态时,分别对初期支护和二次衬砌在施工过程中进行内力分析。

图 4-12 中的"沿衬砌一周的距离"的意义是指:左洞衬砌在平面上展开后的距离。距离为零的节点是指与中墙上部接触的节点;距离最大的节点是指与中墙下部接触的节点。

①边坡在自然状态下,初期支护内力分析

经过计算,得知当坡体处于自然状态时,初期支护分别在工况 4(左洞挖进 6m)和工况 7(左洞挖进 24m)的弯矩、轴力和剪力值,如图 4-12 所示。

从图 4-12 中可以看出:在不同施工进度下,左洞口断面处初期支护的内力变化情况。

在刚开挖时,即工况 4 时,初期支护的弯矩最大值出现在仰拱靠近曲中墙处,其大小为−47.8kN·m;轴力的最小值出现在拱顶部位,最大值出现在仰拱靠近曲中墙处,以受压为主,大小为−1 124.2kN。

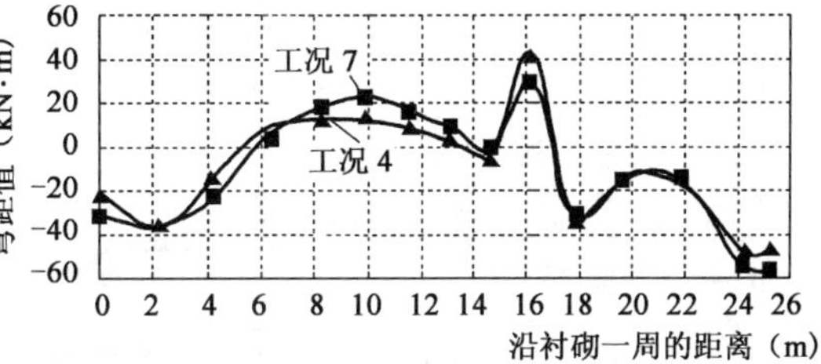

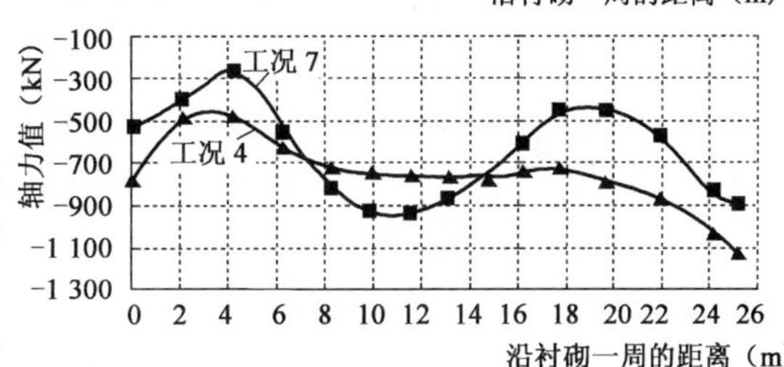

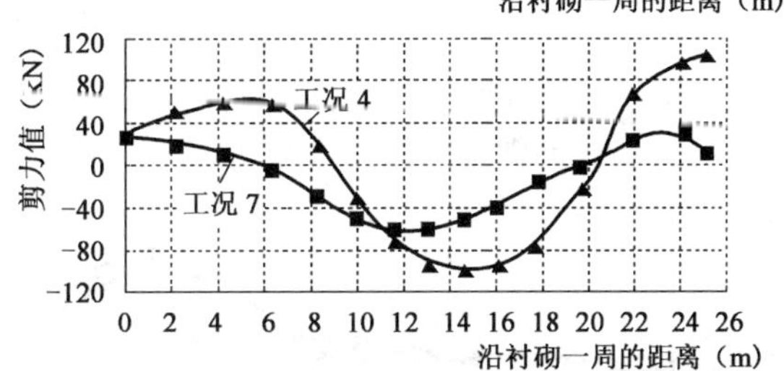

图 4-12 边坡在自然状态下,初期支护在不同工况下内力值

剪力的最大值也出现在仰拱靠近曲中墙处,为 103.1kN。随着左洞的继续开挖(工况 7),弯矩的分布没有太大变化,最大值也出现在同一部位,其最大值为−57.2kN·m;轴力和剪力最大值的部位发生了改变,出现在拱腰处,最大值分别为−933.8kN 和−61.6kN。

②在边坡自然状态和极限状态下,工况 4、7 初期支护的内力分析

同时得出在工况 4 和工况 7 时,坡体分别处在自然状态和极限状态下,处于工况 4 和工况 7 时的初期支护内力值,如图 4-13 和图 4-14 所示。

图 4-13 和图 4-14 中,反映出边坡处于自然状态和极限状态时,衬砌的内力变化情况。在刚开挖时,即工况 4,边坡处于两种不同状态时,初期支护内力最大值出现的部位不同:

在极限状态时,弯矩最大值出现在拱顶靠近曲中墙处,其大小为−57.3kN·m,轴力最大值出现在衬砌与曲中墙上部连接处,为−1 103.9kN,剪力的最大值出现在拱腰下侧,为−107.6kN。

随着施工的进行,在工况 7 时,边坡处于两种不同状态时,衬砌内力最大值基本上出现在同一部位,在极限状态时,弯矩最大值为−48.9kN·m,轴力的最大值为−939.5kN,剪力的最大值−61.8kN。

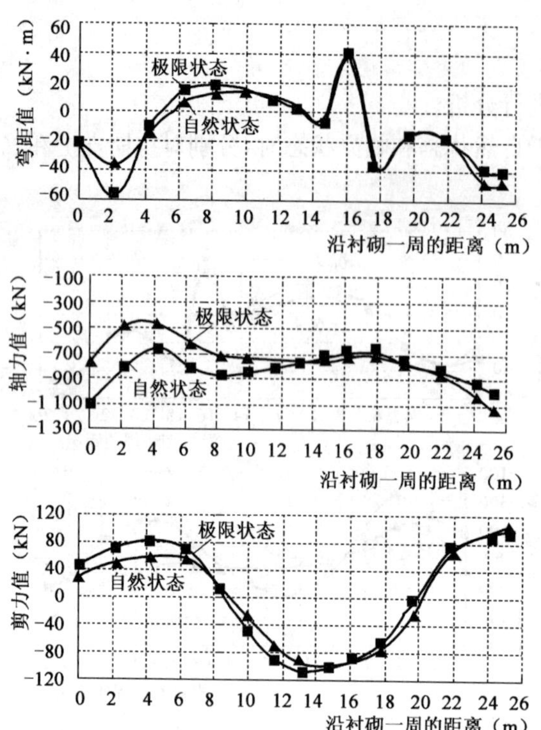

图 4-13　边坡处于自然状态和极限状态时初期支护在工况 4 的内力值

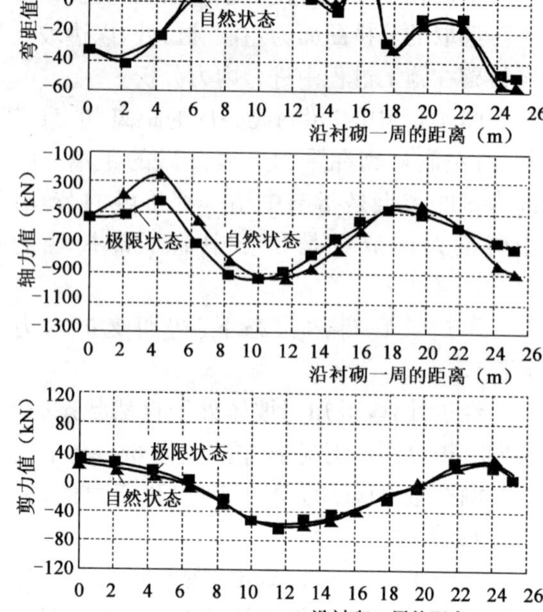

图 4-14　边坡处于自然状态和极限状态时初期支护在工况 7 的内力值

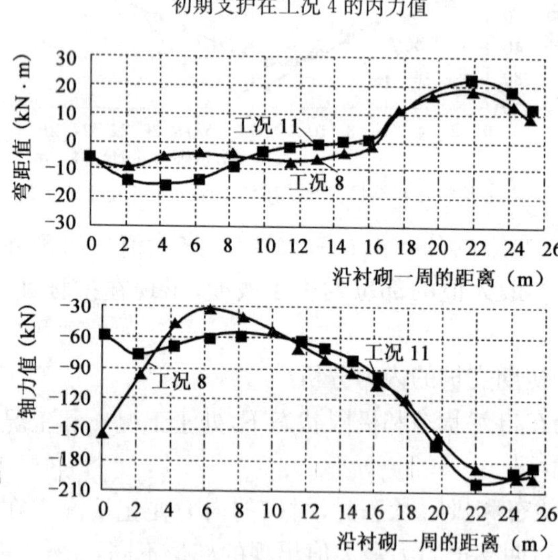

图 4-15　边坡在自然状态时，不同工况下的二次衬砌内力值

③边坡在自然状态下，二次衬砌内力分析

在边坡处于自然状态下，二次衬砌分别在工况 8(左洞挖进 30m)和工况 11(左洞挖通)的内力值见图 4-15。

从图 4-15 可以看出：在不同施工进度下，该断面二次衬砌的内力变化情况。在刚浇筑二次衬砌时，即工况 8：

二次衬砌的弯矩最大值出现在仰拱底部，其值为 18.5kN·m。

·轴力最大值也出现在仰拱底部，其值为 −194.1kN。

·剪力的最大值出现在衬砌与曲中墙上部连接处，为 −48.1kN。

随着施工进行到工况 11 时，弯矩和轴力的分布没有太大的变化，最大值也几乎出现在同一部位，其值分别为 21.6kN·m 和 −198.9kN；剪力最大值部位发生改变，出现在仰拱靠近曲中墙处，最大值为 −20.2kN。

④在边坡自然状态和极限状态下，工况 8、11 二次衬砌内力分析

当处于自然状态和极限状态下，隧道施工分别进行到工况 8 和工况 11 时，二次衬砌内力值如图 4-16 和图 4-17。

图 4-16 和图 4-17 反映出边坡处于自然状态和极限状态时，二次衬砌的内力变化情况。在刚浇筑二次衬砌时(工况 8)，边坡处于两种不同状态时，衬砌的弯矩、剪力最大值基本出现在同一部位。

在极限状态时，轴力最大值出现在仰拱靠近曲中墙处，弯矩最大值为 18.3kN·m，轴力的最大值为－196.5kN，剪力的最大值为－44.9kN。

在拱顶靠近曲中墙处，弯矩最大值为 21.6kN·m，轴力的最大值为－214.0kN，剪力的最大值－21.4kN。

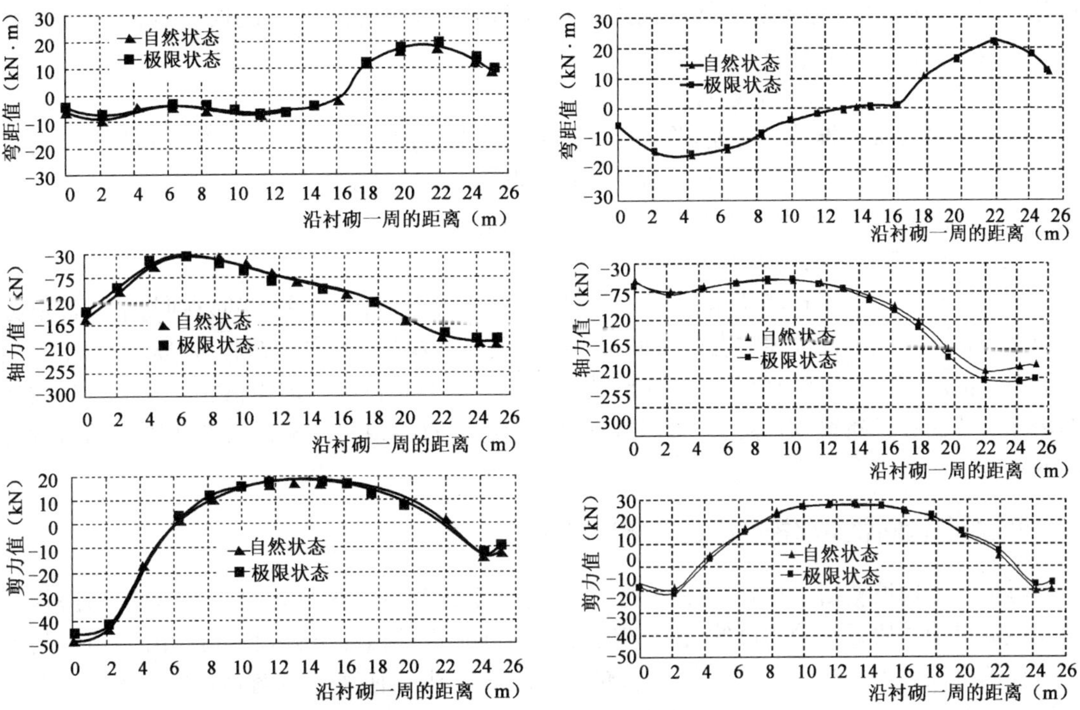

图 4-16 边坡处于不同状态时，二次衬砌工况 8 内力值　　图 4-17 边坡处于不同状态时，二次衬砌工况 11 内力值

以上，通过边坡对初期支护和二次衬砌的内力分析，可以看出：

· 初期支护所受的内力值，均大于二次衬砌所受的内力值。

其原因是：由于浇筑二次衬砌时，围岩和初期支护的应力均得到释放，因此，二次衬砌承受的内力值均小于初期支护。

通过对比坡体处于自然状态和极限状态时衬砌的内力值发现：

· 在临界状态的内力值，衬砌的内力值并没有比坡体在自然状态时的内力值增大很多。

其原因是：与滑面所处的位置有关。对本隧道而言，滑面处在隧道上部，上部产生的滑坡对下面的隧道的稳定没有很大的影响，隧道本身来说是稳定的，同时坡体处于极限状态时，隧道的支护结构并没有达到极限状态。因此得出坡体处在两种状态时的衬砌的内力值相差不大是合理的。

7)数值模拟结论

利用强度折减法,通过对麻地河1号连拱隧道施工开挖模拟分析,得出如下结论:

(1)能够直观显示出坡体实际滑动面

利用有限元强度折减法,研究了连拱隧道在开挖过程中洞口边仰坡的稳定性,采用等效塑性应变作为失稳判断依据。根据塑性区的范围及其连通状态,确定潜在滑动面和相应的安全系数,其计算结果能够直观的显示出坡体的实际滑动面。

(2)安全系数随开挖进度逐渐减小

利用强度指标的反复折减,计算得出了在两种不同开挖方式下各种工况对应的边坡的稳定安全系数,由安全系数随施工进度的变化得知:安全系数随着开挖的进行是逐渐减小的,最后趋于稳定。同时,鉴于本隧道属于偏压隧道,从计算结果可以看出,先开挖靠边坡一侧的隧道对边坡的稳定更加有利。

(3)推断出滑坡可能发展趋势

该边坡可发育为推动式滑坡,首先是上部的粉质黏土层发生剪切破坏,形成滑体的上部滑动面,然后挤压下部围岩,产生更大的位移和变形,使滑动面逐步向下延伸,最后发生整体滑动。因此,需要采用预应力锚索加固及强化施工期的观测。

(4)探索出滑动面衬砌内力影响

通过对比坡体处于自然状态和极限状态时衬砌的内力值,两者之间的差别与滑动面所处的位置有很大关系。此坡体潜存的滑面位于隧道上部,当坡体处于临界(极限)状态时,上部的滑坡对下面隧道的稳定没有很大的影响,坡体在两种状态时衬砌的内力值相差不大。当坡体的潜在滑移面穿过隧道或在隧道下方时,隧道的稳定性及隧道衬砌的内力变化则必须得到足够的重视。

四、洞口边仰坡滑移控制机理与防治措施

隧道洞口边坡整治,包括两方面的意义,一是对已发生的滑坡进行整治,二是防治潜在滑坡发生的整治。后者整治的目的,在于减小滑动力和加大抗滑力,两者目的虽相同,但是其治理滑坡的机理大不一样,从而出现了许多的抗滑措施。到目前为止,治理滑坡的工程措施大致有以下几种。

1.改变坡体几何形态

这种措施主要有:

1)砍头压脚法

该种方法主要是:削减推动滑坡产生区的物质(即减重)重力,增加阻止滑坡产生区的物质(即反压)的抗力,即通常所谓的砍头压脚法。

2)削方减载法

该法采取减缓边坡的总坡度,即通常称为削方减载法。这种方法是经济有效的防治滑坡的措施,技术上简单易行,且对滑坡体防治有比较好的效果,所以获得了广泛的应用,并积累了丰富的经验。特别是对厚度大、主滑段和牵引段滑面较陡的滑坡体,对其治理效果更加明显。当然选用该种治理方法,应需先准确判定主滑、牵引和抗滑段的位置,以便于有的放矢地采取

的治理措施。

2. 排水工程

由于水是形成滑坡的主要因素之一，特别是作用于滑动面(带)的水增大了滑带土的孔隙水压力，降低了坡体强度参数，减小抗滑动阻力，因此，在治理滑坡中修建排水工程是首先应考虑的措施。排水工程包括排除地表排水和地下排水两个方面。

1)地表排水

地表排水主要以拦截和旁引为原则，用截水沟将地表水引入天然沟谷，滑体表面的截水沟应修建成树枝状，主沟尽量与滑坡方向一致，支沟与滑坡方向成 30°～45°斜交。

地表排水技术简单易行，且加固效果好、工程造价低，应用极为广泛，几乎所有滑坡整治工程，都包括地表排水工程。只要运用得当，仅用地表排水即可收到对滑坡整治效果。

2)地下排水

地下排水工程能大大降低孔隙水压力，增加有效正应力从而提高坡体抗滑力，因此，加固效果极佳，工程造价也较低，应用也很广泛。尤其是对大型滑坡的整治，深部大规模的排水，往往是首选的整治措施。但是，其施工技术比地表排水复杂。近年来，在这方面的研究有很大的进展，主要的排水措施有：

- 平孔排水；
- 真空排水；
- 虹吸排水；
- 电渗析排水。

如果采取垂直排水钻孔与深部水平排水廊道(隧洞)相结合，其排水更为显著，已得到了广泛应用。再者，将排水措施与改变斜坡几何形态联合起来，可以获得更佳的整治效果。

3. 支挡工程

支挡结构就是采取工程措施，阻止滑坡滑动，在这方面的工程实践中已积累了丰富经验，方法也日渐成熟，归纳起来该类支挡工程措施，主要有以下几种：

1)抗滑挡土墙

在滑坡底脚修建的挡土墙，称为抗滑挡土墙，是常用的一种支挡结构。挡土墙可用砌石、混凝土以及钢筋混凝土结构。临时性加固时，也可采用木笼挡土墙。修建挡土墙不但能适当提高滑坡的整体安全性，更可有效防止坡脚的局部崩塌，以免不断恶化边坡条件。但对于大型滑坡，挡土墙由于受到工程量及高度的限制，滑坡体的安全系数往往提高不大。

如果在边坡表面修建一些拱形或网形建筑物，或对边坡加以表面砌护，这些措施虽不能防止深层滑动，但对提高滑坡体的整体稳定性还是有效果的，对于防止表面局部崩落、冲刷、预防滑坡恶化，其作用还是举足轻重的。

2)抗滑桩

抗滑桩是一种被实践证明效果较好的传统滑体加固方式。对一些中、深层滑坡，用抗滑挡土墙难以整治的情况下，可以用抗滑桩。抗滑桩在滑坡体上挖孔设桩，不会因施工破坏其整体稳定。桩身嵌固在滑动面以下的稳固地层内，借以抗衡滑坡体的下滑力，这是整治滑坡比较有效的措施。但是，由于其多为悬臂梁式设置，不但受力状态不理想，而且为克服较大的弯矩作用，往往设计的断面较大，配筋率较高，造价也非常高。

3)预应力锚索

预应力锚索可以单独稳定滑坡，它是在滑坡体中、前部，打若干排锚索，锚于滑动面以下稳定地层中，施加预应力500～3000kN以上，增加对滑动面的垂直压力，从而提高摩阻力和水平抗力，变被动受力为主动抗滑。地面用梁或锚墩作反力装置，给滑体施加一预应力来稳定滑坡，这样能有效地阻止滑坡的移动。锚索工程不开挖滑体，对滑体扰动小，又能机械施工，比抗滑桩工程节省投资约50%，因此应用前景十分广阔。

4)锚索桩

锚索与抗滑桩联合形成锚索桩。在抗滑桩顶部加2～4束锚索，增加一个拉力，改变普通抗滑桩的悬臂受力状态，接近简支梁，加预应力使桩由被动受力变为主动受力，因而大大降低了传统桩体的截面、配筋率和埋置深度，可节省工程投资40%～50%，有较明显的技术、经济效益。

预应力锚索抗滑桩改变了桩的受力状态，变被动支挡为主动预加，提高了滑坡稳定性。此方案的优点是可以提供较大的锚固力，锚杆充分发挥其全部作用之前不产生移动，故边坡的变形和可能的张裂是最小的，但要配备大型的张拉设备，且施工工艺复杂，成本高昂。

5)微型桩群

微型桩群指直径小于300mm的插入桩或灌注桩。微型桩加固斜坡形式有：

·许多微型桩密布在滑体上，穿过滑动面，增加抗滑力；

·用网状树根桩将滑体和不动体形成一个复合体；

·微型桩加横梁形成排架结构抗滑；

·微型桩网与包围的土体形成一重力式挡土结构抗滑。微型桩群主要用来治理中小型滑坡。

6)普通砂浆锚杆锚固

普通砂浆锚杆锚固，是利用水泥砂浆将锚杆和孔壁牢牢地黏结在一起。该方法的优点是结构简单、适应性强，可适用于各种地层，抗振动性能较好，费用仅为预应力锚固的1/3左右。缺点是强度较低，注浆时易造成空洞，不够密实等。安装后不能及时提供锚固力(锚固力为杆体强度)。

7)复合挡土结构

复合挡土结构是树根桩技术在边坡工程中的应用，是一种较为新型的抗滑挡土结构，由前后两排树根桩、斜锚杆与灌入水泥浆加固后的土体复合构成，用来控制土体的稳定性。该结构可用来代替传统的挡土墙、抗滑桩等用于滑坡防治。与挡土墙、抗滑桩等抗滑结构相比，具有造价低、施工方便、工期短、对土体扰动小等特点，具有一定的经济和社会效益。

8)土锚钉

土锚钉是将金属棒、杆、管等打入原土体或软岩，或将灌浆置入土或软岩中预先钻好的钻孔内，它们和土体共同构成有内聚力的土体结构物，以阻止不稳定的斜坡运动，或支撑临时挖方边坡。

锚钉属被动单元，打入或置入后不再施加拉张应力。土锚杆可用以支撑潜在不稳定斜坡或蠕动斜坡，最适用于密实的颗粒土或低塑性指数坚硬粉质黏土。由于金属棒、杆锈蚀速度的

不确定性，土锚钉主要用于临时结构物。土锚钉系统既有柔韧性又有整体性，故可抗地震荷载。

9）加筋土

加筋土是在土体中埋入可抗拉的单元以改善土体的总体强度，稳定天然及堆填斜坡，支挡开挖边坡都可用加筋土挡土墙。它优于传统挡土墙之处有：

- 既有黏聚性又有韧性，故能承受大变形；
- 可使用的填料范围很广；
- 易于修建，有利于抵抗地震荷载；
- 可用多种面板形式修建成赏心悦目的结构；
- 比传统挡土墙或桩造价低廉。

10）格构锚固

格构锚固是一种新型支挡加固措施，是利用浆砌块石、现浇钢筋混凝土或预应力混凝土进行坡面防护，并利用锚杆或锚索固定的一种滑坡综合防护措施，它将整个护坡与柔性支撑有机结合在一起。

新型的格构锚固措施有：现浇钢筋混凝土格构锚固、预制预应力混凝土格构锚固及 Q&S（Quick&Strong）框架锚固等。

图 4-18 是思小高速公路曼歇 4 号连拱隧道进口边坡，采用预应力锚索和框架进行加固隧道洞口工程的实况。洞顶边坡只采用预应力锚索进行加固。

格构与锚杆（索）联合应用于滑坡防治近年来才开始，这种支挡加固措施已在日本等国广泛应用。这种结构的特点是施工时不必开挖扰动边坡，施工安全、快速，与植被恢复结合，还可美化环境。特别是钢筋混凝土格构、预应力混凝土格构与预应力锚索的联合应用，变被动抗滑为主动抗滑，充分发挥滑体的自承能力，是一种非常经济、非常有应用前景的支挡加固措施。但是，目前，对格构锚固机理研究还不够深入，因此，还应加强格构锚固的传力机理、适用范围以及设计理论、设计方法的研究。

图 4-18 曼歇 4 号隧道进口边坡加固实况

关于以上这类支挡结构，在张从明、李国锋等编著的《公路边坡治理措施及安全评价方法》（人民交通出版社出版，2009 年）一书中均有详细论述，可供有兴趣的读者参考。

4. 改变土体性质

对于软基和由软土构成的边坡，可以采用物理或化学的处理方法，改变土体性质，以提高边坡的稳定性。这些方法有电渗法、焙烧法、灌浆法和离子交换法等。

5. 洞口边坡加固注意事项

对于隧道洞口处的边（仰）坡，除了可以采用上面提到的防治措施外，还需要注意以下几点：

（1）隧道洞口段的施工，应最大限度地减少对山体的扰动。对山体的开挖、加固方案必须充分考虑工程地质、自然、施工环境等因素，经过充分论证后实施，严禁大挖大刷。

（2）在松散破碎体地段进行隧道施工，水的危害是难以估量的。在施工前，一定要做好开挖线以外及施工段的排水系统，使排水通畅无阻。

(3)洞口段存在浅埋、严重偏压的隧道施工，对洞口段山体的加固，一定要充分、及时；隧道施工严格按"先加固、后开挖"、"弱爆破、强支护、早封闭、快衬砌"的原则进行。

(4)认真做好监控量测，根据量测信息及时调整支护参数和施工工序。

第二节　连拱隧道洞身地质超前预报方法

一、地质超前预报——曼歇4号连拱隧道实例

1. 曼歇4号连拱隧道地形地质概况

思小高速公路上的曼歇4号隧道，位于K4+170～K4+395之间，全长225m。隧道最大埋深22.93m。

(1)地形地貌

该隧道所处地貌，为构造剥蚀中低山地形，其进出口端均为发育大型"U"字形冲沟。进口端坡体较陡，坡度约为43°，出口端坡体稍缓，坡度约为33°。坡面植被发育，森林茂密。

(2)岩性

根据中导洞施工期地质记录，隧道内地层为白垩系泥岩、砂岩、砂质泥岩，岩石节理较发育，岩层破碎，岩层产状约为80°∠60°，与设计给出的产状为245°∠50°差别较大。

中导洞K4+183.6～K4+230段右侧多为强风化岩石，而且覆盖层薄，表明该段下行线围岩稳定条件较差。

隧道中导洞揭露出地层岩性见表4-8，岩石力学抗压强度指标见表4-9。

曼歇4号隧道中导洞的地层岩性　　表4-8

位　置	岩　性	特征描述
K4+170～K4+183.6	坡积物	紫红色，黏土、碎石土，稍密、稍湿
K4+183.6～K4+225	泥岩、砂岩	褐红～紫红色，强～全风化，节理发育，岩体极破碎，呈碎块状镶嵌结构，由泥质胶结，胶结程度差。较潮湿，局部地段干燥，无渗水滴水现象
K4+225～K4+316	泥岩、砂质泥岩	褐红、紫红色，中～强风化，为软质岩，层理不发育，节理特别是轻微节理发育，局部岩体较破碎，充填物主要为泥，其次为各类粉末状岩屑。隧道中地下水集中在此地段，有渗水滴水现象
K4+316～K4+326.2	砂岩	褐红色，硬质岩，中～强风化，局部夹1～2cm的泥，层理非常发育，层厚为30～50cm，岩体较完整
K4+326.2～K4+347	泥岩	褐红色、紫灰色，中～强风化，为软质岩，层理不发育，节理特别是轻微节理发育，局部岩体较破碎，充填物主要为泥土
K4+347～K4+374	砂岩、砂质泥岩	褐红色，软硬岩体均有分布，强风化，层理发育，岩体较完整，局部较破碎
K4+374～K4+378.5	砂岩、泥岩互层	黄白色，软硬岩体均有分布，强风化，岩层较薄，15～35cm。层理非常发育，节理不发育，充填0.2～1.0cm的泥
K4+378.5～K4+384.3	砂岩	灰褐色，硬质岩，强风化，裂隙发育，充填2mm的泥，岩体较破碎
K4+384.3～K4+395	坡积物	褐红色、紫红色，黏土、碎石土，稍密、稍湿

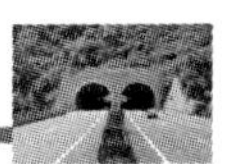

曼歇 4 号隧道岩石力学抗压强度指标　　　表 4-9

岩 石 名 称	轴向风干抗压强度(MPa)	轴向饱和抗压强度(MPa)
泥岩	29.9	29.5

2. 曼歇 4 号连拱隧道构造

本隧道设计为整体曲中墙双跨连拱结构，单跨净宽为 10.8m，净高为 6.9m，中墙为整体曲中墙，边墙为曲墙的单心圆结构，隧道净宽为 23.4m。

根据本隧道为双跨连拱的特点，并结合路基及地形情况，进口采用台阶式洞门，出口采用双柱式洞门。

根据围岩级别、地形、埋深、成洞条件，隧道进出口设计共长 35m，分别采用 S_1、S_2 型明洞衬砌，其余各段与围岩级别 V 级相对应的，分别设计为 S_3、S_4、S_5 型复合式衬砌(图 4-19)，与之对应的围岩级别为 IV、III、II 级。

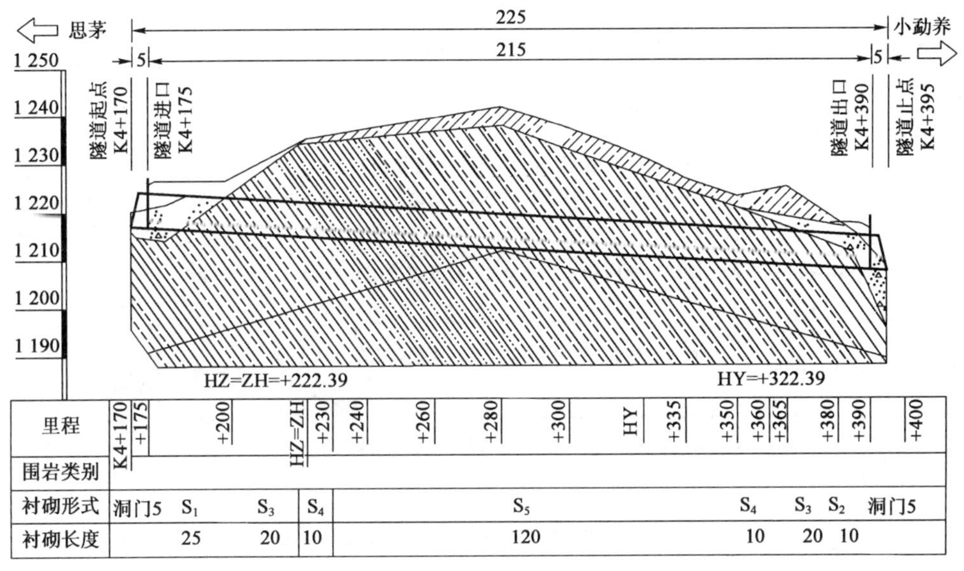

图 4-19　曼歇 4 号隧道纵断面图

由于隧道地质条件相对较差，因此，S_3 型衬砌段采用大管棚，S_4、S_5 型衬砌段采用小导管，对前方围岩进行注浆加固后再开挖，S_3、S_4、S_5 型衬砌段采用工字钢支撑。隧道洞身衬砌采用初期支护、二次支护共同承担荷载结构。

该隧道于 2003 年 10 月 2 日起，从进口端施工，12 月 4 日中导洞贯通，平均每天进尺 3～3.5m。

二、曼歇 4 号隧道围岩分级及稳定性评价

1. 围岩变形破坏

在中导洞开挖过程中，多处出现掉块病害(表 4-10)。在 K4＋183.6～K4＋230 洞段围岩

较差，掌子面上部及拱顶多为全风化砂岩或泥夹砂岩、泥岩块石，自稳能力差，极易掉块以致出现大的塌方，由于采用了“短进尺（40～70cm），多循环”的施工方法，所以施工比较顺利。

由于洞体受到偏压的影响，在施工过程中，中导洞左壁几处（K4＋206.4、K4＋207.7、K4＋208.4、K4＋209.1）工字钢的接头板部位的喷锚衬砌出现裂缝，裂缝宽1mm，长0.2～0.4m。但右壁无裂缝。

曼歇4号隧道中导洞拱顶剥落掉块现象统计表 表4-10

序号	位　置	特征描述	程　度	控制因素
1	K4＋194～K4＋213.2	顶部为强～全风化砂岩，有时被节理切割成菱形，非常破碎，打钻或立拱架时经常掉块。在拱底形成粉末状松散堆积体	严重	风化程度、结构面组合形式、岩性
2	K4＋257.1～K4＋258.9	沿斜层理、节理呈不规则三棱锥状	轻微	结构面组合形式、岩性
3	K4＋260.5～K4＋261.7	顶部局部渗水，剥落面呈不规则的三棱锥状	轻微	渗水、结构面组合形式及其充填物
4	K4＋265.6～K4＋267.7	拱顶渗水，不时有小块掉下	轻微	渗水、岩性、节理
5	K4＋270.2～K4＋272.6	拱顶岩体呈块状，节理裂隙充填黏土，遇水成稀泥，岩体顺结构面坍落、掉块、剥落面呈不规则菱形	较严重	渗水、结构面组合形式、裂隙充填物
6	K4＋274～K4＋276.3	顶部结构面相互穿插交错，剥落面呈不规则菱形	轻微	结构面组合形式、岩性
7	K4＋283.5～K4＋284.7	顶部结构面相互穿插，左侧有掉块，剥落面呈不规则菱形	轻微	结构面组合形式、岩性
8	K4＋294.4～K4＋295.8	顶部结构面相互穿插，左侧有掉块，剥落面呈不规则菱形	轻微	结构面组合形式、岩性
9	K4＋317.7～K4＋319.7	顶部结构面相互穿插，左侧有掉块，剥落面呈不规则菱形	轻微	结构面组合形式、岩性
10	K4＋334.1～K4＋339.3	顶部结构面相互穿插交错，滴水，顶部右侧掉块严重，且不时有小块掉下	严重	结构面组合形式、滴水、岩性
11	K4＋347.7～K4＋349.1	顶部结构面相互穿插交错，剥落面呈不规则菱形	轻微	结构面组合形式、岩性
12	K4＋352.6～K4＋354.2	剥落面呈不规则椭圆状，面积约为1m^2	轻微	层理、岩性
13	K4＋358.4～K4＋360	剥落面呈不规则椭圆状，面积约为1m^2	轻微	层理、岩性
14	K4＋364.8～K4＋366.4	顶部结构面相互穿插交错，掉块呈四棱锥形	严重	结构面组合形式、岩性
15	K4＋369.4～K4＋370.9	剥落面呈不规则椭圆状，面积约为1m^2	轻微	层理、岩性
16	K4＋373.9～K4＋375.5	顶部结构面相互穿插交错，剥落面呈不规则菱形	轻微	结构面组合形式、岩性

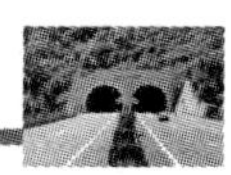

2. 围岩分级

根据《公路工程地质勘察规范》(JTJ 064—98)规定，结合本隧道中导洞揭露的地层岩性、岩石风化程度、岩体结构特征和完整程度、水文地质情况和施工期间的围岩变形破坏情况，曼歇4号隧道上下行线的围岩，在K4+243～K4+259段为Ⅳ级，其余为Ⅴ级。K4+243～K4+259段为泥岩，中度风化、层理不发育、呈块状、整体性较好、无渗水、滴水现象。

上述围岩分级有别于原设计。

3. 隧道围岩稳定性评价

图4-20为隧道内结构面赤平投影图。从该图中可以看出：

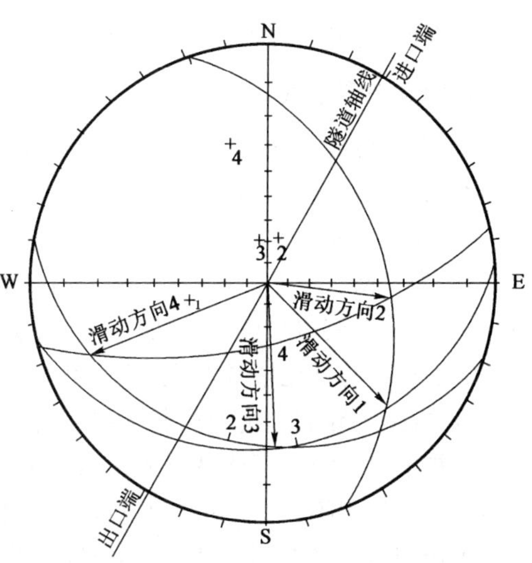

图4-20 隧道结构面赤平投影(上半球投影)

(1)由于结构面的切割，在隧道的右侧(包括侧壁和拱顶右侧)构成了不稳定的块体。这些不稳定块体的滑落，将是隧道右壁向隧道内滑落。在隧道左侧也存在不稳定块体，且有向洞内塌落的可能。

(2)若正洞开挖方向不同，上述不稳定块体塌落的可能性就不同。若从进口端向出口端开挖，则有利于围岩稳定，上述块体向洞内塌落的可能性就会小。

三、曼歇4号隧道洞内施工方案建议

1. 施工工序

根据中导洞施工所揭露的地质状况，建议正洞施工时，仍采用三导坑法施工，施工步骤依次为：

(1)开挖右侧导洞，施作右导洞初期支护；

(2)上半部弧形开挖右拱部，施作左拱部初期支护；

(3)开挖右侧上断面，再开挖下断面仰拱及浇筑右侧衬砌；

(4)开挖左侧导洞，施作初期支护；

(5)上半部弧形开挖左拱部，施作左拱部初期支护；

(6)开挖左侧上断面，再开挖下断面仰拱及浇筑左侧衬砌。

2. 超前支护

鉴于隧道进出口成洞条件比较困难，因此，进出洞口施工均应严格按设计要求进行超前支护。为此，在进口端设计了长为25m的S_1型明洞衬砌(K4+175～+200)，在出口端设计了10m的S_2型明洞衬砌(K4+370～+380)，其余各段与Ⅴ级围岩相对应设计为S_3、S_4、S_5型符复合式衬砌。

对于洞身地段，地质条件相对较差处，例如：S_3型衬砌段采用大管棚超前支护；S_4、S_5型衬砌段采用小导管超前支护，对前方围岩进行注浆加固后再开挖；S_3、S_4、S_5型衬砌段采用工字钢支撑。

根据前面的隧道围岩稳定性评价分析，应特别注意右拱部的超前支护。

3. 施工注意事项

(1)上下行隧道交错开挖，交错长度不得大于30m，二次衬砌浇筑的交错长度不得大于一个衬砌循环的长度。

(2)在施工时应遵守"管注浆超前、弱爆破、短进尺、强支护、早成环"的施工原则。

(3)为平衡右侧拱圈的推力，要求在右拱开挖前完成中墙顶部防水层，回填满中墙顶部空间，并在中墙左侧以浆砌片石或用木支撑支顶。

由于正洞跨度比中导洞大，正洞开挖后中墙顶部更易发生变形，所以这种支撑非常必要。

(4)根据中导洞结构面产状的投影分析，隧道右侧(包括侧壁和拱顶右侧)存在不稳定的块体。这些不稳定块体可能从隧道右壁向隧道内滑落，而由于连拱隧道受力的不对称性，这种滑落不但会影响到施工(如造成超挖或局部塌方)，而且还可能增大中隔墙的不均匀受力。所以，建议在开挖爆破时右侧的钻孔与开挖线保持一定的距离，使爆破后右侧保留一部分岩体，然后再用挖掘机挖到开挖线。另外，正洞的开挖最好全部从进口端进行。

(5)正洞施工中，在局部地段可能会出现不同程度的渗水和滴水，应注意"防水止水"，及时喷浆支护。

(6)在K4+194～K4+213.2、K4+270.2～K4+272.6和K4+364.8～K4+366.4段顶部会出现掉块甚至塌方现象，要做好及时支护，以防进一步坍塌。

四、曼歇4号连拱隧道工程应用效果分析

上述关于围岩级别划分、隧道及边坡稳定性分析及施工工序等建议提出后，设计单位根据建议及时对原设计进行了修改和完善，建设单位积极配合，将本项目研究结果予以全面实施。为了进一步检验其效果，在建设单位的安排下，开展了较为系统的监控量测工作，洞口监测点布置详见本书第六章图6-14。拱点下沉及洞室周边收敛位移测点见表4-13。截至2004年11月30日的监测结果列于表4-11～表4-16，据此绘制出拱顶下沉和洞室周边收敛位移变化曲线见图4-21～图4-24。

曼歇4号隧道边坡最大位移量统计表(原基点测值)　　表4-11

测点		总位移量(mm)				起测日期
		X	Y	Z	矢量和	
进口	P5	−81.05	−99.75	−144.50	193.39	2004-5-25
	P8	−6.15	−9.80	−2.00	11.74	2004-8-10
	P9	−15.60	−21.70	−3.15	26.91	2004-8-10
	P10	−23.10	−35.55	−4.20	42.60	2004-8-10
出口	P1	−15.50	−25.00	−13.40	32.32	2004-5-31
	P3	16.40	−6.40	2.75	17.82	2004-5-31
	P5	10.45	−31.00	−60.15	68.47	2004-5-31

注：P8、P9、P10测点设在抗滑桩上。

曼歇4号隧道进口边坡位移量统计表(基点在抗滑桩上) 表4-12

测点	总位移量(mm)				起测日期
	X	Y	Z	矢量和	
P2	25.70	−26.70	−42.70	56.54	2004-5-25
P3	−2.90	−2.40	−7.80	8.66	2004-5-25
P4	−10.90	−3.15	−11.10	15.87	2004-6-22
P12	−18.50	8.00	−20.25	28.57	2004-8-20
P13	−9.75	−1.60	−16.50	19.23	2004-8-20
P17	−1.60	0.85	−1.30	2.23	2004-11-18

曼歇4号隧道拱顶下沉汇总表 表4-13

衬砌结构	监测断面	累计拱顶下沉值(mm)			变化趋势
		G_1	G_2	G_3	
初期支护	SK4+291	−6.350	−9.050	−4.150	持续增大
	SK4+262	−3.150	−3.350	−5.250	持续增大
	SK4+340	−9.250	9.600	/	持续增大
	SK4+177	21.150	−29.050	−74.300	平稳变化
二次衬砌	XK4+208	−15.600	−15.750	−12.750	略有增大
	SK4+379	−0.600	−0.950	−0.600	平稳变化
	XK4+379	−0.600	−1.450	−2.400	平稳变化
	XK4+291	−7.000	−5.150	−3.000	持续增加
	SK4+348	−1.550	−1.600	−5.250	平稳变化
	XK4+247	−6.700	−7.200	−6.450	持续增大

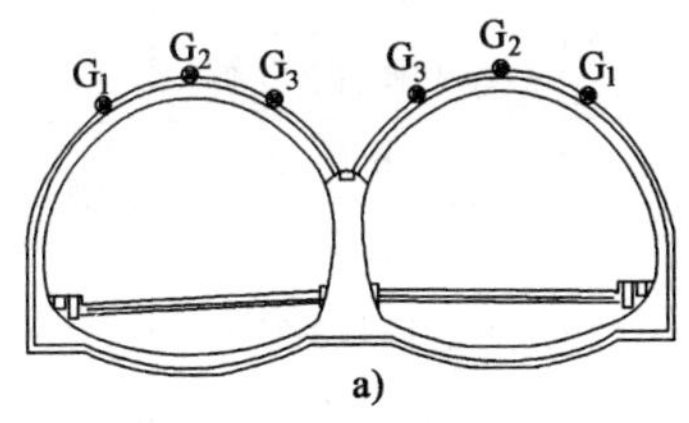

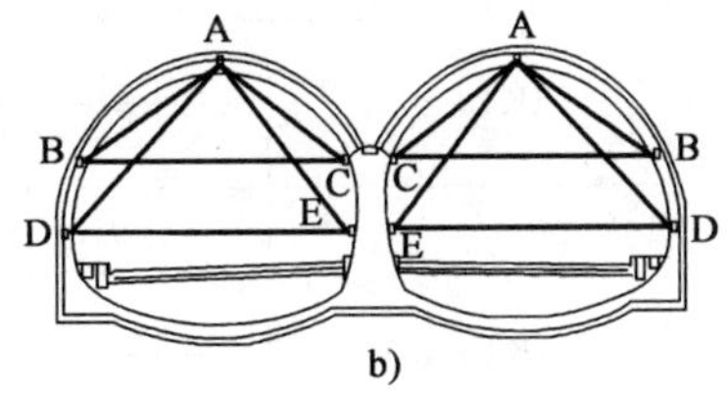

a)拱顶下沉测点布置图示　　b)周边收敛位移测点布置图示

注：SK(XK)×+×××分别表示上(下)行线桩号。

曼歇4号隧道收敛位移变化汇总表 表4-14

<table>
<tr><th rowspan="2">衬砌结构</th><th rowspan="2">监测断面</th><th colspan="3">累计收敛位移(mm)</th><th rowspan="2">变化趋势</th></tr>
<tr><th>AB或AD</th><th>AC或AE</th><th>BC或DE</th></tr>
<tr><td rowspan="4">初期支护</td><td>SK4+177</td><td>−35.54</td><td>26.03</td><td>3.48</td><td>变化平稳</td></tr>
<tr><td>SK4+291</td><td>−0.57</td><td>0.74</td><td>−0.42</td><td>略有增大</td></tr>
<tr><td>SK4+315</td><td>−1.68</td><td>−1.12</td><td>−1.56</td><td>略有增大</td></tr>
<tr><td>SK4+340</td><td>−0.61</td><td>/</td><td>−1.11</td><td>略有增大</td></tr>
<tr><td rowspan="7">二次衬砌</td><td>XK4+208</td><td>1.23</td><td>−9.89</td><td>3.19</td><td>略有增大</td></tr>
<tr><td>XK4+247</td><td>−0.05</td><td>−3.28</td><td>1.13</td><td>略有增大</td></tr>
<tr><td>XK4+291</td><td>2.22</td><td>−3.28</td><td>2.21</td><td>突然增大</td></tr>
<tr><td>XK4+347</td><td>−1.75</td><td>−2.14</td><td>1.37</td><td>略有增大</td></tr>
<tr><td>XK4+379</td><td>−1.08</td><td>−0.38</td><td>−0.86</td><td>变化平稳</td></tr>
<tr><td>SK4+379</td><td>0.01</td><td>−0.17</td><td>0.36</td><td>变化平稳</td></tr>
<tr><td>SK4+348</td><td>−0.39</td><td>−0.53</td><td>−0.89</td><td>变化较小</td></tr>
</table>

曼歇4号隧道接触压力最大值统计一览表 表4-15

<table>
<tr><th>项目</th><th>监测断面</th><th>最大土压(MPa)</th><th>最大土压力位置</th><th>变化趋势</th></tr>
<tr><td rowspan="9">围岩与初期支护间</td><td>SK4+379</td><td>0.342 9</td><td>靠边墙侧拱肩部</td><td>起伏变化</td></tr>
<tr><td rowspan="2">XK4+291</td><td>0.124 4</td><td>靠边墙侧拱脚处</td><td>逐渐增大</td></tr>
<tr><td>−0.051 7</td><td>靠边墙侧拱肩部</td><td>略有减小</td></tr>
<tr><td rowspan="2">SK4+291</td><td>0.296 6</td><td>靠边墙侧拱脚处</td><td rowspan="2">平稳变化</td></tr>
<tr><td>−0.303 3</td><td>靠边墙侧拱肩部</td></tr>
<tr><td rowspan="2">XK4+379</td><td>0.160 7</td><td>下台阶边墙侧拱脚处</td><td rowspan="2">平稳发展</td></tr>
<tr><td>−0.113 7</td><td>拱顶</td></tr>
<tr><td rowspan="2">XK4+207</td><td>0.077 8</td><td>拱顶</td><td>平稳发展</td></tr>
<tr><td>−0.155 8</td><td>靠中墙侧拱肩部</td><td>平稳发展</td></tr>
<tr><td rowspan="2">中墙与围岩</td><td rowspan="2">K4+195</td><td>−0.071 4</td><td>中隔墙顶部</td><td rowspan="2">平稳发展</td></tr>
<tr><td>0.052 3</td><td>中隔墙底部</td></tr>
<tr><td rowspan="8">初期支护与二次衬砌间</td><td rowspan="2">XK4+207</td><td>0.029 8</td><td>靠中墙侧拱肩部</td><td>平稳发展</td></tr>
<tr><td>−0.069 7</td><td>拱顶</td><td>平稳发展</td></tr>
<tr><td rowspan="4">SK4+379</td><td>0.013 3</td><td>拱顶</td><td>平稳发展</td></tr>
<tr><td>−0.007 3</td><td>靠边墙侧拱肩部</td><td>平稳发展</td></tr>
<tr><td>0.055 4</td><td>靠边墙侧拱脚处</td><td>平稳发展</td></tr>
<tr><td>−0.057 7</td><td>靠中墙侧拱肩部</td><td>平稳发展</td></tr>
<tr><td rowspan="2">XK4+291</td><td>0.095 0</td><td>靠中墙侧拱肩部</td><td>略有增大</td></tr>
<tr><td>−0.062 8</td><td>拱顶</td><td>变化平稳</td></tr>
</table>

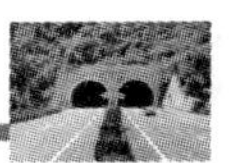

续上表

项　　目	监 测 断 面	最大土压(MPa)	最大土压力位置	变 化 趋 势
仰拱	XK4+207	0.206 2	仰拱中部	略有减小
	XK4+291	0.064 3	仰拱中部	逐渐增大
	SK4+379	0.052 3	仰拱靠边墙侧	起伏变化
	XK4+381	−0.009 9	仰拱中部	平稳发展

曼歇4号隧道钢筋计最大受力统计　　表4-16

项　　目	监 测 断 面	钢筋计最大受力(kN)	最大受力的位置	变 化 趋 势
初期支护钢拱架	XK4+207	6.545 3	拱肩靠中墙侧	略有增大
		−3.507 5	拱肩靠边墙侧	变化平稳
	XK4+379	1.342 3	拱顶	略有增大
		−13.244 1	拱肩靠中墙侧	略有增大
	XK4+291	−15.135 4	拱顶	逐渐增大
	SK4+291	3.298 5	靠边墙侧拱脚	变化平稳
		−9.579 8	拱肩靠中墙侧	逐渐增大
	SK4+379	2.195 8	拱肩靠边墙侧	变化平稳
		−6.7727	拱顶	
二次衬砌钢筋	XK4+207	2.715 7	靠边墙侧拱肩	变化平稳
		−6.1577	靠边墙侧拱脚	
	XK4+291	2.633 5	靠边墙侧拱脚	逐渐增大
		−4.173 2	拱肩靠中墙侧	逐渐增大
	SK4+379	0.696 1	拱肩靠中墙侧	变化平稳
		−3.495 6	靠边墙侧拱脚	变化平稳
	XK4+379	0.817 5	拱顶	变化平稳
		−4.039 9	拱肩靠中墙侧	变化平稳
仰拱	XK4+207	3.340 6	靠近边墙侧	略有增大
		−2.016 3	仰拱中部	变化平稳
	XK4+291	3.103 3	仰拱中部	逐渐减小
	SK4+379	3.724 8	仰拱中部	变化平稳
	ZX4+195	7.921 4	靠上行线底部	略有增大
	ZX4+381	0.727 1	靠下行线上部	变化平稳

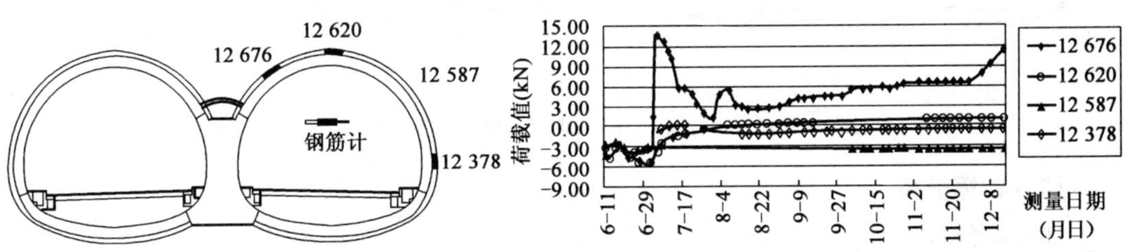

图4-21　曼歇4号隧道下行线K4+207断面初期支护钢筋计布置和受力曲线图

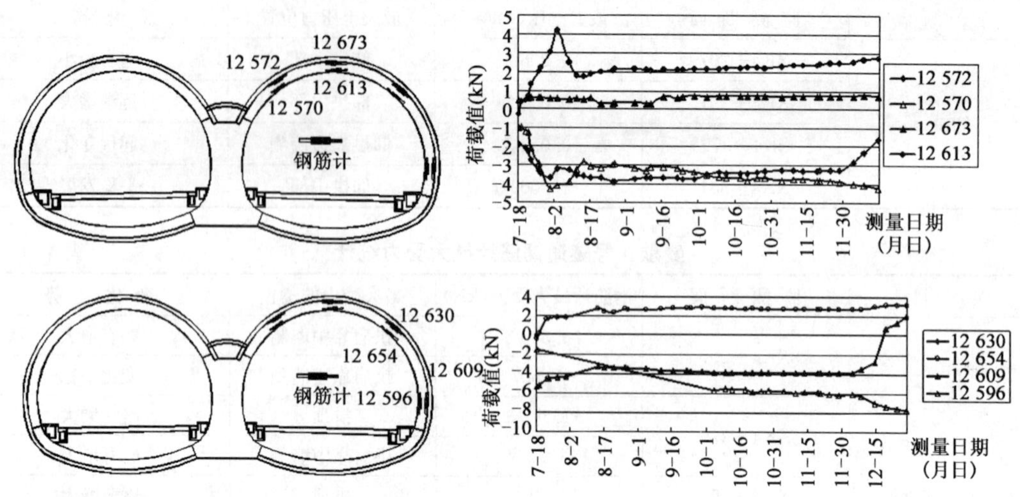

图 4-22　曼歇 4 号隧道下行线 K4＋207 断面二次衬砌钢筋计布置和受力曲线图

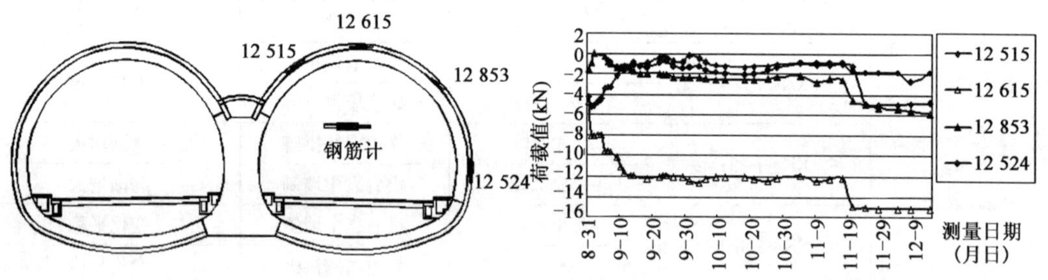

图 4-23　曼歇 4 号隧道下行线 K4＋291 断面初期支护钢筋计布置和受力曲线图

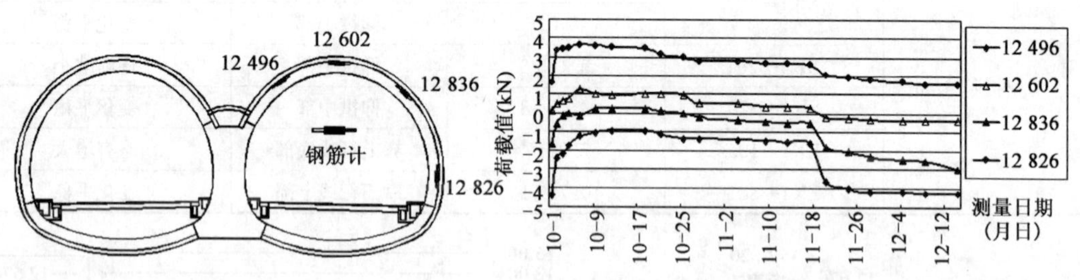

图 4-24　曼歇 4 号隧道下行线 K4＋291 断面二次衬砌钢筋计布置和受力曲线图

1. 监测数据分析

上述监测数据表明：

(1)根据本项目研究结果进行施工，并在严格执行施工控制措施的情况下，各项监测指标

都在规范所规定的范围之内，而且，大多数监测数据的变化幅度都很小。

(2)隧道围岩稳定性分析指出，隧道右侧(包括侧壁和拱顶右侧)可能存在不稳定块体，而监测结果显示，围岩与初期支护和初期支护与二次衬砌之间的接触压力在上述位置较大，与分析结果一致。同样，初期支护钢拱架和二次衬砌钢筋计测值较大处也多为隧道右侧。

(3)在隧道边坡稳定性分析中指出，进口端边坡稳定条件差，监测数据显示，进口端(K4+177)拱顶下沉和收敛位移明显比其他位置大得多，而且土压力值也较高，变化复杂，边坡变形量也较大。

总之，上述监测结果证明，地质超前预报结果是准确的，依据超前地质预报结果提出的围岩分类及施工控制措施落实后效果良好。

2. 连拱隧道超前地质预报经验总结

在连拱隧道中导洞施工过程中，揭露出的地质情况，以及对地层、岩性、构造、地下水、围岩破坏现象等情况的分析，可以总结出以下几个经验：

(1)详尽和准确地了解隧道地质条件，从而能够准确地进行超前地质预报，并提出合理的施工工序和施工中应注意的问题，对正洞的施工具有重要的指导作用。

(2)纠正原设计中对于地质条件的不正确的认识或结论，从而使设计建立在更为可靠的基础之上，能保证施工的顺利进行和隧道的安全性。

根据揭露的地质情况和监测结果，证实本项目进行的超前地质预报和提出的施工控制建议是正确、合理、有效的，避免了施工过程中因地质原因而造成的各种事故，为业主决策提供了重要的依据，保证了工期和施工安全，节约了工程造价，具有重要的推广价值。

第五章

连拱隧道施工关键技术

连拱隧道的施工，与其他类型隧道的施工既有相同点又有区别。相同之处是：洞身掘进主要采用钻爆法，紧跟锚喷柔性支护，模筑二次衬砌混凝土。不同之处：连拱隧道上下行线共用一堵中墙，断面形式呈“M”形，因此，连拱隧道这一构造特征决定其特殊的施工程序和施工方法。

第一节　连拱隧道典型施工法

连拱隧道由于自身结构复杂，施工步序难以简化，工期一般比较长。就目前已使用过的工法而言，一般不会少于5步。鉴于工序多，使结构受力状态频繁变化，质量控制点多而困难，加之施工空间狭窄，稍有疏忽就会出现衬砌开裂、中墙漏水等病害。

一、洞身掘进方法分类

连拱隧道施工方法与其结构和地质条件密切相关。根据中墙构造的不同，其施工方法大致分四类，即：整体直中墙、整体曲中墙、三层直中墙和三层曲中墙等施工方法。

在遵循技术可行和经济合理原则下，不同结构的中墙，遇到不同的工程地质、围岩级别、水文地质条件时，应采用适宜的开挖方法。总结连拱隧道施工经验，无论采用哪类工法，其洞身掘进方法，大致都可归纳为以下四种：

(1)三导洞施工方法；

(2)中导洞施工方法；

(3)单洞施工方法；

(4)双洞全断面平行施工方法。

上述每一种工法，视具体围岩条件和施工设备情况，还可以进一步细化为若干种，详见图5-1。以下分别按图5-1所示方法顺序分别进行介绍。

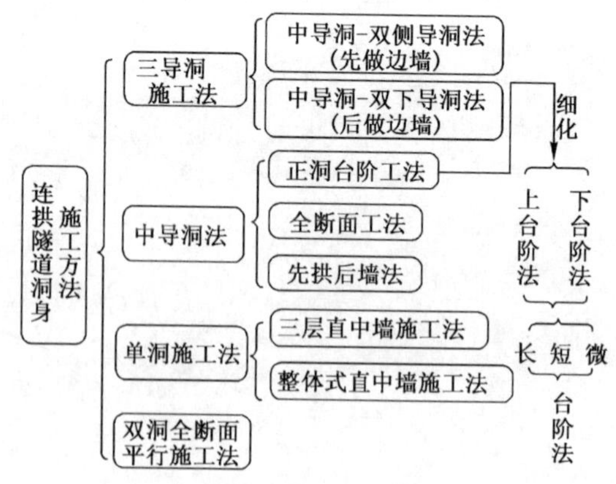

图5-1　连拱隧道洞身施工方法

二、连拱隧道进洞施工

1. 进洞施工原则

连拱隧道进洞施工，同一般隧道一样，应遵循“早进洞、晚出洞、正洞（中导洞）仰坡开挖进洞，与自然环境相和谐”的原则。在具体施工

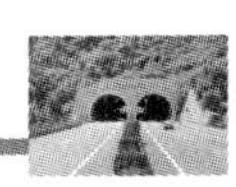

时，应特别注意以下事项：

· 应科学合理地安排左右拱部施工，妥善处理由左右洞拱部不对称性施工转换为对称结构体系。

· 连拱隧道由于工序多，应尽力减少施工缝，妥善处理各类缝隙处的防水板接头质量和中墙施工质量问题，这是连拱隧道施工质量关键问题之一。

2. 进洞施工经验

一般情况下，洞口段的地质条件较差，埋深浅、覆盖层厚，围岩较破碎，地表水及地下水比较丰富，最易发生塌方病害，且难以成洞，无论是连拱隧道，还是分离式隧道，这是施工首先遇到的第一个困难。

为了保证连拱隧道顺利进洞，在施工前应作充分调查，认真仔细核对设计文件，验证设计地面线的准确性；核对洞口地质纵横剖面，明了洞口的地层情况，必要时应进行补充勘查、补测纵横断面。

1）进洞经验

总结连拱隧道施工经验教训，科学、合理地慎重确定进洞方案是十分必要的。例如：进洞施工时，若出现大挖大刷边坡时，应作延长明洞处理，可以避免对边坡扰动，有利于隧道进洞开挖（图 5-2）。

a)

b)

图 5-2　隧道进洞施工

a)边坡受到扰动而出现裂缝；b)连拱隧道提前进洞实例

2）中导洞施工

连拱隧道由于结构特殊，决定了中导洞和浇筑中墙必须先行。因此，在进洞方案选择上，可暂不去过多考虑整个断面的进洞，以免过早的引起仰坡塌方或滑坡病害。中导洞断面狭小，相对于正洞进洞更为安全、容易，应尽量避免产生拉槽进洞，必要时中导洞应设临时护拱，对两侧边坡设置临时防护设施，两侧正洞挖方暂不施作，使其产生支撑作用。

图 5-3 是思小高速公路上大渡岗 1 号（原名大干坝）、2 号（原名干坝）连拱隧道中导洞进洞施工实例。为防止连拱洞口仰、边坡发生病害，在中导洞施工之前，先行用锚喷混凝土对仰坡进行了加固，确保了中导洞安全施工。中导洞开挖后，对两侧正洞拱部实施超前支护，以便于浅埋洞段顺利成拱。

a)

b)

图 5-3　思小高速公路上大渡岗连拱隧道中导洞施工实例

a)大渡岗 1 号隧道中导洞进洞施工；b)正洞超前支护

3)零开挖进洞

在满足施工要求的前提下，洞口的施工应尽量减少挖方。若在雨季进洞时，在计划工期允许的情况下(如短隧道)，应先集中力量施工洞口前的路基工程，旱季再行进洞。在条件允许的情况下，应采用“无清场进洞”，即为零进洞施工，尽量减少开挖扰动，努力减少对原自然植被的破坏，以实现公路建设与自然和谐的施工理念。

图 5-4 是思小高速公路上实现零进洞的工程实例，该两座隧道洞口的原有植被最大限度的得到保护，可以说是实现公路建设与环境保护的范例工程。

图 5-4　思小高速公路上连拱隧道零进洞工程实例

4)洞口施工防排水

连拱隧道进洞施工之前，应妥善处理洞口防排水问题，这是确保进洞安全施工不可忽视的环节。否则，一旦遇到地下水或受到大暴雨袭击，隧道安全进洞施工将会受到极大的威胁。

隧道进洞施工时，应视洞口水文地质条件，根据边仰坡外洞顶的渗水情况和洞口段排水系统，确定边仰坡外截水沟的断面尺寸及流向。如果洞顶有坑洼积水，应修筑简易临时排水沟与截水沟连接，使积水流入截水沟。图 5-5a)未采取妥善的防排水措施，导致洞口边坡滑塌而堵塞了洞口，图 5-5b)在洞口仰坡上修建的截水沟，并喷射混凝土加固仰坡，防止洞口边仰坡发生病害，保证了中导洞顺利进洞。

5)洞口土石方开挖

洞口段土石方工程施工应自上而下开挖，一边开挖一边防护，随时进行监测、检查山体稳定状况。有辅助施工措施时，开挖到一定高程应停止施工，施作辅助施工平台，待辅助施工完毕以后继续开挖。仰坡上的浮石、危石、可能滑塌的表土应及时清除干净；坡面凹凸不平处要修整平顺。

a)

b)

图 5-5 连拱隧道洞口施工时防水处理

a)未进行防排水治理的洞口病害；b)妥善处理洞口防排水实例

6)洞门施工

洞门是隧道的唯一外在表现，其施工质量关系整座隧道的形象。为保证工程施工质量，洞门施工时应特别注意以下事项：

(1)土质地基要整平夯实，将基础置于稳固的地基上；基础处的风化软层，积水等要清理干净。

(2)洞门施工的拱墙，要与洞内相连的拱墙同时施工，并连成一个整体。如有明洞，亦要与拱墙实现良好连接。

(3)洞门端墙的砌筑与墙背的回填，两侧要同时进行，防止对衬砌边墙产生偏压。

(4)洞门衬砌完成后，要及时处理洞门上方仰拱脚的破坏处；洞门的排水、截水设施要与洞门工程配合施工，并与路堑排水系统连通，以保证隧道日后安全运营。

7)明洞

总结连拱隧道的地形条件，多数的洞口时常处于偏压状态，坡体开挖后地层极易产生滑动病害，对洞口施工及正常进洞极为不利。如果采用上、下行两洞洞口段全部开挖后再施作明洞洞段，不仅显著地加大开挖量，边仰坡的防护也变得十分困难，而且对环境造成较大的破坏，影响经济效益。针对上述情况，可以选用“半明半暗”的结构形式，或者“明洞暗挖”的施工方法(图 5-6)。

在工作条件比洞内好的情况下，可采取先施工仰拱及中墙基础，然后再尽可能两侧对称整体浇筑衬砌混凝土，也可采取先完成中墙结构后，再施工两侧明洞的衬砌。在施工中还须注意：要认真做好明洞外贴防水层与排水管路，回填时应对称施工，严格防止出现偏压状况。

图 5-6 明洞暗挖法施工实例

三、傍山明洞典型施工方法

傍山明洞与地面线一般成斜交，此时的洞口往往处于偏压状态，极易发生顺层滑坡。对于这一偏压洞口，应采取“一明一暗”施工法。视连拱隧道洞口段的地形条件，可采用以下三种施工方法。

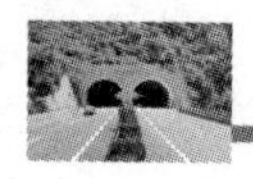

1. 一明一暗连拱隧道施工方法一

如图 5-7 所示的一明一暗连拱隧道，其施工顺序如下：

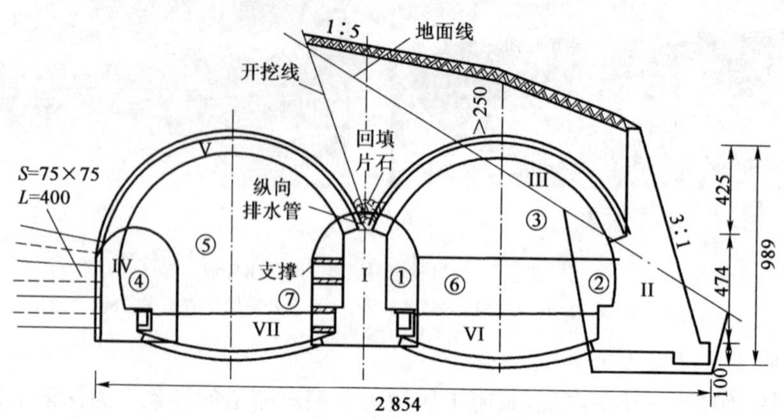

图 5-7　一明一暗连拱隧道施工方法一（尺寸单位：cm）

(1)先开挖中导洞，图中序号①，浇筑中隔墙 I。

(2)分段开挖外侧边墙，图中序号②，浇筑外侧边墙混凝土 II，回填夯实外侧边墙外侧碎石土，对中墙内侧设置横向支撑。

(3)开挖外侧拱部，图中序号③，浇筑外侧拱圈混凝土 III，夯实外侧明洞拱顶回填碎石土。

(4)施作上行隧道超前管棚、并注浆，开挖隧道内侧边导洞，图中序号④，施作初期支护，浇筑内侧边墙混凝土 IV。

(5)开挖内侧拱部，图中序号⑤，施作初期支护，浇筑内侧拱部混凝土 V。

(6)开挖外侧隧道核心土，图中序号⑥，浇筑内侧仰拱 VI。

(7)开挖外侧隧道核心土，图中序号⑦，浇筑外侧仰拱 VII。通过上述结构及施工顺序后，隧道洞口段施工及路基开挖中，未产生任何坍塌及顺层滑坡病害，实现了顺利进洞。

2. 一明一暗连拱隧道施工方法二

如图 5-8 所示的连拱隧道，位于陡峭的斜坡上，为防止仰坡滑塌，需要先对仰边坡进行加固，然后再进行开挖。其施工顺序如下所示：

(1)在右洞拱顶以上，对右洞上断面临时边坡进行刷坡①。

(2)在右洞上断面临时边坡上，施工锚索、小导管注浆及边坡挂网、喷射混凝土支护，图中序号②。

(3)开挖右明洞下断面，图中序号③。

(4)右洞下断面临时边坡支护。

(5)施工右明洞仰拱，图中序号⑤。

(6)全断面衬砌右明洞。

(7)右明洞顶回填(图中序号⑦)，及左暗洞小导管注浆超前预支护。

(8)开挖左暗洞上半断面，图中序号⑧。

(9)进行左暗洞上半断面初期支护，图中序号⑨。

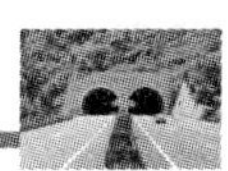

(10)开挖左暗洞下半断面,图中序号⑩。

(11)进行左暗洞下半断面初期支护,图中序号⑬。

(12)施工左暗洞仰拱,图中序号⑫。

(13)全断面衬砌左暗洞。

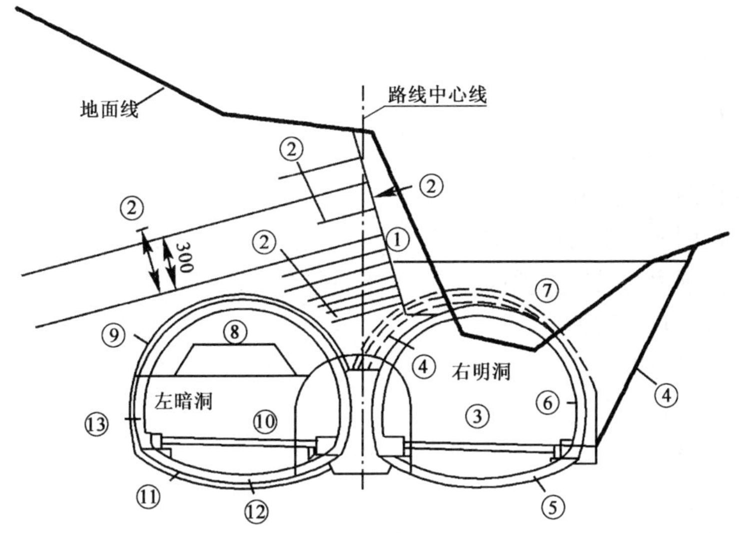

图 5-8　位于陡坡上的一明一暗连拱隧道施工方法二(单位尺寸:cm)

按照上述施工顺序,在施工过程中,严格控制隧道开挖、支护的施工顺序,做到开挖后及时对边坡进行支护、加固。右明洞施工完成后,再开始左暗洞的开挖。在左暗洞施工过程中,真正做到"短进尺、强支护",加强监控量测,及时反馈信息,确保隧道施工的安全。

3. 一明一暗连拱隧道施工方法三

图 5-9 所示的连拱隧道又是一座一明一暗工程实例。这种类型的连拱隧道施工,应先施作明洞的支挡结构,对暗洞进行大管棚超前支护,其施工顺序简要叙述如下:

(1)中导洞开挖(对应图上带圈的序号,下同);

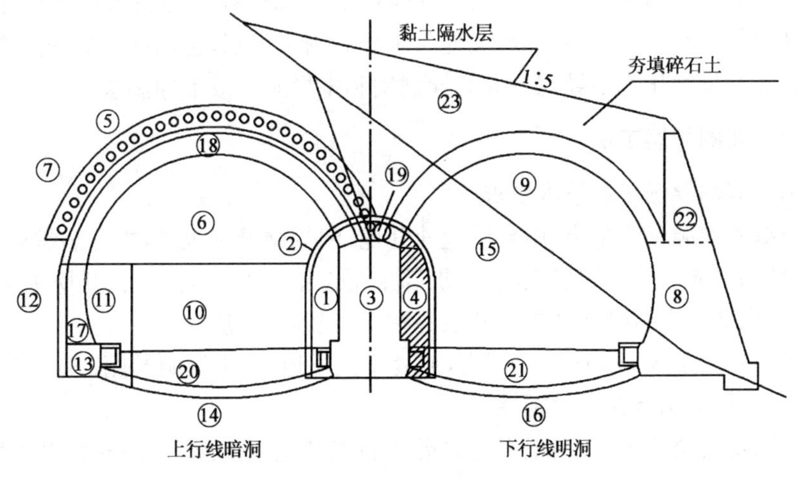

图 5-9　一明一暗连拱隧道施工方法三

(2)中导洞临时支护；
(3)中墙衬砌；
(4)中墙侧边回填；
(5)上行线拱部大管棚施工；
(6)上行线正洞上台阶开挖；
(7)上行线正洞拱部初期支护；
(8)下行线边墙及耳墙衬砌；
(9)下行线拱部二次衬砌；
(10)上行线正洞下台阶开挖；
(11)上行线正洞下台阶马口开挖；
(12)上行线正洞边墙衬砌支护；
(13)上行线边墙基座衬砌；
(14)封闭上行线仰拱；
(15)下行线明洞开挖；
(16)封闭下行线仰拱；
(17)上行线边墙衬砌；
(18)上行线拱部衬砌；
(19)中墙顶防水处理；
(20)上行线仰拱填充；
(21)下行线仰拱填充；
(22)下行线耳墙衬砌；
(23)明洞顶填碎石土。

四、主洞掘进方法——三导洞工法

前已归纳出的四种洞身施工方法，均与连拱隧道的结构以及地质条件密切相关。对于一个具体工程，应视不同的工程地质和水文地质条件和围岩类别，选用适宜的开挖方法。

三导洞工法又可细化为中导洞－双侧导洞法和中导洞－双下导洞法。

1. 中导洞－双侧导洞工法

1)中导洞－双侧导洞工法技术要求

中导洞－双侧导洞工法是指：中导洞超前开挖，两侧壁导洞跟进，中导洞贯通后，浇筑中墙混凝土，两侧导洞贯通后浇筑边墙混凝土，拱部采用保留核心土的方法，开挖正洞并进行初期支护，最后浇筑拱部二次衬砌和仰拱。其核心在于“先墙后拱法”施工。

如果洞身围岩属于Ⅴ、Ⅵ级破碎围岩，或处于浅埋地段，中导洞及侧壁应采用短台阶法施工并加强支护，确保导洞开挖的稳定性。

为了确保洞身安全施工，应当根据围岩类别和现场施工情况，正洞开挖采用短台阶法，忌长台阶施工，并且合理布局台阶长度。2003年李俊、李泳伸、王志杰、贾刘强等提出：

· VI 级围岩开挖进尺，应控制在 0.5～0.8m，III 级围岩控制在 0.8～1.5m。

· 与此同时，上下行隧道还应交错开挖，左右两洞开挖掌子面相距不宜太远，交错长度不得大于 30m。

· 二次衬砌宜紧跟，且其浇筑的交错长度，不得大于一个衬砌循环长度。

· 根据现场施工情况，施作仰拱回填，仰拱铺底混凝土应适当超前，一般与二次衬砌面保持 15m 以上的间距。此外，在中墙顶回填不密实时，应注浆保证密实，减少中墙顶的围岩扰动。

中导洞－双侧导洞施工方法，按边墙施作的顺序不同，其工艺流程又可分为先做边墙和后做边墙施工。

2)先施作边墙“中导洞－双侧导洞工法”

先施作边墙“中导洞－双侧导洞工法”的施工顺序，如图 5-10：

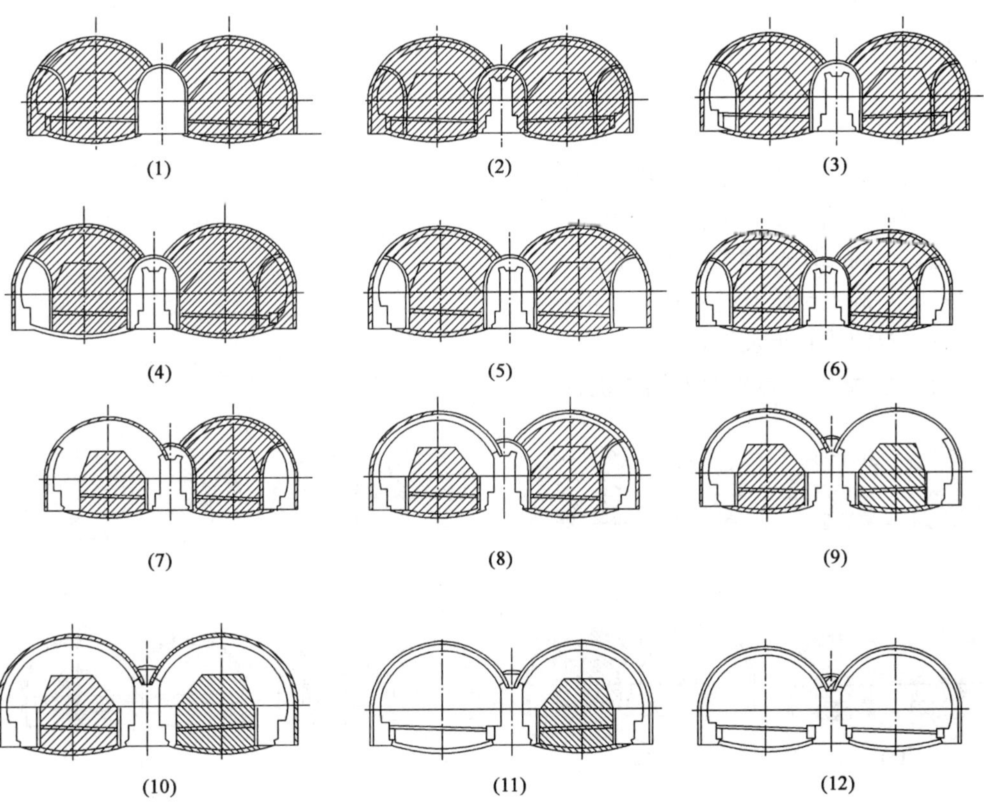

图 5-10 中导洞－双侧导洞工法施工顺序一：先做边墙法

(1)中导洞开挖及支护；

(2)中墙施工；

(3)左(右)导洞开挖及支护；

(4)左(右)侧边墙衬砌;

(5)右(左)导洞开挖及支护;

(6)右(左)侧边墙衬砌;

(7)左(右)洞上半断面开挖及支护,左(右)导洞部分支护拆除;

(8)左(右)洞拱部衬砌;

(9)右(左)洞上半断面开挖及支护,右(左)导洞部分支护拆除,中墙顶混凝土块支顶或喷射混凝土回填;

(10)右(左)洞拱部衬砌;

(11)左(右)洞下半断面开挖、左(右)导洞部分支护拆除及仰拱衬砌;

(12)右(左)洞下半断面开挖、右(左)导洞部分支护拆除及仰拱施工。

3)后做边墙"中导洞－双侧导洞工法"

后做边墙"中导洞－双侧导洞工法"的施工顺序,如图 5-11:

(1)中导洞开挖及支护;

(2)中墙施工;

(3)左(右)导洞开挖及支护;

(4)右(左)导洞开挖及支护;

(5)左(右)洞上台阶开挖及初期支护;

(6)左(右)洞核心土及下台阶开挖;

(7)左(右)洞二次衬砌及仰拱浇筑

(8)右(左)洞上台阶开挖及初期支护;

(9)右(左)洞核心土及下台阶开挖;

(10)右(左)洞二次衬砌及仰拱浇筑。

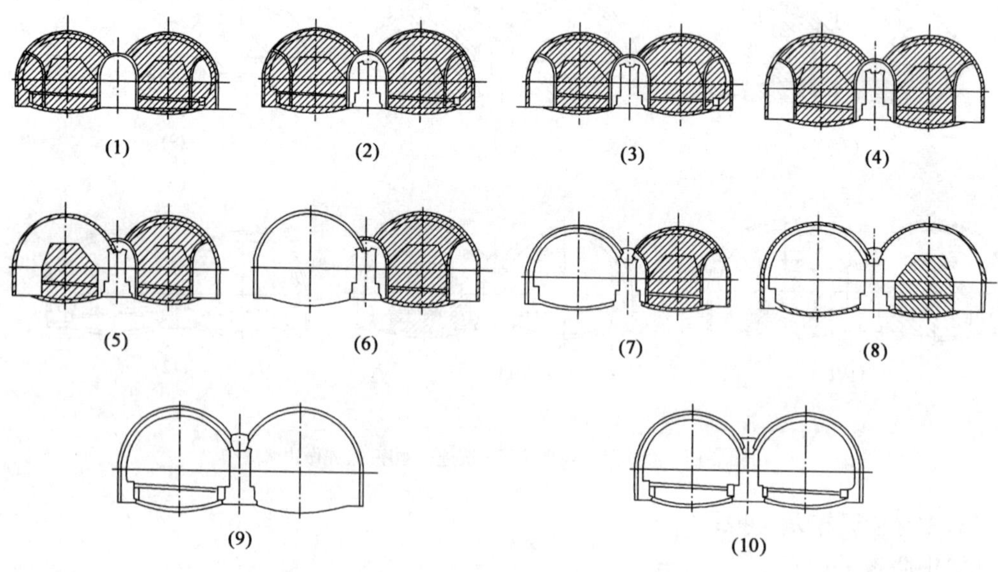

图 5-11　中导洞－双侧导洞工法二:后做边墙法

2. 中导洞—双下导洞工法

中导洞—双下导洞工法是指：中导洞超前开挖，待其贯通后浇筑中墙混凝土；两正洞双下导洞交错跟进，适度超前全断面施工法；在下导洞内对正洞围岩进行注浆加固；全断面开挖注浆加固后的正洞并施工衬砌。左右正洞掌子面距离为10～15m。其施工顺序如下(图5-12)：

(1)中导洞开挖及支护；

(2)中墙浇筑；

(3)左(右)洞下导洞开挖及支护；

(4)左(右)洞下导洞内注浆加固围岩；

(5)左(右)洞全断面开挖及初期支护；

(6)左(右)洞二次衬砌及仰拱施工；

(7)右(左)洞下导洞开挖及支护；

(8)右(左)洞下导洞内注浆加固围岩；

(9)右(左)洞全断面开挖及初期支护；

(10)右(左)洞二次衬砌及仰拱施工。

(1) (2) (3)

(4) (5) (6)

(7) (8)

(9) (10)

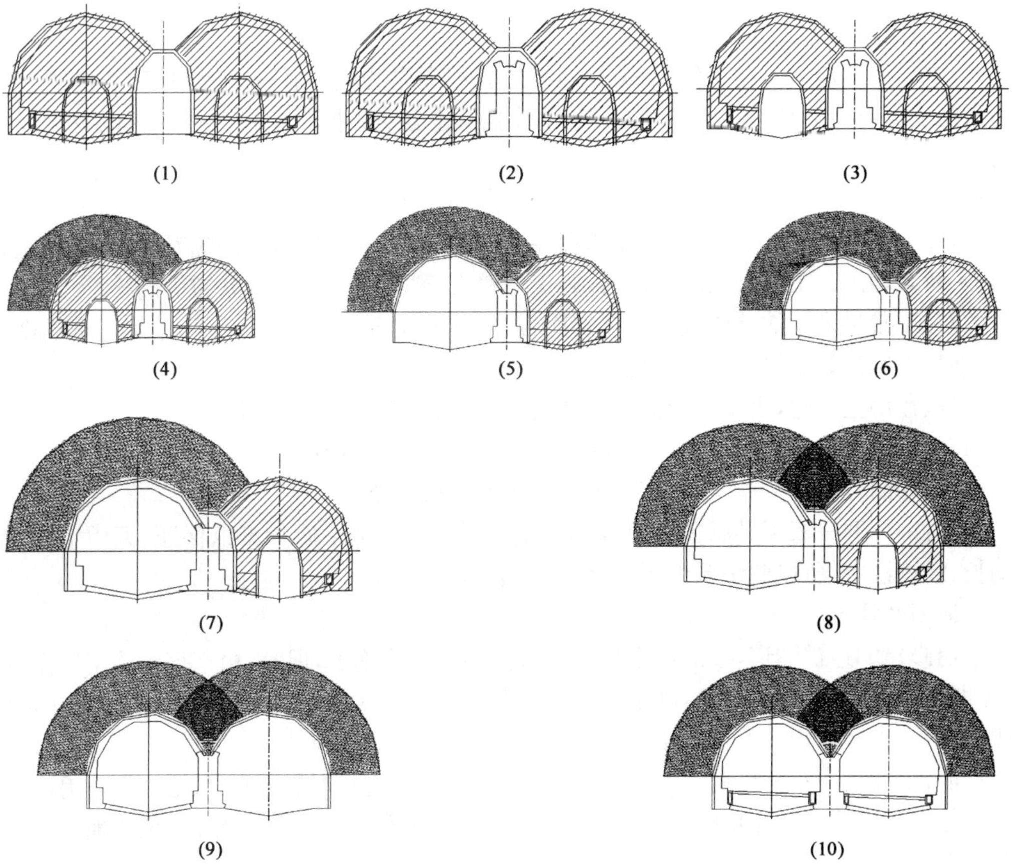

图5-12 中导洞—双下导洞施工顺序

3. 三导洞工法适用性评价

1)适用条件

中导洞－双侧导洞工法适用于地质情况差、偏压或埋深较浅的软弱围岩(Ⅵ级、Ⅴ级)。

中导洞－双下导洞工法,适用于Ⅴ～Ⅵ级围岩以及富水破碎带。

2)工法优点

(1)三导洞工法中的三条导洞,可同时用作探洞,可超前探明隧道正洞地质情况,为左右正洞安全施工创造条件。

(2)"中导洞－双侧导洞工法,确保了隧道施工中采用整体式衬砌"或"先墙后拱的形式"。

(3)中导洞－双侧导洞工法,采用小断面多次支护,在地质条件较差的情况下,可确保施工安全可靠。

(4)中导洞－双侧导洞工法,较好地处理了左右拱部在施工初期的不对称性到施工完毕后的对称结构体系转换,确保了结构在施工过程中的安全。

(5)中导洞－双侧导洞工法,通过左右导洞开挖顺序和进尺的调整,对于偏压地形具有一定的适应性,可有效地防止偏压裂缝和隧道滑坡的出现。

(6)中导洞－双下导洞工法,对于实现隧道的光面爆破及富水破碎带的预注浆十分有利,可用于通过围岩富水破碎带。

(7)中导洞－双下导洞工法,能很好地维持隧道围岩的应力状况,有效地防止围岩产生较大的松弛变形,做到封闭及时、结构可靠,可用于对隧道变形控制要求严格地区以及大变形围岩的支护。

3)缺点

(1)施工工序多,对围岩和已建结构存在多次扰动,不同部位衬砌间隔时间长,使得围岩变形增加、荷载增加。工序衔接不合理时,施工中稍有不慎,易造成衬砌开裂等病害。

(2)对于较早采用的整体式中墙隧道而言,拱墙衬砌分步施工,防水系统施工质量难以保证,特别是中墙顶处易出现渗漏水现象。

(3)从经济上考虑,由于多导洞开挖和支护,增加了成本,工程造价高。

(4)从工期上考虑,多导洞施工工序多且互相干扰,工期相对较长。

(5)多导洞分解开挖施工断面小,不利于大型机械作业。

(6)对中导洞－双下导洞工法而言,由于施工分步多、施工质量难以保证、无用工序增多,工期长、经济性差,所以此法要慎用,建议不宜采用。

4)适用性评价

早期修建的连拱隧道,多采用中导洞－双侧导洞工法施工,但是,由于该工法工序多、造价高、工期长、施工质量不易控制,施工单位往往在实践中对其加以改进和变通,有时直接取消两条侧导洞,而直接采用上下台阶法进行施工。

目前,中导洞－双侧导洞工法多用于地形、地质和围岩状况较差的情况。若采用该法,可通过调整左右导洞开挖支护顺序,以达到调整优化洞身受力,对于围岩破碎、偏压地形,以及可能产生滑坡的地形、地质条件,均有较好的适用性。

中导洞－双下导洞工法,通过下导洞对围岩进行超前预注浆,可较好地控制围岩大变形和地下水,因而,对具有明显流变性质以及富水的地形地质条件有较好的适应性。

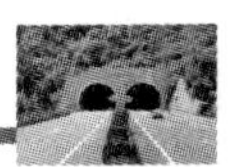

五、主洞掘进方法——中导洞施工法

中导洞施工方法，又可细化为中导洞—正洞台阶工法、中导洞－全断面工法和中导洞－先拱后墙工法等三种(见前图 5-1)。

1. 中导洞施工方法工法简介

1)中导洞—正洞台阶工法

中导洞—正洞台阶工法，又可称为中导洞—上下台阶工法，它是指：先贯通中导洞，并浇筑中墙混凝土；然后，采用上下台阶法开挖左右正洞，最后进行全断面二次衬砌(图 5-13)。

a)

b)

图 5-13 中导洞—正洞台阶工法施工实例(曼欧 3 号隧道)

a)中导洞贯通实况；b)整洞上台阶全断面开挖实况

正洞台阶包括：长台阶、短台阶和微台阶。其中，中导洞－微台阶工法，是指在正洞台阶开挖中，保持上台阶长度在 2～5m，初期支护紧跟并快速成环，是目前施工中应用较多的工法。

2)中导洞—全断面工法

中导洞—全断面工法是指：先贯通中导洞并浇筑中墙混凝土；然后，采用全断面开挖左右正洞，最后进行全断面二次衬砌。该法较明显的优点是：工序简单、施工干扰少、临时支护量小，因而节约成本，质量易于保证。

3)中导洞－先拱后墙法

中导洞－先拱后墙法是指：先开挖中导洞、衬砌中墙，再进行主洞上拱部开挖，浇筑主洞拱部衬砌后，交错开挖主洞中槽，跳槽开挖侧墙。

2. 中导洞—正洞台阶工法施工顺序

中导洞—正洞台阶工法施工顺序如下(图 5-14)：

(1)中导洞开挖及支护；

(2)中墙浇筑；

(3)左(右)洞上台阶开挖及初期支护；

(4)右(左)洞上台阶开挖及初期支护；

(5)左(右)洞下台阶开挖及初期支护；

(6)左(右)洞二次衬砌；

(7)右(左)洞下台阶开挖及初期支护；
(8)右(左)洞二次衬砌。

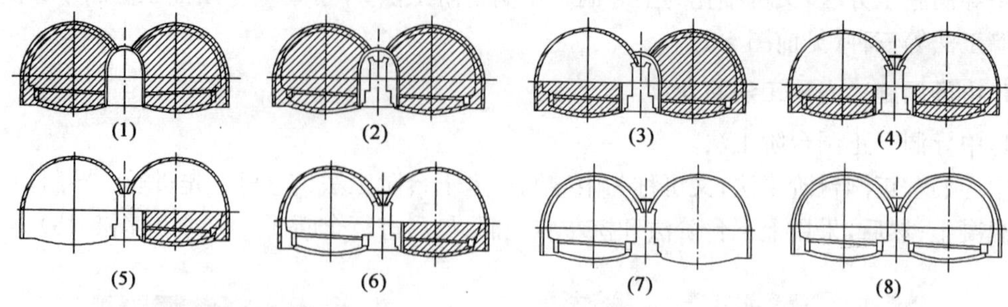

图 5-14　中导洞－正洞台阶工法施工顺序(图中序号意义见正文)

3. 中导洞－全断面工法

中导洞－全断面工法的施工顺序如下(图 5-15)：
(1)中导洞开挖及支护；
(2)中墙浇筑；
(3)左(右)洞开挖及初期支护；
(4)左(右)洞二次衬砌；
(5)右(左)洞开挖及初期支护；
(6)右(左)洞二次衬砌。

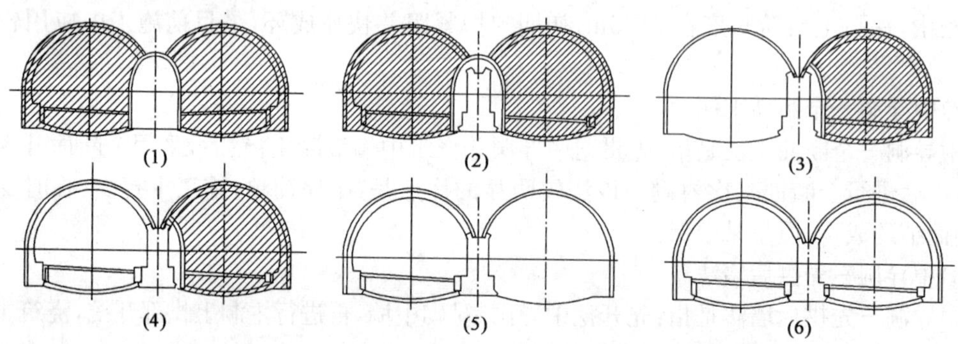

图 5-15　中导洞－全断面工法施工顺序(图中序号意义见正文)

4. 中导洞－先拱后墙工法

中导洞—先拱后墙工法的施工顺序如下(图 5-16)：
(1)中导洞开挖与支护；
(2)浇筑注中墙；
(3)左(右)侧正洞上台阶开挖与初期支护；
(4)右(左)侧正洞上台阶开挖与初期支护；

(5)左(右)侧正洞拱部浇注二衬;

(6)左(右)侧正洞中槽开挖;

(7)左(右)洞侧墙跳槽开挖与初期支护;

(8)左(右)洞边墙二次衬砌与仰拱施工;

(9)右(左)洞上半断面二次衬砌;

(10)右(左)洞中槽开挖与初期支护;

(11)右(左)洞边墙跳槽开挖与初期支护;

(12)右(左)洞二次衬砌、仰拱施工。

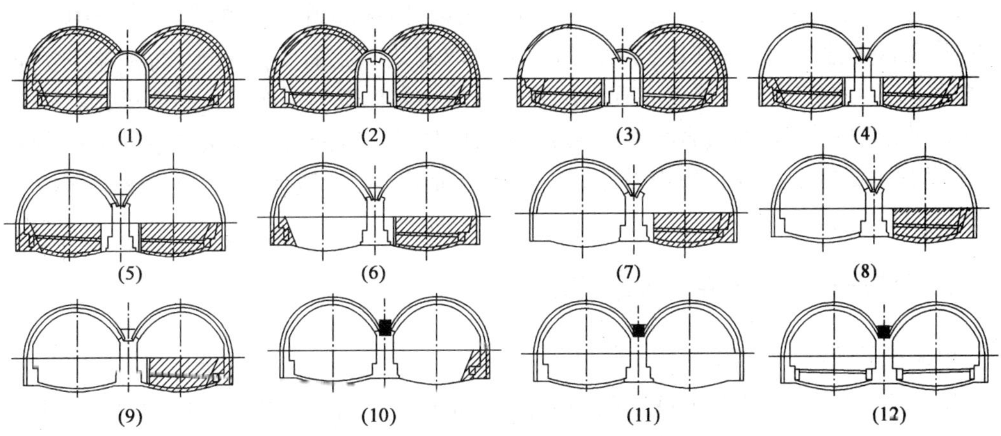

图 5-16 中导洞—先拱后墙工法施工顺序(图中序号意义见正文)

对于开挖断面大、岩层较破碎的情况,虽然大多推荐"先墙后拱法",但是,从现场开挖情况看,对于围岩密实、地下水较少的情况,亦有采用"先拱后墙法"而成功的实例,这样可以解决侧导洞施工中场地狭小、不能用机械作业、进度较慢等问题。

5. 中导洞施工适用性评价

1)中导洞施工适用条件

上下台阶法适用于 III～V 级围岩,全断面工法适用于 I～IV 级围岩,先拱后墙法则要慎用,本书建议不予采用。

2)中导洞施工优点

(1)中导洞—正洞台阶工法,比较明显的优点是:工序简单、隧道变形易于控制、施工干扰少、临时支护量小,因而节约成本,质量易于保证。

(2)相对于三导洞分步施工方法而言,它采用中导洞施工方法减少了两个边(下)导洞的施工,节约了造价,缩短了工期。

(3)中导洞—全断面开挖法,中墙拱采取整体一次衬砌,具有工序较简单、施工干扰少、机械化程度较高、临时初期支护工作量小、施工进度较快,因而节约成本,质量易于保证。

(4)中导洞—全断面工法,中导洞先施工,起到了超前探明隧道地质情况的作用,为左右正洞施工创造了条件。

3)中导洞施工缺点

(1)在围岩条件较差、遭遇断层破碎带、隧道浅埋、偏压或者地表对变形控制要求较严格的情况下，采用中导洞台阶或全断面开挖可能产生大变形、连通地表的塌方和边坡滑移等地质灾害。

(2)中导洞—先拱后墙工法，在侧墙开挖过程中，控制不严易引起上拱部产生大的沉降，导致上拱部开裂、拱顶形成空洞、坍陷等不良情况，甚至出现掉拱。在施工中，应注意不能使侧墙开挖工作缝与上拱开挖后初期支护的工作缝在同一断面上。

4)中导洞施工适用性评价

由于中导洞工法省略了两条侧(下)导洞，直接对围岩进行大断面开挖，工期短、造价低，较受业主和施工单位欢迎。但是，应特别注意其适用条件，在隧道施工中，需要加强中导洞地质编录预报、现场监测工作，并在以上工作指导下采取有效的超前支护措施，确保施工安全。在不利条件下，采用本工法，一定要在现场试验段成果和监控量测工作的指导下进行。

目前，除围岩条件较好或者特殊情况下，采用中导洞—全断面开挖法和中导洞－先拱后墙法外，本书根据研究成果推荐采用中导洞—正洞台阶工法中的微台阶法，以使初期支护尽早成环，确保施工安全。

六、主洞掘进方法——单洞施工工法

1. 单洞施工工法

单洞工法是指：在连拱隧道施工中，取消了中导洞工序，而在隧道左(右)侧单洞开挖时，留出中墙施工的空间，在单洞内浇筑中墙和衬砌结构，然后再施工右(左)洞，浇筑衬砌结构。

施工中左、右洞应按单洞前后错开施工，并注意以下事项：

(1)对于先施工的单洞，中墙部分也一并开挖支护和进行衬砌施工。中墙顶部的围岩，应根据具体情况加强支护，采用锚杆与围岩连接，给先施工的洞室提供支持力，保持结构平衡，使中墙施工过程中的受力由悬臂转为铰接。

(2)对于后施工的单洞，应特别注意不对称受力及爆破的影响。后开挖的单洞，最好采用上、下台阶分步开挖，尤其要严格控制下台阶的开挖长度。

下台阶开挖后，要及时作二次衬砌，最大限度地缩短不对称结构，确保结构在时间和空间上的安全性。

(3)原则上后开挖的单洞要在先开挖的单洞施工完主体结构后才能进行，尤其是要在仰拱施工后，使之形成闭合受力结构后施工。

(4)后开挖的单洞，在开挖靠中墙部分的围岩时，可以通过控制爆破，减少对中墙的破坏。

(5)下台阶开挖时，可采取先施工远离中墙一侧围岩，增加靠中墙一侧围岩的爆破临空面，并保护好先开挖中墙。

2. 单洞施工法的施工顺序

单洞施工方法的施工顺序如下(图 5-17、图 5-18)：

(1)初期支护及中墙浇筑；

(2)左(或右)洞二次衬砌施工；

(3)右(或左)洞开挖及初期支护；

(4)右(或左)洞二次衬砌。

连拱隧道有三层直(曲)中墙和整体式直(曲)中墙的之别,所以在单洞法施工中先开单洞的大小亦有区别。三层中墙、特别是三层直中墙先开洞跨度较小,与一般单洞隧道施工区别不大(图 5-17);而整体式中墙则需先开洞较大,所以在施工中必然涉及后期洞顶回填问题(图 5-18),具体施工时可采用多心圆弧设计,先开洞的初期支护,使之尽量接近二次衬砌的轮廓,以减小回填数量。

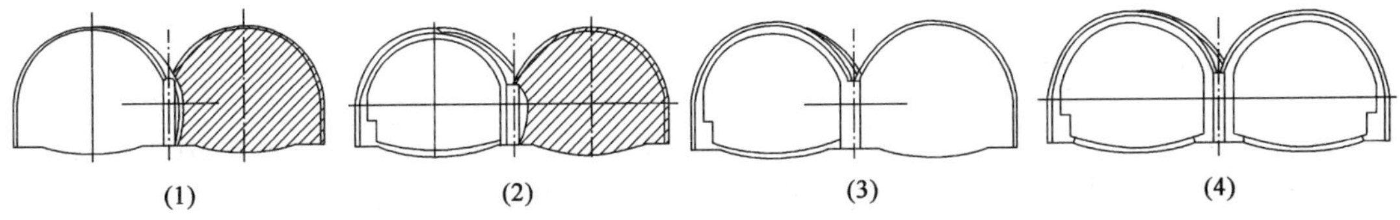

图 5-17 单洞施工方法(三层直中墙)施工工序(图中序号意义见正文)

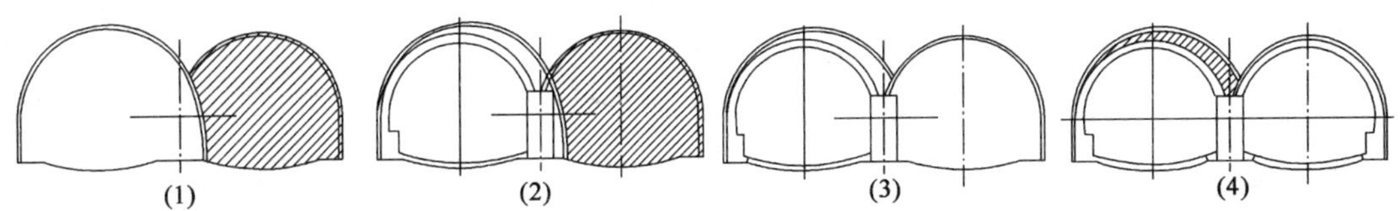

图 5-18 单洞施工方法(整体式直中墙)施工工序(图中序号意义见正文)

3. 单洞施工工法适用性评价

1)单洞施工工法适用范围

单洞施工工法适用于 I～III 级围岩的双车道连拱隧道,同时,应视情况即时改善单洞工工法,并应注意施工中左右洞的相互影响。

2)单洞施工法优点

(1)减少了工序,降低了对围岩的扰动,缩短了开挖及支护时间。

(2)减少了导洞开挖支护,降低了工程造价。

(3)工程进度快,工期较短。

3)单洞施工工法缺点

(1)单洞施工中需留出中墙的空间,跨度较大,在围岩条件较差、浅埋或偏压情况下,不易控制变形和塌方。

(2)中墙顶部的围岩需根据具体情况加强支护,中墙顶部采用锚杆与围岩连接,给先施工的洞室提供支持力,保持结构平衡,在围岩破碎,自稳能力较差且不易加固时,施工质量不易控制。

(3)后期需要对洞顶进行回填,回填质量不易保证。

(4)需要加强先开洞初期支护,中墙顶采用锚杆加固围岩,将预留的钢筋与中墙主筋连接;中墙底部采用锚杆加固地基,并将预留钢筋与中墙主筋连接。使整体式中墙原来的单悬臂改为铰接,以有效地改善受力,成本相对较高。

4)单洞施工工法适用性

由于单洞隧道施工技术已很成熟,根据围岩情况可采用全断面法、正台阶法和其他分步施工方法(例如:CRD法、眼镜法等,详细见《特殊地质公路隧道动态施工设计施工技术》,李国锋、丁文其、李志厚、苏生瑞等编著,人民交通出版社,2005年3月出版),因此,单洞施工方法适用范围比较大,而且一般用于双洞各自独立成洞的三层曲中墙和三层直中墙。

七、主洞掘进方法——双洞全断面平行施工法

1. 双洞全断面平行施工方法

双洞全断面平行工法是指:在隧道施工中,先平行施工正洞,在两洞之间的中墙位置预留岩柱,采用锚杆加固中墙顶部围岩,跳槽开挖岩柱,浇筑中墙,施工二次衬砌。

双洞平行施工方法,在开挖左右洞时,要特别注意中墙岩柱的稳定,使之能平衡左右洞围岩传递来的应力。开挖中墙岩柱采取跳槽式开挖(图5-19),开挖长度控制在4~5m左右,开挖前采用长锚杆加固中墙顶部围岩,开挖后立即施工中墙衬砌,并及时施工左右洞二次衬砌。

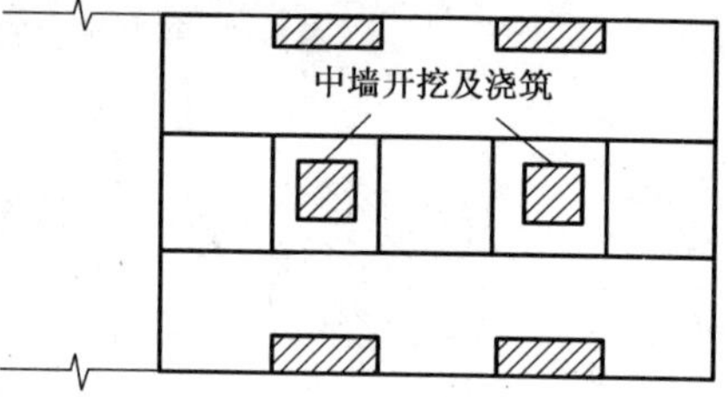

图5-19 中墙岩柱跳槽式开挖示意图

2. 双洞全断面平行工法施工顺序

双洞全断面平行施工顺序如下所述(图5-20):

(1)隧道初始状态;

(2)左、右洞开挖及初期支护;

(3)中墙开挖及中墙衬砌;

(4)中墙顶部开挖及支护;

(5)左、右洞衬砌。

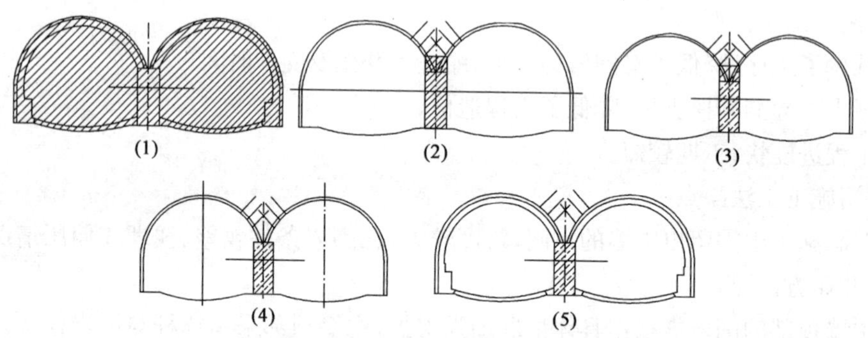

图5-20 双洞全断面平行施工顺序(图中序号意义见正文)

3. 双洞全断面平行工法适用性评价

1)双洞全断面平行工法适用范围及优点

双洞全断面平行工法适用于I~II级围岩的硬岩隧道,保留中墙岩柱,左、右正洞同步掘进,节约工期和造价。

2)双洞全断面平行工法缺点

(1)双洞全断面平行工法开挖左右洞时，需要中墙岩柱保持稳定，使之能平衡左右洞围岩传递来的应力，只有围岩条件较好时才能满足条件。

(2)开挖中墙岩柱，采取跳槽式开挖，工法类似于先拱后墙工法，尽管采用长锚杆加固中墙顶部围岩，但是，初衬在中墙顶的悬空和应力复杂转换，可能导致整体结构不利受力。

3)适应性评价

双洞全断面平行工法方法和小间距隧道有类似之处，适用于围岩质量较好的硬岩隧道。

八、连拱隧道施工方法适用性及综合评价

根据上述分析可见，连拱隧道工工法应特别注意其适用条件，在隧道设计和施工阶段，应根据连拱结构形式以及地质条件，可按表 5-1 所列适用条件选用。在地质条件复杂地区，还可在不同条件下采用不同的工法，具体技术要求，应在超前地质预报和监控量测的指导下施工。

连拱隧道工法适用条件 表 5-1

工 法		适 用 条 件
三导洞工法	中导洞－双侧导洞工法	适用于 VI 级、V 级围岩和地质情况较差、具有偏压地形或埋深较浅的软弱围岩
	中导洞—双下导洞工法	适用于 V～VI 级围岩以及富水破碎带
中导洞工法	中导洞—正台阶工法	适用于 II～III 级围岩
	中导洞—全断面工法	适用于 I 级围岩
	中导洞—先拱后墙工法	则要慎用，建议不予采用
单洞工法		适用于 I～III 级围岩两车道连拱隧道，同时应改善单洞工法并应注意施工中左右洞相互影响
双洞全断面平行工法		适用于 I～II 级围岩的硬岩隧道

第二节 连拱洞身开挖关键技术

由于连拱隧道结构特殊，在一般的围岩条件下，洞身施工都要先开挖中导洞，浇筑中墙混凝土后，才能进行两侧主洞施工。

一、中导洞开挖和支护

中导洞开挖，可以采用台阶法或者全断面法施工。中导洞底部高程应为中墙底面的设计标高；中导洞顶部最高点，应比主洞起拱线高出一定距离。

从施工安全考虑，中导洞开挖时，应根据围岩级别和中墙形式，采取相适应的支护形式。对于围岩级别低的围岩，应采取超前锚杆与格栅拱架支撑相结合结构形式，并喷射混凝土构筑成临时支护。

1. 整体和三层曲中墙中导洞支护

图 5-21 所示为整体曲中墙中导洞支护图示；这种支护形式适宜 V 级围岩，可作为整体和三层曲中墙中导洞，或边导洞初期支护。

中导洞支护属于临时支护，可采 I16 型钢拱架、纵向间距为 100cm，并喷射 C25 混凝土、厚 20cm。钢拱架尺寸，视围岩级别和施工设备不同，可做适当调整。模筑中墙混凝土时的临时木支撑，每米设置一道，纵向间距一般为 50cm。曲中墙临时支护每延米消耗的材料见表 5-2。中墙混凝土浇筑完毕后，应及时用 M7.5 砂浆浆砌片石和 C25 混凝土回填中墙顶部空隙防止中墙顶部围岩发生沉降变形。

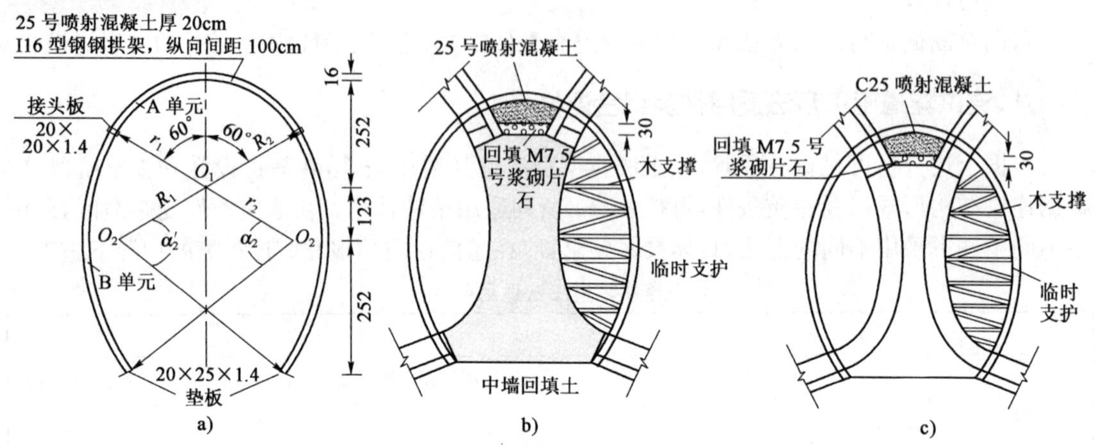

图中：$r_1=252$cm；$r_2=498$cm；$R_1=268$cm；$R_2=514$cm；$\alpha_2'=67°33'07''$；$\alpha_2=68°0'44''$

图 5-21　整体和三层曲中墙中导洞临时支护和混凝土(尺寸单位：cm)

a)中导洞临时支护；b)整体曲中墙临时木支撑；c)三层曲中墙临时木支撑

曲中墙中导洞每延米工程数量　　表 5-2

名称	规格	单位	工程数量	名称	规格	单位	工程数量
中导洞以及边导洞	C25 喷射混凝土	m^3	556.4	中墙顶回填	M7.5 浆砌片石	m^3	29.6
	I16 工字钢	kg	82 150.88		C25 喷射混凝土	m^3	71.2
	20×20×1.4 接头板	kg	5 204.96	中墙木支撑	木材	m^3	14
	20×25×1.4 垫板	kg	879.2				
	螺栓、螺母	套	4 736				

2. 整体直中墙中导洞支护

整体直中墙中导洞和边导洞支护，采用格栅支撑(图 5-22)。中导洞格栅支撑纵向设置间距为 1m；当用作边导洞支护时，其格栅支护间距应与相应正洞初期支护钢架相同，喷射的混凝土厚度也应与主洞一致，同时在洞口两边应各设 11 根 ϕ32mm、长 5m 的超前锚杆。中导洞每延米材料数量见表 5-3。中墙混凝土模筑时采用临时木支撑，中墙顶回填方法如图 5-22b)所示。如图 5-22 所示的钢筋组成的格栅支护形式，可作为 V 级围岩中开挖直中墙中导洞支护。

二、主洞开挖关键技术

1. 主洞掘进方案和掘进方法选定

连拱隧道施工的一个重要特征，即是在中墙施工过程中，可以说基本上探明了围岩情况。根据围岩实际状况，如何选定主洞掘进方案和施工方法，就成为一个关键问题。选择主洞的掘

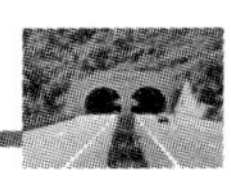

进方案时，其基本原则应是：尽量减少和控制对围岩的扰动。

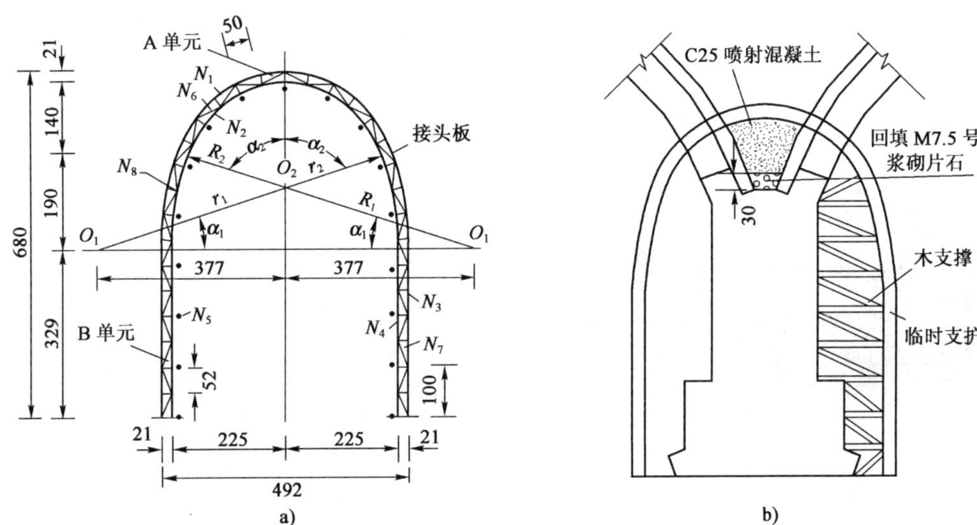

图中：$r_1=602\text{cm}, r_2=205\text{cm}, R_1=623\text{cm}, R_2=226\text{cm}; \alpha_1=18°21'50'', \alpha_2=71°38'10''; N_1=N_2=N_3=\phi32\text{mm}$，$N_7=N_6=\phi16\text{mm}, N_5=\phi20\text{mm}, N_8=\phi12\text{mm}$

图 5-22　整体直中墙中导洞临时支护（尺寸单位：cm，钢材：mm）

a）中导洞格栅支护；b）整体直中墙临时木支撑和回填示意图

整体直中墙中导洞每延米工程数量　　表 5-3

名称	规格	单位	工程数量	名称	规格	单位	工程数量
C25 喷射混凝土		m³	3 949.3	中墙顶回填	M7.5 浆砌片石	m³	63.75
钢筋（mm）	φ32	kg	224 586.13		C25 喷射混凝土	m³	49.3
	φ16	kg	30 303.1	中墙木支撑	木材	m³	17
	φ12	kg	16 688.7	超前支护	φ32mm 砂浆锚杆	kg	555.28
	φ20	kg	17 963.8	钢板	厚 1cm	kg	23 055.7

注：表中工程量除片石回填和喷射 C25 混凝土外，按有关招标文件中规定已含在单价中，是否计量由业主确定，格栅支撑数量按一次循环计量。

当中墙混凝土浇筑完毕后，主洞靠近中导洞一侧的拱顶围岩，实际上是处于悬空状态，这部分围岩已经扰动过一次。如果主洞施工方法不当，会对围岩产生严重扰动，导致中导洞上方坍塌。为避免出现上述病害，选择施工方案时，若进行上下两洞施工时，后掘进的洞室除去应选用适当的开挖机械和采取对应的施工方法外，还要距前掘进的洞室二次衬砌后一定距离。即使围岩软弱，不需要放炮开挖时，也要保持一定的间距。

2. 施作中墙顶防水层和纵向排水管，及时回填中墙顶部空隙

主洞在进行开挖、喷锚支护时，需要拆除中导洞拱架等临时支护，此时，中墙顶部围岩将由切割成悬臂式的中导洞拱架支承（图 5-23），由于悬臂式拱架难以承受其顶部围岩荷载，因此，中墙混凝土浇筑完毕后，应立即在顶部铺设防水层安装纵向排水管，并将中墙顶部和中导洞拱顶间填实顶紧，使被割断的中导洞支护在主洞开挖时仍起支护作用，如图 5-24 所示。

3. 开挖主洞过程中，应采取措施，充分发挥围岩自承作用

中墙施工完成后，如果采用正台阶法施工开挖主洞，在施作主洞拱部支护时，其一侧为混凝土中墙，另一侧为应力重新组合中的围岩，主洞支护往往处于左右软硬不均状态。为防止初期支护单侧下沉，导致拱部喷射混凝土拉裂，因此，在施工过程中，要在主洞边墙侧拱脚位置，采取有效支撑或加固措施，以减小或避免主洞拱顶不均衡下沉，确保掘进安全和工程质量。

图 5-23　初期支护成为悬臂状态

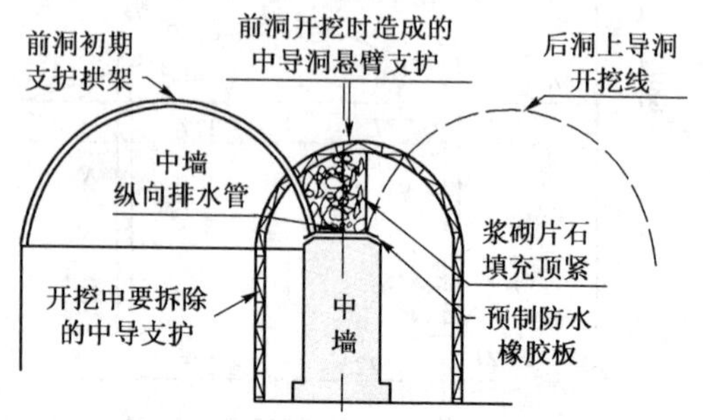

图 5-24　施作中墙顶部纵向排水管和回填空隙

采取大断面施工方法是目前连拱隧道施工的发展趋势。然而，连拱隧道大多处在浅埋、偏压地质条件下，因此，及时施作超前预支护，对连拱隧道施工十分重要，必要时可采取预注浆等措施，以加固和改良地层条件，充分调动和利用围岩的自承作用，减少对围岩的扰动，具体措施如下：

(1)在软弱围岩中开挖连拱主洞时，左右正洞应错开施工，先施工的洞室要及时施作初期支护、二次衬砌和构建仰拱，及早形成封闭结构；后施工的洞室要在先施工洞室主体结构完成后再施作，以有利于隧道施工安全。

(2)在围岩稍好的情况下，连拱隧道正洞施工，应采用下导洞超前的全断面法比较合适，如图5-25 所示。

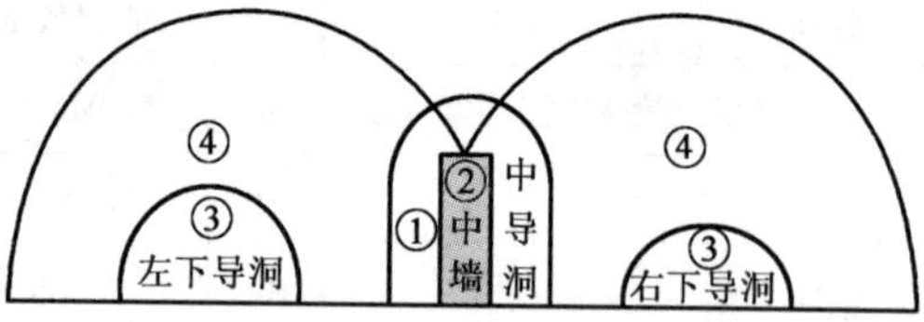

图 5-25　下导洞超前全断面施工工序

图 5-25 中序号的意义是：

①开挖中导洞；

②浇筑中墙混凝土；

③开挖主洞下导洞；

④分别错开一定距离进行全断面开挖左(右)主洞。

4. V 级围岩条件下，不同类型的中墙连拱主洞开挖和衬砌施工方案

在 V 级围岩条件下，不同类型的中墙连拱隧道多采用三导洞施工方法。根据图 5-10、图 5-11 和图 5-12 的开挖设计顺序，制订出整体曲(直)中墙连拱主洞开挖顺序和衬砌施工方案。

1)整体曲(直)中墙连拱开挖顺序和衬砌施工方案

为了保证主洞安全施工，不论哪种形式的连拱隧道，在开挖施工中，应及时施作初期支护，加强现场观测，当围岩变形在《公路隧道施工技术规范》(JTG F60—2009)规定的条件下不能收敛时，应加强初期支护的刚度。边导洞的初期支护，应采取与主洞衬砌相同的支护参数，并应先期进行施工。根据这一基本原则，编制出主洞施工方案(图 5-26)。

图 5-26 中：罗马数字表示开挖顺序，阿拉伯数字表示衬砌施作顺序。例如：

· 开挖 I(中墙)部分，施工内容：①施作中导洞的初期(临时)支护；②浇筑中墙。

· 开挖 II 部分(边导洞)，施工内容：③施作边墙的初期支护。

· 开挖 III 部分(主洞上半断面)，施工内容：④施作拱部初期支护。

· 开挖 IV 部分(主洞下半断面)，施工内容：⑤施作仰拱初期支护、⑥施作仰拱、⑦施作二次衬砌、⑧回填仰拱、⑨施作排水沟、电缆沟，铺筑隧道路面等工作。

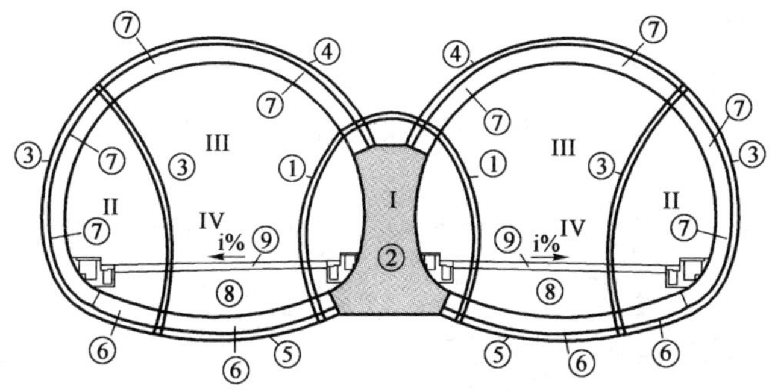

图 5-26　整体曲、直中墙衬砌施工方案

2)三层曲中墙连拱开挖顺序和衬砌施工方案

三层曲中墙连拱主洞施工基本要求，与整体曲(直)中墙连拱相同，其施工方案见图 5-27。

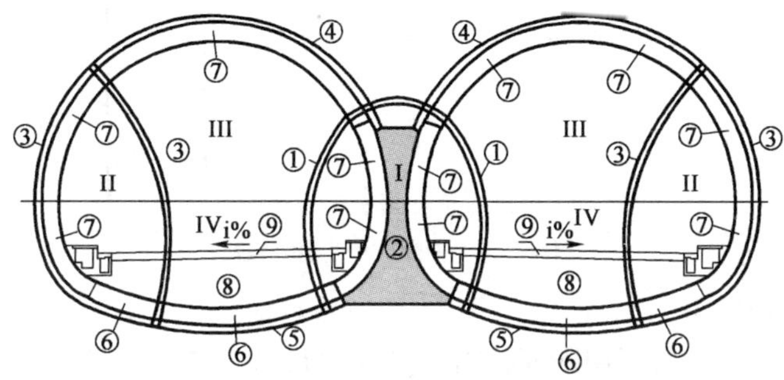

图 5-27　三层曲中墙连拱衬砌施工方案

图 5-27 中的罗马数字表示开挖顺序，阿拉伯数字表示衬砌施作顺序。例如：

· 开挖 I 部分(中墙位置上的岩土)施工内容：①中导洞施作初期(临时)支护；②浇筑中墙混凝土；

· 开挖 II 部分(边导洞)施工内容：③施作主洞边墙的初期支护。

· 开挖 III 部分(上半断面)施工内容：④施作拱部初期支护。

· 开挖 IV 部分(下半断面)施工内容：⑤施作仰拱的初期支护、依次⑥施作仰拱、⑦二次衬砌、⑧仰拱回填、⑨路面及水沟等工作。

5. 钻爆作业设计

主洞掘进开挖，钻爆是不可缺少的作业内容。施工对钻爆作业的基本要求，可以概括为：应努力使开挖出的断面轮廓平整准确，减少超挖和欠挖，降低爆破振动，以维护围岩自承能力。

为达到此目的，实施爆破作业时，应尽力采用线形微震爆破技术和光面爆破相结合方法进行作业。在作业过程中，根据围岩情况应及时修正爆破参数，以达到最佳爆破效果，形成整齐准确的开挖断面。为此，在开挖爆破设计中，应遵循以下几项原则。

1)钻爆作业设计应遵循的基本原则

(1)在开挖作业中，严格遵循"弱爆破、短进尺、勤量测、强支护"的施工原则，Ⅳ级围岩进尺控制在0.8～1.5m，以减小每次爆破的炸药总用量，爆破一般采用光面爆破。

(2)采用光面爆破时，周边眼间距应尽量减小，根据围岩情况的不同，一般控制在30～40cm，并采用小直径药卷间隔装药技术，以控制开挖成形，减小爆破对围岩的扰动。其炮眼布置如图5-28所示，炮眼间距之所以这样密，是为了控制预裂缝的形成，以便切出理想的轮廓线。靠近中墙一排炮眼，应与一次爆破中的其他炮眼分开爆破。

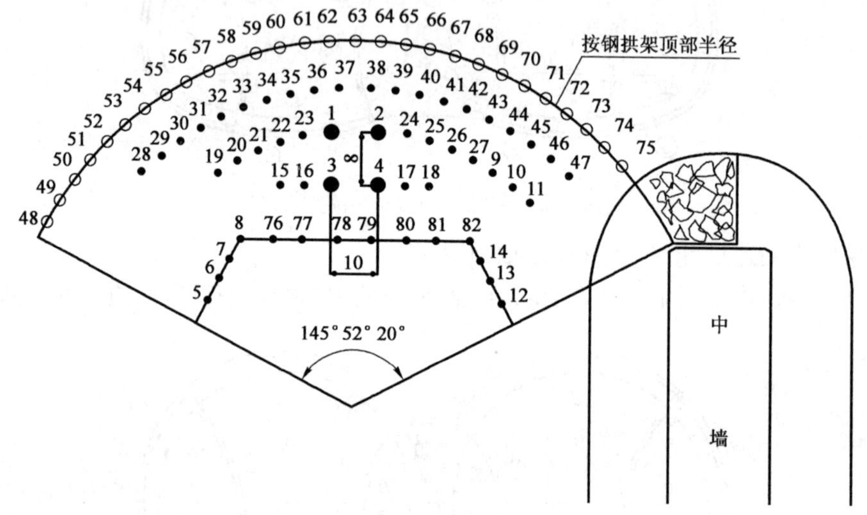

图5-28　光面爆破作业炮眼布置

2)爆破参数的调整

每次爆破作业完成后，应利用断面仪对开挖面进行检查记录，并结合监控量测的信息反馈及时调整爆破参数。

· 采用台阶法，下半断面开挖实施钻爆作业时，应注意尽量避免或努力减少对上半断面和中墙等已完成工程造成的影响。

· 下半断面开挖放炮松动后，可以采用大型挖掘机、自卸运输车出渣。

· 侧墙开挖时，应严格控制炮眼深度、眼数和装药数量，个别地段使用风镐逐层开挖，以避免拱脚处发生悬空，从而导致拱部过大的下沉。

· 大量的工程实践表明，采用控制爆破技术实施隧道开挖，能最大限度地减弱爆破对岩体原有裂隙的破坏，基本保持了围岩体的完整性，确保施工安全，加快工程进度，降低施工成本。

(1)光爆(预裂)参数的确定

· 对于开挖后自稳时间相对较长的地段，应采用光面爆破技术；

· 开挖后自稳时间相对较短的地段，可采用预裂爆破技术，选用小直径低爆速专用炸药，采用间隔装药方法进行爆破；

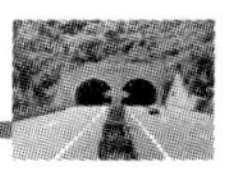

·节理发育密集带、断层及其影响破碎带,采用双导爆索进行密眼预裂切割爆破技术。

具体参数的确定参照《公路隧道施工技术规范》(JTG F60—2009)。

(2)选择合理起爆间隔时差

爆破理论表明,爆破需要经过爆轰、膨胀、抛掷3个过程。工程实践表明,爆轰和膨胀的时间很短,瞬间可以完成,抛掷过程时间较长。据高速摄影资料,药包爆炸后10ms岩面开始有明显移动,最后加速形成鼓包,约20ms鼓包运动接近最大,到100ms鼓包严重爆破。

在一般微差爆破中,采用50ms时间间隔就能收到良好的工程效果。起爆段间隔时差不小于50ms,基本上可以认为是两个相对独立的爆破。在施工条件允许的情况下,一般选取100ms间隔时差;如果需要的段数较多,部分辅助炮眼间隔时差,可选取50ms,其他仍选取100ms的间隔时差。

(3)起爆顺序

采用光面爆破时,起爆顺序为:掏槽眼→扩槽眼→辅助炮眼→周边眼→底眼。采用预裂爆破时,起爆顺序为:周边眼→掏槽眼→扩槽眼→辅助炮眼→底眼。

采用控爆技术,能使超欠挖控制在规范要求之内。由于控制了超欠挖,可减少大量超挖出渣量,减少衬砌回填量,既节省了工程费用,也节约了时间,同时给后续锚喷支护施工打下良好基础,保证了工程顺利掘进,为安全施工创造了良好的施工环境。

(4)炮眼深度、角度和间距的规定

·掏槽眼眼口间距误差和眼底间距误差,辅助眼眼口排行距误差,不得大于50mm。

·周边眼沿隧道设计断面轮廓线上的间距误差,不得大于50mm;周边眼外斜率不得大于50mm/m,眼底不得超出开挖断面轮廓线100mm,最大不得超过150mm。

·内圈炮眼至周边炮眼的排距误差不得大于50mm,炮眼深度超过2.5m时,内边炮眼与周边炮眼宜采用相同的斜率。

6.构件支护

在不良地质条件下,为保证施工安全和顺利掘进,往往需要使用构件对围岩进行支护。构件支护所能承受的荷载,应考虑地形、地质、隧道断面尺寸、埋深大小、渗漏情况、施工方式、施工方法、构件支护的施工时间、施工中围岩的特性等具体条件加以分析,从而做出判断。

1)构件支护及架设要求

(1)支撑结构形式及其接头,力求简单牢固,受力均匀,易于拆装,能重复利用,并尽量定型化。

(2)每排支撑应按要求的中线、高程位置和断面尺寸,架设在连拱隧道轴线方向的垂直面上;同时支护之间纵向连接牢固并构筑成整体;支撑与围岩间的空隙应用板、楔块等顶紧,并填塞密实。

(3)当构件支护区段较短,或可能发生纵向载荷时,要设纵向斜撑,以防支护倾倒;支护柱脚下的浮渣必须清除,地层松软时应加设垫板或托梁,必要时用混凝土加固地基。

(4)导坑支护可用半框架式。松软地层具有基底反力时要增设底梁;在洞口的导坑支护排架,应伸出洞外3~5m以上,并设置纵向支护予以加固。

(5)构件架设间距以80~120cm为宜,松软地层可适当加密。

(6)对架设的支护要有专人经常进行检查,发现杆件有破裂、倾斜、弯扭、变形以及接头松脱、填塞漏空等现象时,必须立即加固改善。

(7)支护的抽换、拆除，应视其受力情况按"先顶后拆"的原则，从尾端起逐排抽换。

(8)支护构件拆除后应妥善堆放保管，以免丢失或锈蚀。

2)仰拱开挖前支护

仰拱开挖前，应架设横撑，顶紧两侧墙脚，防止边墙内挤。横撑间距宜为1.0～1.2m，横撑应待仰拱混凝土强度达到设计强度的70%时方可拆除。

3)先拱后墙法施工要求

采用先拱后墙法施工时，要符合下列要求：

(1)洞口地段和松软地层开挖中墙或落底前，必须用卡口梁加木楔顶紧拱脚，其间距一般为120cm，或在拱脚设锚杆，防止拱脚内移。

(2)在松软破碎的围岩中开挖马口时，应设置斜撑、立柱等支护拱脚，马口岩壁临空面均应撑稳；当岩层层理向隧道内倾斜时，应采取措施防止岩层发生顺层滑塌。

4)超欠挖控制

无论那种类型隧道施工，都应严格控制欠挖。但是，在完整的硬岩或中硬岩层中开挖时，由于岩面硬度较大，难免不造成欠挖，如果补炮势必对围岩再次扰动，而且会造成较大的超挖，所以在不影响衬砌结构的稳定和强度的情况下，允许岩石有个别突出部分欠挖，但是，其隆起量不得大于5cm，拱部及墙脚以上1m范围内严禁出现欠挖现象。

欠挖不允许出现，超挖也应尽量减少，不同围岩地质条件下允许超挖值的规定见表5-4。

平均和最大允许超挖值

表5-4

项目		规定值或允许偏差(mm)	检查方法和频率
拱部	破碎岩土(Ⅳ、Ⅴ级围岩)	平均100，最大150	水准仪或断面仪：每20m一个断面
	中硬岩、软岩(Ⅱ、Ⅲ、Ⅳ级围岩)	平均150，最大250	
	硬岩(Ⅰ级围岩)	平均100，最大200	
边墙	每侧	+100，−0	尺量，每20m检查一处
	全宽	+200，−0	
仰拱、隧底		平均100，最大250	每20m检查3处*

注：*使用水准仪进行检查。

在表5-4中的最大超挖值，系指最大超挖处至设计开挖轮廓切线的垂直距离；表列数值不包括测量贯通误差、施工误差；炮孔深度大于3m时，允许超挖值可根据实际情况另行确定。平均超挖值可按下式计算：

$$平均超挖值=\frac{超挖面积}{爆破设计开挖断面周长(不包括隧底)}$$

超挖量的测定方法，根据现场条件可采用下列方法：

- 由出渣量或衬砌混凝土量推算；
- 通过激光投影仪直接测定开挖面面积；
- 用断面测定仪量测。

采用复合式衬砌时，隧道的开挖轮廓应预留变形量；当采用构件支撑时，如围岩压力较大，支撑可能沉落或局部支撑难于拆除时，应适当加大开挖断面，保证衬砌设计厚度。

三、连拱隧道施工支护

在洞身掘进之前，对于比较低级别的围岩实施超前支护，以提高围岩强度和稳定性。在洞身掘进过程中，同样也是为了保持周围岩体稳定，必须立即施作初期支护。

施作初期支护时，应使其与围岩尽量密贴并连成一体。初期支护的作用，一是继续增强围岩强度，维护围岩稳定，二是限制围岩发生变形。

1. 超前支护

浅埋地段岩土松软，为减少对环境的影响，或在穿过软土、破碎带、断层、溶洞时，常常采用大管棚超前支护；通过软弱岩石地段时，为了提高岩体强度和稳定性，以便采取全断面或半断面开挖，时常采用小导管或锚杆的注浆技术，提前加固掘进前方的围岩，以保证围岩稳定和掘进安全作业。

图 5-29 是思小公路上一座连拱隧道大管棚实例。隧道与山体走向垂直，属于非傍山连拱隧道。整体曲中墙施工完后，左右正洞首先实施大管棚注浆，加固主洞围岩，以便于实施分台阶上半部全洞开挖进洞。

大管棚实际上是由许多无缝钢管，按照设计要求布设在主洞轮廓线外缘，形成一个由钢管组成的棚架；钢管上钻有小圆孔，通过小圆孔将水泥浆压注到围岩里，使钢管、水泥浆和围岩形成一个整体，以达到提高围岩强度的目的。如果大管棚的钢管用小导管或锚杆替代，则称为小导管或锚杆超前支护。然后在超前支护之下，开挖出洞室后施作初期支护（图 5-30）。

图 5-29 大管棚施工实例

图 5-30 初喷上混凝土的初期支护

1）大管棚超前支护

超前大管棚施工，一般先钻孔后下钢管。管棚一般可采用 ϕ108mm 壁厚 6mm 的热轧无缝钢管。管壁加工上注浆花孔，孔径 ϕ20mm，间距 200mm，孔眼交错布置。前端做成尖形，尾端 4.0m 不钻孔。管棚长度一般为 20～40m。为调整接头，使用 3m 和 6m 两种长度钢管，用 15cm 连接套管丝扣连接。同一断面接头数不大于钢管总数的 50%。

管棚环向间距可为 40cm，仰角为 1°，一般布设 41 根管棚。同时，在管棚管内还可放置钢筋笼，并采用 1∶1 的 C10 水泥浆进行注浆填充，以提高钢管的刚度。

（1）大管棚超前支护内部轮廓尺寸

本节介绍的大管棚，分曲中墙和直中墙连拱两种。为了便于施工，一般应使初期支护组件标准化，便于钢拱架现场拼装，为此，按照洞室轮廓线，将曲中墙连拱分割成 A、B、C、D 单元，直中墙连拱分割为 A、B 两个单元(图 5-31)。

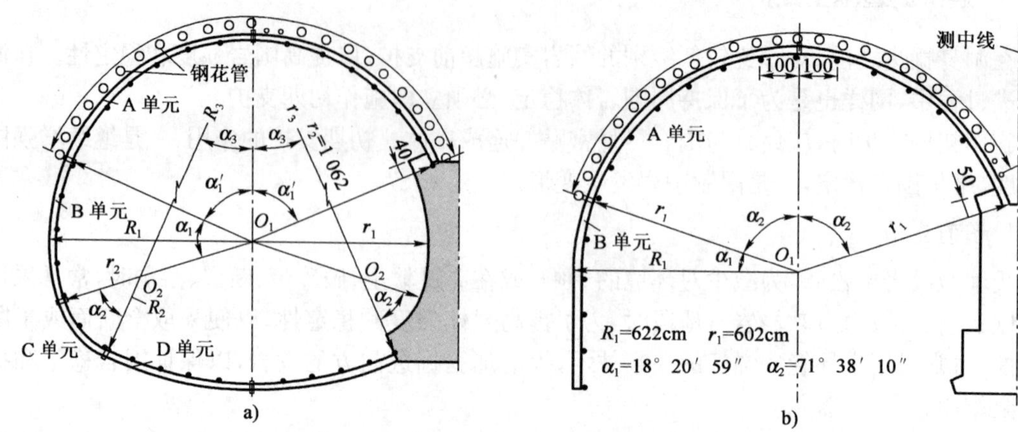

图 5-31 连拱隧道内部轮廓尺寸符号和分割图示

a)曲中墙连拱;b)直中墙连拱

(2)Ⅴ级围岩整体曲中墙连拱大管棚式超前支护

图 5-32 是适宜Ⅴ级围岩整体曲中墙连拱的大管棚设计图示。

在该校准设计图上,大管棚钢花管使用的是 ϕ108mm×6mm 热压无缝钢管,每根钢管长 5～6m,并用 15cm 长的螺扣接长。按照设计要求,这些钢花管沿隧道洞室外轮廓线布设。钢管管壁上按梅花形布局,间距 50cm,钻上直径 6～8mm 的小孔。通过这些小孔向围岩中压注 C(水泥):S(水玻璃)浆液(以下简称双浆浆液),以达到提高围岩强度的目的。

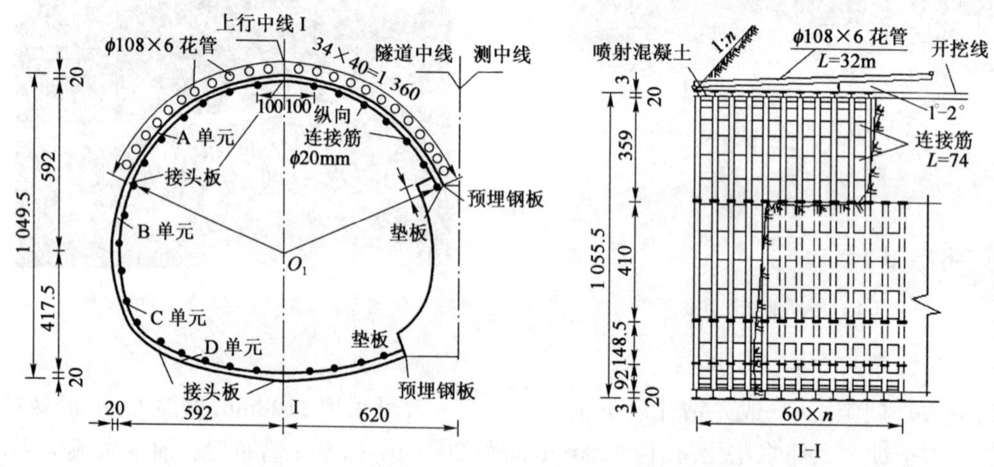

图 5-32 Ⅴ级围岩整体曲中墙大管棚式超前支护(尺寸单位:cm,钢件:mm)

大管棚施工时,首先按设计位置向围岩里钻成孔,然后,将钢花管安装在孔里。在洞口钻孔时,钻孔应向上呈 1°～2°仰角,进入洞内可适当加大角度。安装上的钢花管,其偏离设计位置误差不得大于 20cm,沿隧道纵向同一横断面内钢管的接头数不大于 50%,相邻接头至少错开。

在钢管里压注的浆液配合比为:C(水泥):S(水玻璃)=1:0.5,水玻璃模数 m=3、波美度 Be=35。注浆时初压控制在 0.5～1MPa,终压 2～2.5MPa,注浆结束后用 M10 水泥砂浆充填,以增强强度和钢管刚度。

C(水泥)∶S(水玻璃)浆液的配比,应根据胶凝时间、施工工艺、施工技术水平,现场试验确定。曲中墙连拱大管棚施作完毕后,在进行正洞开挖时,仍应采取“管注浆超前、弱爆破、短进尺、强支护、早成环,二次衬砌紧跟”,每段进尺控制在 0.6~1.0m 范围。大管棚的主要工程数量见表 5-5。

曲(直)中墙连拱大管棚主要工程数量 表 5-5

项 目	材料规格	单 位	整体曲中墙	三层曲中墙	整体直中墙
钢管	ϕ108mm×6mm	kg	67 603.2	71 828.4	49 133.4
连接件	D125mm 钢管	个	700	560	444
注浆	C∶S(双浆浆液)	m^3	199.68	212.16	144.32
止浆塞		个	140	280	148
钢管填充	M10 砂浆	m^3	32.42	34.46	23.57
预埋钢板	30mm×L×1.4mm	kg	7 912.8	7 912.8	2 637.2
预埋钢板定位钢筋	ϕ12mm	kg	852.48	—	284.16

注:表内已含 15~20m 搭接管,施作时每段应交错搭接,伸入下一段衬砌 2m。

在图 5-32 中所示的大管棚内轮廓尺寸:

$R_1=612$cm,$r_1=592$cm;

$R_2=262$cm,$r_2=242$cm;

$R_3=1\,082$cm,$r_3=1\,062$cm;

$\alpha_1=40°31'05''$;$\alpha_1'=66°49'47''$;$\alpha_2=\alpha_2'=48°40'24''$;$\alpha_3=24°03'10''$。

大管棚下的钢拱架联结部件:接头板为 24mm×24mm×1.4mm;预埋钢板 30mm×1.4mm×L;垫板为 24mm×24mm×1.4mm。

(3)Ⅴ级围岩三层曲中墙连拱大管棚超前支护

在图 5-33 中所示的大管棚内轮廓尺寸:$R_1=622$cm,$r_1=602$cm;$R_2=269$cm,$r_2=249.7$cm;$R_3=1\,082$cm,$r_3=1\,062$cm。$\alpha_1=38°49'43''$;$\alpha_1'=66°32'15''$;$\alpha_2=49°54'56''$,$\alpha_2'=45°54'56''$,$\alpha_3=24°43'16''$。所使用的连接部件,施工技术要求,均同图 5-32,工程数量见表 5-5。

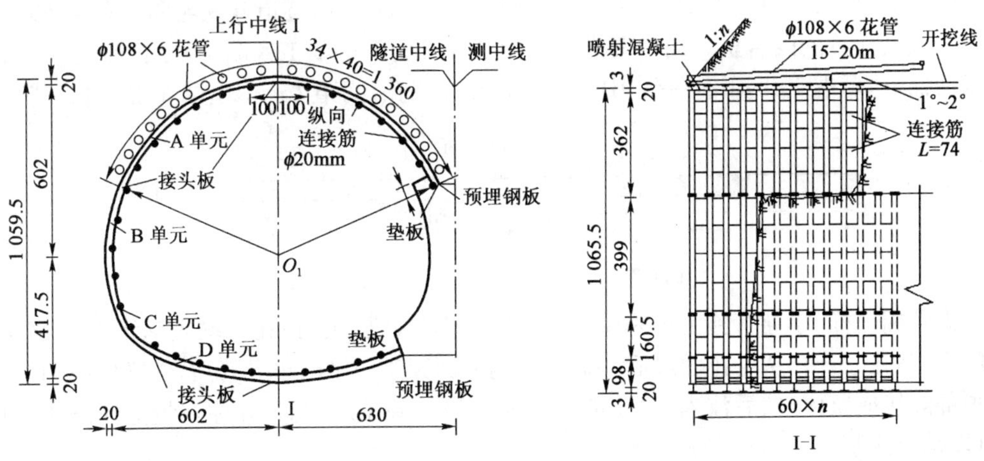

图 5-33 Ⅴ级围岩三层曲中墙大管棚式超前支护(尺寸单位:cm,钢件:mm)

(4)Ⅴ级围岩整体直中墙连拱大管棚超前支护

图 5-34 是适宜Ⅴ级围岩整体直中墙大管棚超前支护标准设计图。大管棚初期支护内部轮廓尺寸如下：

$R_1=622\text{cm}$，$r_1=602\text{cm}$；

$\alpha_1=18°20'59''$；

$\alpha_2=71°38'10''$(符号意义见图 5-31b)。

在整体直中墙连拱隧道大管棚下的钢拱架联结部件规格为：

垫板为 24mm×30mm×1.4mm；

预埋钢板为 30mm×L×1.4；

接头板为 24mm×24mm×1.4mm。其施工方法和技术要求同整体曲中墙连拱隧道。

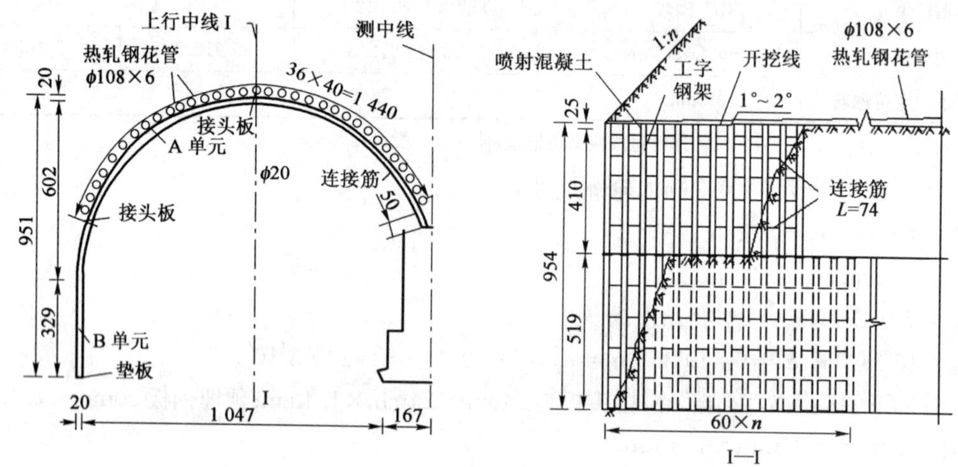

图 5-34　整体直中墙连拱大管棚超前支护(尺寸单位:cm,钢件:mm)

2)小导管超前支护

当围岩条件相对比较好时，可采用超前小导管进行超前支护。小导管一般用 φ42mm、壁厚为 4mm 的热轧无缝钢管制成，长为 5m，环向间距为 40cm，沿隧道开挖轮廓线布设，以 15°的外插进入掘进前方的围岩里。前后两排小导管搭接长度不小于 1.8m。小导管前端 5cm 做成尖形以便插入，后端 1.05m 不钻孔，中间钻 φ6mm 注浆孔，间距 15cm，交错布置(图 5-35)。

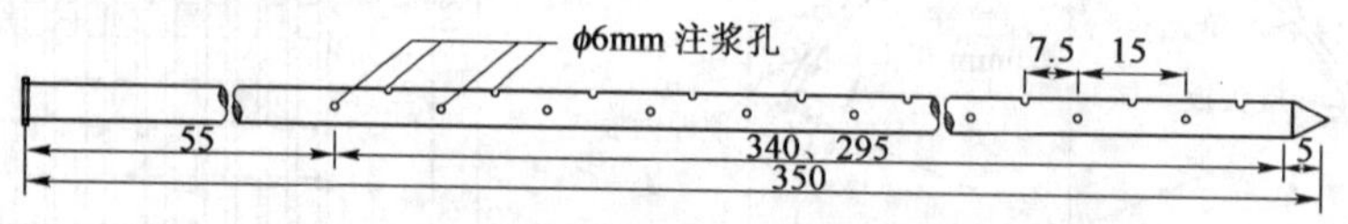

图 5-35　小导管构造图示(尺寸单位:cm)

与大管棚一样，小导管施工也采用先钻孔后下钢管法施工，钻孔和推入钢管均用 MG5 管棚机施作，钻孔时开孔从工作面最后一榀工字钢上面穿过。推入小导管后，钢管尾部和工字钢支撑顶部焊接成整体，然后注入 1∶1 的 C30 水泥浆。施工时，当每孔注浆量达到设计注浆量时，可以结束注浆。

(1)Ⅴ级围岩整体曲中墙小导管超前支护

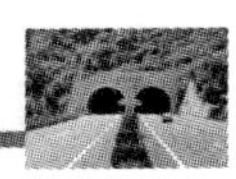

图 5-36 为适宜 V 级围岩的整体曲中墙连拱小导管超前支护标准图。小导管初期支护内部轮廓尺寸如下：

$R_1=612\mathrm{cm}, r_1=592\mathrm{cm}$；

$R_2=262\mathrm{cm}, r_2=242\mathrm{cm}$；

$R_3=1\,082\mathrm{cm}, r_3=1\,062\mathrm{cm}$。

$\alpha_1=40°31'05''$；

$\alpha_1'=66°49'47''$；

$\alpha_2=48°36'35'', \alpha_2'=48°36'35''$；

$\alpha_3=24°02'33''$（等号意义见图 5-31a）。

小导管超前支护下的钢支撑的连接部件规格为：

接头板为 24mm×24mm×1.4mm；

预埋钢板 30mm×1.4mm×L；

垫板为 24mm×30mm×1.4mm。

超前小导管每隔 6 榀安设 29 根，其环向间距为 0.5m，辐射仰角为 7°，长 6m 的 ϕ42mm×4mm 花管，注浆材料为水泥浆，浆液水灰比为 0.5∶1～1∶1，注浆压力为 0.6～1MPa。钢架应紧贴开挖面安装，安装完后立即喷射混凝土完全覆盖，然后方可进行下一循环开挖。

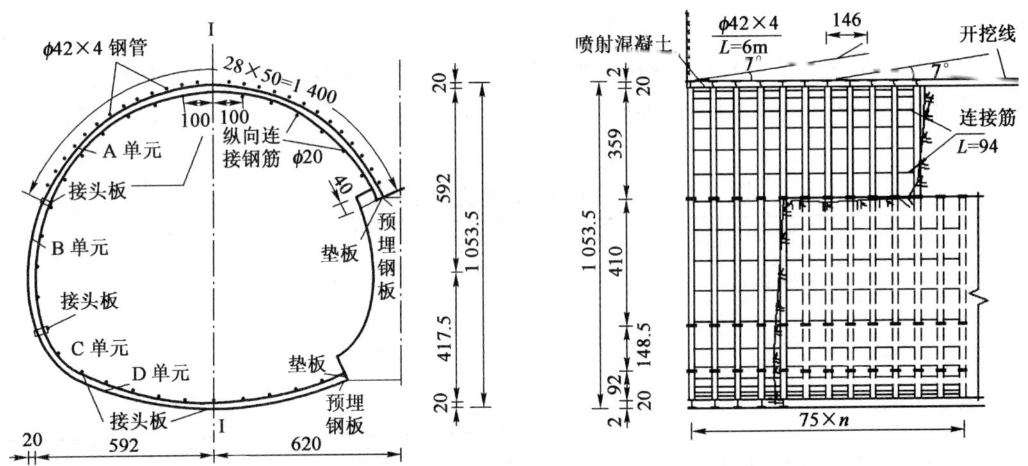

图 5-36 整体曲中墙连拱小导管超前支护（尺寸单位：cm，钢件：mm）

（2）V 级围岩三层曲中墙小导管超前支护

图 5-37 所示为三层曲中墙连拱小导管超前支护标准图。图中轮廓尺寸符号的意义同图 5-31。

图 5-37 所示的三层曲中墙连拱小导管超前支护尺寸：

$R_1=622\mathrm{cm}, r_1=602\mathrm{cm}$；

$R_2=269.7\mathrm{cm}, r_2=249.7\mathrm{cm}$；

$R_3=1\,082\mathrm{cm}, r_3=1\,062\mathrm{cm}$。

$\alpha_1=38°49'05''$；$\alpha_1'=66°42'15''$；

$\alpha_2=49°54'56''$，$\alpha_2'=45°54'56''$；

$\alpha_3=24°43'16''$（符号意义见图 5-31a）。

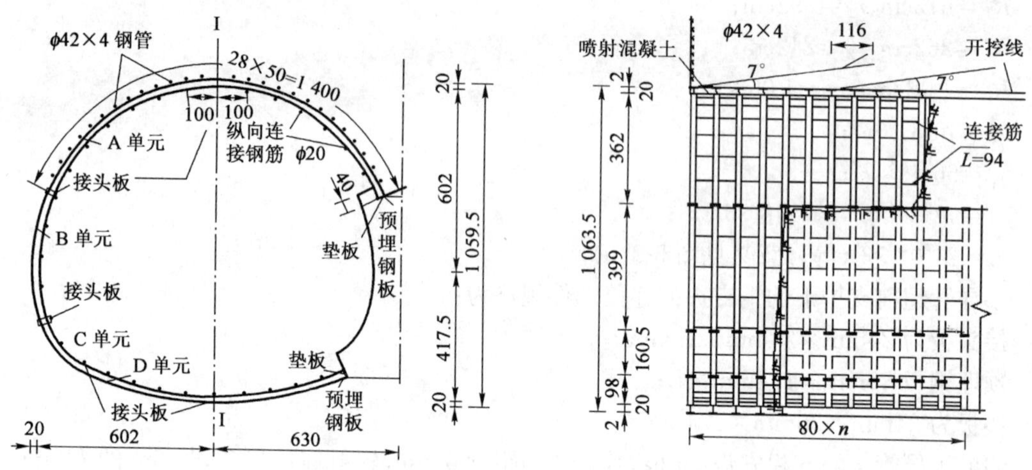

图 5-37　三层曲中墙连拱小导管超前支护（尺寸单位：cm，钢件：mm）

小导管超前支护下的钢支撑的连接部件：接头板为 24mm×24mm×1.4mm；预埋钢板 30mm×1.4mm×L；垫板为 24mm×30mm×1.4mm。

在小导管超前支护下，开挖主洞围岩时，仍遵循"管注浆超前，弱爆破、短进尺、强支护、早成环，二次衬砌紧跟"，每段进尺控制在 0.8～1.0m 范围。小导管超前支护主要工程数量见表 5-6。

曲（直）中墙连拱小导管超前支护主要工程数量　　表 5-6

项　目	材料规格	单　位	整体曲中墙	三层曲中墙	整体直中墙
钢管	ϕ42mm×4mm	kg	5 972.55	19 383.6	20 743.2
注浆	水泥浆	m^3	30.99	99.46	52.16
预埋钢板	30mm×L×1.4mm	kg	2 637.6	9 231.6	3 297
预埋钢板定位钢筋	ϕ12mm	kg	284.16	—	355.2

（3）V 级围岩整体直中墙连拱小导管超前支护

图 5-38 为整体直中墙连拱小导管超前支护标准图。小导管初期支护下的内轮廓尺寸如下：

$R_1=622$cm，$r_1=602$cm；

$\alpha_1=18°20'59''$；

$\alpha_2=71°38'10''$（符号意义见图 5-31b）。

小导管超前支护下的钢拱架联结部件规格为：

垫板为 30mm×30mm×1.4mm；

预埋钢板为 30mm×L×1.4mm；

接头板为 25mm×25mm×1.4mm。

超前小导管每隔 8 榀安设 43 根，其环向间距为 0.35m，辐射仰角为 7°，长 6m 的 ϕ42mm×

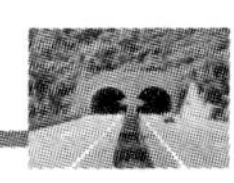

4mm 花管，注浆材料为水泥浆，浆液水灰比为 0.5∶1～1∶1，注浆压力为 0.6～1MPa。其他施工方法和技术要求，同曲中墙连拱的小导管施工方法，主要工程数量见表 5-6。

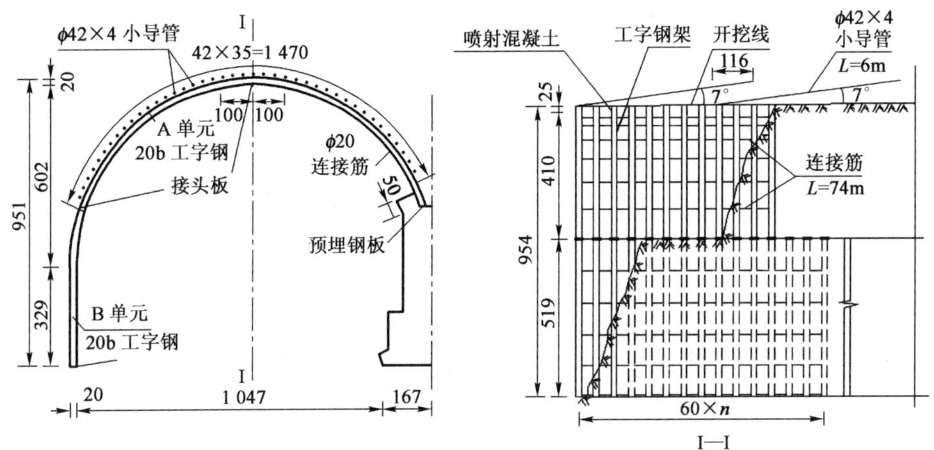

图 5-38 整体直中墙连拱小导管超前支护(尺寸单位:cm,钢件:mm)

(4)Ⅳ 级围岩曲中墙连拱超前支护

Ⅳ 级围岩的超前支护，一般采用超前锚杆，或超前预注浆，或中导洞和正洞内采取超前帷幕注浆进行超前支护，以加固开挖前方的围岩。超前锚杆一般可采用 ϕ22mm～ϕ32mm 钢筋，主要用于稳定掌子面。

在围岩稍好的情况下，连拱正洞掘进时，可采用下导洞超前的全断面法适度超前开挖法，这样既增加了全断面开挖的临空面，又减少了爆破用药量，大大减弱了爆破对围岩的破坏。

图 5-39 为 Ⅳ 类围岩曲中墙连拱隧道超前支护标准图，其内部轮廓尺寸：

$R_1=608\text{cm}$，$r_1=592\text{cm}$；

$R_2=255.7\text{cm}$；

$R_3=1\,068\text{cm}$，$r_3=1\,052\text{cm}$。

$\alpha_1=38°49'43''$，$\alpha_1'=66°32'15''$；

$\alpha_2=49°54'56''$，$\alpha_2'=45°58'08''$；

$\alpha_3=24°43'16''$(符号意义见图 5-31a)。

钢支撑的连接部件规格为：

接头板为 20mm×20mm×1.4mm；

预埋钢板 30mm×1.4mm×L；

垫板为 20mm×30mm×1.4mm。

在 Ⅳ 级围岩实施超前支护后，安装钢拱架时，应紧贴初喷的混凝土，安装完毕后应立即喷射混凝土，将其完全覆盖，然后再进行下一循环开挖。

正洞开挖应采取“弱爆破、短进尺、强支护、勤量测、快衬砌、早成环”施工方法。每段进尺控制在 1.0～1.2m 范围内。

2. 初期支护施工关键技术

连拱隧道同其他类型的隧道一样，复合式衬砌由初期支护、防水夹层和二次衬砌组成。初期支护方式选用，应视围岩级别，结合施工方法，优先选用锚杆、喷射混凝土或锚、喷、网联合支护。二次衬砌一般为模筑钢筋混凝土，对位于Ⅴ级围岩中的连拱隧道，初期支护由锚杆、钢筋网、钢拱架，再用喷射混凝土，将它们联结成整体，形成隧洞的第一支护层。

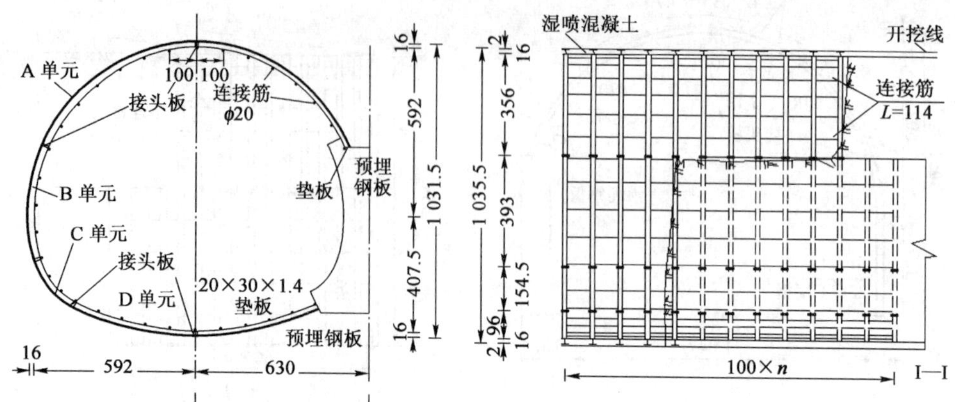

图 5-39　曲中墙连拱超前支护(超前锚杆或预注浆)(尺寸单位：cm，钢件：mm)

图 5-40 是云南保龙高速公路上两座连拱施工实况。图 5-40a)是镇保隧道，打设锚杆后，铺设上钢筋网、支立钢拱架作业实况；图 5-40b)是卢冲河隧道喷射混凝土后，边墙处的初期支护。

a)

b)

图 5-40　云南保龙高速公路上连拱隧道初期支护施工实况

a)卢冲河 1 号隧道支立初期支护钢架；b)镇保隧道喷射混凝土后的初期支护

在软弱围岩中，复合式衬砌的初期支护和二次衬砌参数，应根据地质条件，结合辅助施工方法，采用工程类比或计算分析进行选定。本书在研究成果的基础上，吸取浙江、福建、广东、重庆等经验，归纳总结出支护选用参数，列出表 5-7、表 5-8 可供参考。

表 5-7、表 5-8 所列支护参数，应当说还具有一定局限性，Ⅰ级围岩支护参数样本较少，可参照Ⅱ级围岩提出支护参数。但是，在参考使用时，应结合各地的地形、地质特征，进行专门的计算分析。Ⅵ级围岩支护参数同样缺乏，建议试验确定。

在软弱围岩中连拱隧道施工时，左、右正洞应错开开挖。先施工的洞室要及时支护、模筑衬砌和构建仰拱，形成封闭结构，后施工的洞室要在先施工洞室主体结构完成后再行施工，以保证隧道安全作业。

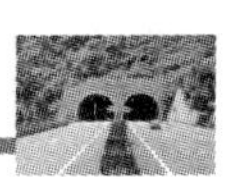

双车道连拱隧道复合式衬砌支护参数表 表 5-7

围岩级别	初期支护					二次衬砌	
	喷混凝土(cm)	锚杆(cm)		钢筋网	钢架间距(cm)	拱墙(cm)	仰拱(cm)
		长度	间距				
V	20～25	350～400	60～80	15×15	60～80	60～80*	60～80*
IV	20～25	300～350	80～100	20×20	80～100	50～60*	50～60*
III	10～15	250～300	100～120	25×25	/	50～60	(50)
II	5～10	200～250	局部设置	局部 25×25	/	40～50	/

注:1. * 为钢筋混凝土拱墙和仰拱。

2. III 级围岩二次衬砌可根据地质情况确定是否设仰拱。

三车道连拱隧道复合式衬砌支护参数表 表 5-8

围岩等级支护参数			I 级围岩	II 级围岩	III 级围岩	IV 级围岩	V 级围岩
初期支护	喷射混凝土(cm)		10	12	15	15～20	20～25
	锚杆	长(m)	2.5	3.0	3.5	3.5	3.5～4
		间距(cm)	120×120	100×100	100×100	100×100	100×100
	钢架(cm)			需要时设	需要时设	80～100*	80*
	ϕ6.5mm 钢筋网(cm×cm)			20×20	20×20	20×20	20×20
	超前支护			需要时设	小导管注浆	小导管注浆	人管棚
二次衬砌	拱顶(cm)		40/35 ◘	45/40 ◘	50/45 •	60/50 •	65/55 •
	中隔墙(cm)		210～350 •	210～350 •	210～350 •	210～350 •	210～350 •
	边墙(cm)		40/35 ◘	45/40 ◘	50/45 •	60/50 •	65/55 •
	仰拱(cm)		需要时设	45/40 ◘	50/45 •	60/50 •	65/55 •

注:1. 斜线上为浅埋偏压隧道设计参数,斜线下为深埋隧道设计参数。

2. * 为型钢拱架;◘为 C25 素混凝土;• 为 C25 钢筋混凝土。

3. VI 级围岩,通过试验确定。

1)初期支护—锚杆施工

洞室开挖后应及时初喷混凝土,封闭围岩裂缝和渗水,然后及时安设锚杆,以最大限度地发挥围岩的自承能力。

(1)锚杆施工准备工作

①检查锚杆材料、类型、规格、质量以及性能是否与设计要求相符;

②根据锚杆类型、规格及围岩情况,选择钻孔机具;

③采用砂浆锚杆时,应按设计要求截取杆体,并整直、除锈和除油;

④采用楔缝式锚杆时,应检查杆体长度、楔缝、楔块、螺母与螺栓的尺寸及匹配情况。

(2)锚杆布设技术要求

①锚杆布设的间距 s,随衬砌类型而变化,不宜大于锚杆长度的二分之一,一般为 0.5～1.2m。围岩稳定时取上限值,围岩软弱时用下限值。

②在连拱隧道横断面上,锚杆应与岩体主结构面成较大角度布置。当主结构面不太明显

时，与隧道周边轮廓垂直布置。

③当围岩稳定时，宜按方形布设；当围岩软弱时，宜按梅花形布设。

(3)锚杆施工

①在钻孔之前，应按设计要求标出孔位。钻孔要圆而直；锚杆长度应大于孔深6～10cm，每根加工长度误差不应大于±1cm。

②锚杆钻眼位置、方向、直径要严格控制，眼钻完后用气清孔，并将锚杆边旋边送入眼孔，检查眼孔是否垂直，不合格者应重新钻眼。

③钻头尺寸，根据锚杆孔径要求确定，当钎头磨损影响底部孔径尺寸达2mm时，应更换钻头。

④在合格的眼孔中，插入装上锚头的锚杆，安装上止浆塞、垫板、螺母，注入水泥浆时，应注意将眼孔中的气体排出，注浆时应确保浆液注满孔体，水灰比控制在0.45～0.5，注浆压力控制在0.5～1MPa。

⑤安装锚杆垫板时，应确保垫板与锚杆垂直，并与初喷混凝土面密贴、紧压，当孔的轴线与孔口平面不垂直时，为保证垫板能均匀紧压岩面，常采用的方法如下所示(图5-41)：

· 落帽下部用斜垫圈；

· 采用角形板调整；

· 采用球面的钟形垫板；

· 在垫板之下用砂浆或混凝土进行调整。

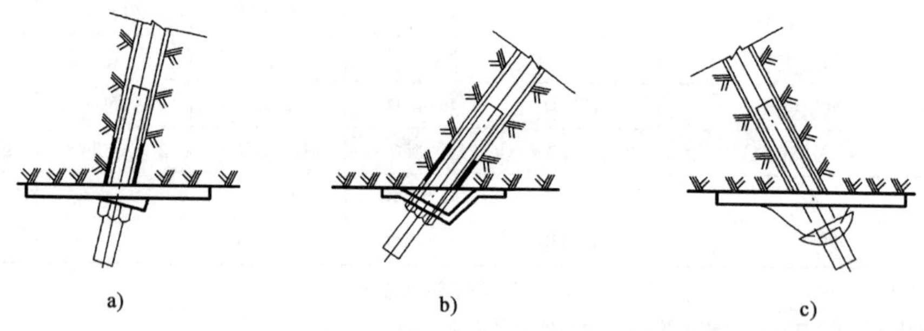

图5-41　孔轴线与孔口平面不垂直时调整方法

a)设置斜垫圈；b)设置角形垫板；c)采用带球面的钟形垫块

⑥在灌浆作业中，注浆开始或中途暂停超过30min时，应用水润滑灌浆罐及其管路；注浆孔口压力不得大于0.4MPa；注浆管应插到距离孔底5～10cm处，随浆液的注入徐徐拔出，并始终保持注浆管口埋在砂浆内，以免浆中出现空洞。

⑦注浆体积要略大于需要体积，注浆管全部抽出后，应立即迅速插入杆体，杆体插入长度不得短于设计长度的95%，实际黏结长度亦不应短于设计长度的95%；注浆是否饱满，可以根据孔口是否有砂浆挤出判断；锚杆安设后要用楔子将孔口卡住，防止滑出，其端部三天内不得悬挂重物。

(4)锚杆施工质量要求

①锚杆孔位置误差在±10cm之间；

②锚杆孔深度误差在±1cm之间；钻孔以后，孔内石粉必须用高压水冲洗干净；钻到设计深度时，如流出的岩粉浆呈黄色，或者褐色，或钻头冲击声异常时，说明遇到较软的岩石或破碎夹层，应变更锚杆的深度和位置。

2)初期支护——钢筋网安装

(1)材料要求

钢筋网所用材料，应满足设计要求，使用前应当调直，清除锈蚀和油渍。钢筋直径不宜过大，小直径钢筋易满足受力要求。

(2)钢筋网安装

①铺设钢筋网时，要求随岩石凹凸面起伏敷设，与岩石密贴，其间隙不得大于 30mm。采用两层钢筋网时，应保持两层钢筋网之间有一定距离，第二层钢筋网，必须在第一层钢筋网全部喷射上混凝土后，才能安装第二层钢筋网(图 5-42)。

图 5-42 工字钢拱架上安装钢筋网实例

②钢筋应按照钢筋混凝土结构规范要求，需要一定的搭接长度，其长度不得小于 30d(钢筋直径)，且不小于一个网格的长边尺寸，网的交叉点应当点焊或绑扎牢固，并与锚杆和钢拱架焊接牢固，防止在喷射混凝土时发生晃动。

3)初期支护——工字钢钢拱架安装

工字钢拱支撑是初期支护骨架，必须具有足够的刚度和强度。为了便于现场拼装，根据曲中墙连拱隧道洞室轮廓，将工字钢钢拱支撑分成 A、B、C、D 单元构件，整体直中墙分成 A、B 单元，加工制作成标准构件，以适宜快速施工的要求。图 5-43 是曲中墙工字钢拱架标准构件图示。图 5-44 整体曲中墙和三层曲中墙连拱钢拱架组件连接件图示。

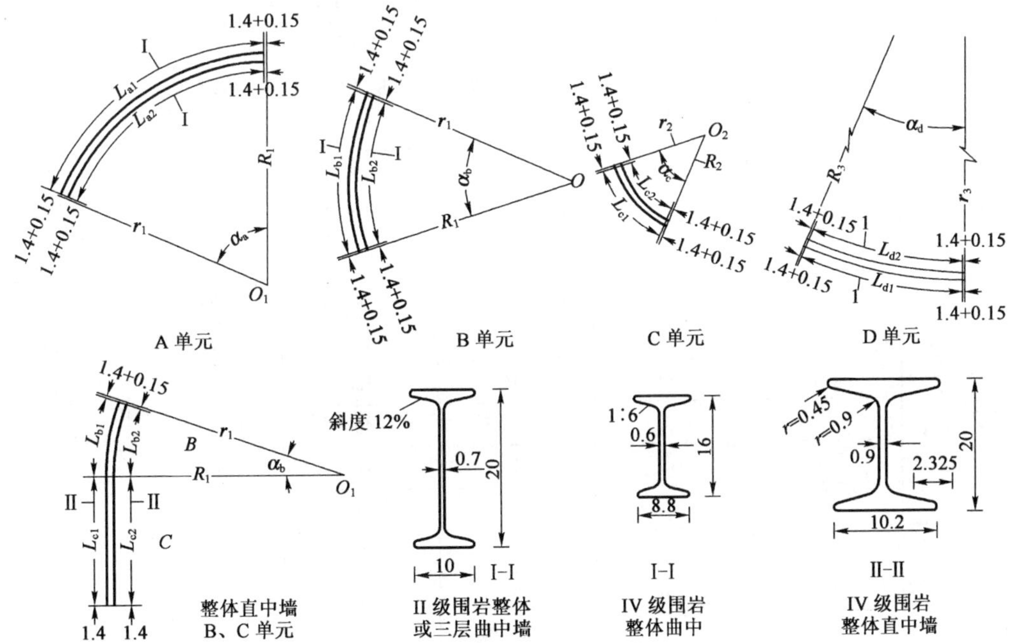

图 5-43 曲中墙和整体直中墙连拱初期支护钢拱架标准组件

尺寸单位：cm，钢材：mm(图中符号的意义查表 5-9)

(1)Ⅴ、Ⅳ级围岩曲(直)中墙连拱工字钢拱架标准构件

初期支护的钢拱架,对于整体直中墙连拱分割成A、B、C(直墙)三个单元(表5-9)。各单元之间用连接板螺栓、焊接成一体,焊缝处的厚度:腹板处为 h_f=5mm,翼缘处为9mm;在纵向钢拱架之间插入连接钢筋将其连接一起(图5-44)。钢拱架加工完毕后,应放在平面上试拼,周边允许偏差为±30mm,平面翘曲应小于±20mm。各部分尺寸满足设计要求,才可成批生产。

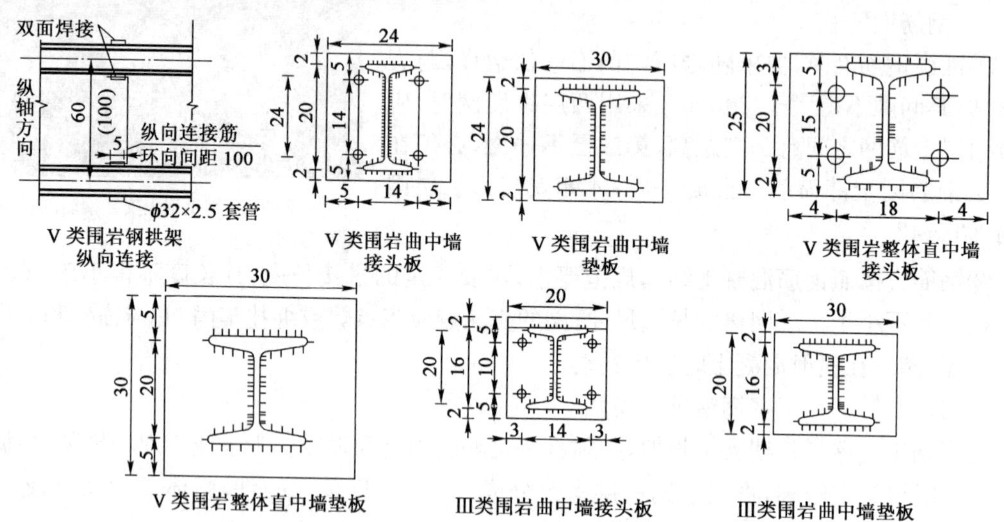

图5-44 Ⅴ、Ⅳ级围岩连拱钢拱架标准构件连接件(尺寸单位:cm,钢材:mm)

不同类型连拱隧道初期支护工字钢钢拱架构件标准表 表5-9

构件单元	几何尺寸	单位	Ⅴ级围岩			Ⅳ级围岩
			整体曲中墙	三层曲中墙	整体直中墙	曲中墙
A单元	L_{a1}	cm	711	719	775	703
	L_{a2}	cm	687	696	750	684
	α_a		66°49′47″	66°32′15″	71°38′10″	66°32′15″
	R_1	cm	612	622	622	608
	r_1	cm	592	602	602	592
B单元	L_{b1}	cm	430	418	198	409
	L_{b2}	cm	416	405	191	398
	α_b		40°31′05″	38°49′43″	18°21′50″	38°49′43″
	R_1	cm	612	622	622	608
	r_1	cm	592	602	602	592
C单元	L_{c1}	cm	219	232	327.6	220
	L_{c2}	cm	202	214	327.6	206
	α_c		48°36′35″	49°54′56″	—	49°54′56″
	R_2	cm	262	269.7	—	255.7
	r_2	cm	242	249.7	—	239.7

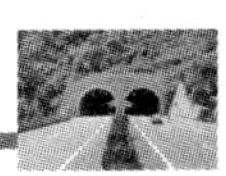

续上表

构件单元	几何尺寸	单位	V级围岩			IV级围岩
			整体曲中墙	三层曲中墙	整体直中墙	曲中墙
D单元	L_{d1}	cm	451	464	—	458
	L_{d2}	cm	443	455	—	451
	α_d		24°02′33″	24°43′16″	—	24°43′16″
	R_3	cm	1 082	1 082	—	1 068
	r_3	cm	1 062	1 062	—	1 052

(2)钢拱架施工技术要求

①钢拱架在初喷2cm混凝土后进行架设,架设完成后再锚喷支护,钢架处其保护层厚度不小于2cm;钢架与初喷混凝土之间尽量贴紧,如遇凹凸不平有较大空隙时,应设置混凝土垫板或钢板,使钢架充分起到作用。

根据开挖的需要,钢架单元可作适当调整,施工落底时应特别控制钢架下沉变位。

V、IV级围岩中的连拱隧道,其被分割成的钢拱架组件,在安装时其组件之间,组件与中墙之间连接,一般使用连接板、垫板、预埋钢板等部件联结,这些连接部件构造如图5-44所示。钢拱架通过预埋钢板与钢筋混凝土中墙的连接,其连接方法见图5-45。

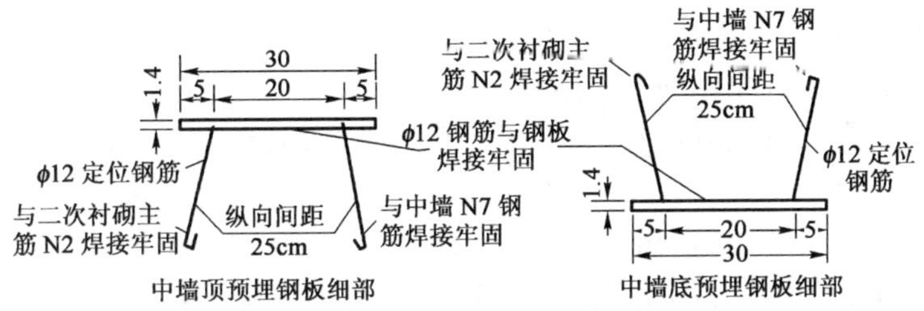

图5-45 V、IV级围岩连拱钢拱架与中墙顶和底部连接方法(尺寸单位:cm,钢材:mm)

②钢拱架安装技术要求

· 钢拱架安装之前,必须清除底脚下的虚渣及其他杂物,脚底超挖部分应用混凝土填充。

· 钢拱架分节安装时,连接处平面应与钢拱架轴线垂直,两块连接板之间用螺栓连接,并焊接牢固,螺栓应不少于4颗。

· 钢拱架就位后,其与岩壁之间的间隙应用混凝土填充密实。喷射混凝土时,由钢拱架两侧拱脚对称向上喷射,将钢拱架全部覆盖,临空面的保护层厚度不小于20mm。

· 相邻两榀钢架之间,必须用纵向钢筋连接,连接钢筋直径不能小于18mm,连接筋的间距不得大于100cm。

(3)钢拱架安装质量要求

· 安装上的钢拱架平面,应垂直于隧道中线,竖向倾斜度应小于2°,平面不错位,不扭曲。上、下、左、右允许偏差±50mm。

4)初期支护——喷射混凝土

喷射混凝土作用,是将锚杆、钢筋网、钢拱架与围岩浇筑成一体,最终构筑成完整的初期支护。喷射混凝土方法,有干式、湿式、潮式等方法,至于选择哪种方法,应要综合考虑隧道长度、断面尺寸、开挖方式、有无涌水等条件而定。

(1)混凝土喷射方法选择

①干式喷射混凝土法

干喷射混凝土法，就是将水泥及骨料干拌后加速凝剂，用压缩空气压缩至喷嘴，在喷嘴处加水喷出。其喷射质量取决于喷射工熟练程度和能力。

②湿式喷射混凝土法

这种喷射方法，就是将水泥、骨料加水搅拌成混合料，用压缩空气或泵压送，在喷嘴处加入速凝剂喷出。与干式相比，混凝土质量容易控制，但不适宜长距离运输。

③潮式喷射混凝土法

本法就是将骨料预加水浸润成潮湿状，再加水泥拌和，从而减少上料和喷射时的粉尘。

(2)喷射混凝土、砂浆材料要符合下列要求：

①水泥。优先选用普通硅酸盐水泥，也可采用矿渣硅酸盐水泥；在软弱围岩中要选用早强水泥。水泥等级不得低于42.5级，使用前要对强度进行复查试验。

②速凝剂。要保证产品质量，使用前要做速凝效果试验，初凝不超过5min，终凝不超过10min。应根据水泥品种、水灰比等，通过试验确定速凝剂的最佳掺量。

③砂。应采用硬质洁净的中砂或粗砂，细度模数宜大于2.5，含水率一般为5%～7%。

④石料。采用坚硬耐久的碎石或卵石，粒径不宜大于10mm，且级配良好。当使用碱性速凝剂时，石料不得含有活性二氧化硅。

⑤水。水质应符合工程用水的有关标准。

⑥采用钢纤维喷射混凝土时，钢纤维可以用普通碳素钢，且抗拉强度不得低于380MPa，不得有油渍和锈蚀。

· 钢纤维直径宜为0.3～0.5mm，长度宜为20～25mm。

· 钢纤维的含量宜为混合料质量的3%～5%。钢纤维混凝土的强度不得低于C20。

⑦喷射混凝土的配合比，应通过实验确定，既要考虑混凝土强度和其他物理力学性能的要求，又要考虑施工工艺的要求。软弱围岩条件下考虑提高喷射混凝土强度等级。

3. 连拱隧道二次衬砌施工关键技术

在初期支护施工完成后应铺设防水夹层。复合式衬砌的防水夹层是防排水的重要组成部分，关于其施工关键技术，将在本章第四节中进行详细介绍。

二次衬砌施工，则是在初期支护和防水夹层施工完成并通过质量检查验收合格后才能施作。就土建工程而言，二次衬砌质量是隧道最重要、最关键、最后的一道施工工序，左右着整个洞室几何尺寸、位置质量，决定连拱隧道整体工程质量。换句话说，二次衬砌中线位置、洞底(顶)高程、隧洞断面尺寸和净空，都必须符合设计要求，二次衬砌强度和刚度也必须符合设计要求。

为了使二次衬砌质量满足上述要求，用于衬砌材料的标准、规格及要求等，必须符合现行的《公路隧道设计规范》(JTG D70—2004)的规定。在二次衬砌施工前，衬砌拱部、边墙架与模板、模筑衬砌等，均应符合现行的《公路隧道施工技术规范》(JTG F60—2009)的规定。

1)二次衬砌受力分析和作用

(1)位于II级硬质围岩的连拱隧道，因围岩和初期支护的变形很小，且很快趋于稳定，故

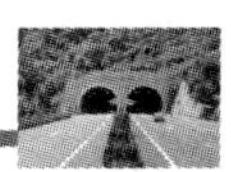

二次衬砌不承受围岩压力，其主要作用是防水、利于通风和修饰面层。

(2)位于III级基本稳定的硬质围岩里的连拱隧道，虽然围岩和初期支护变形小，二次衬砌承受不大的围岩压力，但考虑洞室运营后锚杆钢筋锈蚀、围岩松弛区逐渐压密，初期支护质量不稳定等原因，故施作二次衬砌以提高支护衬砌的安全度。

(3)位于IV～VI级围岩里的连拱隧道，由于岩体流变、膨胀压力、地下水等作用，或由于浅埋、偏压以及施工等原因，围岩变形未趋于基本稳定而提前施作二次衬砌，此时，二次衬砌主要承受较大的后期围岩形变压力。所以，连拱隧道二次衬砌的施工必须保证质量，施作的时机主要按围岩级别和监测数据而定。

2)二次衬砌施工关键技术

(1)二次衬砌施工时机

二次衬砌施工，应在初期支护变形基本稳定，完成防排水设施铺设后才能进行。

(2)二次衬砌施工

隧道建成之后，二次衬砌主要承受围岩所产生的变形压力，保证运营期间的安全、防水、防腐蚀、通风和美观。因此，要求隧道衬砌必须具有足够的强度和刚度。

为达到上述目的，在隧道施工过程中，初期支护完成后二次衬砌应该紧跟施作，使之与初期支护联合受力。根据围岩变形量测，变形主要集中在工作面以后20～30m范围内，所以工作面掘进20m后可施筑二次衬砌，从安全角度考虑，洞身掘进30m后施作更为合理；建议二次衬砌与初期支护掌子面之间距离不大于1倍洞径。

(3)施作二次衬砌的条件

开挖和施作初期支护的洞室，符合以下条件后，可以施作二次衬砌：

①洞室周边位移速率有明显减缓趋势；

②在拱脚以上1m和边墙中部附近的位移速率小于0.1～0.2mm/d，或拱顶下沉速度小于0.07～0.15mm/d；

③施作二次衬砌前的位移值，应达到总位移值的80％～90％；

④初期支护表面裂缝不再继续发展；

⑤当采取一定措施后，仍难以符合上述条件，可提前施作二次衬砌，且应予加强；

⑥在连拱隧道较短且围岩自稳性能较好时，为减少各工序间的干扰，可在整个洞室贯通后再施作二次衬砌。

(4)浅埋隧道二次衬砌施工要求

①由于浅埋隧道早期变形快，应该采取二次衬砌紧跟、仰拱及时封闭成环的施工措施，加大二次衬砌的强度和刚度，有效地控制围岩变形。

②左、右两洞及中墙二次衬砌三者的施工缝，不能重合在一个断面上，相互错开至少2m。

③偏压严重的地段，应加大、加深下行线曲墙一侧的基础，必要时改中空注浆锚杆为热轧无缝钢管注浆加固围岩。

④当围岩和初期支护尚未基本稳定而提前施作的二次衬砌，或在浅埋、偏压、膨胀性围岩和不良地质地段施作二次衬砌，均要承受较大的围岩压力，故要求采取如下措施，加强二次衬砌：

· 改善或改变衬砌形状，以适应外载情况，减小衬砌弯矩，使衬砌断面基本受压。

·提高混凝土等级，或采用钢筋混凝土、钢纤维混凝土等能提高抗弯能力的材料。

·采用超前支护，注浆加固地层等措施，以增加岩体强度，提高围岩整体稳定性。

3)衬砌模板

衬砌所用的拱架、墙架及模板，宜采用组合钢模拼装而成，或采用其他新型模板结构。为满足隧道衬砌施工净空要求，加工模板时要比隧道设计净空大5cm。

在施工中，根据不同的施工条件，可使用衬砌模板台车先墙后拱法施工，或全断面液压钢模衬砌台车整体施工(图5-46)。为防止施工缝漏水，在施工缝处混凝土中部埋设橡胶止水带，混凝土面凿毛处理。

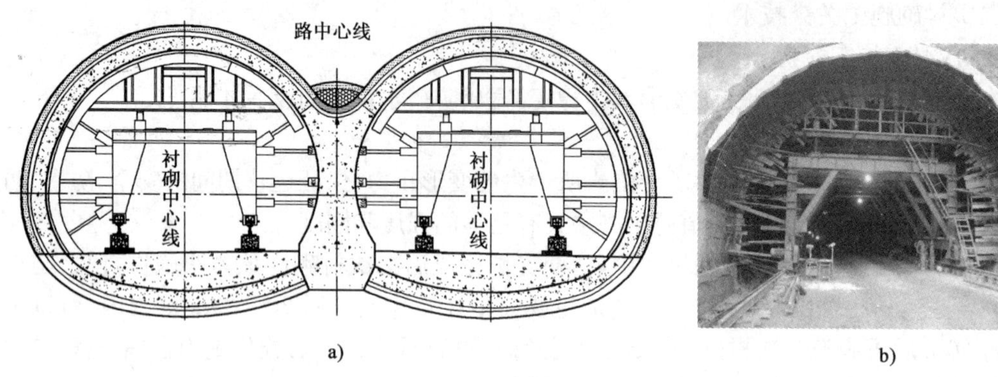

图5-46　钢模衬砌台车示意图

a)衬砌台车设计图；b)衬砌台车施工实况

衬砌混凝土采用在洞外自动计量拌和站集中拌和，用混凝土搅拌式输送车运输到洞内，用输送泵将混合料泵送入模、机械振捣。

采用全液压钢模板衬砌台车推进作业时，先用简易台架铺设排水管及防水卷材，然后将台车就位于施工段，绑扎钢筋、安装模板后用输送泵浇筑混凝土。混凝土自模板窗口灌入，由下而上，对称分层，先墙后拱，倾落自由度不超过2m。采用高频插入式振捣器和附着式振捣器联合振捣，以确保混凝土内实外光。

在浇筑混凝土过程中，时时观察模板、支架、预埋件等的工作情况，当发现有变形、移位时，及时采取措施进行处理；遇到意外情况致使混凝土作业停止超过2h，则按工作缝处理。衬砌混凝土浇筑后，强度达到设计强度70%，或受力状态下混凝土强度达到设计强度100%时，方可拆模并进行养护，温度高时洒水，温度低时覆盖塑料膜保湿养护。

脱模后，模板表面如粘有干硬水泥浆等杂物，应清理干净，否则混凝土表面出现麻面，影响外观质量，并且处理困难；因此每次台车脱模后应采用磨光机打磨模板，喷涂脱模剂，做到模板光滑、脱模剂均匀(图5-47)。

施工人员应该以《混凝土衬砌模板台车使用规范》为准则，设专职测量人员负责台车定位，严格控制中线、高程，加密搭接头处的横支撑，避免出现错台，做到台车位置准确、测量精确、表面光滑、支撑牢固、接缝严密、堵头整齐平顺。

试验室应根据天气、温度、浇筑部位、现场浇筑情况合理调整水灰比，坍落度(一般控制在120～140mm)在保证能正常输送的情况下，尽量调小水灰比，取坍落度的下限值；搅拌站严格按照配合比准确配料，试验人员对混凝土搅拌进行监控；混凝土运输车加强检修保养，以防漏

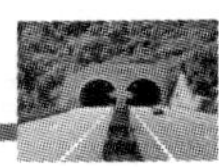

浆造成坍落度损失，保证走行系统正常运转，以确保混凝土的和易性；施工中未经允许，严禁向混凝土中加水，试验人员现场监控。

a)

b)

图 5-47　连拱隧道二次衬砌施工实例

a)正在模筑二次衬砌；b)施工完毕的二次衬砌

严格控制浇筑顺序和分层厚度，避免浇筑时分层、分条不清，造成过振、漏振。

混凝土裂缝是所有混凝土工程常见的质量通病，轻则影响外观，重则危及结构安全；应该按照产生裂缝的主要原因及其特征进行分类，从混凝土配合比、温度、设计和施工操作工艺、混凝土性能、约束条件、养护、现场管理等方面入手，采取预防产生裂缝的措施。

4)二次衬砌回填

防水夹层铺设在初期支护和二次衬砌之间，理论上它应紧密粘贴二次衬砌拱背和边墙背后，对于明洞来说这是轻而易举的一道工序。但是，对于暗洞地段就不是那么简单了。因为从施工程序上来说，先是铺挂上防水夹层，然后浇筑二次衬砌混凝土，这就难免在二次衬砌和防水夹层之间存在空隙，使防水夹层处于悬空状态，为此，模筑二次衬砌时，按设计预埋一些注浆管道，待二次衬砌混凝土浇筑完毕，通过预埋管道压注一些水泥浆，填充二次衬砌与防水夹层之间可能存在的空隙，此项工序称为二次衬砌回填(图 5-48)。

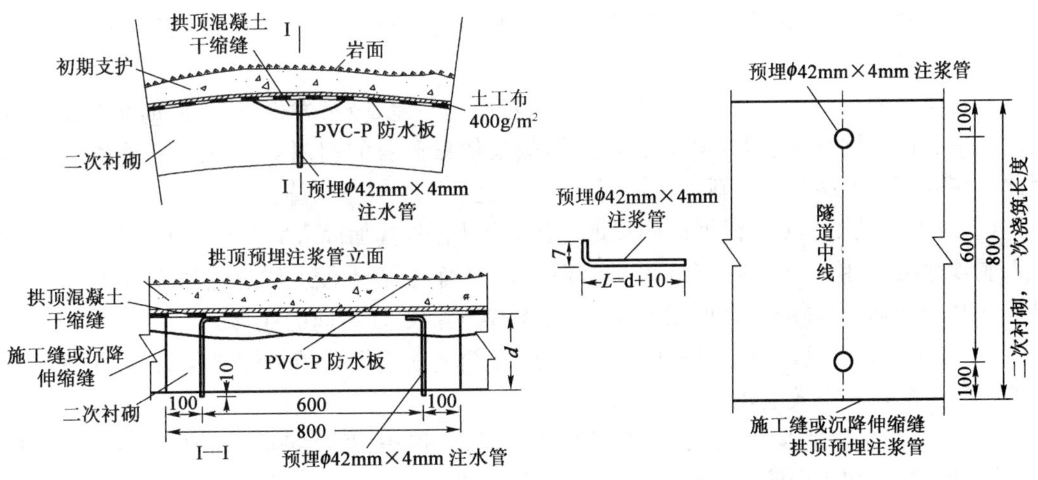

图 5-48　二次衬砌回填预埋注浆管布置图示(尺寸单位：cm，钢、管材：mm)

如图5-48所示，在浇筑二次衬砌时，事先预埋上ϕ42mm×6mm注浆管，该管形状为倒L形，布设方法如图5-48所示。一般二次衬砌作业长度为8m，在拱顶预埋两个倒L形管，如果浇筑长度大于10m，应预埋3个。注浆孔进出口端倒L端(内端)应顶住防水板，所以须打磨光滑，以防刺破防水板；进浆口应露出衬砌外，并设置与注浆泵相适应的注浆接头。压注的浆液为水泥净浆，注浆压力为0.5～1.0MPa，注浆量应经过试验探测出适宜的数量。

第三节　连拱隧道特殊地段的施工

所谓特殊地段，系指在连拱隧道施工时，遇到滑坡、崩塌、泥石流、偏压等地质情况，需要及时采取必要安全措施的地段。

当遇到滑坡病害时，应采用地表锚杆、深基桩、挡土墙、土工袋、石笼等进行加固。

当遇到崩塌病害时，应采取喷射混凝土、地表锚杆、锚索、防落石棚、化学药液注浆等措施。

当遇到偏压发生时，可以采取平衡压重填土、护坡挡土墙或对偏压上方地层挖切等措施来减轻偏压。

1. 特殊地段连拱隧道施工

在特殊地段的连拱隧道施工，除大面积淋水、流沙地段外，均可采取锚喷支护施工。施工时应符合下列要求：

(1)当开挖面自稳性很差，难以开挖成形时，应在清除危石后尽快在开挖面上喷射厚度不小于5cm的混凝土护面，必要时，在开挖轮廓线处和开挖面上，打设超前锚杆进行加固，超前锚杆长度，宜大于开挖进尺的3倍。

(2)锚喷支护完成之后，若仍不能提供足够的支护能力，应及时设置钢架支撑，加强支护。

不宜采用锚喷支护的地段，应采用构件支撑。构件应有足够的强度和刚度；当围岩底部压力过大时应加设底梁；根据现场条件，可结合管棚或超前锚杆等支护，形成联合支撑。

2. 偏压地段连拱隧道施工

在偏压状态下，应避免左右洞同时开挖，此时应先开挖压力小的主洞一侧，则对围岩受力更为合理。

洞口浅埋偏压洞段一般岩层风化严重，围岩稳定性差，极易发生坍塌，同时也易出现偏压现象。由于连拱洞身跨度大，洞顶覆盖层薄，故仅依靠洞身的初期支护很难使围岩达到稳定，因此主洞施工已不能单纯按新奥法原理进行，而是采取了以下措施：

(1)对出口处主洞偏压浅埋段洞顶地层进行预加固，其加固方案为：采用直径50mm导管打入洞顶地层，间距1.5m×1.5m，长度以隧道埋深确定，以不侵入隧道轮廓线为准，并对导管进行注浆处理，以提高围岩自承能力，阻止岩体沿隧道纵、横方向的变形。

(2)在出口浅埋地段施工过程中，应更加严格细致地组织监控量测工作，并能根据量测数据的变化情况及时有效地调整支护参数。

(3)在主洞出口地段，洞身开挖始终以"短进尺、弱爆破、强支护和及时喷射混凝土封闭工作面"为原则，采用正台阶法进行施工。上台阶采用环形开挖，留有核心土，初期支护紧跟掌子面。在施工顺序安排上，待主洞出口浅埋偏压段上台阶开挖和初期支护完成后，及时对其进行

拱部的二次衬砌，以加强隧道的强度和刚度，然后进行下台阶开挖，仰拱衬砌紧跟。待该地段压力较小的主洞封闭成环，形成卵形受压态势后，再对压力较大的主洞出口段进行开挖。

3. 浅埋地段连拱隧道施工

浅埋地段连拱隧道施工，需采取控制变形的措施：在进口浅埋地段，可采用大管棚超前支护，以有效地控制可能连通地表塌方的出现；对于全浅埋连拱隧道，可采用洞门双向对打大管棚加超前小导管，并进行超前注浆加固来控制大变形；在初期柔性支护难以控制大变形时，可采用刚性二次衬砌紧跟来防止塌方。需要注意的是，此时二次衬砌不但要承受一般所说的长期形变荷载，还要承受较大的塌落荷载和开挖期的形变荷载，所以，在需要的情况下要对二次衬砌予以适当加强，以保证隧道施工的安全和隧道衬砌结构的耐久性。

4. 隧道遇到溶洞处理措施

云南的山区里，喀斯特地貌是一种常见地貌，蒙新高速公路上弯田 3 号隧道，遇到一个特大溶洞群，于是出现隧道里面架设桥梁的奇观(图 5-49)。

图 5-49　云南蒙新高速公路上弯田 3 号隧道内的溶洞

在连拱隧道建设中，遇到一般性溶洞，可采取以下措施进行处理：

1)引排水

当遇到暗河和溶洞有水流时，采取排而不堵的方法处理。查明水源、流向及其与隧道位置的关系后，用暗管、涵洞、小桥等设施排泄水流或开凿泄水洞，将水排出洞外。

当水流位置在隧道的上部或高于隧道时，应在适当距离外，开凿引水斜洞(或引水槽)将水位降低到隧道底部位置以下，再进行引排。

2)堵填处理

对已停止发育、洞径比较小、无水的溶洞，可根据与隧道相交的位置及其填充情况，采用混凝土、浆砌片石或干砌石予以回填封闭，根据地质情况决定是否需要加深边墙基础。拱以上空溶洞，可视溶洞的岩石破碎程度采用喷锚支护加固，或加设护拱及拱顶回填的办法处理。

3)跨越

当溶洞较大较深时，可采用梁、拱跨越。但梁端或拱座应置于稳固可靠的基岩上，必要时用圬工加固。当溶洞很大，地质情况复杂时，隧道衬砌可采用拉杆拱、边墙梁结构；有条件时，可采用锚索对溶洞与隧道连接处进行加固，锚索应为全长未胶结的自由受力锚索。

4)绕行

施工中遇到一时难以处理的溶洞时，可采用迂回导坑绕过溶洞区，继续进行隧道施工，再行处理溶洞。

5. 膨胀性围岩地段连拱施工要点

洞身岩土开挖可采用分部法：一般可选用上导坑或弧形导坑先拱后墙法，分部工序距离应尽量短，以尽可能地减少围岩暴露时间，其施工顺序：

先用机械开挖上半部，开挖后即进行第一次喷射混凝土(一般厚度为 5cm)、挂钢筋网、立钢架支撑、打锚杆，然后再进行第二次喷射混凝土(一般厚度为 15cm)，必要时还可加设锚杆、做临时仰拱。当上半部工序引进适当距离后，再用机械开挖下半部，也是随挖、随喷、随支护(包括仰拱)，并预留有 20～30cm 的变形量，待初期支护变形值符合技术要求后，施作二次衬砌混凝土。

图 5-50　在初期支护前，机械正在开挖拱部围岩

图 5-50 初期支护施作完毕后，正在利用挖掘机开挖拱部围岩，开挖后立即施作初期支护，如此循环。

开挖出膨胀土后，除立即喷射混凝土外，还应及早进行支护。如果膨胀压力较大时，还可采用不同类型的金属支撑。钢管金属环箍支撑，系用 200mm 左右直径的钢管弯制成环箍，钢管内填满砂浆，以增强其刚度。

如果压力继续增大，还可用 ϕ16mm 钢筋以 32mm 的节距卷成螺旋状，放入钢管再灌砂浆，能在很大变形时仍保持较高强度。

如压力特大，用 150 号工字钢制成的钢架支撑，其间距一般为 0.7m。

在膨胀性岩层中施工时，应特别注意设置排水设施，避免渗水漫流；在拱脚及墙脚处还应采取措施，绝不允许发生积水现象；凡渗流水通过的土、石暴露地段应设置管道、木槽或浆砌片石水沟。初期支护喷射的混凝土，应全部灌抵岩壁，对拱顶部应特别注意捣固密实。不要向开挖面洒水，以保持围岩干燥。要加强通风，以降低洞内湿度和温度。

6. 塌方地段

围岩的变形破坏、失稳塌方，是一个从量变到质变的过程。在量变过程中，围岩、水文地质、岩体等会有一些异常征兆；根据这些征兆，可以对围岩的稳定性进行预报，以便于采取应对措施，预防发生塌方地质病害，以保证施工安全。

1)不良征兆

一些特殊和不良地质，如断层及破碎带、富含地下水地层、稳定性差的围岩，常发生以下异常征兆：

(1)水文地质条件的变化，如干燥的围岩突然出水、地下水突然增多、水质由清变浊(地下水将断层泥带走)等，都是即将发生塌方的前兆。

(2)拱顶不断地掉下小石块，甚至较大的石块相继掉落，预示着围岩即将发生塌方。

(3)围岩节理面裂缝逐步扩大。

(4)支护状态变形，例如拱架接头挤偏或压劈、喷射混凝土出现大量的明显裂纹或剥落、敲击后发声清脆、有力，甚至发出声响等。

(5)围岩或初期支护，拱脚附近的水平收敛率大于 0.2mm/d，拱顶下沉量大于 0.1mm/d，并继续增大时，说明围岩仍在发生变形，处于不稳定的状态；有可能出现失稳塌方。

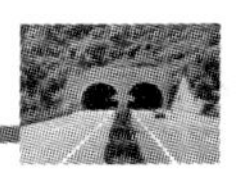

2)隧道塌方预防措施

(1)做好超前地质预报工作。尤其是开挖接近设计探明的富水及断层破碎带时,要认真及时地分析和观察开挖工作面岩性变化,遇有探孔突水、渗水增大和整体性变差等现象,及时改变施工方案。

(2)加强围岩量测工作。通过对量测数据的分析处理,按照位移一时间曲线规律,及时调整和加强初期支护,同时重视混凝土衬砌及时施作。

(3)严格控制爆破装药量,尽量减小对软弱破碎围岩的扰动。

(4)保证施工质量,超前预注浆固结止水,钢拱架制作、初期支护和二次衬砌混凝土质量必须符合设计及验收要求。

(5)严格控制开挖工序,尤其是一次开挖进尺,杜绝各种违章施工。

(6)施工期间,洞口应常备一定数量的塌方抢险材料,如方木、型钢钢架等,以备急用。

3)紧急处理措施

有下述现象发生时,应先撤出工作面上的施工人员和机械设备,指定专人观察和进行加固处理:

(1)围岩量测所反映的围岩变形速度急剧加快。

(2)围岩表面不断地发生掉块剥落。

(3)初期支护喷混凝土表面龟裂、裂缝或脱皮掉块,钢拱架严重变形。

第四节 连拱隧道防排水施工

隧道属于地下结构,由于长期受地下水影响,如果防水措施不当,连拱隧道最易发生渗漏水病害,不但难以修缮,影响正常使用,还会腐蚀主体结构,危及工程安全。据有关部门统计,在现有公路隧道中,大约有 1/4～1/3 的隧道存在不同程度的渗漏水现象,因此,在施工中对此不可小视,针对渗漏水病因,采取应对措施,预防此类病害的发生。

一、连拱隧道防排水难点

总结连拱隧道施工经验,对于整体式中墙连拱隧道,中墙处是防排水关键所在;其关键中的关键,在于妥善处理好二次衬砌和中墙连接处防水,原因如下:

(1)该处为衬背渗水汇集点,同时又常是施工缝所在之处,在防水设计上存在着结构性缺陷。

(2)中墙顶部防水板设置,要经过正洞开挖、中导洞支护拆除等工序,才能与拱部防水板焊接成整体。经过如此多道工序后,位于中墙顶部的防水板易受到破损,从而导致开裂、漏洞,影响其防水效果。

(3)中墙浇筑混凝土时,时常预留有二次衬砌的钢筋接头;在其施工时钢筋接头的连接、安装极易戳破预设的防水板。

(4)中墙与中导洞顶部围岩之间的空洞需要最后回填,此时渗出的地下水容易造成凹部积水,使得该部防排水系统施工质量难以控制,影响结构的耐久性和安全运营。

(5)连拱隧道通常采用盲沟、暗沟和暗管等进行排水,既不便于安装,而且材料成本也高,排水效果不理想，甚至堵塞而导致排水失败。

二、连拱隧道防排水施工关键技术

连拱隧道防排水与一般分离式隧道一样，同样遵循“因地制宜，以防、排为主，防、排、截、堵相结合”的综合治理原则，构筑成完整的防排水体系，以达到“排水通畅、防水可靠”的目的。

前已所述，连拱隧道防排水系统，比分离式隧道要复杂的多，关键是中墙防排水问题。

1. 中墙防排水

1)整体式中墙防排水

一般在整体式中墙顶处采取的防排水措施，主要有：

(1)中墙顶处设纵向排水管；

(2)中墙顶铺设防水板，且和左右洞防水板相连；

(3)中墙顶处纵向施工缝处设止水条或止水带；

(4)结构采用防水混凝土；

(5)中墙内埋设管道，将中墙顶处纵向排水管中的水及时引入路缘带下的排水管(图 5-51)。

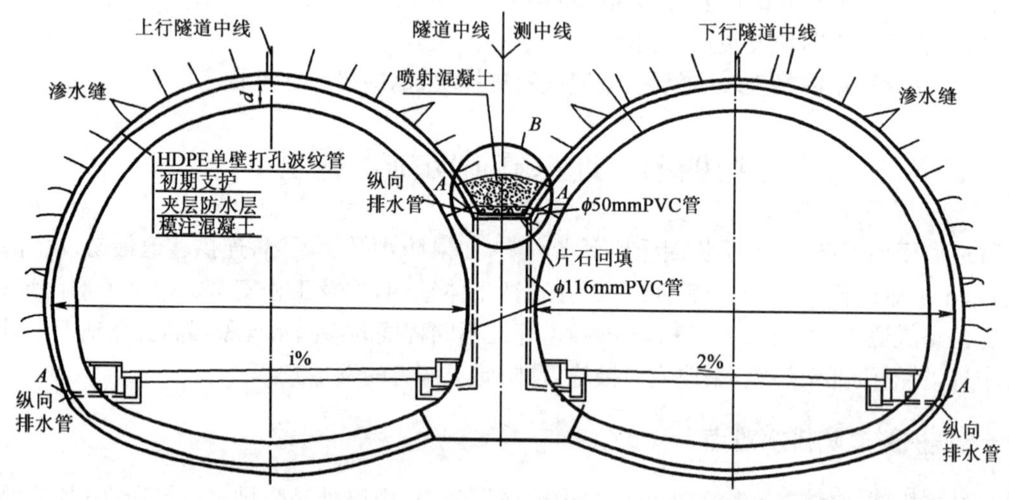

图 5-51　整体式曲中墙隧道防排水设计

综上所述，整体式中墙连拱隧道施工工序较多，对围岩和已建结构多次扰动，中墙、边墙及拱部衬砌施工间隔时间较长，使得施工缝更加明显，另外，边墙处和拱部防水板施工不能同时进行，隧道洞内施工环境比较恶劣，使得在实际施工中很难保证防水板的接头质量和中墙顶排水系统的质量；加之该处时常存在施工缝，致使已建成的连拱隧道普遍存在渗漏水病害。根据上述对连拱渗漏水病因分析，只有让地下水“聚得拢，排得走”，才能保证中隔墙附近的防排水效果。

2)中空中墙防排水

针对整体式中墙防排水存在的问题，将中墙改造成分离式结构，对于治理连拱隧道渗漏水病害获得了良好的效果。笔者在课题研究中，在马宅顶隧道，首先采取分离式中墙结构进行试验。

该试验洞段长度约80m，中墙采用了分离式衬砌。将中墙一分为二，中空部分填砂（图5-52）形成纵向盲沟，以保证在向下的PVC排水管堵塞情况下，聚积在中墙顶部渗水能通过中空部分填砂渗流到边墙排水管处并进而排出隧道，避免因墙顶积水导致中墙的渗漏。但是，采取中空中墙时，还需要对其进行结构验算，保证结构受力安全。

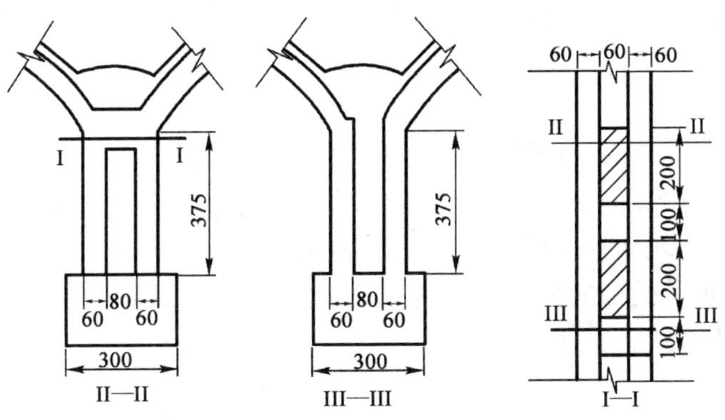

图5-52 中空中墙防排水示意图（单位：cm）

3）三层中墙防排水

目前，防水效果最好的是三层中墙，包括三层直中墙（图5-53）和三层曲中墙（图5-54）两种形式。

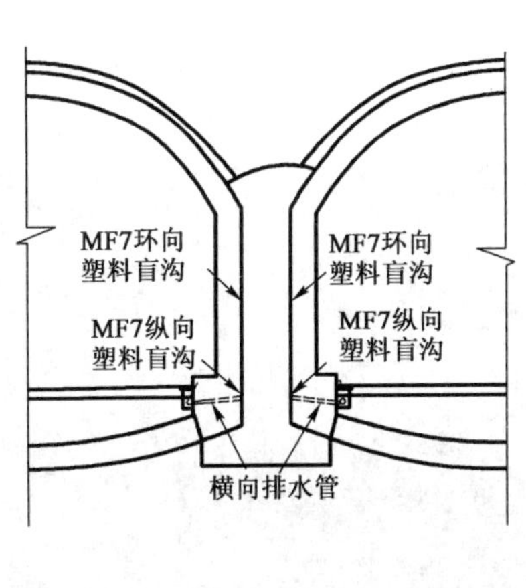

图5-53 三层直中墙隧道的防排水系统

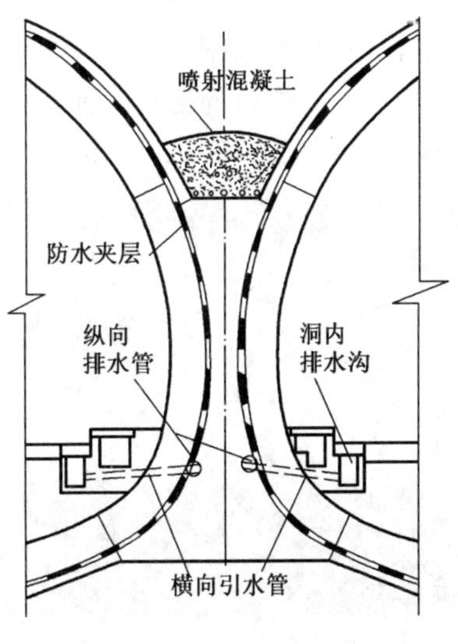

图5-54 三层曲中墙隧道的防排水系统

三层中墙似“三层皮”，除中间墙部分外，左右正洞各自成洞，各自形成独立的防排水系统，其防排水设计和施工基本上与分离式隧道一致，施工工艺采用两部开挖，这样既能够解决施工过程中不对称受力状态，也解决了中墙防水难以处理的问题。

关于分离式隧道的防排水设计，人们已经积累了丰富的设计和施工经验。参照分离式隧道经验，三层中墙连拱排水系统，需要在防水板和中墙间安装环向盲沟和纵向盲沟。然而，由于中墙采用的是模筑混凝土，并且二次衬砌和中墙间无任何预留变形量，所以，该处防排水的设计和施工与分离式隧道尚有一些差异，其解决措施如下：

(1)隧道环向盲沟和中墙间的纵向盲沟，应选取扁状的塑料盲沟，以减小对中墙或二次衬砌空间的侵入。

(2)二次衬砌是连拱隧道的主要承载结构，在高围岩级别中均采用钢筋混凝土结构，所以盲沟不能侵入二次衬砌，应在中墙施工中预留盲沟位置，如图 5-55 所示。

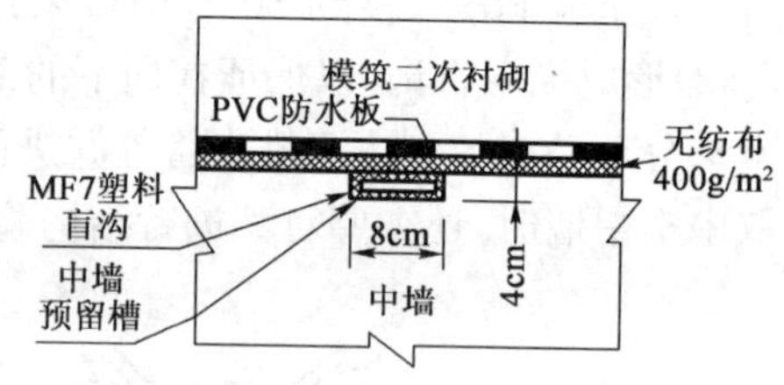

图 5-55　中墙处环向盲沟布置横断面图

(3)建议中隔墙的钢筋布置时适当增加一定的保护层厚度。

三层曲中墙两侧外轮廓与初期支护一致，有利于防水板的全段面铺设，于是，三层曲中墙连拱中间部分防排水系统与单洞隧道相同，使建成后的防排水系统运作可靠。

实践证明，在保证其受力的情况下，三层曲中墙连拱是目前最好的防排水形式，也是本课题重点推荐的防排水形式。

2. 排水措施

连拱隧道常采用的排水方法是：通过设置环向、纵向、横向的透水管，形成完整的排水系统：

1)衬背排水

在初期支护和二次衬砌之间，布设软式透水管(图 5-56)。在洞身掘进过程中，一旦发现围岩渗水、滴水严重或出现涌水现象处，可直接在岩面上铺设一层无纺土工布及 ϕ50mmΩ 形软式透水管，管径可根据渗水、涌水情况适当增加或减少，其间距根据水量布设(图 5-57)。在其他普通地段，在喷射混凝土表面以 5m 等间距布设 ϕ50mm 软式透水管。软式透水管直接深入并连接上初期支护和二次衬砌之间的纵向排水管。

图 5-56　正在拱背铺设纵向和环向排水管实况

图 5-57　在拱部铺设 ϕ50mmΩ 形弹簧排水管实况

2)隧道内外路基、路面排水

(1)路面之下两侧，每间隔 25m 铺设一道横向排水管。该排水管采用 HDPE 波纹网管等材料，并与洞内排水沟相连。横向排水管的上部应钻上孔眼，并用无纺布包裹，可有效排除路面渗水(图 5-58)。

(2)在冬季严寒地带，冻土深度如果超过 1m，应设中心保暖沟，满足沟内地温达到水流不冻结的排水措施。为了清淤要求以及把基底水从路面下迅速排出隧道洞外，每隔 50m 设一检

查井，检查井用铸铁和木板组合制成有保温夹层的盖板。

(3)根据路面形式，在一侧或两侧设排水边沟，排水边沟主要作用是排泄路面积水及清洗内装修后的废水。边沟采用内直径 ϕ30cm 的 45cm×45cm 的正方形预制件。

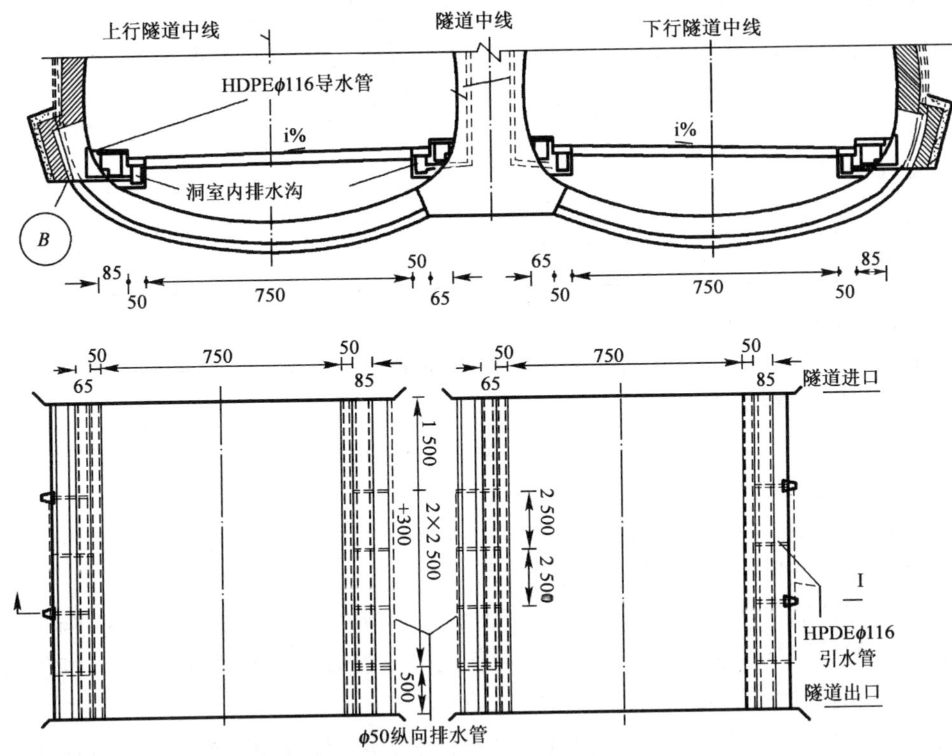

图 5-58 连拱隧道洞室排水系统图示(尺寸单位:cm)

3) 洞外排水

根据地形情况，在洞口边、仰坡设置与地形相适应的截水沟，将汇集的边坡水引出隧道区。

3. 结构自防水

1)二次衬砌混凝土自防水

二次衬砌既是承重结构，又是最后一道防水线，主要从自身结构、材料组成上着手，提高混凝土密实度，增加其防渗性能，其具体措施如下：

(1)普通防水混凝土

普通防水混凝土，是通过调整配合比和施工工艺，抑制和减少混凝土内部孔隙，提高自身的密实度，通过截断渗水通道来达到防水的目的。为达到此目的，在混凝土材料选择和配合比设计中采取如下措施：

①优先采用硅酸盐水泥，水泥等级不得低于 42.5 级。采用致密坚硬，形状规则的小粒径石子，优先采用卵石，一般选用细度模数在 2.8 左右的中粗砂。

②适当增加水泥用量、加大砂率，调整合理的灰砂比。水泥用量不少于 300kg/m^3，常用砂

率为 38%～42%，细度模数在 2.8 左右的中粗砂，粉细料掺量为总集粒的 5%～15%为宜，灰砂比控制在 1∶(2.0～2.5)之间。

③控制水灰比。水灰比大小应根据结构条件(截面大小、钢筋布置疏密)、施工方法(运输距离、浇筑、振捣方法)和强度标准等综合考虑，具体可参见表 5-10。

④在施工条件允许的情况下，防水混凝土应进行标准养护，或设专人养护不少于 14d。

混凝土混合料水灰比的确定

表 5-10

抗压强度及混凝土抗渗类别		抗渗标号					水泥用量(kg/m³)
		S6	S8	S10	S12	S12 以上	
抗压强度(MPa)	≤20	0.6～0.65	0.55～0.6			0.5～0.55	≥300
	≤30	0.55～0.6	0.5～0.55			0.45～0.5	≥300

(2)外加剂防水混凝土

在混凝土中掺入少量有机或无机化合物，可改善或赋予混凝土某些性能，这些掺入物一般称为外加剂。在防水混凝土中常用的外加剂有：减水剂、早强剂、防水剂等。

· 外加剂主要有木质素硫酸钙，木质素硫酸钙系(木钙)表面活性剂，对混凝土起减水、发泡的作用，改变了混凝土孔状结构，从而提高其抗渗性能。

· 木钙掺入混凝土中，可以提高其强度，改善其各项性能指标，并能推迟和降低水泥水化热峰值。木钙的正常掺量应在 0.4%以下。

· 三乙醇胺外加剂，可以增强混凝土的密实度，减少混凝土内部的毛细管通路和孔隙，从而提高混凝土的早期抗渗强度。三乙醇胺单独使用的早强效果不明显，所以常与氯化钠复合使用，三乙醇胺的掺量一般为水泥的 0.03%～0.05%。

· 氯化铁是在混凝土中靠反应产物氢氧化铁起密实填充作用的，新生态的氧化钙通过对水化熟料矿物的激发作用及降低泌水率来综合提高混凝土的抗渗性能。氯化铁防水剂多用于无筋或少筋的大体积混凝土或砂浆抹面防渗工程。氯化铁掺量过大，会导致混凝土开裂，这是由于氯化铁加大了混凝土的干缩，因此在制备氯化铁防水剂时，一般控制氯化铁与氯化亚铁的比例为 1∶1，同时应加入能减少干缩的硫酸铝和明矾。

氯化铁一般掺量为水泥重量的 3%(液态)或 1%(固态)。氯化铁防水混凝土水泥用量，不应少于 310kg/m³，水灰比应控制在 0.55 以下，坍落度应以 3～5cm 为宜。

(3)特种混凝土

采用微膨胀混凝土，抗裂能力强的新型混凝土，如各种纤维混凝土、钢丝网混凝土等也可减少混凝土裂缝。

2)裂缝控制

很多连拱隧道渗漏水是由于自防水结构本身产生了贯穿性裂缝以及防水板被戳破。因此，在结构自防水中，对衬砌裂缝成因分析及控制是需要解决的重要问题。应从结构设计等方面采取有关措施，防止产生裂缝。

4. 材料外防水

结构自防水要与材料外防水结合起来，才能有效控制渗漏水病害。材料外防水主要有抹面防水、涂层防水以及卷材防水，在连拱隧道中用的较多的是卷材防水，通过土工布和防水板

的布设防止隧道外的水渗漏进来。

目前，国内外复合防水板的材料主要有 PE 防水板、LDPE 防水板、PVC 防水板、EVA 合成树脂防水板等。施工时，在隧道初期支护表面，纵向、环向按一定间距打入锚钉，将防水板的土工布贴靠初期支护表面，并把表面的吊带逐个挂到锚钉上，然后焊接所铺设防水板间的所有接头。这样代替了土工布和橡胶防水板双层重叠的施工工艺，属无钉固定方式。具体施工包括以下几个方面：

1)土工布的铺设

复合式衬砌的防水夹层，虽然不是承重结构，但是它的施工质量关系着隧道的整体质量，关系着隧道寿命长短和未来能否安全运营的大问题，不可忽视。

(1)铺设防水夹层前的准备工作

①首先对初期支护表面进行检查，喷层混凝土表面应当平整、无疏松、空鼓、无裂缝，无大量渗水等现象，在铺设之前认真清扫喷层上的所有杂物，喷层棱角，附着的大颗粒石子及突出的岩包，均应敲掉和凿除，凿除后的刃角亦应敲平。

②喷射混凝土厚度，必须满足设计要求，不足者应予补喷，当壁上凹坑的深度 h 与跨度 L 之比小于 1/6，或凹处连续出现塌方、掉块处，应作回填整平后，才能施作防水层。

③应按照图 5-59 所示的方法，将锚杆露头、钢筋、喷混凝土尖锐突起除去，并用 M7.5 砂浆抹平，以便于铺设土工布及防水板。

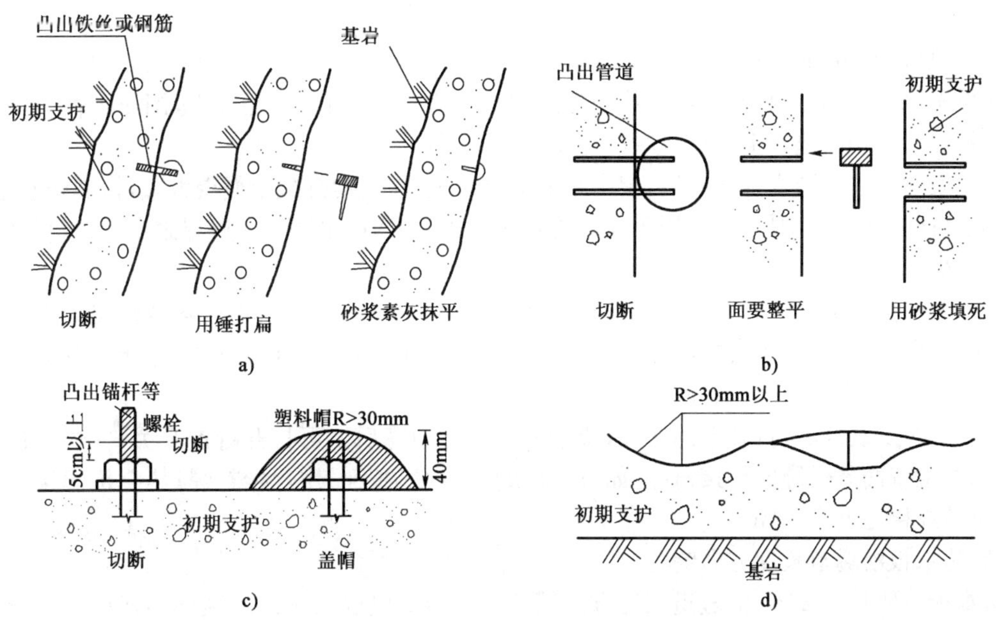

图 5-59 对初期支护表面清理内容和方法

a)铁丝和钢筋突出处理；b)管道突出部位的处理；c)锚杆等螺栓突出部位处理；d)初期支护表面不平整的处理

(2)土工布铺设方法

铺设防水板时，首先用 PVC 垫片及射钉将无纺布沿环向固定在喷射的混凝土表面，无纺布的搭接边宽度不得小于 5cm，搭接边用手动焊枪电焊连接，再将防水板从一侧到另一侧用手动焊枪将防水板与 PVC 垫片一一点焊固定，防水板接头应尽量少。

铺设土工布时，一般用铺挂台车将土工布由拱顶向两侧对称铺设，采用 ϕ80mm 专用塑料垫圈作固定点，使用射钉枪或铁锤将水泥钉通过 PVC 垫圈中央打入喷射混凝土中(不得超过垫片平面，以防止刺破防水板)，用以固定土工布。固定点一般采用梅花形布置，射钉间距：拱部 50cm、腰部为 70cm、墙部为 100cm。不同的间距划分区域如图 5-60 所示。在凹凸不平处适当加密，且应钉在凹处。

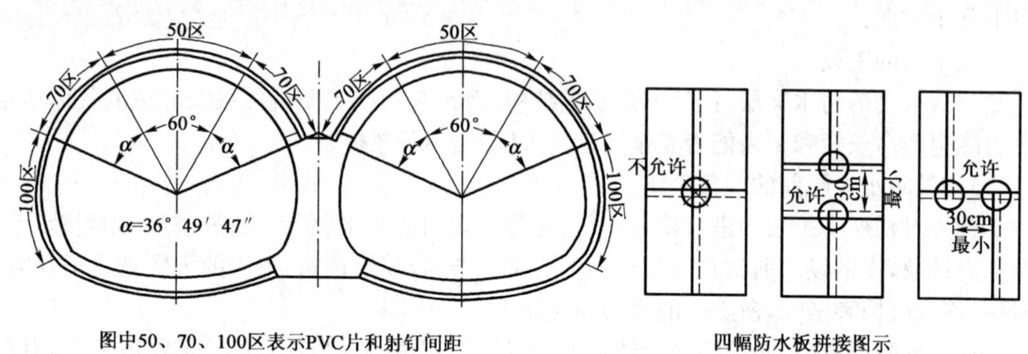

图 5-60　PVC 垫圈间距划分图示

2)防水板铺设

铺设土工布后，才可铺设防水板。铺设防水板一般采取从拱顶向两侧铺设，或沿隧道长度方向展开铺设。

(1)从拱顶向两侧铺设

铺设防水板之前，应将其横向中线与隧道中线对齐，由拱顶向两侧铺设，用压焊器(焊枪)将防水板热合于塑料垫片上。铺设时应注意以下事项：

①铺设时应注意防水板松弛度，留出足够的空余量，以免灌混凝土绷得太紧，拉裂防水层。

②铺设时，从一侧到另一侧，用手动焊枪将防水板与 PVC 垫圈一一点焊固定，防水板接头应尽量减少。

防水板幅宽一般为 3.0m，两幅间的环向连接处，采用自动爬焊机进行热合焊接。在爬焊机热合焊接之前，必须检查两幅防水板搭接宽度不得小于 5cm；此外，还应将搭接部分的水泥等清理干净，以防发生虚焊、漏焊。

③爬焊机安装好后，打开电源开关，待温度指示灯闪亮后方可打开行走开关；在焊接过程中，应随时检查两条焊缝的焊接情况，如有虚焊的地方必须及时用焊枪补焊；热合机焊接为双焊缝，每条焊接宽度为 1cm。

(2)防水板沿隧道长度方向铺开

防水板一般长为 20m，沿隧道长度方向铺开。由隧道侧墙墙角向拱顶环向瓦叠。铺设时应注意以下事项：

①防水板宽度搭接时，下面的防水板要放在隧道内侧，而上面的防水板要放在隧道外侧，与初期支护相贴，这样才能较好地起到防排水效果。

②当防水板铺设时应采用纵向瓦叠，即防水板的长度方向沿隧道的环向铺设。防水板在宽度方向的搭接，保持和隧道纵坡一致，高一侧的防水板在隧道外侧(与初期支护相贴)，低处的防水板在隧道内侧(图 5-61)。

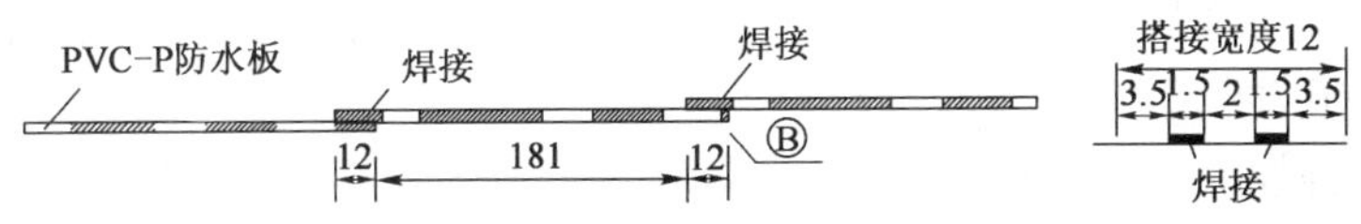

图 5-61 防水板搭接示意图

③在防水板之间，采用专用粘结剂，或者热熔粘结，重叠部分应大于 100mm(图 5-62)。防水板跨越固定土工布处布设时，应采用无钉铺设方法(图 5-63)，以保证其连续性。

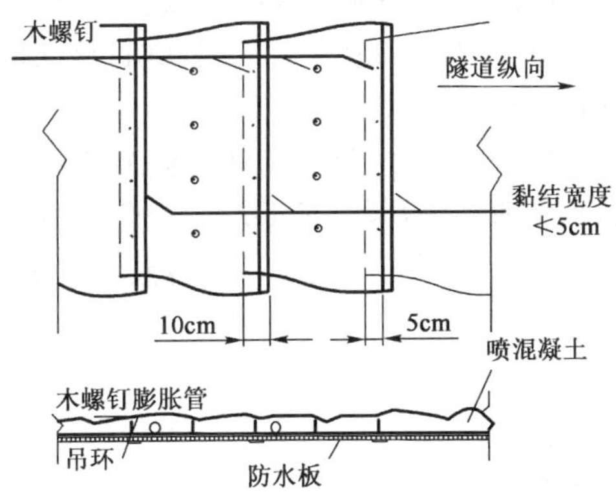

图 5-62 复合型防水板铺示意工艺图

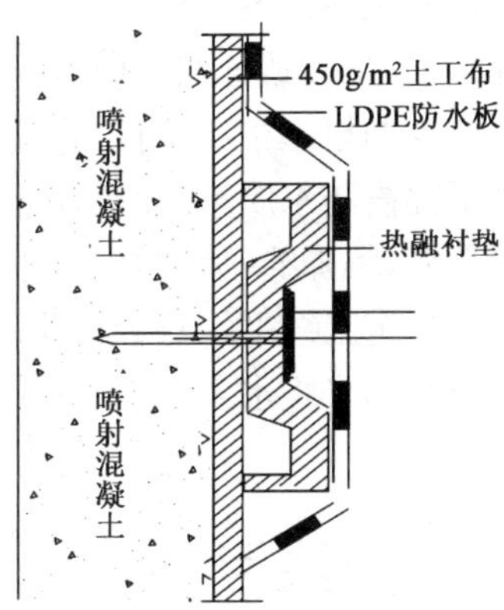

图 5-63 防水板无钉铺设示意工艺图

④铺设的防水卷材中若有破损，可用小块卷材，用手动熔接器熔接，以防止日后发生漏渗水病害。

图 5-64 是正在铺设和铺设完毕的复合式防水夹层实例。

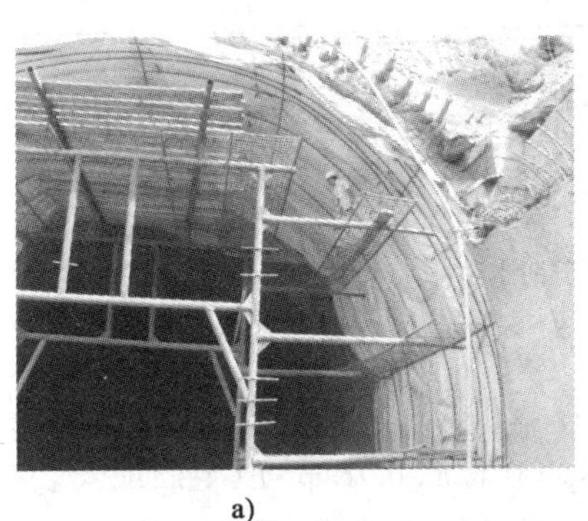

a)

b)

图 5-64 防水夹层铺设工程实例

a)正在铺设防水夹层；b)铺设完毕的防水夹层超前二次衬砌实况

(3)防水板铺设和焊接技术要求

①防水板的搭接，长缝用自动焊接机焊接成双焊缝，焊缝必须用气泵打压检查，在气压为 0.25MPa、历时 15min 后，压力下降小于 10%为合格，否则应查找漏点及时修补；

短接缝及损坏修补用手动焊接，焊接缝用平口螺丝刀沿焊缝外边检查是否有虚焊、漏焊，如果有应做好记录并及时修补。

②架立、绑扎钢筋时，不能直接与防水层接触，焊接钢筋部位应在 PVC 上放一块铁皮等，

防止电焊高温烧坏防水板，在安装和撤除模板台车堵头板、混凝土凿毛时，应注意加强对防水板保护、免其受到破坏。

③防水层的铺设应超前二次衬砌1～2个循环。

④防水板的物理力学指标和其他要求按有关规范和《地下工程防水技术规范》GB 50108—2001一等品以上执行。

5. 三缝防水

连拱隧道衬砌的三缝，即施工缝（也称工作缝）、沉降缝及伸缩缝（温度缝或明洞与隧道衬砌接缝）。工程实践证明，连拱隧道发生的渗漏水病害，多与“三缝”密切相关，在这些部位渗漏水病害出现的概率很高，可以说是隧道防水的薄弱环节。

为了提高防水质量，简化防水处理和减少渗漏水的机会，沉降缝和伸缩缝最好设置在一起。变形缝（沉降缝、伸缩缝）应设置在结构变化处、外荷载明显处、地基软硬变化处及温差变化显著处。施工缝平均每8m设置一道（图5-65）。变形缝处防水，通常采用橡胶止水带，施工缝采用遇水膨胀止水条。

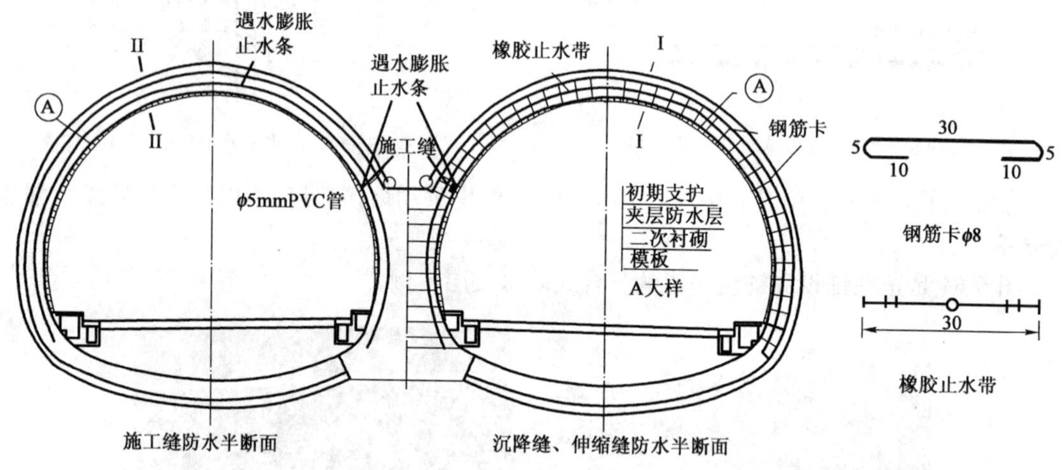

图5-65 “三缝”防水布置

1)“三缝”防水构造

根据图5-65布置的沉降、伸缩缝及施工缝位置，分别按该图所示的构造要求进行布设。施工缝、沉降缝及伸缩缝内设置的遇水膨胀止水条和橡胶止水带，应牢固地安装在预留槽内，止水带应确保位置准确，固定可靠。它们的技术指标，分别列入表5-11、表5-12中。本书施工缝推荐的遇水膨胀止水条，其抗水压能力应≥2.5MPa，遇水48h后才能膨胀，7d的膨胀率不应大于最终膨胀率的60%。

遇水膨胀止水条技术指标

表5-11

项　目	单　位	指　标	项　目	单　位	指　标
规格尺寸	mm	20×30	最大吸水膨胀率	%	≥200
钢丝骨架网空尺寸	mm	2.5×2.5	溶出物(浸水15天)	%	无
48h吸水膨胀率	%	≤10	抗渗强度	MPa	≥2.5
7d吸水膨胀率	%	≤60			

橡胶止水带技术指标 表 5-12

项　　目	单位	指标	项　　目		单位	指标
宽度×厚度	mm	300×8	压缩永久变形≤	72°×24h	%	35
硬度(邵氏 A)	mm	60±5		23°×168h	%	20
拉伸强度≥	MPa	18	热空气老化 70°×72h	强度变化(邵氏 A)	“0”	+8
扯断伸长率≥	%	450		拉伸强度变化率(降低)	%	10
定伸永久变形≤	%	20		生长率变化率(降低)	%	20
撕裂强度	N/mm	35	臭氧老化(50pphm 20%48h)		级	2 级
脆性温度	℃	−45				

“三缝”防水材料构造,如图 5-66、图 5-67 所示,即为图 5-65 中的 I—I、II—II 截面。每道缝的防水工程量见表 5-13。

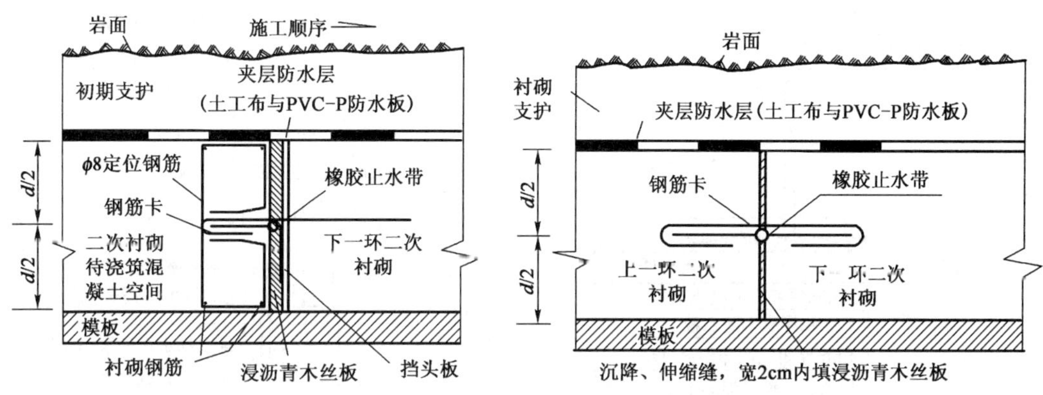

图 5-66 沉降、伸缩缝橡胶止水带

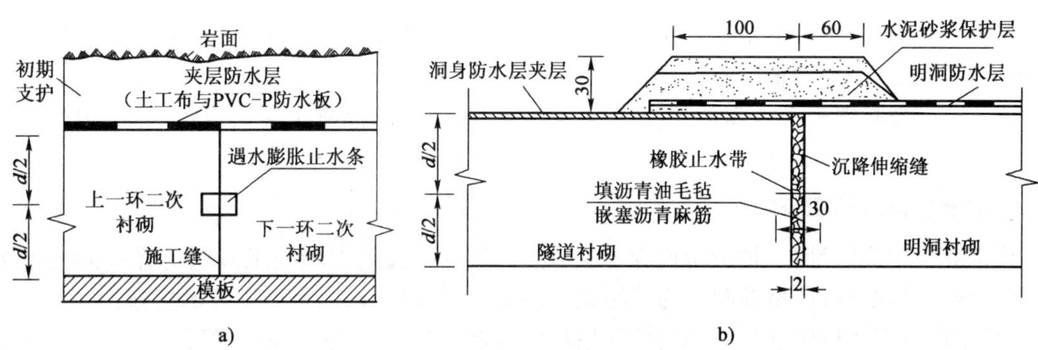

图 5-67 施工缝止水带与明洞缝安装图示

a)施工缝;b)明洞与隧道衬砌接缝

每道防水缝的工程量 表 5-13

项　　目	规　　格	单位	数量	项　　目	规　　格	单位	数量
橡胶止水带(cm)	30×0.8×R2.5	m	45.51	钢筋卡(mm)	ϕ8	kg	21.8
浸沥青木丝板		m^3	0.55	定位钢筋	ϕ8	kg	84.83
遇水膨胀止水条(cm)	2×3	m	61.51				

2)橡胶止水带施工工艺

橡胶止水带具有高弹性和压缩变形的特点，在荷载作用下产生弹性变形，故能起到紧固、密封和有效防止接缝渗漏水的作用。

橡胶止水带安装一般采用预埋式，因为它具有构造简单、施工简便及质量可靠的优点。其安装顺序如下：

(1)在衬砌轴线上，每间隔不大于 50cm 钻一个 ϕ12mm 的钢筋孔；

(2)钢筋卡由待灌混凝土一侧穿入另一侧，内侧钢筋卡卡紧止水带一半，另一半止水带紧贴在挡头板上；

(3)橡胶止水带现场接头一般采用搭接，通过胶粘剂进行粘合。

当结构比较薄时，可在施工缝中加设 BW 橡胶止水条。这种止水条可用于水平缝和立缝(图 5-68、图 5-69)。

双组分聚硫橡胶密封膏
20mm×20mm
20mm
隔离纸
聚苯板
埋入式橡胶
止水带
D(结构厚度)
D/2
D/2
50mm厚豆石混凝土保护
1.2mm厚ECB防水板
4mm厚闭孔泡沫塑料衬垫
初期支护喷射混凝土

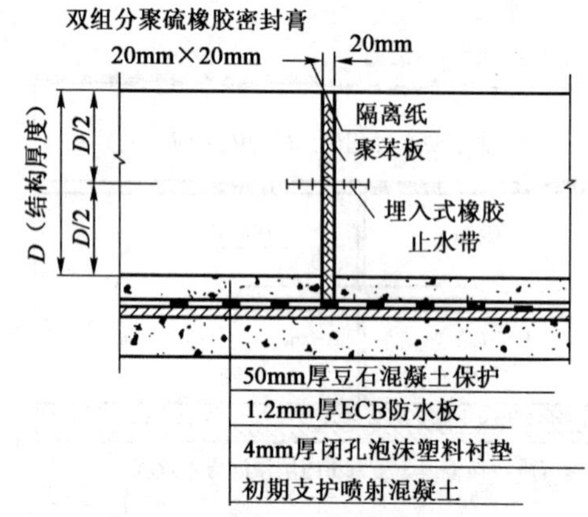

图 5-68 隧道底板变形缝防水示意图

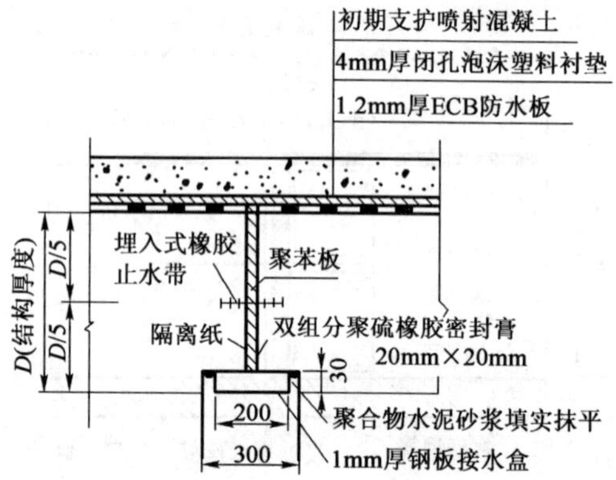

初期支护喷射混凝土
4mm厚闭孔泡沫塑料衬垫
1.2mm厚ECB防水板
埋入式橡胶
止水带
聚苯板
D(结构厚度)
D/5
D/5
隔离纸
双组分聚硫橡胶密封膏
20mm×20mm
30
200
300
聚合物水泥砂浆填实抹平
1mm厚钢板接水盒

图 5-69 隧道边墙、顶板变形缝防水示意图

BW 止水条是一种 20mm×30mm 的条状固体，在静水中放置 15min，体积可膨胀 50%以上，可以封堵 1.5MPa 的水压力。

施工时只要将混凝土表面的浮渣除去，即可贴在浇筑的混凝土表面，整个施工程序见图 5-70。

6. 中墙防排水施工技术

连拱隧道中墙防排水，是隧道防排水的重点和难点，隧道中墙施工应制定合理的技术措施，并对施工过程进行严格控制。为了防止中墙漏水，可以采取以下施工技术措施：

(1)中墙及二次衬砌混凝土采用拌和站集中拌制，严格按抗渗混凝土配合比施工，保证混凝土达到抗渗要求是防止隧道漏水的基础和关键。

(2)防水层及排水系统严格按设计施工，特别要保证防水板之间连接的质量，该道工序也是防止隧道漏水的关键。

(3)中墙顶部混凝土尺寸必须按设计施工，如图 5-71 所示，特别是两个“耳朵”的尺寸必须得到保证，使混凝土纵向施工缝与初期支护底部有一定的高差。

(4)施工正洞初期支护时，在中墙“耳朵”背后预埋一块 5cm 厚木板，初期支护施工完毕后，再将木板取出，使中墙的“耳朵”与初期支护之间形成一个 5cm 宽的缝。

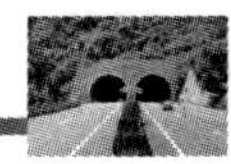

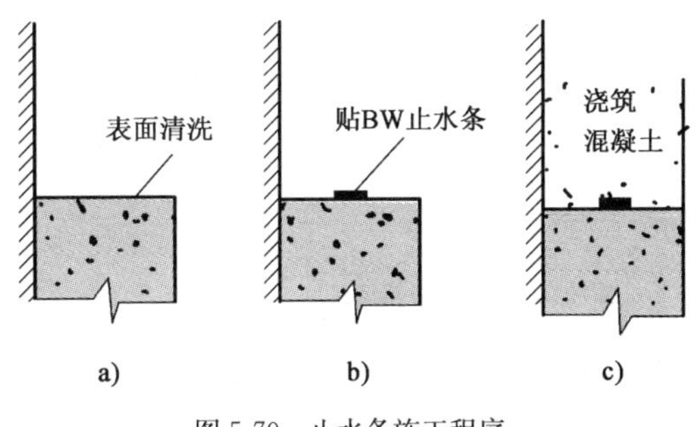

图 5-70 止水条施工程序

a)清洗接触面;b)粘贴 BW 止水条;c)浇下环(或上部)混凝土

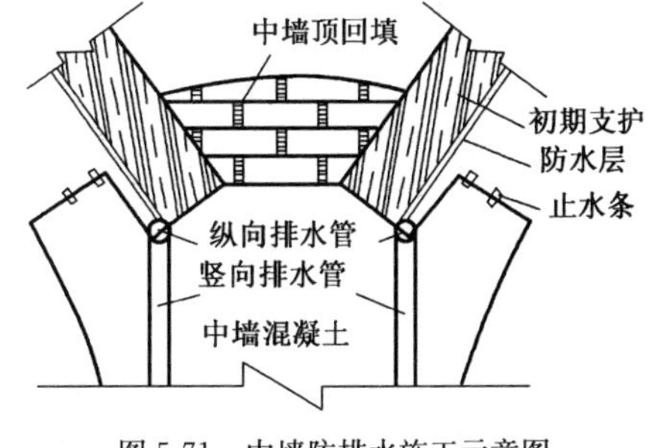

图 5-71 中墙防排水施工示意图

(5)将纵向排水管埋设在预留缝的底部,使其高程在混凝土施工缝之下,并与竖向排水管相通,保证排水畅通。

(6)防水层要插入预留缝的底部,保证其与纵向排水管相连,防水层插入后用砂浆将预留缝填塞充实。

(7)施工缝处采用两道纵向止水条止水,防止围岩水从施工缝漏出。

(8)每道工序均要求从施工人员到技术人员逐级检查并签认,增强责任心,保证每道工序的施工质量。

第五节 连拱隧道施工组织设计

一、连拱隧道施工组织设计

1.施工组织设计编制步骤

连拱隧道施工组织,按下列步骤进行编制:

(1)复核并分析工程设计文件,掌握工程施工特点,明确工程数量。

(2)确定总的施工方案和总的施工期限。施工方案要包括:机械化程度;初步安排施工进度;工序作业流水线和流水速度;划分施工程序和初步安排施工场地平面图。

(3)选择各分项工程的施工方法和计算工作量。

(4)确定各分项工程实际施工进度和施工期限。

(5)编制施工进度图,调整至最优。

(6)计算劳动力、电力、材料和机械设备的需要量,并根据施工进度的要求编写供应计划。

(7)布置运输路线,计算运输量,选择运输方式,确定运输工具数量。

(8)确定自办材料的开采和加工方案,提出各种附属企业的设置方案和生产计划。

(9)制定各项临时工程施工方案和计算工作量。

(10)拟订安全、质量、环保和经济等主要技术措施。

(11)提出施工管理机构方案,确定劳动组织的编制,制定各种相应的管理制度。

(12)编写施工组织设计说明书。

由于隧道施工的特殊性,一旦被揭露的围岩发生变化,均需要根据变化了的围岩级别修改施工设计,以实现动态信息反馈设计和施工。该信息反馈过程和信息化施工程序如图 5-72 所示。

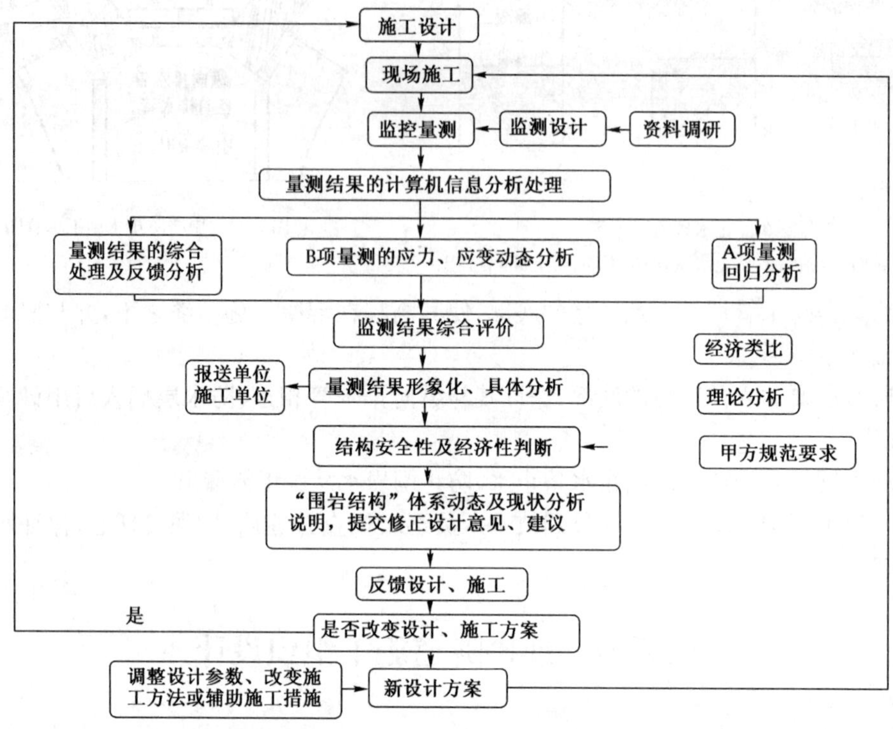

图 5-72 常用的信息化施工组织设计程序示

2. 连拱隧道施工工艺流程

连拱隧道的施工工艺流程参见图 5-73,监控量测在施工组织中的作用参见图 5-74。

二、连拱隧道施工人机物配置

1. 人员组织及施工任务划分

连拱隧道的施工,应根据工期要求排定上场设备能力,拟定人员配置。若采用双向施工,需在进出口各安排一支掘进队、衬砌综合队、机械综合队,同时设喷射混凝土班、钢筋班。设施工负责人 2 人、技术负责人 2 人、质检负责人 2 人。人员数量及任务范围参见表 5-14。若采用一支队伍,人员组织可按要求减少。

连拱隧道双向施工劳动力组织一览表 表 5-14

队伍名称	人员数量	任务范围	备注
开挖班	20	导洞及正洞的开挖工作(打钻、爆破)	
喷混凝土班	20	喷射混凝土作业	
钢筋班	30	钢筋制作、绑扎、焊接及钢拱架制作安装	
衬砌班	30	衬砌模板的制作安装及浇筑混凝土	
机械班	10	各工序的机械、车辆、设备的维修使用	

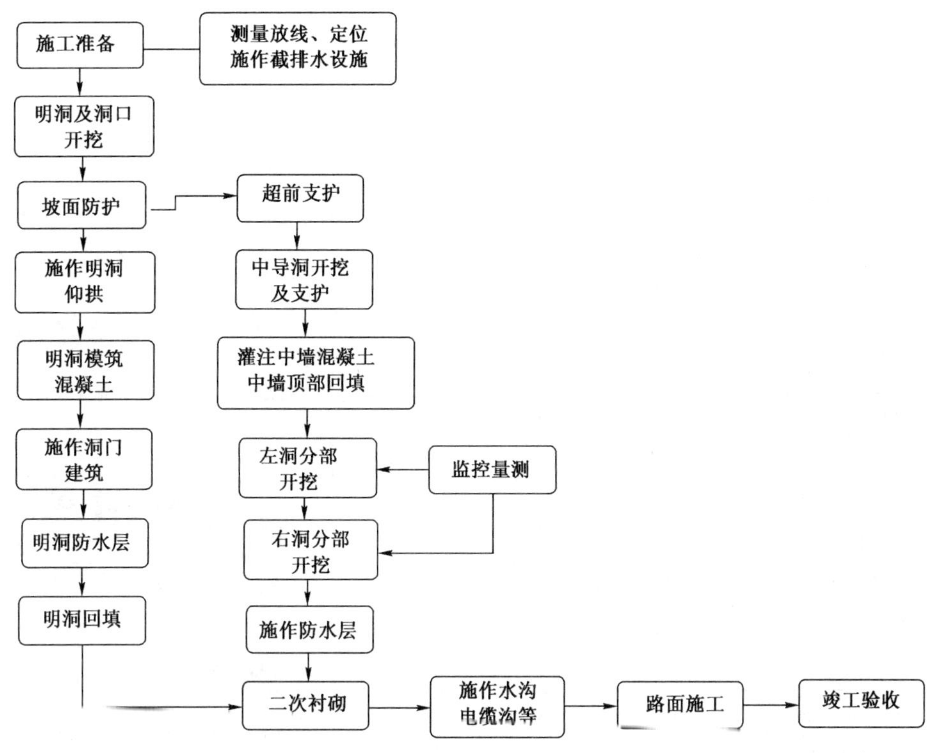

图 5-73 隧道施工工艺框图

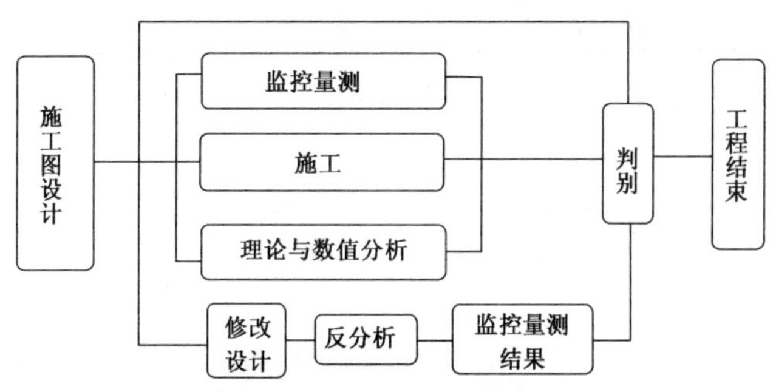

图 5-74 施工组织中监控量测指导施工

2. 机械设备配置

采用三导洞法双向施工、人工打眼掘进、无轨运输出渣、喷锚钢拱架支护、衬砌等四条作业线的连拱隧道。在机械设备配备上的参考配置参见表 5-15。

主要机械设备表 表 5-15

序号	机械名称	型号	单位	数量	备注
1	挖掘机	PC200	台	1	
2	轮式装载机	厦工 50C	台	1	

续上表

序号	机械名称	型号	单位	数量	备注
3	装载机	厦鑫 ZLC50D	台	1	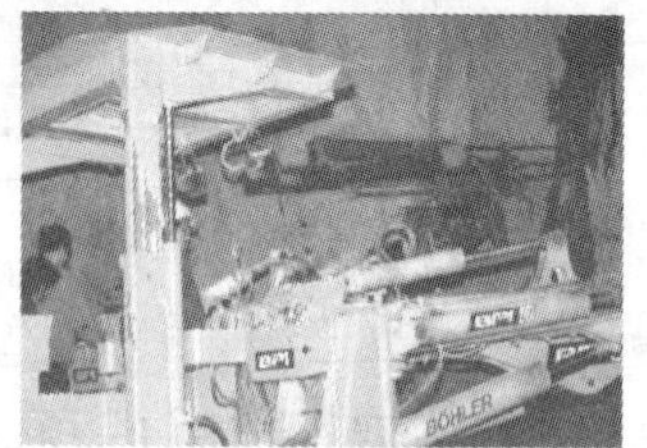 从奥地利专门购买了两台双臂凿岩台车  从国外引进公路隧道专用装载机，轻便、灵活，加快装运出渣作业速度
4	自卸载重汽车	15t	辆	4	
5	自动配料机	POD1200	台	1	
6	强制式混凝土搅拌机	JS500	台	1	
7	电焊机	500KW	台	6	
8	钢筋弯曲机	GQ40A	台	1	
9	钢筋切断机	φ6～40mm	台	1	
10	混凝土湿喷射机	成都岩峰	台	2	
11	电动空压机	L—2017	台	2	
12	风动凿岩机	T28	台	20	
13	内燃空压机	12m3	台	1	
14	柴油发电机	20kw	台	1	
15	注浆机	科达 JT411	台	1	
16	钢拱架加工机械	自制	台	1	
17	备用发电机	闽都电机 STC-20	台	1	
18	高压输送泵	楚天 60A	台	1	
19	台式钻机	LT-24J	台	1	
20	台车	隧道台车	台	2	
21	卷扬机	上海三龙 JK1	台	3	

第六章

连拱隧道现场监控量测

连拱隧道施工工序多而复杂，与其他形式的隧道相比，更需要进行现场监控量测，它已成为连拱隧道施工中的核心部分。通过监控量测，一是积累第一手现场资料，分析判断围岩动态变化情况，了解围岩应力分布，判断围岩稳定性，以保证连拱隧道安全施工；二是掌握支护结构受力状态，确定衬砌支护形式、支护参数和合理的支护时间。

总之，现场监控量测，对于优化设计、安全施工、保证质量、保证工期、控制造价等起着十分重要的作用。

第一节　现场监控量测的目的、内容和方法

连拱隧道的监控量测项目，分必测项目、选测项目及连拱隧道监控量测中特殊的项目（如中墙应力和位移监测）。与监控量测项目相应的，应选用适宜的量测仪器，确定合理的监测方法和监测技术，制订科学的监测方案。

一、现场监控量测的目的

前已述及，对于连拱隧道来说，监控量测具有重要意义，通过对其实施主要达到以下目的：

(1)通过对连拱隧道监控量测，可以了解隧道围岩的受力、变形状态，判断衬砌和隧道围岩是否稳定，进行信息反馈与预测预报。

(2)优化施工组织设计，指导现场施工，确定不同地质条件下合理有效的开挖支护方式、支护时间，为及时变更设计和指导施工提供有力的依据。

(3)总结经验，积累资料，为连拱隧道的发展提供可参考的第一手资料。

二、现场监控量测的主要内容

根据《公路隧道施工技术规范》(JTG F60—2009)及相关文件精神，以及借鉴云南、贵州、四川、福建等地高速公路连拱隧道建设经验，在连拱隧道施工过程中，必须开展监控量测工作。必测项目适宜一般性监测断面，选测项目适宜代表性监测断面，抽检项目视情况而定，其具体要求详见表6-1。

1. 必测项目

连拱隧道的必测项目有：地质和支护状况观察、周边收敛量测、拱顶下沉量测、锚杆拉拔

力，其各自测点布置，如图 6-1 所示。

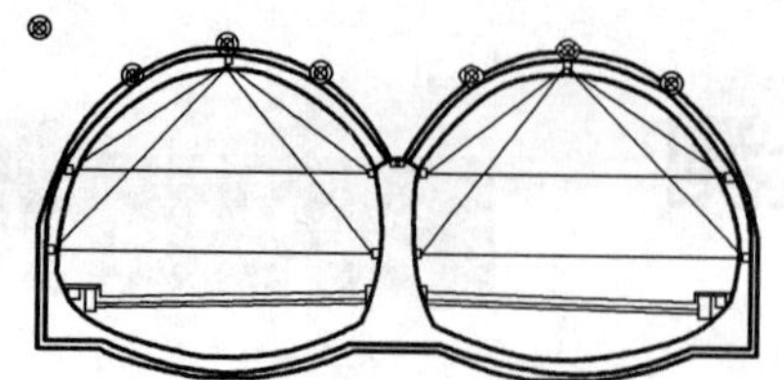

标记说明

编号	项目	标记	测点数/测线数
1	周边收敛	□——□	6~12
2	拱顶下沉	⊗	6
3	地表下沉	——⊗——	11
4	锚杆拉拔力	/	每10m一个断面，每个断面至少3根

图 6-1　连拱隧道一般性监测断面监测点布置示意图

连拱隧道主要监控量测项目表

表 6-1

编号	项目名称	仪器设备	要求及目的	量测类别
1	地质和支护状况观察	地质罗盘，数码相机	岩性、岩层产状、结构面、溶洞、断层描述，支护结构裂缝观察	必测
2	周边收敛	收敛计	根据位移、收敛状况、断面变形状态等对以下情况做出判断： ①周边围岩体的稳定性； ②初期支护的设计与施工方法是否妥当； ③二次衬砌的合理浇筑时间等	
3	拱顶下沉	高精度全站仪	监视隧道拱顶下沉，了解断面的变形状态，判断隧道拱顶的稳定性	
4	锚杆拉拔力	拉拔计	抽检锚杆的拉拔力，判断锚杆的施工质量	
5	地表沉降（边坡位移）	高精度全站仪	从地表设点观测，根据下沉位移量判定洞身开挖时对地表下沉的影响，以确定隧道支护参数。根据边坡变形量判定开挖对边坡变形的影响，以确定边坡加固、隧道支护参数	选测
6	围岩内部位移	多点位移计	了解隧道围岩的松弛区、位移量，为准确判断围岩的变形发展提供数据	
7	衬砌内力	钢筋应力计、频率计	量测二次衬砌内应力、喷混凝土内轴向应力。了解支护衬砌内的受力状态	
8	围岩压力及层间支护压力	压力盒、频率计	判断复合式衬砌中围岩荷载大小，判断初期支护与二次衬砌各自分担围岩的压力情况	
9	钢拱架应力	钢筋应力计、频率计	量测钢拱架应力，推断作用在钢拱架上的压力大小，判断钢拱架设计参数的合理性	
10	锚杆轴力	钢筋应力计、频率计	根据锚杆所承受的拉力，判断锚杆布置是否合理，了解围岩内部应力的分布情况	
11	裂缝	裂缝计、游标卡尺	量测二次衬砌混凝土裂缝的变化量，了解裂缝的发展情况，为隧道稳定性判定提供依据	

2. 选测项目

连拱隧道选测项目有：地表沉降（边坡位移）监测、围岩内部位移、衬砌内力、接触压力（围

岩和初期支护)、接触压力(初期支护与二次衬砌)、钢拱架内力(或钢格栅内力)、锚杆轴力等,其测点布置见图 6-2。

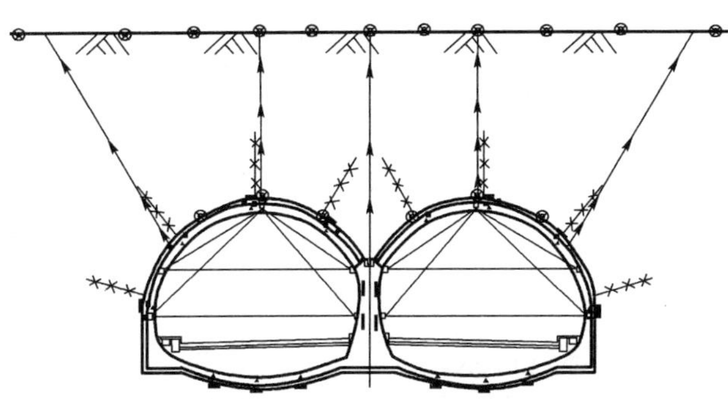

标 记 说 明

编号	项目	标记	测点数/测线数
1	周边收敛	○——○	6~12
2	拱顶下沉	⊗	6
3	地表下沉	—⊗—	11
4	围岩内部位移	→→→→	5×4=20
5	围岩与初期支护之间压力	▬	14
6	初期支护与二次衬砌之间压力	▪	8
7	钢拱架内力	●	8
8	衬砌内力	▾	7×2=14
9	锚杆轴力	—×—×—×—	8×3=24

图 6-2　连拱隧道代表性监测断面监测点布置示意图

3. 连拱隧道现场中墙监测

在施工过程中,连拱隧道中墙力学转换过程比较复杂,在一定程度上了解了中墙的受力情况,也就把握住了连拱隧道整体的受力状况。所以,针对连拱隧道中墙的监测就显得尤为重要。连拱隧道的中墙监测,主要包括以下三个方面:中墙内力监测、中墙两侧应变监测、中墙顶部土压力监测。

以上三个方面的监测,主要通过量测中墙内力、中墙顶部土压力以及中墙两侧应变情况,了解中墙在整个施工过程中的偏压情况,进而分别了解左右洞施工过程对中墙的影响。连拱隧道中墙监测点布设见图 6-3。

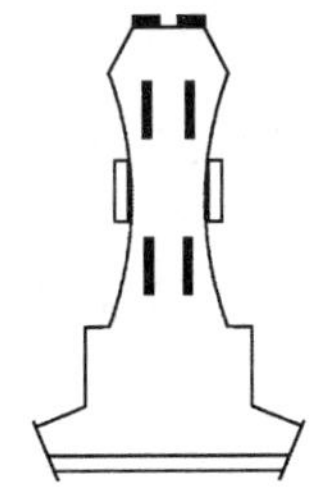

标 记 说 明

编号	项　目	标 记	测点数/测线数
1	中墙内力	▬	6~12
2	中墙两侧应变	▭	6
3	中墙顶部土压力	■	11

图 6-3　连拱隧道中墙监测点布置示意图

三、现场监控量测的方法

1. 地质条件与支护状况观察

在每次爆破后,应对地质和支护状况进行观测,并对围岩状况、地下水情况、衬砌支护状态进行描述记录。

仪器设备:地质罗盘、地质锤、钢卷尺、放大镜、秒表、手电、照相机或摄像机。

2. 周边收敛

测点布设:收敛量测是最基本的量测项目之一,与拱顶下沉测点布置在同一断面。埋设测

点时，先在测点处用小型钻机在待测部位成孔，然后装入收敛预埋件即可量测。

量测：采用收敛计进行数据采集。

3. 拱顶下沉

测点布设：拱顶下沉主要用于确认围岩的稳定性，在拱顶中心及两侧各 2m 处钻成 3 孔，然后装入预埋件，在挂钩表面缠绕胶带后，安装全站仪反射贴片。反射贴片宜略向下倾斜，以利全站仪对准和观测。

量测：采用高精度全站仪进行数据采集。

4. 锚杆拉拔力

试验操作程序：

(1)仪器使用前，在具有一定资质的实验室对仪器进行标定。

(2)测试前，现场加工一块铁(或钢)垫板，中间孔径不小于锚杆直径，一侧带有凹槽，凹槽长、宽及厚度稍大于锚杆垫板的相应尺寸。

(3)测试时，将预先加工的垫板放在锚杆垫板上，其带有凹槽的一面朝向岩体墙面。

(4)将锚杆拉拔计的接口与待测锚杆的外露端连接紧固。

(5)拉拔计百分表归零，然后人工摇动油泵手柄，使油泵压力逐渐升高。

(6)油泵压力达到设计标准，可停止加压，记录锚杆位置及油泵压力值。油泵卸压，如果油泵压力未达到设计标准，锚杆破坏，则该锚杆可认为安装质量不合格。

(7)量测结束，填写锚杆拉拔测试报表，检查核实后，上报主管部门，锚杆拉拔力最大值根据设计提供值最终确定。

(8)量测与计算：根据锚杆拉拔试验的油泵压力与试验标定数据或曲线即可换算出锚杆拉拔力。

5. 地表下沉

(1)基点布设：埋设在隧道开挖纵横向各 3～5 倍洞径外的区域，埋设 7 个基点，以便互相校核，参照标准水准点埋设，所有基点应和附近水准点联测取得原始高程。

(2)测点布设：在测点位置挖长、宽、深均为 200mm 的坑，然后放入地表测点预埋件，测点四周用混凝土填实，待混凝土固结后即可量测。

(3)量测：用高精度全站仪进行观测，要求如下：

①观测应在仪器检验合格后进行，且避免在测站和标尺有振动时进行；

②尽量选择在每一天同一时间内进行观测；

③观测时坚持四固定原则，即：施测人员固定、测站位置固定、测量延续时间固定、施测顺序固定。应每隔 30 天用精密水准测量的方法进行基点与水准点的联测，其误差不得超过 $\pm 0.5\sqrt{n}$mm(n 为测站数)。

(4)数据简要分析：可绘制位移—时间及位移—距离图，曲线正常则说明位移随施工的进行渐趋稳定。如果出现反常，出现反弯点，说明地表下沉出现点位移骤增现象，表明围岩和支护已呈不稳定状况，应立即采取措施。

6. 围岩内部位移

(1)用于监测隧道围岩的径向位移分布和松弛区域范围，获得决定锚杆长度的判断资料，

连拱隧道每一量测断面布设 3～5 组测点。

(2)仪器设备：多点位移使用 4 点钻孔伸长计进行量测，由四个钻孔锚头、四根量测钢丝、一个测筒、四个电感式传感器和它的量测仪器——数字位移计组成。

(3)测点安装步骤(图 6-4)：

①在预定量测部位，用特制直径 140mm 钻头，钻一深 40cm 的钻孔，然后在此钻孔内钻一同心的直径为 48mm 的小孔，孔深由试验要求确定，钻孔要求平直，并用水冲洗干净。

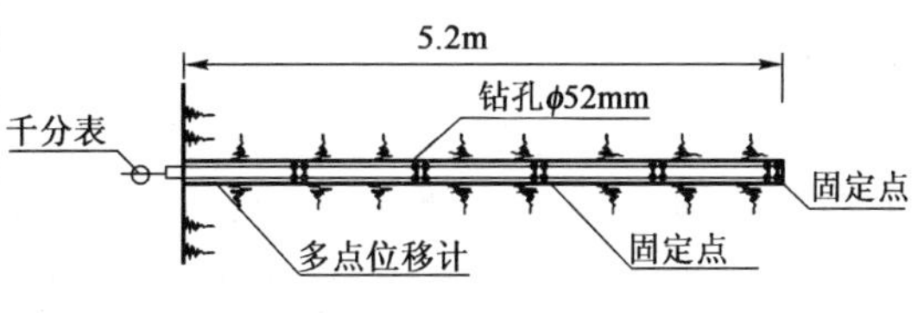

图 6-4 多点位移计安装图

②矫直钢丝，并截成预定长度，将钢丝连接在钻孔锚头上。

③把锚头末端插入安装杆，然后将锚头推进到预定深度，在操作时要注意定向，避免安装杆旋转，千万不能将安装杆后退，以免安装杆和锚头脱落。

④紧固锚头，若用楔形弹簧式锚头，则用 300～500kN 的力拉钢丝，如果锚头不滑动，即可认为锚头已经锁紧；若用压缩木锚头，则等待压缩木吸水膨胀后，亦用 300～500kN 的力拉钢丝，若拉不动，则可认为锚头已经紧固。

⑤重复以上 2、3、4 操作步骤，安装剩余锚头，每根钢丝必须穿过楔形弹簧式锚头上的环或压缩木锚头中间的铁管，要注意避免钢丝互相缠绕。

⑥把与各锚头连接的钢丝分别穿过测筒上的各个导杆，并把测筒的上筒用固定螺栓、木楔及水泥砂浆固定在孔内，然后拉紧钢丝，并用螺母夹紧在各个导杆上，这时要注意调整导杆距离，使之有 15mm 的伸长量。

⑦把下筒与上筒相接，并用木楔塞紧，若是电测下筒，还需仔细安装，调整电感式位移传感器的量程，并引出电缆，盖上盖板。当试验点离开挖面很近时，必须采取防护措施，以防止爆破飞石损坏电缆及测筒。

⑧开始初读数(如果用百分表测读，应每次打开盖板)。为保证读数的稳定性，第一次读数建议应不小于 24h。

⑨开始阶段，每天应至少进行一次测读，随着开挖面的远离，测读间隔时间可以酌情延长。

(4) 量测与计算：将钻孔伸缩计测筒上的电感式位移传感器与数字位移计连接，并打开位移计电源开关，即可进行读数。然后根据实际位移与读数的标定回归方程，即可算出钻孔伸缩计四个测点的实际位移。

7. 接触压力

(1)测点布设

应把测点布设在具有代表性的断面的关键部位上(如拱顶、拱腰、拱脚、边墙仰拱等)，每一断面宜布置测点数见图 6-2，并对各测点逐一进行编号，用透明胶布将写有编号的纸紧密粘贴在导线上。分别埋设于围岩和初期支护之间以及初期支护和二次衬砌之间。

埋设压力盒时，要使压力盒的受压面面向围岩。在隧道壁面，当测围岩施加给喷混凝土层的径向压力时，先用水泥砂浆或石膏把压力盒固定在岩面上，再谨慎施作喷混凝土层，不要使喷混凝土与压力盒之间有间隙，保证围岩与压力盒受压面贴紧。注意将导线集结成束保护好，避免在洞内被施工所破坏。

(2)量测:采用频率计直接量出土压力盒对应的压力值。

8. 钢拱架应力

(1)测点布设

与围岩应力布设在同一量测断面上,每环格栅钢拱架测点布设见图 6-2,分别沿钢架的内外边缘成对布设。

安装前,在钢拱架待测部位并联焊接钢弦式钢筋计,在焊接过程中注意对钢筋计淋水降温,然后将钢拱架由工人搬至洞内立好,记下钢筋计型号,并将钢筋计编号,用透明胶布将写有编号的纸紧密粘贴在导线上(如图 6-5 所示)。注意将导线集结成束保护好,避免在洞内被施工所破坏。

(2)量测与计算:根据钢筋计频率—轴力标定曲线,可由量测数据直接换算出相应的轴力值,然后根据钢筋混凝土结构有关的计算方法,计算出钢筋轴力计所在的拱架断面的弯矩,并在隧道横断面上按一定的比例把轴力、弯矩值点画在各轴力计分布位置,并将各点连接形成隧道钢拱架轴力及弯矩分布图。

9. 衬砌内力

(1)测点布设

与围岩应力布设在同一量测断面上,测点布置见图 6-2,分别沿主筋的内外边缘成对布设。安装前,在主筋待测部位并联焊接钢弦式钢筋计,在焊接过程中注意对钢筋计淋水降温,记下钢筋计型号,并将钢筋计编号,用透明胶布将写有编号的纸紧密粘贴在导线上。注意将导线集结成束保护好,避免在洞内被施工所破坏。

(2)量测与计算

根据钢筋计的频率—轴力标定曲线可由量测数据直接换算出相应的轴力值,然后根据钢筋混凝土结构有关计算方法可算出钢筋轴力计所在的主筋断面的弯矩,并在隧道横断面上按一定的比例把轴力、弯矩值点画在各轴力计分布位置,并将各点连接形成隧道主筋轴力及弯矩分布图。

10. 锚杆轴力

测点布设:锚杆轴力计安装与拱架应力计安装基本相同,在锚杆待测部位并联焊接钢筋计,焊接时应对轴力计采取淋水降温措施(图 6-6)。

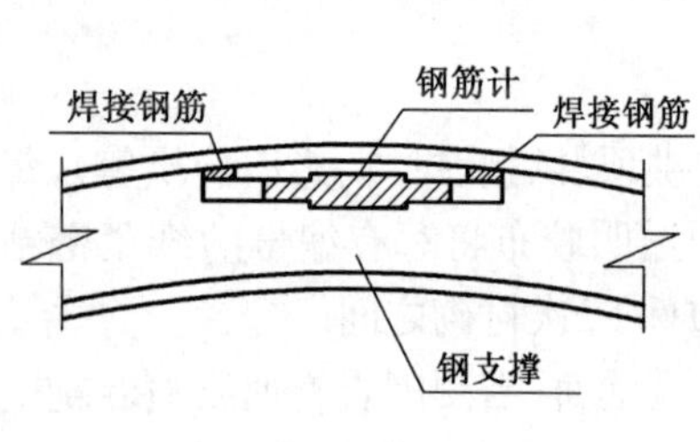

图 6-5 钢支撑内力传感器埋设图

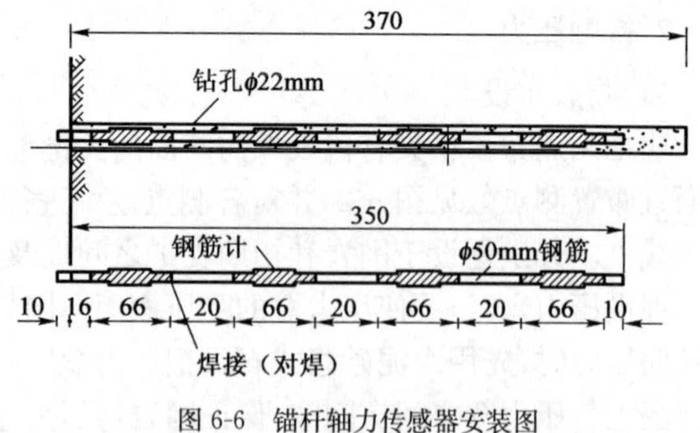

图 6-6 锚杆轴力传感器安装图

(尺寸单位:cm)

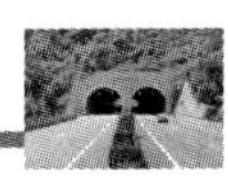

11. 衬砌裂缝监测

(1)测点布设:在待测裂缝左右采分别钻成2孔,然后在孔内塞入水泥等固结物,按设计要求安装测缝计。也可在裂缝附近进行钢板二维和钢钉一维简易测缝,即在待测裂缝附近安装简易钢板测缝计(自制)或打入水泥钢钉,作为裂缝宽度的测点。

(2)测缝计还可以测角,即用于监测连拱隧道拱脚和中墙顶的夹角,以确定拱脚和中墙顶相对角度的变化,确定中墙受力后运动的方向和趋势。

(3)量测:测缝计采用频率计采集,按标定曲线可以直接得到裂缝宽度的变化。钢板二维和钢钉一维简易测缝计可采用数显式游标卡尺直接读数。

12. 中墙内力监测

(1)测点布设:在中墙两侧上下部分别布设一组测点,沿主筋的内外边缘成对布设,详见图6-3。安装过程同衬砌内力监测点布设。

(2)量测与计算:根据钢筋计的频率—轴力标定曲线,可将量测数据直接换算成相应的轴力值,然后根据钢筋混凝土结构有关计算方法可算出钢筋轴力计所在的主筋断面的弯矩,进而确定中墙上部、下部断面轴力及弯矩。根据时程曲线,可详细了解施工过程中中墙的偏压情况。

13. 中墙应变量测

(1)测点布设:在中墙中部两侧表面分别布设一个垂直应变测点,详见图6-3。

其具体安装过程为,在中墙中部分别钻两个孔,要求保持两孔在同一垂直线上,然后在孔内塞入水泥等固结物,按设计要求安装应变计。

(2)量测与计算:应变值采用频率计采集,按标定曲线可以直接得到中墙两侧应变的变化,通过应变可计算中墙中部的偏压情况以及了解中墙是否存在开裂的可能。

14. 中墙顶部土压力监测

(1)测点布设:在中墙顶部对称布设土压力盒,由于中墙顶部宽度较小,所采用土压力盒应采用较小体积的微型土压力盒。具体布置方法同接触压力。

(2)量测:采用频率计直接量出土压力盒对应的压力值。

四、现场监控量测的频率与报警指标

1. 监测频率

根据《公路隧道施工技术规范》(JTG F60—2009),各监测项目的监测频率与监测次数如表6-2所示。

各监测项目的监测频率与监测次数　　表6-2

洞内埋设项目	1～15d	16d～1个月	1～3个月	大于3个月
地表埋设项目	$L<2B$	$2B<L<5B$	$L>5B$	
监测频率	1～2次/d	1次/2d	1～2次/周	1～3次/月

注:1. 表中L—开挖面距量测断面的距离,B—隧道开挖宽度。

2. 有些监测项目的监测频率与监测次数,待开挖宽度确定后再详细确定。实际测量频率应根据前两次测量情况而定。当观测值相对稳定时,可适当降低观测频率,当达到报警指标或观测值变化速率加快或出现危险事故征兆时,应加密观测。

2. 报警指标

根据《公路隧道施工技术规范》(JTG F60—2009)规定，隧道周边最大允许相对位移(指实测位移值与两测点间距离之比，或拱顶位移实测值与隧道宽度之比)为0.20%～0.80%，具体数值会同业主、设计、监理、施工确定。

施作二次衬砌，应在满足下列要求时进行：

(1)各测试项目的位移速率明显收敛，围岩基本稳定；

(2)已产生的各项位移已达预计总位移量的80%～90%；

(3)周边位移速率小于0.1～0.2mm/d，或拱顶下沉速率<0.07～0.15mm/d。

连拱隧道的监测警戒值可由设计单位、施工单位、监测组，以及业主根据不同隧道的具体情况而相应制定。

3. 监控量测工作

1)监控量测工作原则

连拱隧道施工中的监控量测，应遵循的工作原则是：

(1)由仪表量测的数据记录在专用的表格上，原始记录表格存档，以供需要时查用。

(2)监测报表须提交给指挥部、分指挥部、设计方、施工方。

(3)所有数据均输入计算机，用专门程序进行计算处理，每月两期周报，一期月报，必要时出具专门分析简报。

2)监控量测人员工作准则

(1)监控量测人员除做好每天的监测工作外，需认真写好监测日记，内容包括：天气、观察情况、监测情况、施工进展情况、仪表工作情况等。

(2)监测技术负责人应参加工程现场例会，汇报最近一段的监测情况，分析数据变化的趋势。严格按有关各方讨论的具体报警值分两个阶段报警。

(3)当监测值超过预警值的80%时，在报表中应予以注明，以引起有关各方注意。

(4)当监测数值达到预警值，除在报表中注明外，要专门出文通知有关各方。

(5)监测技术负责人应参加出现险情时的排险应急会议，积极协同有关各方出谋划策和提出建议，以采取有效措施确保隧道及周围环境的安全。

3)监控量测提供的资料

在连拱隧道施工过程中，监控量测组应及时提交如下资料：

(1)公文

根据监测资料，对下一阶段的变形情况进行预测，当有危险时，应及时向业主及施工方等单位提交专门的计算分析报告，并提出合理化建议。

(2)周报和月报

按规定的报告格式，每周和每月提供监测工作的进展、仪器埋设、监测成果图表汇总及阶段性的结论、建议。

(3)总报告

在连拱隧道的主体工程完成后，以及连拱隧道跟踪监测工作结束后一个月内，提交监测工作总报告。

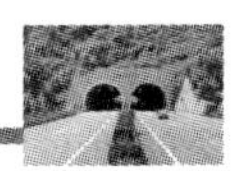

五、现场监测结果分析

1. 隧道边仰坡沉降过程分析

通过对大量边坡测点监测数据，绘制成洞口边、仰坡测点位移—时间实测曲线，通过对其分析可以得知：边、仰坡的测点沉降过程，基本上可以分为以下五个阶段(图 6-7)：

(1)初期沉降阶段

对应图 6-7 上 0～1 阶段。隧道洞口边坡围岩，一般风化比较严重，岩体松散；在刚刚开挖时段，边坡各测点将产生较大的沉降。随着时间的增长，各测点沉降速率逐渐减小，洞口围岩达到内部自平衡。如果此阶段沉降较大，且没有收敛的趋势，则隧道洞口一般会发生塌方事故，此时，应及时加强洞口段的支护结构，确保隧道洞口段安全。

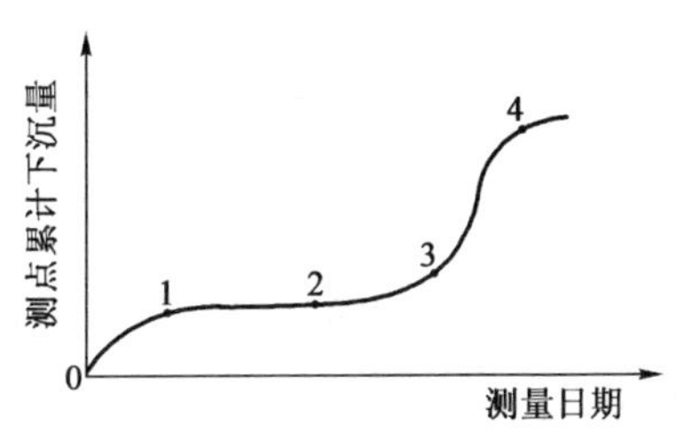

图 6-7 边坡沉降各阶段示意图

(2)平稳发展阶段

对应图 6-7 上 1～2 阶段。随着隧道的进一步掘进，施工对于洞口边坡的扰动将越来越小，洞口边坡保持平衡状态。此时，边坡会发生一些蠕变位移，但位移量一般较小。因此，该阶段的沉降曲线比较平缓。

(3)过渡阶段

对应图 6-7 上 2～3 阶段。在平稳发展阶段中，由于受到施工二次扰动、降雨等一系列因素的影响，隧道边坡测点的位移将开始缓慢增大，进入过渡阶段。例如，对于采用台阶法开挖的隧道，洞口地段下台阶的开挖将对边坡产生较大的扰动，围岩应力进行重分布，有些部位围岩将受到应力集中的作用，直至产生破坏，此时边坡测点沉降开始缓慢增长。

过渡阶段的持续时间，与围岩自身性质密切相关。在塑性变形较大的围岩地段，此阶段持续时间较长，而在脆性破坏的围岩段，则有可能在极短的时间内出现围岩失稳现象。

(4)加速沉降阶段

对应图 6-7 上 3～4 阶段。此时，边坡围岩内部已经发生破坏，边坡测点加速下沉，边、仰坡将开始出现较大裂缝，滑动面已经逐渐形成。监测时应该及时抓住此变化现象，及时报警，采取必要措施以防止衬砌和围岩失稳。

(5)破坏阶段

对应图 6-7 上 4 以后段。此时，边坡裂缝已经明显快速发展，边坡滑动面已经完全贯通，滑动面上的抗阻力已经小于下滑力，边坡发生滑动破坏。

总体来讲，上述五个阶段很少同时出现。大部分情况只发生初期沉降阶段和平稳发展阶段，边坡安全。

有时候直接由初期沉降阶段发展到破坏阶段，常见于隧道进洞时边坡发生滑动破坏。一般情况下，当沉降曲线发展到加速沉降阶段时，须立即进行补救性抢险措施，使曲线重新回归到平稳发展阶段上来。在实际工程中，还存在遇到各种组合综合作用的可能。

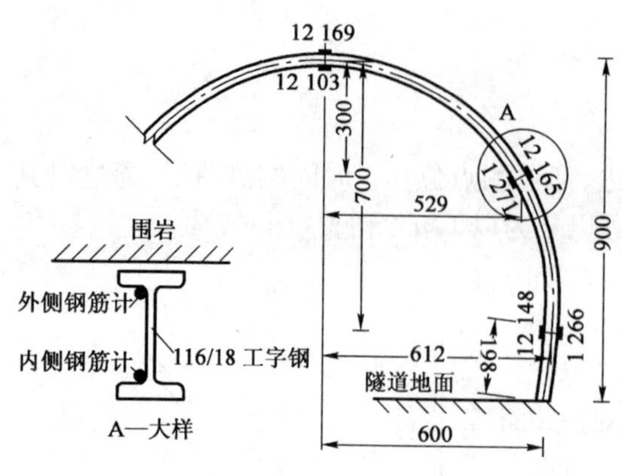

图 6-8　钢支撑内力测点布置示意图

2. 钢支撑内力稳定性分析

根据结构有关计算方法，可算出钢筋轴力计所在的拱架断面的弯矩，并在隧道横断面上，按一定的比例把轴力、弯矩值点画在各钢筋计分布位置，并将各点连接形成隧道钢拱架轴力及弯矩分布图。对于型钢钢拱架，用钢表面应变计或钢筋应力计可以测定出，其他与格栅钢拱架的钢筋计量测法相同。

具体计算方法如下(图 6-8)。

计外侧钢筋计量测出来的轴力为 N_1，内侧钢筋计量测出来的轴力为 N_2，则外侧钢筋计的应变为：

$$\varepsilon_1=\frac{\sigma_1}{E_1}=\frac{N_1}{A_1E_1}$$

内侧钢筋计的应变为：

$$\varepsilon_2=\frac{\sigma_2}{E_2}=\frac{N_2}{A_2E_2}$$

式中：A_i——钢筋计面积，$A_i=\frac{\pi}{4}d_i^2$，$i=1,2\cdots$；

d_i——钢筋计直径。

考虑到钢筋长度较短，在钢筋计长度范围内，钢拱架为直梁，即不考虑钢拱架弯曲影响。假定钢筋计与钢拱架应变协调(图 6-9)，则：

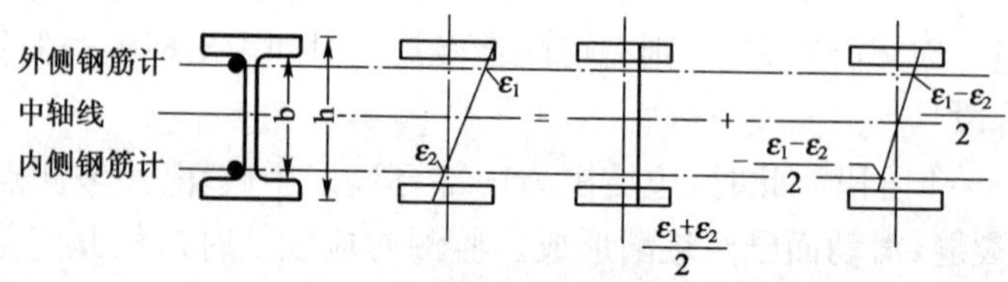

图 6-9　钢支撑内力转化示意图

设工字钢的面积为 A_0，惯性矩为 I_0。设受拉应变为正，受压为负。将钢拱架应变进行拆分，分为纯轴(轴力)应变＋纯弯(弯矩)应变。其中纯轴向应变的特点为整个截面应变相同，应变由轴力引起，不产生弯矩。对本例则为：$\frac{\varepsilon_1+\varepsilon_2}{2}$

纯弯应变完全由于弯矩作用引起，关于中轴线对称分布，且大小相反。对本例钢筋计布置处为：$\pm\frac{\varepsilon_1-\varepsilon_2}{2}$；则钢拱架轴力为：$N=\frac{\varepsilon_1+\varepsilon_2}{2}E_0A_0$

式中：E_0——钢拱架弹性模量。由 $\varepsilon E=\sigma=\frac{My}{I}$，得钢拱架弯矩为：

$$M=\frac{\varepsilon E_0 I_0}{y}=\pm\frac{\frac{\varepsilon_1-\varepsilon_2}{2}E_0 I_0}{\frac{b}{2}}=\pm\frac{(\varepsilon_1-\varepsilon_2)E_0 I_0}{b}$$

考虑到钢支撑与喷射混凝土的结合作用，钢支撑的平面外失稳在隧道中可能性几乎没有，平面内失稳验算可参照钢结构的相关规范执行。

3. 二次衬砌及中墙内力分析

钢筋计安装时与二次衬砌环向受力筋串联，假定与钢筋计连接的钢筋轴力与钢筋计轴力相等；混凝土衬砌与钢筋有较好的应变一致性，因此，混凝土的应变与钢筋的应变相等。

取隧道轴向单根钢筋轴向控制宽度为 b 进行计算，一般为钢筋中心轴向间距，每单位长度承载能力乘以 $1/b$ 的系数进行计算。

(1)内外侧钢筋一侧受拉、一侧受压情况

如图 6-10 所示，通过对钢筋轴力的监测，我们可以从下面的关系式得到混凝土的受力情况。

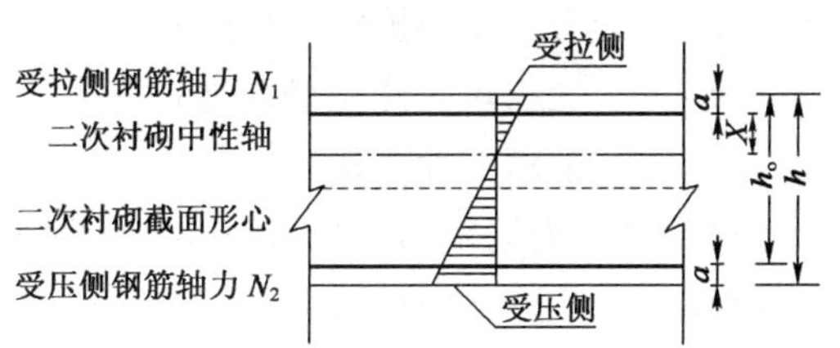

图 6-10 内外侧钢筋一侧受拉，一侧受压，处于弹性状态

根据轴力确定中性轴的位置：混凝土应变与钢筋应变保持一致。根据以下关系式计算钢筋应变：

受拉钢筋应力：$\sigma_l=\frac{N_l}{\frac{1}{4}\pi d^2}$，同理，受压钢筋应力：$\sigma_y=\frac{N_y}{\frac{1}{4}\pi d^2}$

计算钢筋的应变： $\varepsilon_l=\frac{\sigma_l}{E_s}$， $\varepsilon_y=\frac{\sigma_y}{E_s}$

式中：ε_l——受拉钢筋应变；

ε_y——受压钢筋应变；

E_s——钢筋弹性模量；

N_l——受拉侧钢筋轴力，取正值；

N_y——受压侧钢筋轴力，取正值；

d——钢筋直径。

如图 6-10 所示，根据三角形相似原理，有以下关系式：

$$\frac{\sigma_l}{\sigma_y}=\frac{x}{h_0-x-a}\text{，经过整理，得：}x=\frac{\sigma_l(h_0-a)}{\sigma_l+\sigma_y}$$

式中：a——受拉侧钢筋保护层厚度；

h_0——衬砌截面有效高度；$h_0=h-a'$；

h——截面高度；

a'——受压侧钢筋保护层厚度；

x——中性轴至受拉侧钢筋外侧的距离。

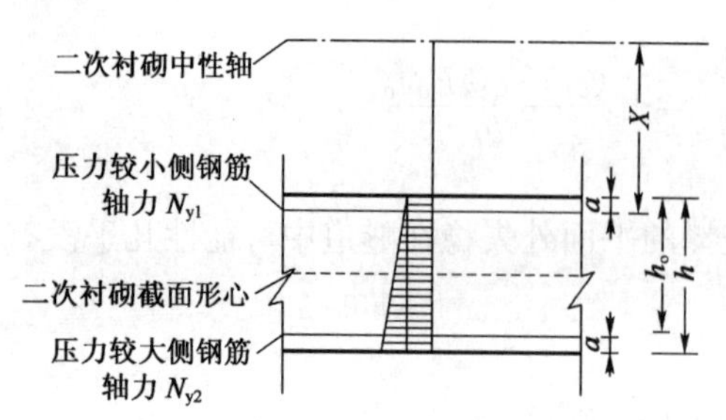

图 6-11　内外侧钢筋均为受压

(2)内外侧钢筋均为受压(图 6-11)

根据以下关系式计算钢筋应变,受压较小侧钢筋应力和受压较大侧钢筋应力:

$$\text{较小}:\sigma_{y1}=\frac{N_{y1}}{\frac{1}{4}\pi d^2},\text{较大}:\sigma_{y2}=\frac{N_{y2}}{\frac{1}{4}\pi d^2}$$

计算钢筋的应变:

$$\varepsilon_{y1}=\frac{\sigma_{y1}}{E_s},\varepsilon_{y2}=\frac{\sigma_{y2}}{E_s}$$

式中:ε_{y1}——受压较小侧钢筋应变;

ε_{y2}——受压较大侧钢筋应变;

E_s——钢筋弹性模量。

根据监测钢筋轴力,可计算出衬砌承受弯矩。

根据钢筋应变以及几何关系,判断衬砌混凝土所处的状态。一般以不允许出现拉裂缝为隧道监测的基本要求。

其余变形及内力监测成果,可通过与设计控制指标的比较来分析其是否超过控制标准,进而评价隧道及围岩的稳定与安全。

第二节　连拱隧道现场监控量测典型实例及其应用

思小高速公路连拱隧道现场监测小组,对四座连拱隧道进行监控量测,积累了大量有价值的现场数据资料,对指导现场施工,发挥了举足轻重的作用,以下通过具体的监控量测数据,探讨对施工的指导意义。

一、连拱隧道现场监测实例

1. 拱顶下沉量测典型实例分析

通过对连拱隧道拱顶下沉监测,可以了解被监测断面的变形状态,判断隧道拱顶的稳定性,现以思小高速公路上的曼歇 4 号为例,根据拱顶下沉观测结果,判断连拱隧道拱顶稳定状态。

曼歇 4 号隧道上的 SK4＋177 断面,初期支护时上拱顶下沉测点始布于 2003 年 9 月 1 日,9 月 5 日从该处进洞开挖。9 月 7 日,该断面上的 G3 点突变下沉到 60mm、G1 点下沉达到 17mm、G2 点上升到 15mm。

结合现场实际情况分析,监控量测小组认为:这明显地表明是偏压所致。随后下令停止开挖作业,监测数据立即平稳下来。然后,改为从出口端进洞。由于以后一直未对该断面进行开挖,因此,其拱顶观测值基本保持不变,其监测曲线如图 6-12 所示。

由于出口端的开挖,从而影响了下行线拱顶下沉的变化情况,下行线 XK4＋340 初期支护

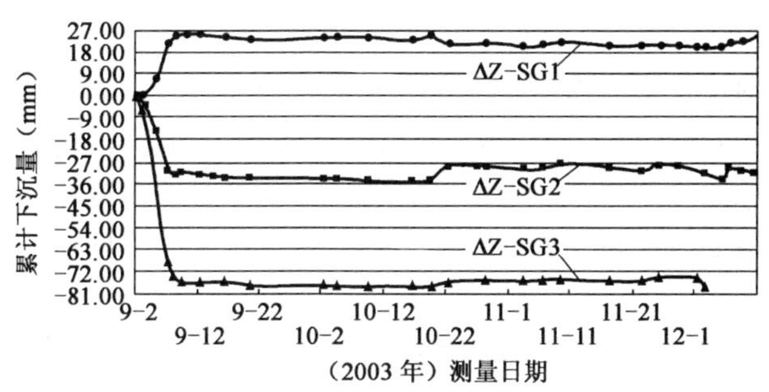

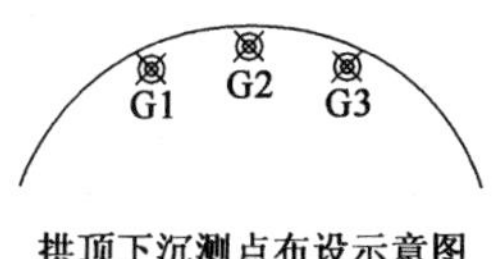

图 6-12 曼歇 4 号 SK4＋177 初期支护拱顶下沉曲线图

拱顶下沉断面观测点始布于 9 月 20 日，随后其测值显著增加，十天内拱顶测点 G2、G3 测值分别达到：－29.95mm、－36.3mm，拱顶右测点 G1 被破坏。监测组分析认为：一方面是隧道偏压所致，另一方面是围岩松动的松动压力作用在初期支护上，并且超过了初期支护的承载能力，从而致使变形显著增加。

2. 周边收敛量测实例分析

周边收敛量测是必测项目，它操作简便获取数据容易，并能够简洁清楚的反映隧道的变形情况，为施工过程的控制、动态反馈提供了非常宝贵和重要的资料。

图 6-13 是曼歇 4 号隧道 XK4＋208 断面二次衬砌收敛曲线图，从该图中可以看到：周边收敛量整体有增加的趋势，断面布设之初 2004 年 8 月 8 日到 8 月 15 日变形较为明显，增加幅度加大，测值最大值达到 6.61mm。

分析表明：是由于前方掌子面开挖对其产生的影响所致，鉴于影响不大，因此只有 AC 测线增加明显。随后数据曲线进入较为稳定的时间段内，上下变动幅度不大，整体上有略微增加的趋势。但是，在 12 月 3 日，其测值发生明显的增加，最大测值为 8.94mm、－16.18mm、2.73mm，这是由于上行线开挖至此处，对其产生的影响所致。由于此开挖面距离贯通面只有 20m 左右，并且该端偏压影响显著，因此施工单位为谨慎施工，其掘进速度十分缓慢，每日进尺不到 1m。从曲线图 6-13 中看出：相当一段时间内的数据测值明显增加。随着隧道的贯通，在 2005 年 1 月中旬左右，其测值又趋于平稳，由于该断面受明显偏压的影响，总体上仍有增加的趋势。

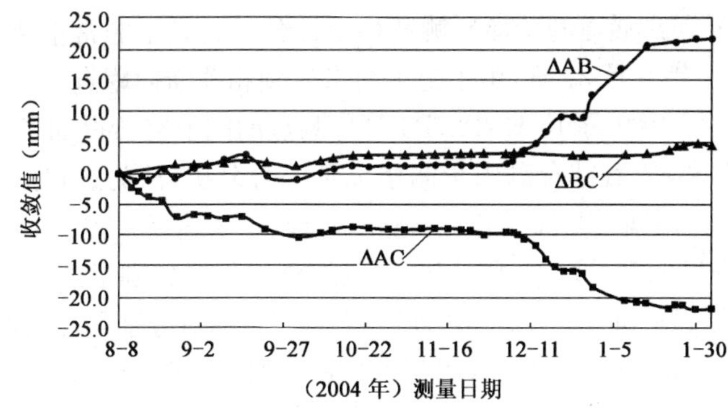

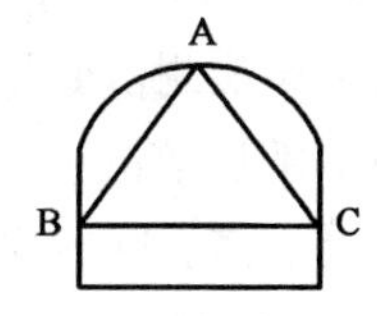

图 6-13 曼歇 4 号 XK4＋208 二次衬砌收敛曲线图

3. 地表沉降、边仰坡稳定监测实例分析

地表沉降和边、仰坡位移，都是监测项目中实施的对围岩状况和支护状况进行监测和分析的重要手段。在曼歇4号连拱隧道上，共布设了两组地表沉降和边坡位移监测点，分别位于出口端和进口端。进口端累计布设边坡与地表测点10个和21个，出口端累计布设边坡与地表测点10个和12个，同时，在右侧山体的抗滑桩上布设测点5个，有效的掌控了抗滑桩随着隧道施工进程的变形情况。

边坡各测点起始布设日期为2004年5月25日，此后一直监测到2005年1月30日，图6-14是地表及边坡位移测点布置位置的示意图，图6-15是地表测点P2、P3的变化情况。

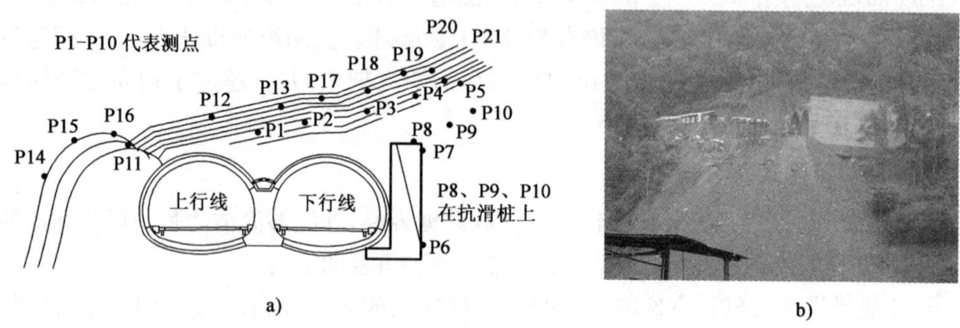

图6-14 曼歇4号进口端地表及边坡测点布置位置和进口施工实况
a)测点布置位置；b)左侧山体护坡因边坡位移过大而遭破坏

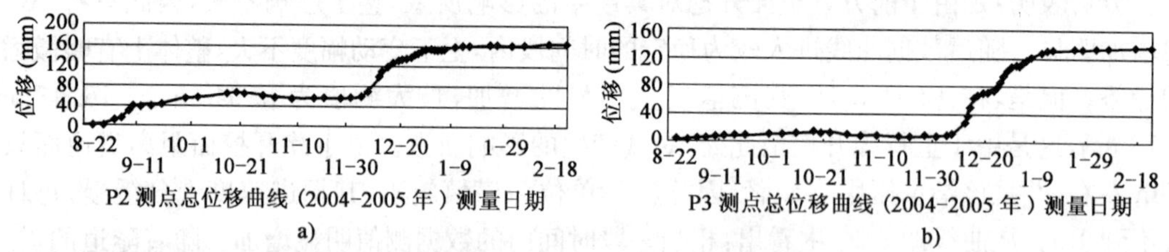

图6-15 曼歇4号进口边坡测点位移曲线
a)边坡测点P2总位移；b)边坡测点P3总位移

地表沉降、边坡位移对曼歇4号连拱隧道的变形预测和稳定性分析起到了非常重要的作用。边坡P2、P3等测点安装于2004年8月22日，由于施工尚未达到相关断面附近，因此，测点开始位移观测值变化不大。至2004年9月15日，P2、P3等各测点的测值突然增加了10～15mm/d，随后监测组加大了量测力度，最后结合洞内量测情况及综合分析，认为进口边坡发生了浅层滑移。随后立即停止了施工，采取相应的加固措施并重新制定了施工方案。至12月14日，从进口端才进行缓慢开挖，进口地表P2、P3、P4三个测点的总位移值急剧增加，测值的增加主要发生在竖直方向，表现为地表下沉。从12月8日到15日三个测点分别累计增加了：49.6mm、39.1mm、20.9mm，尤其是14日和15日一天内三点分别增加8～10mm，随后停止开挖并采取措施，才避免了险情的发生。2005年1月9日后曲线趋向平稳，这时隧道已经将要贯通，且掌子面距离两点相距较远，变形趋于缓和。

4. 围岩内部位移监测实例分析

对围岩内部位移量测,能够较好地反映隧道开挖时围岩内部的位移变化情况,是科研分析和现场监控的重要工作之一。思小高速公路上的南岛河隧道,在 K22+260 断面上布置了多点位移计,对围岩内部位移进行监控量测,其测点布置图如图 6-16,测点位移曲线如图 6-17、图 6-18 所示。

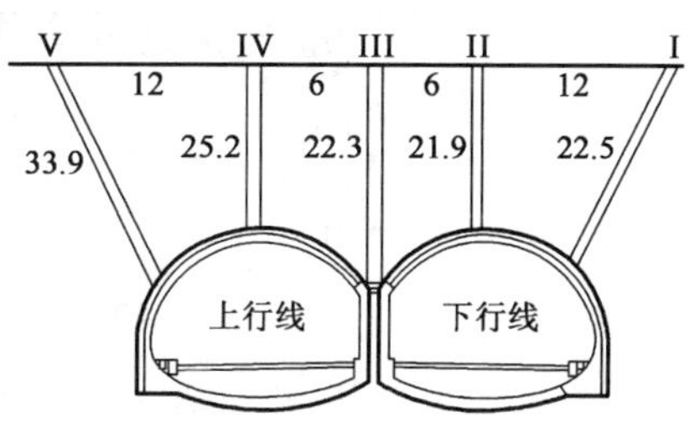

图 6-16 示南岛河多点位移计布置示意图
(尺寸单位:m,I~V 表示钻孔编号)

2004 年 4 月初布设多点位移计,初期位移值变动很小,8 月下旬下行线掌子面施工至 K22+260 附近时,多点位移计测点位移值的变动开始显示出隧道施工对围岩的影响,测点曲线图准确的反映了围岩内部的变形情况,掌子面的开挖对围岩的稳定产生了较大的影响,最大松动变形达 40mm。而多点位移计所埋设的断面位置为隧道浅埋地段,监测组在相应于多点位移计测点处布设了地表测点,在对围岩内部位移量测的同时,也对相应的地表沉降进行了观测,对应的地表沉降也于同一时期产生了较大的变化。监测组与施工方、业主进行交流后认为,浅埋隧道由于上伏岩层厚度不足,自身难于成拱,隧道开挖的扰动使得上伏岩体成为松散体,所以在施工过程中应及时施作初期支护,防止塌方事故的发生。由于数据反映及时,采取措施得当,变形较快的趋于稳定,保证了隧道施工的安全。

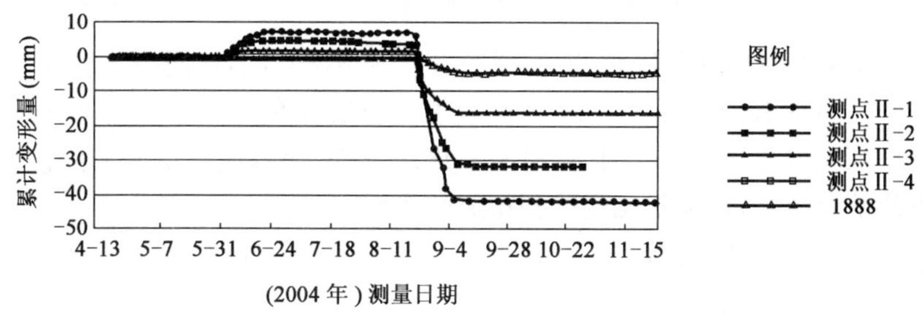

图 6-17 南岛河隧道多点位移计—测点 II 变形曲线

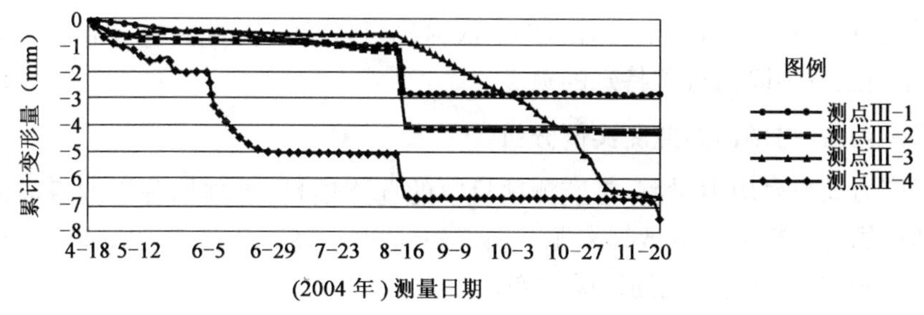

图 6-18 南岛河隧道多点位移计—测点 III 变形曲线

5. 接触压力监测实例分析

接触压力量测是隧道监测的选测项目,它是监控围岩和初期支护之间,以及初期支护与二次衬砌之间相互作用情况的重要手段,用对其监测数据,绘出曼歇 4 号隧道 XK4+291 断面初期支护与围岩间、初期支护与二次衬砌间接触压力变化曲线，详见图 6-19、图 6-20。

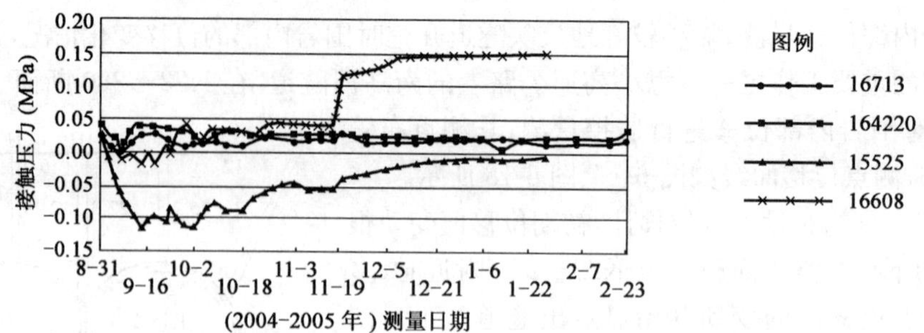

图 6-19 曼歇 4 号隧道 XK4＋291 断面初期支护与围岩间接触压力变化曲线

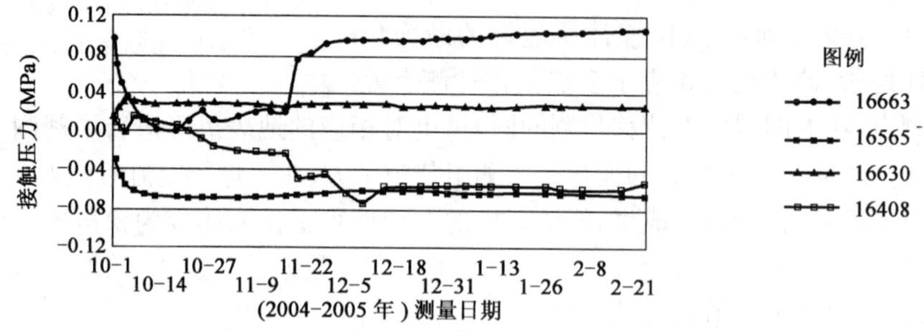

图 6-20 曼歇 4 号隧道 XK4＋291 断面初期支护与二次衬砌间接触压力变化曲线

图 6-19、图 6-20 是曼歇 4 号隧道监控量测实例，从该图看出，在断面 XK4＋291 初期支护最大应力出现在下行线右侧拱脚处，二次衬砌最大应力出现在下行线左侧拱脚处。压力盒读数呈现出相同的变化趋势，即在 11 月 20 日左右出现突变，而且最大值分布的位置情况，也说明因为偏压的影响，使得隧道支护结构受到扭矩的作用。

压力盒读数发生突变的原因，主要是因为上行线施工到相应里程的时间段内，开挖对相邻隧洞的稳定产生较大的影响。

新奥法的核心理论认为：初期支护与围岩的共同作用，应当是隧道稳定的主要保证，而二次衬砌应当在初期支护趋于稳定之后才能施作。但是，由于围岩自身的客观条件和施工工艺的不同，在某些特殊情况下，如果及时施作二次衬砌，可以弥补初期支护和围岩共同作用的不足，对于防止隧道发生险情有着特殊的意义。

6. 钢拱架内力、衬砌内力监测实例分析

钢拱架应力及衬砌应力量测，是监测项目中的选测项目，是现场分析的重要辅助手段，是进行连拱隧道稳定分析的重要数据来源。图 6-21 是思小高速公路上的麻地河 1 号(现松山岭 1 号)隧道相应断面二次衬砌钢筋计受力变化曲线。

麻地河 1 号(现松山岭 1 号)隧道是一座典型的偏压隧道，从各种观测数据的综合分析结果可以看出：隧道受到相当程度的扭矩，该隧道设计在进口设置了反压墙，出口设置了抗滑桩，在相当程度上，这些措施保证了隧道安全和顺利施工。

从图 6-21 中可以看出，隧道局部受力是相当大的，存在应力集中现象。2004 年 8 月底位于断面 SK48＋520 的初期支护钢筋计的最大应力，已经达到了 12kN 以上，二次衬砌与仰拱的及时

施作，在相当大的程度上减小了初期支护钢筋计的应力变化趋势。从图中还可以看出，断面SK48+520二次衬砌钢筋计的受力也相当大。这一现象引起监测组的高度重视，在以后的监测中，加大了对这个断面的监测力度。随着施工进度的发展，该断面的监测数据渐趋稳定。

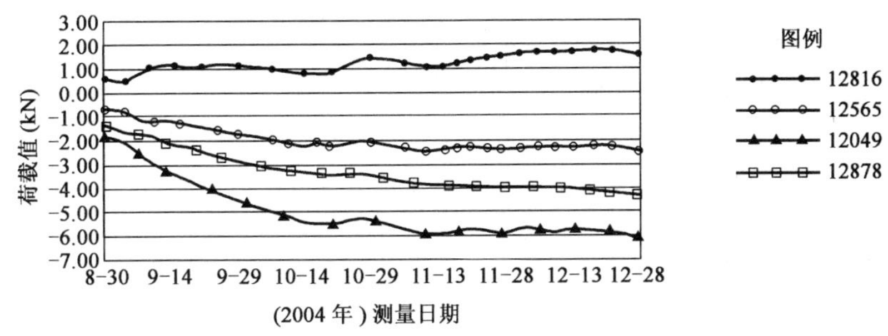

图 6-21 麻地河1号隧道 SK48+520 断面二次衬砌钢筋计受力变化曲线

7. 锚杆轴力监测实例分析

锚杆轴力量测是监控量测中的选测项目，它对于加固破碎围岩有着相当重要的作用，通过对锚杆受力的量测，可以较为准确地反映围岩内部的情况，有利于准确把握围岩与支护结构的相互作用，这是其他监测项目所不及的。

为了监控量测锚杆轴力变化状况，在麻地河4号(现松山岭4号)隧道下行线XK52+076、XK52+123、XK52+197断面上，安装锚杆轴力测点(图6-22)。从整个监测过程来看，锚杆受力监控数据，准确地反映了隧道的施工过程和围岩的变化特性。锚杆安装初期，由于掌子面受到扰动的影响，围岩发生了松动变形，锚杆受力值逐渐增长，随着掌子面远离，围岩才趋于稳定，受力也渐渐趋于稳定。从同一断面的其他相关监测的观测值的变化情况也可以得出这个规律。而对锚杆受力的观测也真实地反映了锚杆对围岩稳定的作用，在不破坏锚杆的情况下，起到了对锚杆的实际检测效果作用。

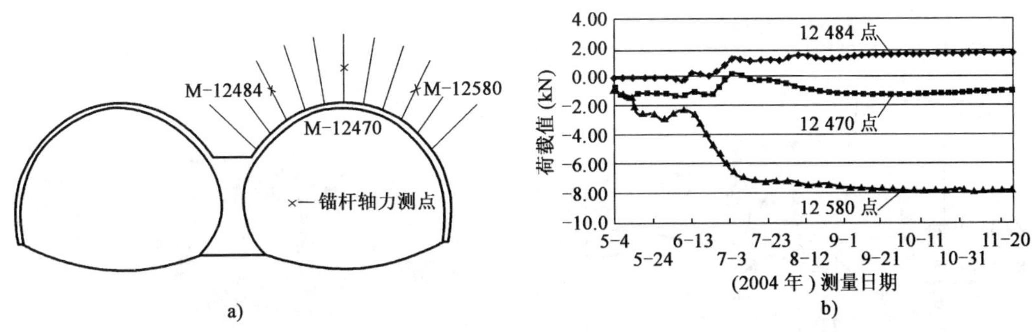

图 6-22 麻地河4号(现松山岭4号)隧道 XK52+123 断面锚杆轴力监测

a)监测锚杆布置图；b)锚杆计受力曲线

8. 裂缝测量典型实例

2004年11月13日，监测组在思小高速公路上曼歇4号隧道下行线进口端，发现了二次衬砌上出现3条斜向裂缝，但是，当时裂缝发育十分不明显，随着12月1日进口端上行线的开挖，裂缝逐渐有扩展现象，后期一共发现6条裂缝，并且发育已经较为明显，监测组于12月22

日对裂缝进行现场调查，调查结果如表 6-3 及图 6-23 所示。

曼歇 4 号裂缝统计一览表

表 6-3

编号	位置	裂缝性质	缝宽(mm)	缝长(m)	径向错动(mm)	与轴线交角(°)	发现日期	备注
①	XK4+182 中墙侧拱腰	纵向，波纹状	0.90～1.0	20～25	不明显	0	12.18	已安装测缝计
②	XK4+195 拱顶	斜向，羽状	2.0～2.7	1.8～2.2	不明显	72～75	11.13	已安装测缝计
③	XK4+195 拱顶	斜向，羽状	2.0～2.5	1.8～2.2	不明显	72～75	11.13	
④	XK4+196 中墙及拱腰	中墙环向，拱腰斜向	1.2～1.8	2.8～3.2	0.5～0.8	80～90	11.22	已安装测缝计
⑤	XK4+196 边墙	环向，波纹状	0.8～1.0	3.8～4.2	0.5～0.8	80～90	11.13	
⑥	XK4+209 拱顶	斜向	1.4～1.6	6.0～8.0	0.1～0.3	38～40	11.22	已安装测缝计

12 月 22 日，在隧道下行线进口端二次衬砌上的六条裂缝上，监测组安装测缝计 4 支(图 6-24)，裂缝特征情况如表 6-4 所示。

曼歇 4 号裂缝测点布置情况表

表 6-4

编号	位　置	裂 缝 编 号	裂 缝 特 征	备注
SL1	XK4+182 中墙侧拱腰	①	波纹状，走向与隧道轴线近平行	三维
SL2	XK4+195 拱顶	②	羽状，与隧道进口端轴线呈 72°～75°	三维
SL3	XK4+196 中墙侧拱腰	④	波纹状环向裂缝	三维
SL4	XK4+209 拱顶	⑥	斜向	三维

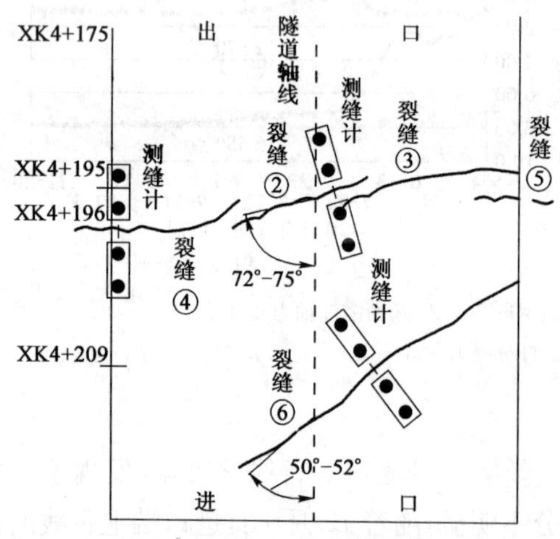

图 6-23　曼歇 4 号洞顶裂缝及测缝计安装示意图

中墙安装测缝计，裂缝编号④

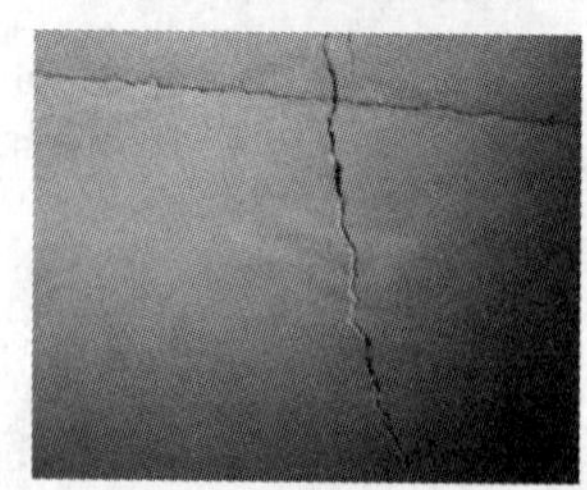

XK4+195 洞顶③裂缝

图 6-24　XK4+196、195 断面裂缝

随后监测组对裂缝产生的原因进行了分析：

(1)偏压是导致裂缝发育的主要原因

监测组对近期的地表位移以及抗滑桩位移变化监测表明，进口端洞顶山体顺着岩层层面向隧道外侧滑移。而且由于上行线的开挖影响，加重了山体滑移，山体的偏压力作用在隧道支护上。因此，上行线初期支护变形十分显著；下行线二次衬砌是刚性支护，累计到一定的变形，最终发展成为裂缝，裂缝的径向错动也表明了隧道受偏压的影响。

(2)松弛压力也是导致裂缝发育重要原因之一

根据设计资料，隧道出露地层为白垩系紫红和褐红色泥岩、泥质粉砂岩、粉砂岩不等厚互层，岩石节理裂隙发育，岩层破碎。在隧道进出口处，上部有 4.5～7.5m 碎石土覆盖，该碎石土层稳定性差，洞口开挖时易产生滑坡。以上资料表明，隧道进口端的围岩较差，抗剪强度很低，致使隧道上方一定范围内的岩土体全部作用在支护上，由于偏压荷载的作用，导致下行线二次衬砌上裂缝的产生。

根据调查结果，隧道建设相关各方及时采取措施，通过后期的监测数据表明，裂缝发展已经趋于稳定，没有继续扩展和加剧的趋势。

9. 中导洞收敛位移反馈分析流程

在连拱隧道施工中，中导洞先行开挖，现场监控量测，从而得到中导洞收敛位移(图6-25)。通过对中导洞收敛位移的反演分析，确定围岩的物理力学参数后，然后进行正分析。在分析结果的基础上，了解围岩和结构受力状态，以指导后续安全施工。

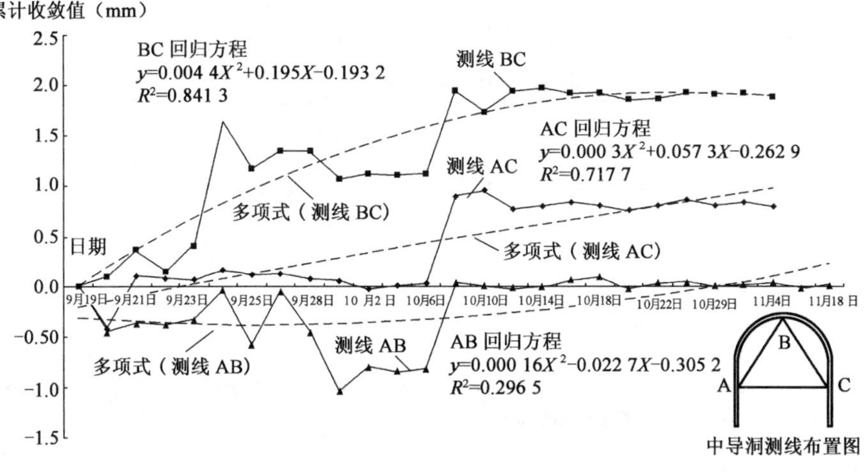

图 6-25　麻地河 4 号中导洞 k52+96 收敛位移曲线及其回归方程

目前，除了反演分析的理论研究有待深入，使其更符合实际情况外，在监测过程中，中导洞收敛位移的离散性，也是限制中导洞反演分析发展的主要原因之一。中导洞收敛位移反馈分析流程如图 6-26 所示。

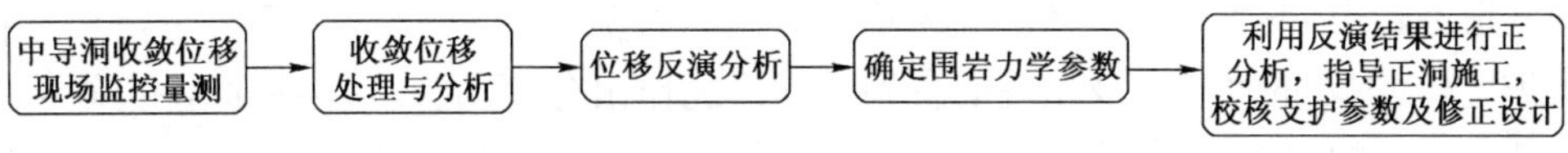

图 6-26　中导洞反馈分析流程

二、连拱隧道现场监测工作要点

1. 现场监控量测项目确定及量测断面选择

根据公路隧道施工规范规定现场监控量测项目，从总体上划分为两类：必测项目和选测项目。前者是主要监测项目，后者是为进一步了解围岩内部松弛、位移、受力、围岩与衬砌间的相互作用以及衬砌的内力及位移情况等而设立的，后者其量测过程较繁复，且投入较大。

具体到某个隧道监测项目，都是根据具体情况做出具体选择。就单纯为服务和指导现场施工、预测预报可能会出现的塌方等隐患而言，考虑到经济性和实用性，监测组认为现场监测项目可选择为：

- 地质和支护情况观察；
- 周边收敛量测；
- 拱顶下沉量测；
- 地表下沉及边坡位移量测。

上述监测项目中，地质和支护情况观察，主要针对掌子面及其附近；周边收敛和拱顶下沉量测，主要针对初期支护，二次衬砌在一定阶段，也可进行本项目的量测；地表下沉一般针对进出洞的浅埋地段，或浅埋隧道的整个长度范围；边坡位移主要针对隧道施工中的进出口边、仰坡。在确定测点布置方案时，通常需考虑的主要因素见表 6-5。

在确定量测断面时，需考虑的主要因素表 表 6-5

项　目	考虑因素及实施方式
围岩级别	根据岩体结构的特征，沿着轴线走向对围岩分类，并对各类典型围岩设置代表性观测断面，以期在总体上得到开挖过程中各类主要岩体结构的变形规律
地质条件	对工程地质条件较差的地段，在观测断面上增加观测点的数量，或在按地质资料分析所得的围岩有可能发生突破性破坏的位置上布置测点
断面形状	隧道形状尺寸发生较大变化时，按上述原则增加代表性观测面；在工程结构发生突然变化的部位，例如在岔洞接头所在的部位增加测点
受力性态	根据隧道形状以及荷载分布方向等工程特点，分析在可能出现较大变形的部位设立观测点
量测便捷	在比较容易现场布置测点和读取数据的地段布置测点

2. 量测基准值设定及设计修正方法

在隧道施工中，现场监控量测已成为不可忽视的重要环节，据此可获得大量信息，用其对隧道支护结构、围岩的动态以及出现的各种异常情况作出分析与评价，并依此进行修正设计，已成为隧道设计的主流方法，这也是动态反馈与信息化施工的核心流程。修正设计主要分为两种情况：

(1)修正未开挖部分预设计

根据地质调查结果,设计出标准的支护模式;然后,再根据施工中的观察、量测结果和具体的围岩状况,对未开挖地段的支护模式,或施工方法进行合理地修正。此时,因围岩条件、位移值和当初预计的差异不同,修正的内容和规模也不同。同时,为确保施工安全、高效、也要修正辅助工法。

(2)变更已设计部分初步设计

根据量测结果,开挖后位移如果不收敛,可采取增打锚杆、增加喷混凝土厚度、仰拱临时闭合等对策。同时,当要求地表下沉和对周边结构物的影响必须限制到一定限度内时,应分析研究量测结果和当前支护结构的力学性能。

根据量测结果进行修正的方法,基本也可分为两类,即按净空位移值大于和小于预测值分类。两种情况的修正和注意事项列于表6-6。

连拱隧道设计的修正方法和注意事项 表6-6

现　象	修正方法	注意事项
净空位移值比预计大的情况	扩大变形富余量	应确认连拱隧道中墙没有发生偏移; 应确认喷混凝土没有开裂; 应确认锚杆轴力有富余; 应确认变形是收敛的
	增强支护构件	增加喷混凝土厚度、锚杆长度、根数; 缩短钢拱架、锚杆等间距; 在破碎带、塑性化显著的围岩中,提高支护构件刚性,有时会收到控制变形的效果; 在偏压严重的围岩情况下,中墙应打上底部锚杆
	断面闭合	用仰拱或临时仰拱闭合; 控制变形是最有效的措施
	加强掌子面及掌子面前方	掌子面自稳性差的情况,采用超前支护等辅助工法
	变更开挖工法	采用三导洞加多台阶开挖方法,控制变形
	中墙偏压控制	中墙顶部及时回填,加支撑控制中墙偏压影响; 条件允许情况下,做到平行施工
净空位移值比预计小的情况	减少支护构件	应确认锚杆轴力小; 与喷混凝土比,应减少锚杆数量
	缩小变形富余量	以充分的精致研究之

对于连拱隧道施工中出现的问题现象及处理措施列于表6-7,其中措施A指比较简单的处理措施,措施B指需要进行较大的支护参数变更才能解决问题的措施。

连拱隧道施工中的现象和处理措施 表6-7

施工中的现象		处理措施A	处理措施B
开挖面及其附近	正面变得不稳定	缩短一次掘进长度； 开挖时保留核心土； 向正面喷混凝土	打正面锚杆； 改善围岩状态
	开挖面顶部掉块增多	缩短开挖时间及提早喷射混凝土； 小导管等超前支护； 缩短一次掘进长度； 开挖面分部施工	加钢支撑； 改善围岩状态
	开挖面出现涌水或者涌水量增加	使用喷混凝土及早硬化； 喷射前做好排水； 设小网格的金属网； 设排水板	采用排水方法（如排水钻孔、井点降水等）； 改善围岩状态
	地基承载力不足，下沉增加	注意开挖不要损伤底部围岩； 加厚底部处喷混凝土，增大支承面积	增加锚杆； 缩短台阶长度，及早闭合； 用喷混凝土做临时仰拱； 改善围岩状态
	产生底鼓	及早进行仰拱喷射	在仰拱部分打锚杆； 缩短台阶长度及早闭合
中墙	产生偏移	钢支撑或木支撑支护； 偏移侧回填	中墙底部打向下锚杆； 左右洞平行施工
	渗漏水	增加排水通道	重新设计排水系统
喷混凝土	喷混凝土离层或剥离	开挖后尽快喷射； 加金属网； 解除涌水压力； 加厚喷层	打锚杆或增强锚杆
	喷混凝土应力增大，产生裂缝和剪切破坏	加金属网； 在喷混凝土中设纵向伸缩缝	增强锚杆（如加长）； 加入钢支撑
锚杆	锚杆轴力增大，垫板松弛或锚杆断裂	—	增加锚杆（加长）； 采用承载力大的锚杆； 视条件，为增加锚杆的变形能力，可在垫板间加入可压缩构件
钢支撑	钢支撑中应力增大，产生屈服	松解接头螺栓，清除喷混凝土，使之可伸缩	增加锚杆； 采用可缩式钢支撑，喷混凝土设纵向收缩缝
净空位移	净空位移增大，位移速度变大	缩短从开挖到支护的时间； 提早打锚杆； 缩短台阶及仰拱的一次开挖长度； 当喷层有裂缝时，应设纵向伸缩缝	增加锚杆； 缩短台阶长度，提早闭合时间； 视条件，为增加锚杆的变形能力，可在垫板间加入可压缩构件； 采用超短台阶法或临时仰拱

3. 连拱隧道现场监控量测技巧

1)收敛量测

在公路隧道现场监测中,收敛量测最为常见,也为大多数技术人员所掌握。针对量测过程中在拱顶位置挂收敛挂钩较为困难的问题,结合多座隧道的现场监测经验,介绍用鱼杆辅助的办法:

鱼杆长度不小于10m,以12m较佳,摘下鱼杆前端较细的数节,用适当粗细的铁丝加工一小挂钩,固定在该鱼杆顶端(图6-27中的挂钩a),再在收敛尺挂钩附近,固定一类似挂钩(图6-27中的挂钩b),使用时将a挂住b,然后伸长鱼杆,即可方便地将收敛计挂钩挂向高处。

2)拱顶下沉量测

拱顶下沉可采用多种方法量测,常见的方法有:收敛计量测、水准仪量测、全站仪量测等。在此,课题组推荐全站仪量测方法,其量测精度较高,数据采集也很方便。

在被测断面的拱顶位置,布设3个反光贴片,并在距离该断面数十米位置可选择已施作的二次衬砌,或可认为该处衬砌变形已经稳定的位置,贴1个反光片作为后视点,使用全站仪的“对边量测”功能,可以量测出被测点与后视点间的相对位移,该位移即拱顶下沉量(图6-28)。

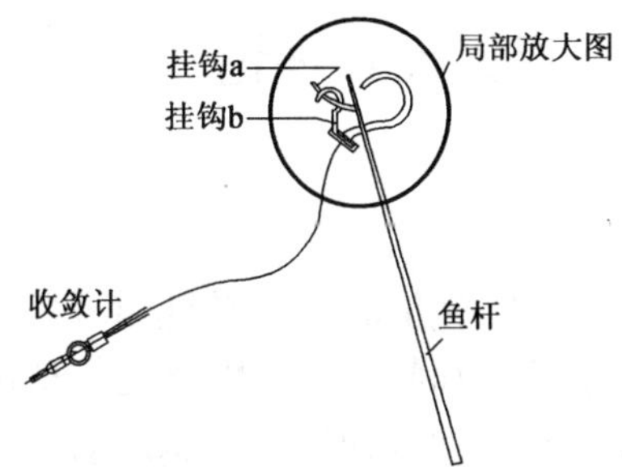

图6-27 用鱼杆辅助方法高挂收敛计示意图

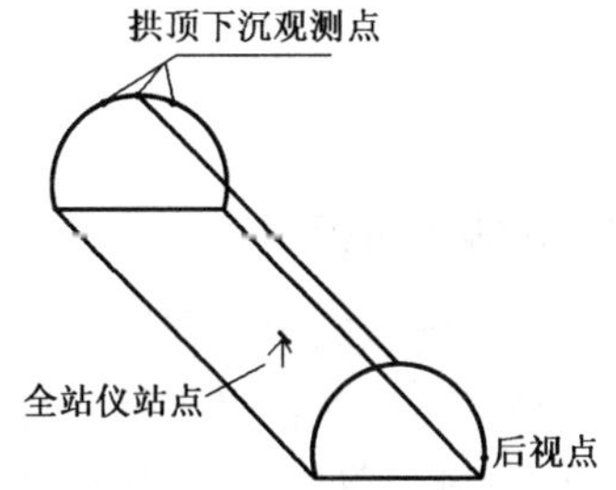

图6-28 使用量测专用反光贴片配合全站仪进行隧道拱顶下沉量测示意图

连拱隧道结构特殊,工序比单洞隧道复杂得多。因此,为了保证连拱隧道安全顺利施工,在施工过程中,加强监控量测工作,对设计、现场施工实施动态反馈,积累第一手现场资料,提供宝贵的信息。

连拱隧道特殊之处,在结构上主要体现在中墙上。在施工过程中,它的力学转换过程,也比分离式隧道复杂,而中墙是最能直接表现这一转换过程的隧道构件,针对连拱隧道中墙的监测显得尤为重要。

在连拱隧道的施工中,中导洞先行开挖,由现场监控量测得到中导洞收敛位移,通过对中导洞收敛位移的反演分析,确定围岩的物理力学参数后进而进行正分析,其分析结果对后续施工过程中的围岩和结构受力状态有显著的指导作用。

现场监控量测是连拱隧道新奥法施工中的核心部分,在跟踪围岩动态变化,了解围岩应力分布,判断围岩稳定性,掌握支护结构受力状态,确定衬砌支护形式、支护参数和合理的支护时间,评价支护结构的合理性及安全性等方面起着传统方法无法替代的作用。

第七章
连拱隧道动态反馈设计与信息化施工

本书所称的隧道信息化设计和施工，主要由三部分组成：信息采集、信息处理、信息反馈。其实质上是通过分析施工前和施工过程中采集到的大量信息，经过数据处理和分析研究得出新的结果，以指导设计和施工，以期获得最优地下结构的一种设计施工方法，也可称为情报化设计施工方法。这种方法将有助于解决隧道设计与施工脱节问题，使设计、施工向着一体化方向发展。

第一节　隧道信息采集与动态反馈设计理论

1. 信息化施工执行程序

隧道信息化施工的执行程序，一般是科研单位或院校受建设方委托，实施隧道现场监控量测，采集并分析信息，对信息进行处理，把处理结果反馈于设计和施工中。因此说信息化施工是由建设单位、科研单位、施工单位和设计单位共同完成的。一般情况下，参加信息化施工的各方分别承担以下责任：

· 建设方负责协调监控、设计、监理、施工各方关系，提供所需经费。

· 监控方负责完成监测任务，根据监测结果，对隧道施工过程中遇到的问题提出意见和建议，对施工中出现的质量问题向建设方报告，主要为建设方服务。

· 设计方根据监控方的意见和建议，对预设计进行修改。

· 施工单位则贯彻落实监控方提出的合理施工建议。

· 监测技术的成果归监测和建设方共同所有，并履行必要的保密义务。

然而，现在公路隧道的信息化施工，基本上是采取信息化技术处理与施工分散独立的运行管理模式，相互之间应当相互协调和默契配合，构成一个完整的，由业主、设计、监理、施工、监测等单位协作构成的多级信息化施工系统，据此所建立的系统应该满足以下要求：

(1)使用满足测试精度要求的测量仪器。

(2)能够如实地反映实际的施工动态。

(3)能够对采集的数据进行深层次的挖掘和处理分析。

(4)得出的结论或建议，要能够满足隧道行业要求，能够对工程施工起到重要的指导和预测作用。

2. 信息化施工数据采集

按照现行的《公路隧道施工技术规范》的要求，现场量测仪器应根据量测项目的需要及监测仪器现状选用。所选用的仪器，应当物理概念明确，简单可靠、耐久性强、成本低、稳定性好，又有足够大的量程，便于进行分析和反馈。

监控量测的内容一般分为两类：必测项目和选测项目，各自具体监测内容，见本书第六章第一节。

在隧道施工中，进行地质研究是不可缺少的，也是科学决策的重要依据。目前，关于隧道施工中的地质研究，国内外处于起步阶段，研究尚不充分。隧道施工超前地质预报，是将定性和定量两种方法相结合，进行预报与防治，保证隧道工程质量和支护安全的一种重要手段。其地质超前预报方法，比较成功的有：地质雷达、TSP 隧道探测仪、围岩弹性波等测试手段。

洞室围岩表面及内部的变形和位移监测，目前主要采用收敛仪、水准仪和多点位移计、高精度电子全站仪等进行量测。

围岩及支护内力监测，常采用压力盒、钢筋计、应变仪等振弦式测量仪进行量测，通过应变片输出的电讯号测出应变值，再根据标定关系计算出外力值。

3. 信息化施工数据处理与信息反馈手段

1)信息化施工反馈方法

由监控量测所获得的信息进行反馈的方法，主要有理论分析方法和数理统计方法两种。

(1)理论分析方法

理论分析方法系定性分析，利用量测结果修正主要设计参数，即反演分析出与观测结果一致的设计参数，再把它用于以后的设计计算当中。

(2)数理统计方法

数理统计方法是随机性的分析方法，即对量测数据进行相关分析之后，找出各变量之间的相关性，并模式化为量测曲线或数学方程，以此进行预估或判定。

这种方法避开了围岩中各种复杂的因素，将它们变为最简单的信息，再应用概率、统计分析的方法，来推求围岩和结构物的稳定状态等信息。

2)隧道稳定性评价

隧道稳定性主要是岩土体结构的稳定性。它的应力状态是通过其力学效应表现出来的。因此，一方面通过量测围岩的应力状态，用来认识岩土体结构；另一方面，还可以利用反演分析，求得岩土力学参数，进而进行稳定分析计算，以此评价隧洞围岩的稳定性，实质就是分析洞室围岩在工作过程中的应力和变形。

(1)对于埋深大、围岩完整的隧道，研究重点应放在围岩承载能力上，以围岩实际的应力水平作为围岩稳定性的判据。

(2)对于埋深浅、围岩较破碎的隧道，研究重点应放在围岩所能允许的变形上，以围岩实际的位移多少作为围岩稳定的判据。

通过对围岩稳定性的分析，一方面可以指导工程的后续施工，采取适当的施工措施，以最小的成本获得最优的安全支护体系;另一方面可以为地质条件类似的工程提供可靠施工经验资料,为隧道的类比设计提供依据。

3)围岩稳定分析软件

目前,有关数据处理方面的软件较多,主要有:

(1)王建宇等人在美、日等国隧道工程中应用的有限元法的基础上,结合国内经验,提出"线弹分析加围岩变形监控资料反馈修正"法,它是在隧道施工设计中有效应用有限元法的一种正确途径。但是,这种方法也带来了另一个问题,即"位移反演分析"很难操作实现。

(2)李世煇等人,在收集大量的隧(坑)道工程资料基础上,总结工程经验,运用系统科学的观点,建立了专家系统,采用边界元法,结合现场量测数据,进行隧道位移反演分析智能化研究,提出了"典型类比分析法",其成果在交通、水利、人防等领域得到了成功的应用。

(3)刘学增、朱合华在充分考虑岩土介质的各向异性和流变特性的基础上,建立了层状地基横观各向同性黏弹性位移反演分析模型,以预测后序施工段的结构和土体变形、内力等信息,以此分析模型为工程的信息化、施工反馈设计提供一种新的分析手段,促进了位移反演分析的发展。

(4)曹国金,姜弘道,张建斌根据工程实际,选取邓肯—张 $E-\mu$ 模型,以符合最小二乘法准则的位移误差函数加以构造,反演参数选定为 K、R_f、n、G,根据复合形法迭代步骤及正演模型,编制了相应的优化反演分析程序 CGJOPT. FOR。该程序主要由主控模块和 4 个子模块组成,即监测仪器管理模块、监测数据管理模块、计算模块和报表自动生成模块,各模块可以相互独立运行。

(5)张志刚,佴磊采用理论反演分析方法,开发了一套隧道信息化设计与施工程序,在信息反馈过程中既包含了隧道周边位移的反馈,又含有隧道围岩压力的反演,这样可以对两者的量测数据进行相互印证,以确保量测结果的可靠性。

(6)王浩,葛修润等人利用 GIS 技术对地形、地物、地质、施工和监测等信息进行全面采集,形成一个分布式的综合施工数据库管理系统,在此基础上实现量测数据的实时传输、实时分析处理、检索以及可视化成果的实时输出,形成了施工安全监测信息综合管理系统。

从以上的研究成果来看,监控量测和反演分析并没有得到很好的结合。新奥法的现场监测,也仅仅被用来当做判定隧道是否稳定的指标,根据经验进行类比性决策;而大多数情况下,反演分析被用于确定假定计算力学模型条件下的合理"等效设计参数"。若能将两者有机地结合起来,利用施工监测信息对隧道工程的稳定性作出合理的评价和科学的预测,并对支护参数和施工方法进行反馈设计,将会有很重要的实用价值。

4. 动态反馈设计基础和依据

动态反馈设计是根据变化的地质条件,对预设计进行修改。从设计习惯上说,这种对预设计所进行的修改称为修改设计;从施工习惯上讲,修改了原设计的结构,称为变更设计。

对于隧道工程,由于人们事先对其地质条件难以做到全面了解,所以根据工程类比方法做出的隧道工程设计,仅仅是初步的,称为预设计。在施工过程中,由于地质条件不断变化,根据多方反馈信息需要随时对预设计进行修改,这种在动态中做出的设计,称之为动态设计。

1)动态设计的基础

公路隧道的预设计，是具有相应资质的勘察单位按照规定的程序，经交通主管部门审批确定的。因此，动态反馈信息设计，只是针对支护结构预设计而言，主要针对衬砌结构设计，不涉及隧道的技术标准。所以说，动态反馈设计只是在预设计基础上，对衬砌结构进行调整，以使其适应具体的围岩条件。

2)动态反馈信息

动态反馈设计的依据是反馈的信息。对于公路隧道而言，其反馈的信息是地质超前预报、监控量测数据、掌子面地质描述等地质条件信息。通过分析反馈信息，与预设计时的资料对比，得出地质变化情况，然后依据《公路隧道设计规范》(JTG D070—2004)、《公路隧道施工技术规范》(JTG F60—2009)规定的条款，由原设计部门做出修改，报经隧道动态反馈设计决策机构审定，由施工单位具体实施。

在实施过程中，监理、监测、探测等部门，依据动态反馈设计方案，进行监理、监测、探测，再次获得信息，反馈到设计、施工单位，如此反复循环，直至工程完工交付使用。

(1)超前预报信息

超前地质探测信息和掌子面地质描述，是推断掌子面进深方向地质状况的基本依据。施工单位根据预报信息，及时做出施工决策，或改变开挖方式，或采取应对措施，以保持围岩稳定。例如，超前预报出进深方向可能有断层且富水的断面，这些信息应当看作是向施工单位发出预警，同时，应该引起设计部门关注，研究是否应对预设计进行修改。

因此说，地质超前预报信息，能够反映出进深方向围岩状况，多属定性信息，是信息化施工不可缺少的资料。

(2)监控量测信息

监控量测数据信息，既有围岩的动态信息，也有支护结构的状况信息，是指导施工和向设计部门反馈的最基本、最直接的定量信息，同时还是判定隧道是否进入稳定状态，评价隧道工程质量最基本的依据。

因此说，监控量测数据反映了围岩和支护受力状况，属于定量信息，所以在动态反馈设计中，进行工程类比时，监控量测数据是最基本的信息。通过将监控量测的数据与预设计数据比较，可以评定出围岩稳定状况和支护结构安全程度。

5. 动态有限元反馈分析理论

通过监控量测手段，所获得的围岩及支护应力和变形数据，再与设计预测值进行比较，其结果有以下三种情况：

- 实测数据＞预设计值，表明预设计属于不稳定状态；
- 实测数据＜预设计值，表明预设计属于最佳稳定状态；
- 实测数据＝预设计值，表明预设计属于基本稳定状态。

1)预设计获得途径

从上述三种情况可知，预设计值是比较的标准。目前，获得预设计值的途径，主要有两种：一是力学分析法，二是经验法。

(1)力学分析法

力学分析法就是通过力学计算，确定衬砌的支护参数。动态反馈设计中，根据现场量测的数据，使用力学计算方法，采用反演分析技术，推算出诸如塑性区半径、初始地应力、岩体变形模量、岩体流变参数、二次衬砌荷载分布等相关数据和信息，从而计算出支护结构的参数。

(2)经验法

经验法就是利用工程类比法，对衬砌结构进行预设计。

同样，在动态反馈设计中，根据监控量测的数据，通过回归分析，评价预设计安全水平。

2)动态有限元数值模拟分析

对于衬砌结构所进行的力学分析，首先必须了解衬砌结构的受力状况，然后，按结构计算原理，计算出结构受力状态，进行预设计或动态反馈设计。

在复杂地质条件下，根据超前预报和监控量测信息，主要采用力学分析，实现隧道动态反馈设计。

(1)动态有限元数值模拟原理

在进行有限元计算时，工况的模拟应尽可能与实际施工过程一致。采用有限元方法来模拟施工过程，第 i 步施工的控制方程为：

$$([K_0]+\sum_{j=1}^{i}[\Delta K_{\mathrm{j}}])\{\Delta u_{\mathrm{i}}\}=\{\Delta F_{\mathrm{ir}}\}\{\Delta F_{\mathrm{ia}}\}(i=1\sim m) \tag{7-1}$$

式中：$[K_0]$——初始围岩总刚度矩阵；

ΔK_{j}——第 j 施工步引起的总刚度矩阵的改变量；

$\{\Delta u_{\mathrm{i}}\}$——第 i 施工步产生的节点位移增量；

$\{\Delta F_{\mathrm{ir}}\}$——第 i 施工步引起的边界结点力增量列阵；

$\{\Delta F_{\mathrm{ia}}\}$——第 i 施工步所施加的附加结点荷载列阵；

m——施工步总数。

该施工步的位移和应力为：

$$\{u_{\mathrm{i}}\}\sum_{j=1}^{i}\{\Delta u_{\mathrm{j}}\},\{\sigma_{\mathrm{i}}\}=\{\sigma_0\}+\sum_{j=1}^{i}\{\Delta\sigma_{\mathrm{j}}\}(i=1\sim m) \tag{7-2}$$

式中：σ_0——初始地应力；

$\Delta\sigma_{\mathrm{j}}$——第 j 施工阶段的应力增量。

由式(7-1)、(7-2)可知：各施工过程可由其对刚度阵及荷载列阵的贡献来反映。

(2)优化反演分析理论

假设材料为弹塑性，待反演的参数为 n 种材料的弹性模量 $E_{\mathrm{j}}(j=1\sim n)$，以弹性模量为待反演参数，由式(7-1)有，第 i 施工步计算所得 m 结点位移增量将是 E_{j} 的函数，即：

$$\Delta u_{\mathrm{m}}=\Delta u_{\mathrm{m}}(E_1,\cdots,\mathrm{E_n}) \tag{7-3}$$

设第 i 施工步实际量测所得 m 结点增量位移为 $\Delta u_{\mathrm{m}}^{*}$，采用优化反演分析方法确定待定参数时，用于约束优化过程的目标函数，可以为由反演分析计算得到的位移预测值与实测值的残差平方和，即：

$$F(E_1,\cdots,\mathrm{E_n})=\sum_{m=1}^{p}w_{\mathrm{m}}(\Delta u_{\mathrm{m}}-\Delta u_{\mathrm{m}}^{*})^2 \tag{7-4}$$

式中：p——测点总数；

w_m——第 m 个量测数据的加权常数。

由式(7-3)可选用合适的优化方法求解出最优的材料参数。

同济大学已将反演分析编制成同济曙光岩土及地下工程设计与施工分析软件反演分析模块。该软件提供用于反演分析的几种常用的优化方法：单纯形法、阻尼最小二乘法、遗传算法、遗传模拟退火算法及混合遗传算法，本文主要采用遗传算法进行优化反演分析。

遗传算法是一种模拟自然界生物进化机制的搜索寻优技术。它从某一初始值群体出发，根据达尔文进化论中的"生存竞争"和"优胜劣汰"的原则，借助复制、杂交、变异等操作，不断迭代计算，经过若干代的演化后，群体中的最优值逐步逼近最优解，最后达到全局最优。

采用遗传算法时，为了加快遗传算法的搜索速度，对目标函数进行非线性加速，遗传算法的适应函数取为：

$$\text{fitness}(x)=\frac{1}{\phi(x)} \tag{7-5}$$

式中：x——待反演参数；

$\phi(x)$——目标函数。本文中式(7-5)为：

$$\text{fitness}(E_1,\cdots,E_n)=\frac{1}{F(E_1,\cdots,E_n)} \tag{7-6}$$

6. 动态反馈标准设计

由于隧道净空轮廓确定且不可更改，于是隧道衬砌设计简化为围岩类别的函数。围岩地质病害多为突发性，因此客观上要求决策者需迅速做出反应，尽快进行动态反馈设计，以便施工人员采取应对措施，进行紧急治理。

在实施动态反馈设计时，隧道衬砌的支护构件，应当尽量标准化、规格化，以适应快速施工的需要。因此，对于同一座隧道衬砌，在动态反馈设计时，应当设法调整超前支护、锚杆、钢拱架、喷射混凝土、模筑衬砌等参数，以适应不断变化的围岩条件，而不应该随意改变标准的支护构件，以免给施工带来不必要的困难。

1)动态反馈标准设计原则

在进行预设计时，当围岩条件变化不大时，衬砌结构形式，应尽量设计成能适应多种围岩条件的结构。

对于复杂多变的围岩条件，在预设计时，衬砌结构应按围岩的类别进行设计；每一种类别的围岩，均应设计有相应的衬砌结构；同时，设计的衬砌结构组件，应尽量统一规格，彼此便于替换。

2)动态反馈设计方法

在开挖过程中，若围岩级别发生变化，则需要根据其级别的变化，采用相应的衬砌结构。

当遇特殊地质条件时，及时利用标准设计进行组合，设计出需要的结构。

第二节　连拱隧道断面监测数据动态预测

利用人工神经网络预测方法、时间序列预报方法、动态方程预测方法等辅助计算机技术，开发一套连拱隧道信息化施工的动态反馈预报分析软件是很有必要的，可以实现连拱隧道围岩变形预测及判断隧道围岩和支护结构的稳定性；当遇到突发情况时，还能够及时采取应对措施，以确保隧道在施工阶段的安全与稳定。

1. 预测方法简介

连拱隧道的预测方法，同济大学黄宏伟教授等已编制成隧道断面监测及动态预测软件系统 TOMP-V1.0。该软件是一套适用于隧道信息化设计施工的实时监测与动态反馈的专业软件系统，集使用简洁方便、资料处理及超前预测开挖前方隧道变形等特点于一体(图 7-1)。它不仅适用于隧道监测专业人员，而且对于一般工作人员，只需稍加培训亦可熟练地使用。TOMP-V1.0 采用标准的 Windows 操作界面、中文菜单及对话框式操作方式。

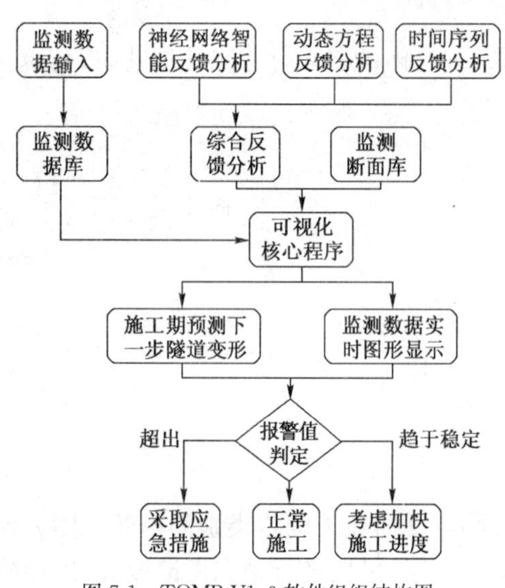

图 7-1　TOMP-V1.0 软件组织结构图

TOMP-V1.0 版的程序包含数据导入、监测断面自动查询、图形编辑、自动报警、动态反馈、隧道变形超前预测六大模块，可以实现监测数据的人工输入、自动导入、动态反馈，报警值设置和图形编辑等强大功能。图 7-1 为该软件系统的组织结构框图。

2. 预测法主要功能

隧道断面监测及预测软件系统，采用 Visual Basic 语言为开发平台，以 Visual C、Visual-Fortran 语言为辅助开发工具。

预测软件菜单功能：

软件窗口主菜单包括：文件、编辑、数据库管理、动态预测、工程决策、图形编辑、帮助等选项。各菜单的意义和功能分述如下：

从项目管理角度出发，该软件设置了用户准入标准，必须有正确的用户名及密码才可以使用该软件。图 7-2 为该软件系统的登录界面，输入正确的用户名及密码才可进入操作系统主界面，如图 7-3 所示。主界面包括以下几个子菜单项：

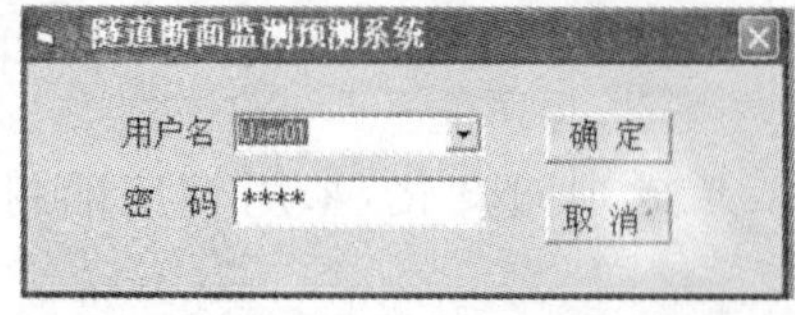

图 7-2　登录界面

图 7-3　预测分析系统操作主界面

(1)文件(F)菜单项

该菜单项为一些通用操作选项，如新建、打开、保存、另存为工程文件、打印及打印预览等，可完成工程文件的导入保存、监测数据图表及趋势图的打印及预览任务。图 7-4 给出了新建一个工程的操作界面，用户就输入工程概况文本文件，以及相关的 CAD 或图片文件，以供后续调用。

(2)编辑(E)菜单

编辑菜单项主要完成一些常用的剪切、复制、粘贴等功能，可将该软件形成的图表粘贴至剪切板，可方便地拷贝至目标位置处；另外，还设有对数据库的操作，如插入、删除单元格等。

(3)数据库管理(M)菜单

数据库管理菜单项，主要完成对监测数据库的操作(图 7-5)，它包括：工程概况查询、监测数据(沉降、位移、内力等参数)的导入(直接输入、文件转换等方式)，以及相应的不同参数的报警值导入等功能。

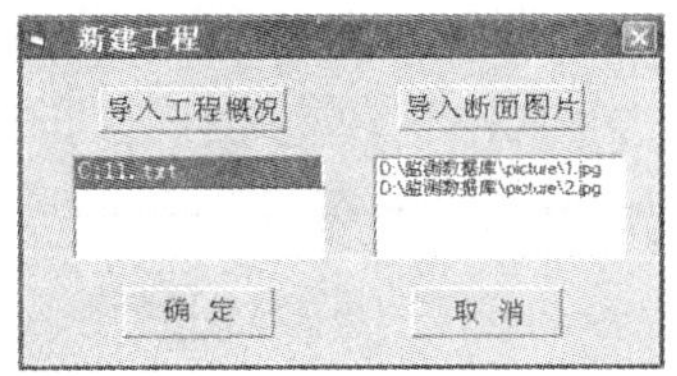

图 7-4 新建工程管理界面

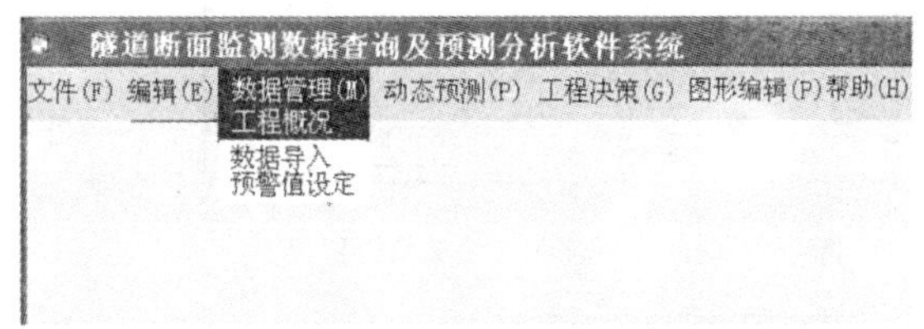

图 7-5 工程概况查询界面

(4)动态预测(P)菜单

动态预测菜单包括：断面查询、预测方法(神经网络预测法、时间序列预测法、动态方程预测法)。断面查询项可实现对任意桩位处监测剖面各测点的沉降、轴力及位移随时间变化的数据表或变化趋势图的查询。断面查询由五部分组成：监测时间区间、桩位及测点编号、监测数据表、监测数据变化趋势图、桩位及测点断面图。用鼠标点击相应的监测桩位号及测点号，可在右侧的数据表、趋势图区域内实时更新监测数据及趋势图。选定监测剖面桩位号及测点号，激活预测菜单选项，包括神经网络、时间序列、动态方程三组预测方法，如图 7-6 所示。

点击“神经网络预测方法”菜单项，则激活神经网络预测分析工具包，操作界面如图 7-7 所示，按相关提示及经验输入部分参数，即可进行神经网络方法预测，利用现有的监测数据，预测未来几天内的数据，预测结果会在断面查询界面中的数据表及趋势图区域内列表或显示出来。

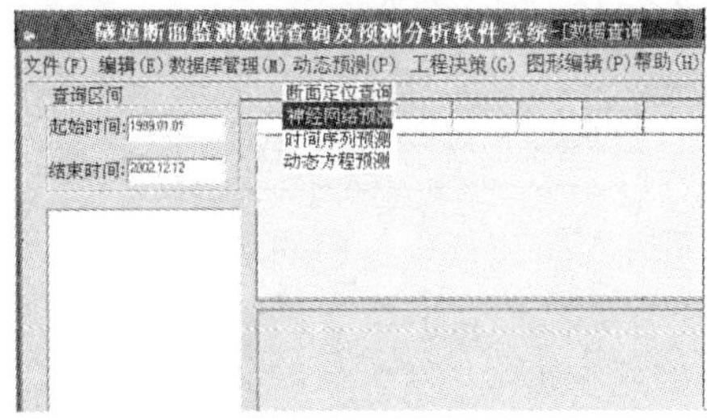

图 7-6 动态预测分析菜单界面

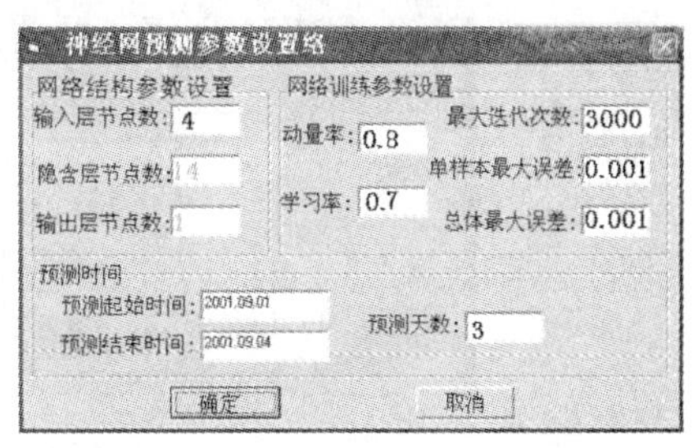

图 7-7 神经网络预测方法参数设置界面

点击“时间序列预测方法”菜单项，则激活时间序列预测分析工具，它的操作界面如图 7-8 所示，按相关的提示及经验输入部分参数，即可进行时间序列方法预测，利用现有的监测数据，预测未来几天内的数据，预测结果会在断面查询界面中的数据表及趋势图区域内列表或显示出来。

点击“动态方程预测方法”菜单项，则激活动态方程预测分析工具，它的操作界面如图 7-9 所示，按相关的提示及经验输入部分参数，即可进行动态方程方法预测，利用现有的监测数据，预测未来几天内的数据，预测结果会在断面查询界面中的数据表及趋势图区域内列表或显示出来。

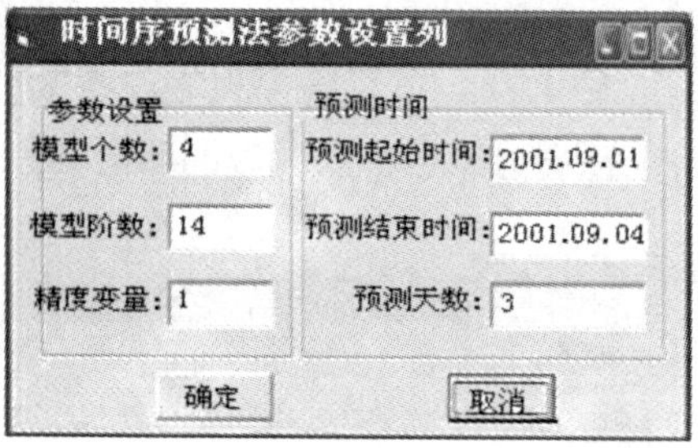

图 7-8　时间序列预测方法参数设置界面

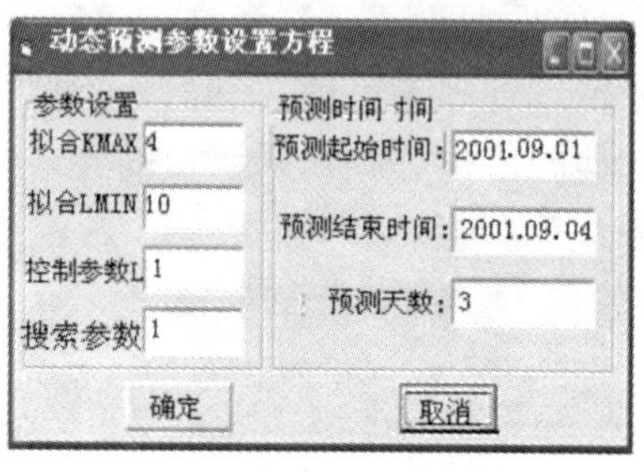

图 7-9　动态方程预测方法参数设置界面

(5)工程决策(G)菜单项

工程决策菜单，主要是根据监测数据，对比各监测项目预警指标，对现状作出正确的评价或给出合理的指示信息等。

(6)图形编辑(E)菜单项

图形编辑菜单，主要是对监测数据趋势图进行图形编辑，如坐标轴标注的修改、曲线属性的重新定义等功能。

(7)帮助菜单项

帮助菜单，主要提供该软件的使用帮助及技术支持等。

第三节　动态预测的实施

在新建工程文件中，成功导入数据之后，或是成功打开一工程后，动态预测菜单项将被激活；动态预测菜单界面如图 7-10 所示。

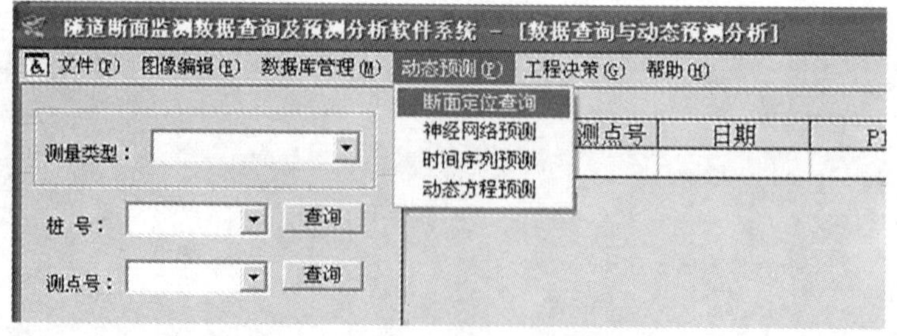

图 7-10　动态预测提示对话框界面

点击“动态预测”菜单中的各菜单子项，可实现“断面定位查询”，以及监测各项数据的动态预测方法，包括“神经网络预测法”、“时间序列预测法”、“动态方程预测法”。

1. 断面定位查询

点击动态预测菜单中的“断面定位查询”子项，即弹出如图 7-11 所示的数据查询、图像显示操作界面。

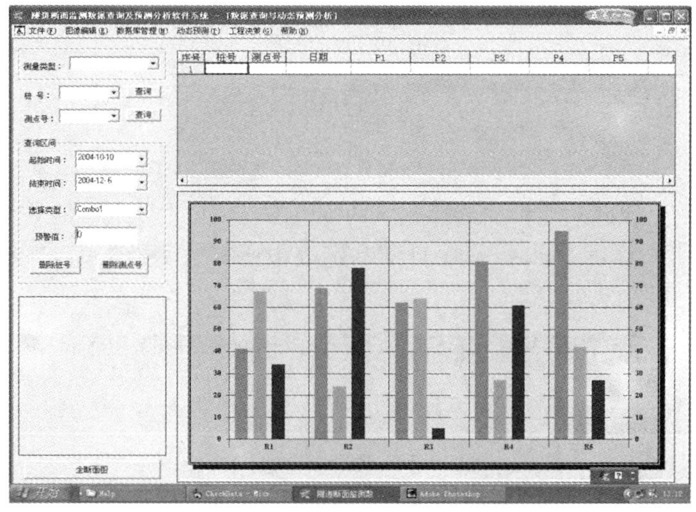

图 7-11　断面定位查询对话框界面

1)操作界面的组成

· 界面左侧为查询数据的类型、断面桩位号、测点号、监测日期等；

· 界面右侧为查询数据的显示区域，上半区为数据表格，实时显示用户所查询的数据列表，包括序号、桩号、测点号、监测日期以及其他数据；下半区为图像显示区，以显示用户所查询的某项数据的变化规律(用户可选择曲线图或直方图)。

2)实例演示

在“测量类型”的下拉式列表框中选中“拱顶下沉”项(图 7-12)。

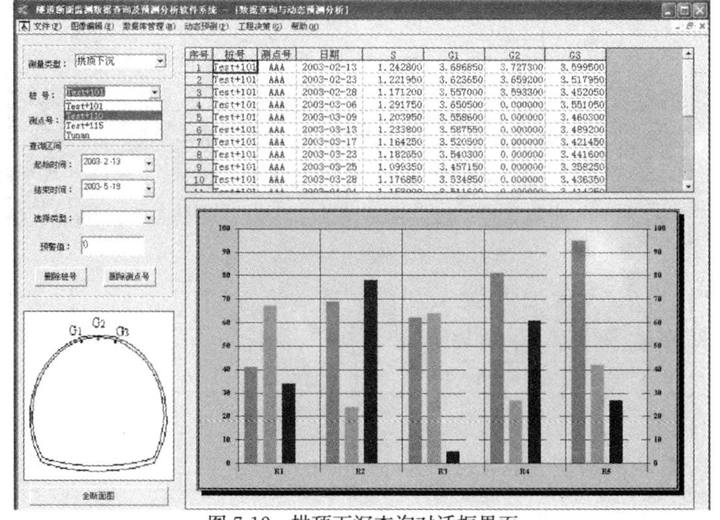

图 7-12　拱顶下沉查询对话框界面

在“桩号”的下拉式列表框中，选中某一断面的桩号(图 7-13)，选择完成后，会在下面的预留图片框区域显示该桩号断面图。

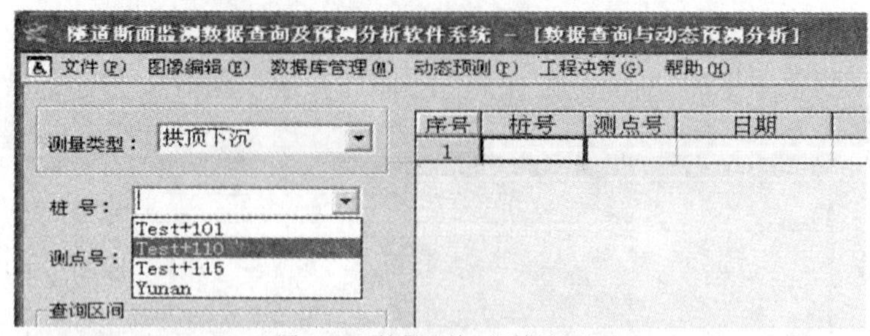

图 7-13 桩号查询对话框界面

在“测点号”的下拉式列表框中选择相应的测点号，选择完成后，会在右侧的数据表中实时显示监测的数据(图 7-14)。同时，程序自动判定表中所有监测数据的起始日期及结束日期，并实现在“查询区间”中实时更新。

序号	桩号	测点号	日期	S	G1	G2	G3
1	Test+110	A1	2003-02-13	1.242800	3.686850	3.727300	3.599500
2	Test+110	A1	2003-02-23	1.221950	3.623650	3.659200	3.517950
3	Test+110	A1	2003-02-28	1.171200	3.557000	3.593300	3.452050
4	Test+110	A1	2003-03-06	1.291750	3.650500	0.000000	3.551050
5	Test+110	A1	2003-03-09	1.203950	3.558600	0.000000	3.460300
6	Test+110	A1	2003-03-13	1.233800	3.587550	0.000000	3.489200
7	Test+110	A1	2003-03-17	1.164250	3.520500	0.000000	3.421450

图 7-14 监测数据显示对话框

用户也可以在“查询区间”框中重新选定查询的时间，以重新更新数据表及图像。

在“选择类型”的下拉式列表框中，选择需查询的监测值类型(图 7-15)，同时在右侧的图片框中实时显示出变化趋势图或直方图。

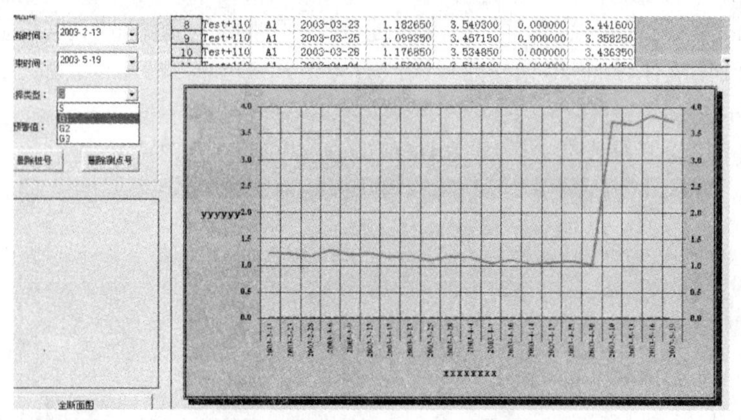

图 7-15 监测数据图形显示对话框

用户可以在“预警值”文本框中，输入相应的警戒值，以便于对监测数据进行评价，预警值的变化在右侧的图像框中将对应产生实时的变化。

用户可以通过点击界面中的“删除桩号，”或“删除测点号”，来删除数据库中的数据。一旦删除，则数据不可恢复。

用户若需查看全断面图，可点击界面左下方的“全断面图”按钮，则会弹出全断面图窗口，供用户参考。

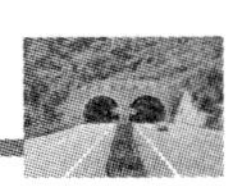

2. 神经网络预测

点击“动态预测菜单”中的“神经网络预测”子项，即弹出相应的神经网络预测方法的参数设置窗口，要求用户根据实际情况输入相应的参数进行预测，该菜单界面如前面的图 7-7 所示。

1）预测步骤

（1）如前面的图 7-7 界面所示，用户需设置“网络结构参数”、“网络训练参数”、“预测天数”等各项值。

（2）参数设置完成后，点击“预测”按钮，即开始执行预测；预测结束，程序会提示，并实时更新断面查询界面中的数据表格中的数据，以及实时重绘图像框的数据曲线或直方图。图 7-16 给出了预测天数为 3 天的预测结果，程序自动将预测值添加在数据表中，并在图像框内更新，如该图中显示的是添加了 5 月 20 日、5 月 21 日、5 月 22 日 3 天的预测值。

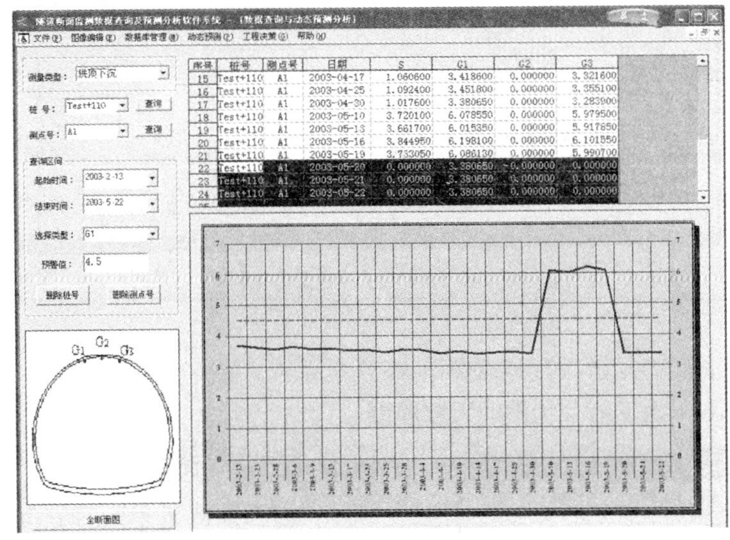

图 7-16 神经网络预测结果对话框

2）建议

由于参数设置较为复杂，若用户对神经网络方法了解较少，建议尽量不要改动原有的参数，而采用默认值，只改变需要预测的天数即可。

3. 时间序列预测方法

点击“动态预测菜单”中的“时间序列预测”子项，即弹出相应的时间序列预测方法的参数设置窗口，要求用户根据实际情况选择输入相应的参数进行预测（图 7-17）。

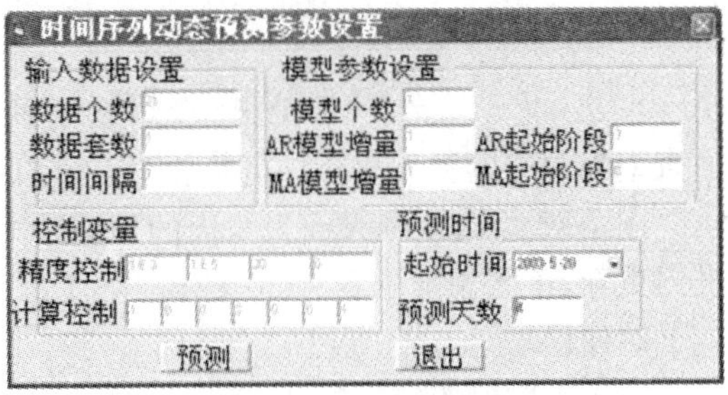

时间序列动态预测参数设置
输入数据设置 模型参数设置
数据个数 模型个数
数据套数 AR模型增量 AR起始阶段
时间间隔 MA模型增量 MA起始阶段
控制变量 预测时间
精度控制 起始时间 2003-5-20
计算控制 预测天数
预测 退出

图 7-17 时间序列预测方法参数输入对话框

1）预测步骤

（1）用户在以上界面中需设置“模型参数”、“控制变量”、“预测时间”等各项值。

（2）参数设置完成后，点击“预测”按钮，即开始执行预测，预测结束，程序会提示并实时更新断面查询界面中的数据表格中的数据，以及实时重绘图像框的数据曲线或直方图。图 7-18 给出了预测天数为 4 天的预测结果。程序自动将预测值添加于数据表中，并在图像框内更新，该图添加了 5 月 20 日、5 月 21 日、5 月 22 日、5 月 23 日 4 天的预测值。

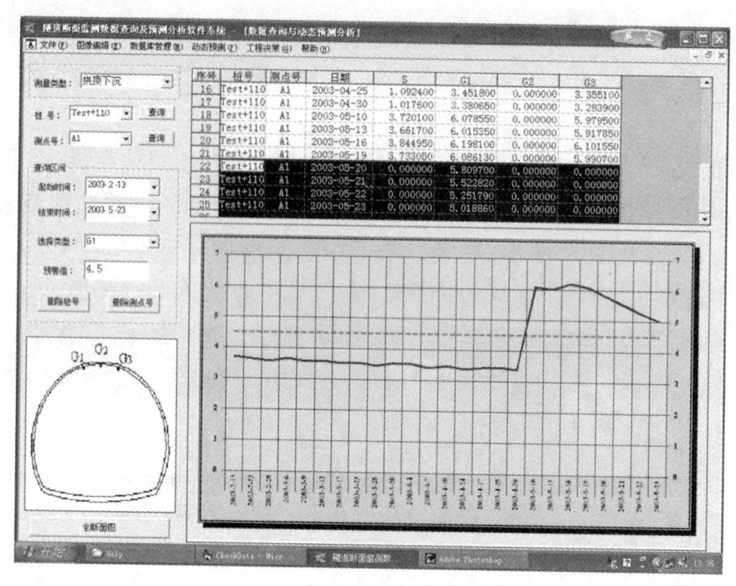

图 7-18　时间序列预测结果对话框

2)建议

由于参数设置较为复杂，若用户对时间序列方法的了解较少，建议尽量不要改动原有的参数，而采用默认值，只改变需要预测的天数即可。

动态方程预测参数设置

模型参数

数据个数 21

区间上限 16　拟合参数 0

区间下限 26　搜索参数 0.5

预测时间

预测起始时间 2003-5-20　预测天数 3

预测　退出

图 7-19　动态方程预测方法参数输入对话框

4. 动态方程预测方法

点击“动态预测菜单”中的“动态方程预测”子项，即弹出相应的动态方程预测方法的参数设置窗口，要求用户根据实际情况选择输入相应的参数进行预测(图 7-19)。

1)预测步骤

(1)在以上界面中，用户需设置“模型参数”、“预测时间”等各项值。

(2)参数设置完成后，点击“预测”按钮，即开始执行预测，预测结束后程序会提示，并实时更新断面查询界面中的数据表格中的数据，以及实时重绘图像框的数据曲线或直方图。

图 7-20 给出预测天数为 3 天的预测结果。程序自动将预测值添加于数据表中，并在图像框内更新，该图添加了 5 月 20 日、5 月 21 日、5 月 22 日 3 天的预测值。

2)建议

由于参数设置较为复杂，若用户对动态方程方法的了解较少，建议尽量不要改动原有的参数，而采用默认值，只改变需要预测的天数即可。

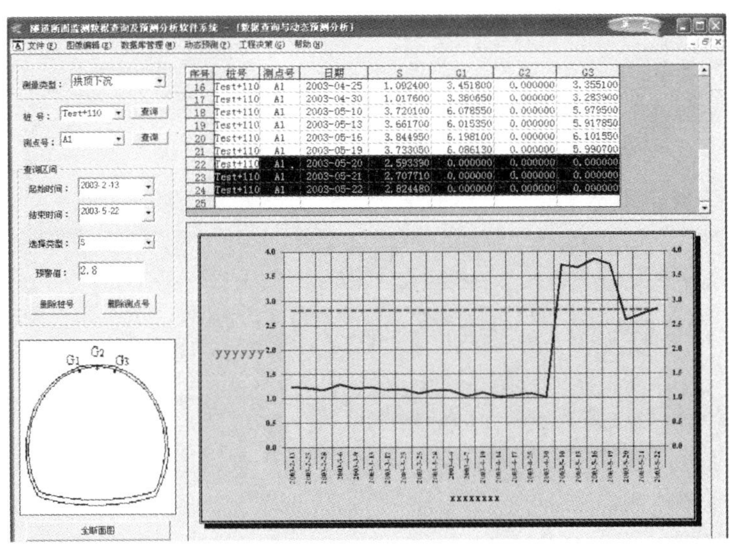

图 7-20 动态方程预测结果对话框

第四节 动态反馈设计与信息化施工技术

1. 动态反馈设计与信息化施工的组织框架

隧道工程地质条件复杂，必须时刻对围岩进行监控，及时预报掌子面进深围岩状况，一旦地质发生变化，需要采取相应的应对措施，或修改支护参数，或变更设计，必须慎重对待，快速地做出科学决策。

通过作者多年来的施工经验和体会，在工程施工过程中，专门成立动态设计和信息化施工决策机构是很有必要的。

图 7-21 为隧道动态反馈设计与信息化施工组织管理框架。在该管理框架下，其各成员的职能分别是：

(1)项目指挥部的职能

· 组织、统一协调动态反馈设计与信息化施工各项工作的开展。

(2)动态反馈设计与信息化施工小组职能

· 动态反馈设计与信息化施工中各种关键技术问题研讨会；

· 确定技术处理方案；

· 实施确定的技术处理方案。

(3)技术咨询专家职能

· 重大技术问题咨询指导。

(4)设计单位职能

· 优化设计方案；

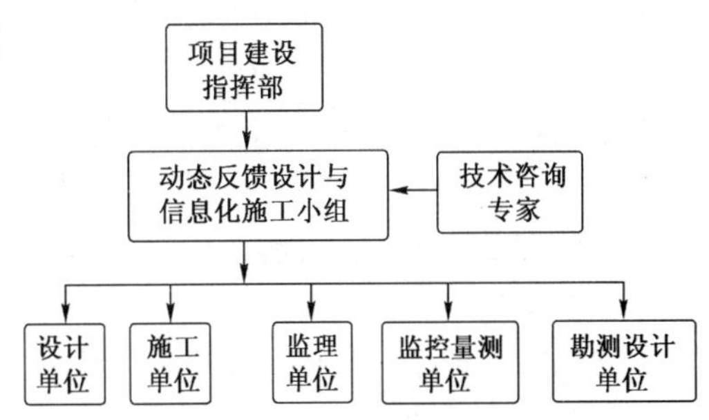

图 7-21 动态反馈设计与信息化施工组织管理框架

·关键部位、异常部位等动态反馈分析；

·变更设计。

(5)施工单位职能

·施工工艺、参数优化；

·针对性施工方法优选；

·信息化施工实施与控制。

(6)监控量测单位职能

·地质及支护状态观察；

·现场观察；

·监测数据分析与反馈；

·设计、施工修改建议。

(7)地质勘察单位职能

·地质超前预报；

·数据分析与反馈；

·施工期围岩分类。

2. 动态反馈设计与信息化施工的实施要点与流程

1)动态反馈设计与信息化施工实施要点

(1)地质超前预报

地质超前预报法，主要依靠的是洞室开挖之前的地质勘察资料和超前探测信息。在地下洞室开挖之前，对其安全稳定性进行超前预报，为施工技术决策提供依据。

该方法主要是针对地下工程的隐蔽性和预见性差等特点提出的，具有较大的工程应用价值，应作为公路隧道首先开展的安全预报方法。

(2)监控量测

对围岩和初期支护进行监控量测，是获得围岩和初期支护结构动态变形信息的主要手段，为确保隧道安全提供重要信息。

围岩和初期支护变形信息的反馈，也是确定二次衬砌设计参数和支护时机的主要依据。

(3)施工观察

利用施工观察、现场地质调查、现场监控量测等手段，可以获得大量的信息，对各种信息进行综合分析，互相印证，对预设计支护参数的修正和施工方法的改进是不可缺少的过程。

(4)异常现象处理

当出现异常现象时，应立即采取加强锚喷支护、改变施工对策或快速形成闭合环等措施，以避免可能发生的塌方事故，保证隧道稳定。

2)监控量测的反馈过程

监控量测的反馈过程如图 7-22 所示。

3)动态反馈设计与信息化施工的流程

根据动态反馈设计的意义，思小高速公路隧道施工中所采取动态反馈设计与信息化施工的流程如图 7-23 所示。

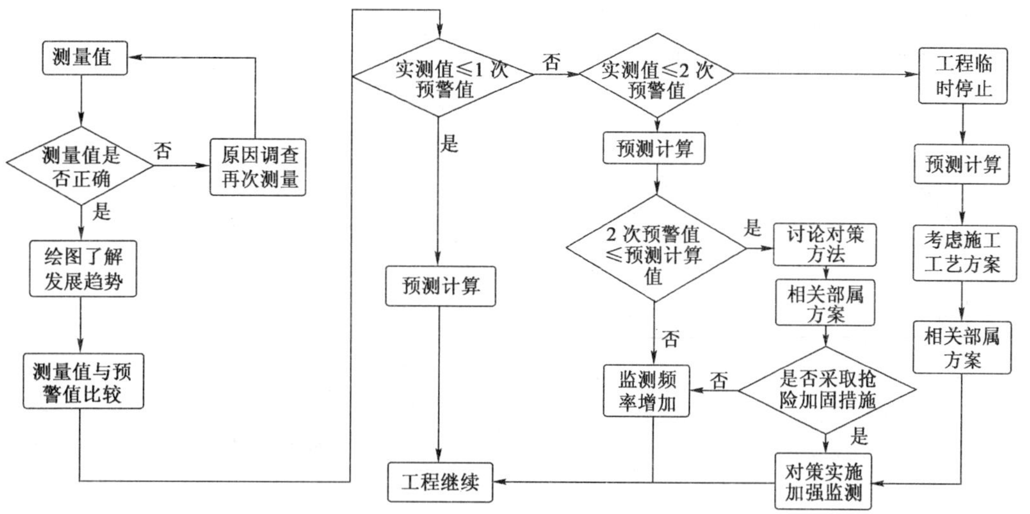

图 7-22 监控量测的反馈过程示意图

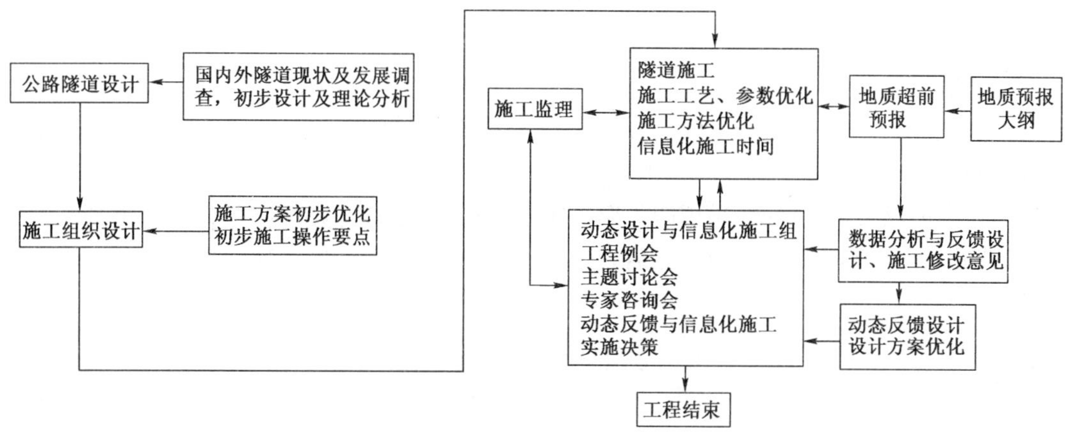

图 7-23 思小高速公路隧道反馈设计与信息化施工工作流程

第五节 连拱隧道监测反馈典型实例分析

本书以思小高速公路上的南岛河连拱隧道工程为例，建立了模拟实际开挖的动态平面应变有限元模型，由围岩增量位移反演扰动区围岩弹性模量，基于反演得到的围岩参数进行正分析。

分析结果表明：各测点位移预测值与实测值较接近。说明该模型具有适用性、准确性。进一步的分析亦表明，基于共同作用的动态有限元法较荷载结构法更接近工程实际，能有效地指导施工，确保施工安全。

1. 南岛河连拱隧道概况

云南思小高速公路上南岛河双连拱隧道，位于 K22＋120～K22＋615.76 段，长 495m、最大埋深 53.8m。根据《公路隧道设计规范》(JTG D70—2004)和隧道所在路段情况，设计为带整体式直中墙双跨连拱结构。单跨净宽 10.53m,净高 7.2m 的中墙为直墙,边墙为曲墙的单心圆结构,隧道净宽为 23.05m,跨度×高度=2 475cm×1 030cm(图 7-24)。

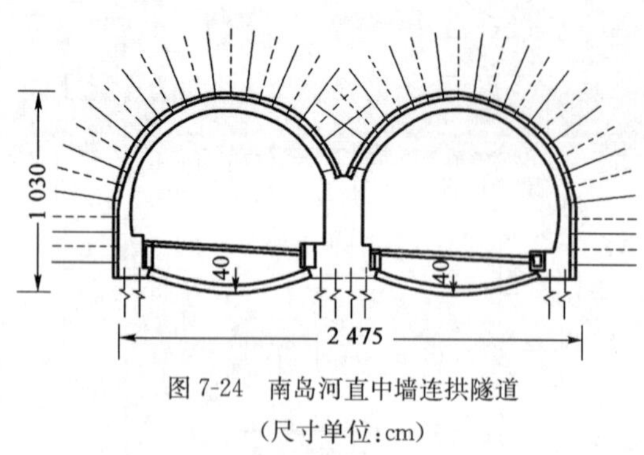

图 7-24　南岛河直中墙连拱隧道
(尺寸单位:cm)

隧道围岩主要为强～弱风化基岩,岩石节理裂隙很发育,具角(砾)碎(石)状松散结构,开挖后拱部无支护时会产生坍塌,若处理不及时或处理不当,则会产生较大的坍塌,侧壁可能失稳。

岩石层面较薄,一般为 0.2～10cm、层面平直、光滑、脆弱、张开度较大,一般为 1.5～3.0cm,且大部分有泥质充填。因而,在开挖后若支护不及时,易沿结构面发生掉块和塌方。

隧道区岩层产状紊乱,褶皱发育,局部地区岩层破碎,围岩开挖时可能会发生坍塌。隧道地下水类型为基岩裂隙水,富水性中等。受季节性补给明显,随着季节的变化,在施工过程中,可能会出现滴水或涌水现象,还有可能会出现严重的渗水。

2. 模型概况

计算断面的桩号为上行线 K22+270,隧道埋深约 28m,按公路隧道设计规范规定,该隧道属于浅埋隧道。

围岩、中墙以及二次衬砌,采用四边形实体单元模拟;锚杆和初衬采用杆单元模拟。具体计算参数见表 7-1,其中扰动区范围围岩,按公路隧道设计规范计算浅埋隧道荷载的假定破裂面确定。

材料物理力学参数表　　表 7-1

材料名称	弹模(MPa)	泊松比	容重(kN/m³)	横截面积(m²)	黏聚力(kPa)	摩擦角(°)
非扰动区围岩	400	0.35	22	—	500	30
扰动区围岩	待反演	0.35	22	—	600	30
中墙右侧临时回填	300	0.4	20	—	100	20
仰拱回填、顶部回填	250	0.35	20	—	100	20
锚杆	210 000	—	78	0.000 2	—	—
导洞初衬	28 500	—	25	0.25	—	—
主洞初衬+钢拱架	28 500	—	25	0.26	—	—
二次衬砌、中墙	28 500	0.2	25	—	5 000	55

按照隧道开挖影响范围的大小,计算模型边界范围取:

- 上边界至地表自由面;
- 下边界至开挖洞底距离为 5 倍洞高;
- 左右边界距洞口距离分别为 5 倍隧道跨度;
- 右侧边界结点加水平方向约束,底部边界结点加竖直方向约束。

考虑到初期支护与二次衬砌之间的滑动，在其间设置无厚度 Goodman 接触面单元，取接触面参数：

- 切向刚度 $k_s=3\times10^3\text{kN/m}^3$。
- 法向刚度 $k_n=3\times10^5\text{kN/m}^3$。

模型采用弹塑性 DP 屈服准则，以及相关联流动法则。有限元分析的初始网格见图 7-25、图 7-26，共划分得 5 211 个单元，3 645 个节点。

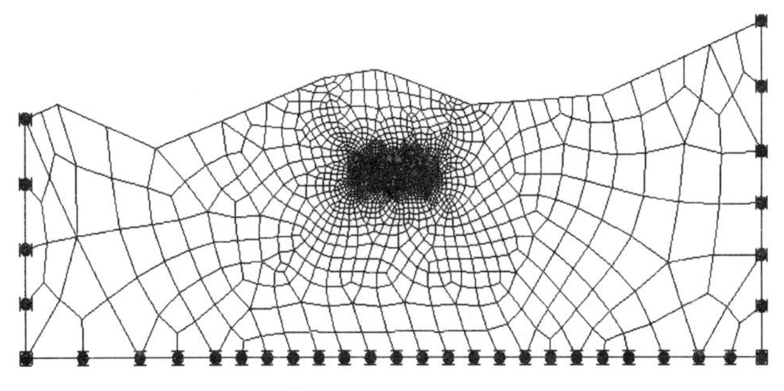

图 7-25　有限元初始网格图

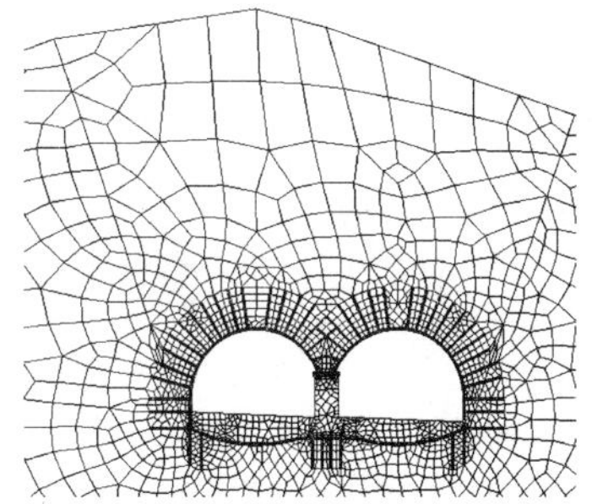

图 7-26　最终施工步局部放大图

由于地层应力在隧道开挖过程中受到多次扰动，隧道有些部位的最大应力、位移等并不一定出现在最终的施工步，因此，有必要按照隧道施工过程进行动态数值模拟。

隧道采用三导洞开挖法，根据设计和施工情况，把三导洞法开挖隧道分为 7 个主要施工步(共 19 个增量步)，具体施工步骤为：

(1)开挖中导洞，施初衬，筑中墙(增量步 1～3)；

(2)开挖左导洞，施初衬，中墙回填、架临时支撑(增量步 4～6)；

(3)弧形开挖左拱部，施初衬(增量步 7～8)；

(4)左上半断面开挖，下半断面及仰拱开挖，筑仰拱及二次衬砌(增量步 9～11)；

(5)开挖右导洞，施初衬(增量步 12～13)；

(6)弧形开挖右拱部，施初衬(增量步 14～15)；

(7)右上半断面开挖，下半断面及仰拱开挖，筑仰拱及二次衬砌，仰拱回填(增量步 16～19)。

3. 南岛河连拱隧道反馈结果分析

各代表性的施工步位移情况，见表 7-2、表 7-3 及图 7-27。

施工步 3 各测点增量位移值　　表 7-2

测点位置	预测值(mm)	实测值(mm)	误差(%)
II-1	−2.31	−3.06	32.5
II-2	−3.28	−4.32	31.8
II-3	−4.61	−5.15	11.7
II-4	−5.99	−7.12	18.8
IV-2	−15.16	−14.92	−1.6
IV-3	−18.51	−18.57	0.3

施工步 6 各测点增量位移值

表 7-3

测点位置	预测值(mm)	实测值(mm)	误差(%)
II-1	−29.85	−36.14	21.1
II-2	−26.12	−29.15	11.6
II-3	−22.18	−25.43	14.6
II-4	−18.54	−12.78	−31.5
IV-2	−8.9	−3.64	−59.6
IV-3	−10.1	−2.15	−78.7

在隧道开挖前已布置多点位移计,所以没有位移损失的问题,所测到的位移增量,即为实际围岩位移增量。

在施工步 3,由上行线上方测点 IV-2、IV-3 的增量位移反演扰动区围岩弹模,得 $E=115$MPa。基于反演得到的参数进行正分析,得到施工步 3 下行线上方测点 II-1～II-4 各测点的位移增量(表 7-2),从该表中可以看出:预测结果与实测结果比较接近。

表 7-3 给出了施工步 6 时各测点的位移增量,下行线上方测点预测值与实测值相当接近,测点 IV-2、IV-3 实测数据离散性较大,与预测值差异也较大。究其原因应为:预测时将围岩假设为各向同性体,而真实的围岩是存在断层、裂隙等的非均质体;还没有考虑岩体的流变效应。

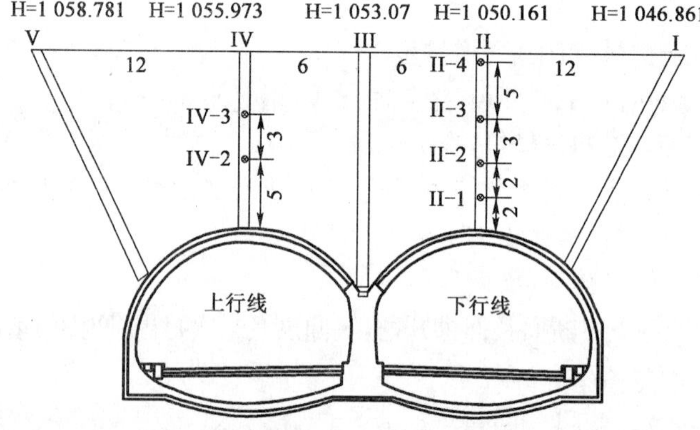

图 7-27 南岛河隧道 K22+260 断面多点位移计有效测点布置图(尺寸单位:m,孔深:cm)

从围岩位移矢量图(图 7-28),可以看出:围岩变形主要发生在滑动区内,这说明假定滑动区围岩受到较大扰动,使得该处围岩弹模显著降低是合理的。

取左洞二衬进行荷载模型分析,接触压力如图 7-29 所示,最大接触压力为 0.27MPa,其压力模式与监测数据是基本吻合的。

在施工监测数据的基础上,进行动态有限元反馈分析,分析结果显示:

(1)从总体上看,通过某一施工步一些测点的实测位移值,反演围岩主要力学参数;然后,通过该施工步以及后续施工步另一些测点的实测位移值与预测值比较来验证模型的准确性,这一方法是合理可行的。

(2)位移增量分析表明,预测值与实测值基本符合,虽然有的测点值与预测值有一定差异,但也在一定程度上反映了位移变化的趋势。这说明在缺少详细地质勘察资料时,采用此法来预测位移随施工的发展趋势不失为一种有效方法。

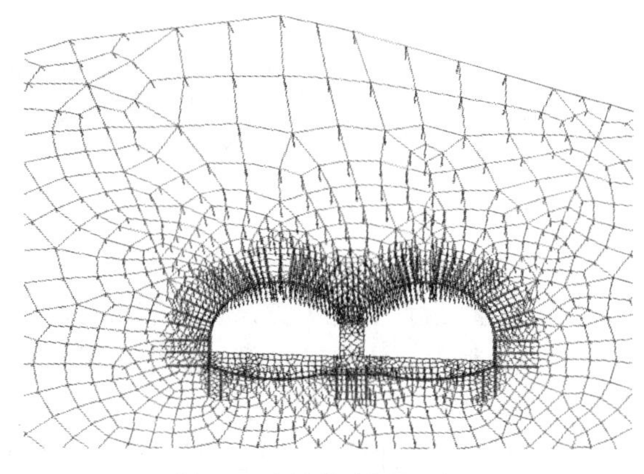

图 7-28 围岩位移矢量示意图

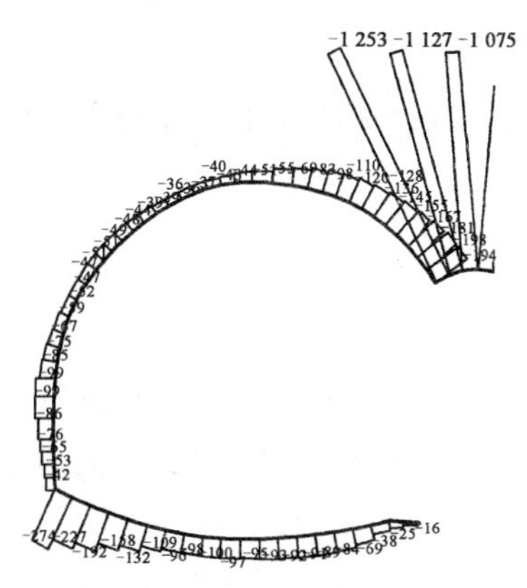

图 7-29 左洞接触压力图(kPa)

(3)进一步的分析表明,基于共同作用原理的动态有限元法相比荷载结构法更接近结构实际受力状态,尤其对连拱隧道这种工序繁多、应力重分布频繁的工程能更好地模拟实际施工工况,基于动态有限元反分析方法能得到较理想的围岩力学参数,能够有效地指导后续施工过程。

第八章 连拱隧道典型病害调查

连拱隧道受力复杂，对其进行分析存在许多不利因素，设计和施工方法还不完善，尚处于摸索和积累经验阶段，因此施工难度很大，可借鉴的经验很少。从已建的和在建的连拱隧道调查来看，都不同程度的存在衬砌开裂变形、渗漏水等问题。

针对连拱隧道存在的问题，2002 年 8 月～10 月，连拱隧道课题组对云南元磨高速公路上的老苍坡三号等十几座双连拱隧道裂缝进行了调查，同时还到福建、浙江、四川、贵州等地一些连拱隧道进行了调查，以期对其产生的病因进行研究并提出有效的预防措施。

第一节 裂缝现场调查方法

连拱隧道裂缝现场调查，目的是为了取得用以分析和推断隧道裂缝、渗漏水等病害产生的原因，对其进行分类总结，诊断隧道"健康"状态，判断有无修补及补强加固隧道的必要，选择修补及补强加固方法。

1. 裂缝现场调查资料和方法

连拱隧道裂缝和渗漏水调查，需要收集的资料包括：地理位置、建造年代、建设单位、设计单位、施工单位、监理单位、历年维修记录、工程地质勘察报告、设计图纸、说明书和施工、监理记录资料（衬砌）。

1）需要调查的资料

（1）地质勘探资料

工程地质勘察报告、设计图纸和说明书、施工和监理记录资料，应尽量收集到完整的资料，所收集的资料至少包含岩性、围岩级别、岩体变形和强度参数、主要断层的位置和产状、成组节理的产状、地理位置图和地形图等。

（2）设计资料

收集的设计资料，应包括隧道长度和断面大小、二次衬砌的厚度、混凝土等级和配筋图、初期支护设计参数（喷射层厚度和混凝土等级，锚杆直径、长度和分布）等。

（3）施工监理资料

施工和监理记录资料包括不良地质情况记录、施工时的塌方记录、施工工艺和质量问题方面的记录及衬砌背后回填记录等。

2）现场调查内容和方法

连拱隧道裂缝和渗漏水现场调查，主要以观察和简易测量为主，找出裂缝的形态特征和裂缝的成因。

(1)现场调查内容

现场进行调查的内容主要有裂缝在隧道轴向的位置、在横剖面上的部位、裂缝的倾角及长度和宽度、裂缝的展布形态以及裂缝的渗漏水情况。

当对裂缝所处部位的混凝土强度有疑虑时，应进行回弹试验。对裂缝较多或裂缝形态较复杂的部位，应进行素描和用数码相机拍摄照片，或用数码摄像机拍摄录像。

(2)现场调查方法

一般把连拱隧道划分成拱顶、两侧墙和路面等部位进行调查，用专门的表格记录。调查时，从隧道洞口拉一根皮尺，以记录裂缝在隧道处的位置；用钢卷尺量测裂缝所在的部位，用罗盘或量角器量测裂缝倾角，用钢卷尺量测裂缝长度，用裂缝计量测裂缝宽度，并记录裂缝的形态和渗漏水状态。

对裂缝较多或裂缝形态较复杂的部位，应进行素描和用数码相机拍摄照片，用数码摄像机拍摄录像。当对裂缝所处部位的混凝土强度有疑虑时，进行回弹试验。在拍照、摄像前，要将裂缝编号粘贴在裂缝附近，以便以后分辨。进行素描、拍录和回弹试验的裂缝区，需在备注中注明。素描、回弹试验表格中需记录裂缝序号。

3)调查仪器

在对连拱隧道裂缝和渗漏水调查过程中主要使用的工具仪器包括皮卷尺、钢卷尺、罗盘、量角器、塑料裂缝尺、数显游标卡尺、裂缝深度丝(很细的钢丝或纤维丝)、回弹仪、长焦距高精度数码相机、数码摄像机(最好800万以上的像素)、伸缩梯子、标尺(2～4m，头上能固定钢卷尺)等。

2. 调查说明

1)裂缝位置

(1)位置：从被调查一侧的洞口起算，以m计，如：120.23。对于不同的调查面，建议都从隧道同一个洞口开始。

(2)部位：系指裂缝起始端的位置，分拱、墙、道3个部位，再用裂缝起始端与起拱线或墙底线的距离定位。

(3)拱部定位距离：起拱线到裂缝起始端的距离(在拱部上)。

(4)墙部定位距离：墙脚线到裂缝起始端的距离(在墙面上)。

(5)路面定位距离：墙脚线到裂缝起始端的距离(在道路面上)。如：拱1.23，指裂缝起始端在拱部，起始端距离起拱线1.23m。

2)裂缝倾角

裂缝倾角指在裂缝起始端处，裂缝始端和终端的连线与起拱线或墙底线的夹脚；墙部裂缝穿越起拱线，路面裂缝穿越墙底线，则分别以裂缝与起拱线或墙底线的交点为终端，从道路轴线处面向墙面观察：

(1)$|\alpha|\leqslant 20°$；

(2)$20°<|\alpha|\leqslant 70°$；

(3)$|\alpha|>70°$

3)裂缝长度

裂缝长度系指裂缝始端到终端的距离；当墙部裂缝穿越起拱线，路面裂缝穿越墙底线时，则分别以裂缝与起拱线或墙底线的交点为终端，裂缝调查记录格式见表8-1。

4)裂缝形态

裂缝形态系指裂缝展布状态，用如下术语描述：

(1)平直：裂缝基本呈一条直线；

(2)起伏：裂缝总体上呈一条直线，细部有弯曲起伏；

(3)弧形：裂缝呈弧形；

(4)分叉：裂缝交叉分布。

5)裂缝宽度

裂缝宽度系指裂缝最宽处的宽度，可用实测宽度表示，也可用如下裂缝宽度特征表示：

(1)紧密闭合：裂缝宽度小于0.1mm；

(2)闭合：裂缝宽度界于0.1～0.2mm；

(3)轻微张开：裂缝宽度界于0.2～0.5mm；

(4)张开：裂缝宽度界于0.5～2.5mm；

(5)宽张开：裂缝宽度大于2.5mm。

6)裂缝渗漏水

渗漏水情况用下列术语描述：

(1)干：裂缝附近表面干燥；

(2)湿：裂缝附近表面潮湿，用手摸，手上无水分；

(3)渗：裂缝附近表面潮湿起水膜，用手摸，手上有水分；

(4)滴：裂缝渗水成滴；

(5)漏：裂缝渗水，呈线状往外淌；

(6)涌：裂缝持续大量出水。

双连拱隧道裂缝调查记录表格式 表8-1

调查日期:____________ 隧道名称:____________

上 行 线:____________ 下 行 线:____________

调查面位置：上行线左侧，上行线右侧，下行线左侧，下行线右侧____编号:____

序号	位置(m)	部位(m)	倾角(°)	长度(m)	深度(mm)	宽度(mm)	形态	渗漏水	备注

调查人员:________

第二节 连拱隧道病害典型实例

1. 连拱隧道病害调查与病因分析

通过对思小和元磨高速公路上11座连拱隧道裂缝调查，将调查结果经过统计分析，归纳

在表8-2中。被调查的11座隧道,裂缝总条数为529条,总长为1 469.7m。

1)裂缝发生位置和部位分类分析

(1)从裂缝所处隧道位置分析,归纳整理如下:

·位于洞口处裂缝有212条,裂缝密度为0.44条/m。

·洞身裂缝有284条,裂缝密度为0.20条/m。

洞口裂缝密度是洞身的两倍多,表明洞口出现病害比洞身严重得多。

(2)从裂缝所在隧道部位分析,归纳整理如下:

·有174条裂缝位于拱部,占裂缝总数的32.9%。

·有350条裂缝位于墙部,占裂缝总数的66.2%。

·有5条裂缝位于路面上,占裂缝总数的0.9%(图8-1a)。墙部出现裂缝的程度高于拱部,比拱部高出33.3个百分点。

云南地区等十一条连拱隧道裂缝统计汇总　　表8-2

项目	分类	调 查 面				总计529条
		上行线左	上行线右	下行线左	下行线右	
裂缝部位	拱	45	16	67	46	174
	墙	102	55	144	49	350
	道	1	0	4	0	5
裂缝倾角	$\|\alpha\|<20°$	34	13	34	5	86
	$20°<\|\alpha\|\leqslant 70°$	30	9	26	2	67
	$\|\alpha\|\geqslant 70°$	99	73	115	54	341
裂缝形态	平直	3	6	8	0	17
	起伏	65	22	109	54	250
	弧形	1	6	0	4	11
	分叉	4	0	2	0	6
裂缝宽度	紧密闭合	0	0	0	0	0
	闭合	0	0	0	0	0
	轻微张开	5	5	2	1	13
	张开	106	26	127	47	306
	宽张开	7	1	11	10	29
渗漏水	干	40	31	30	27	128
	湿	53	7	66	17	143
	渗	10	2	8	2	22
	滴	6	4	0	4	14
	漏	3	0	1	0	4
	涌	6	0	0	2	8

(3)中墙裂缝分析

在所调查的连拱隧道中,隧道中墙(上、下行线左侧)裂缝有359条,占68.4%,明显高于边墙的31.6%。这说明连拱隧道中墙相对于边墙是容易产生裂缝的部位。

2)裂缝形态分类分析

(1)裂缝状况

从所调查的连拱隧道裂缝中,按裂缝形态不同,分析归纳如下:

·有17条基本呈一条直线状态,即为平直裂缝。

·有250条裂缝呈现出起伏状态,裂缝总体上呈一条直线,仅在细部有弯曲起伏,占88.0%。

·有11条裂缝呈弧形。

·有6条裂缝出现分叉现象(图8-1b)。

(2)裂缝倾角分析

裂缝倾角小于20°的有86条,裂缝倾角大于20°小于70°的有67条,裂缝倾角大于70°的有341条,垂直裂缝占69.0%,近水平裂缝占17.4%。裂缝大部分是施工缝、温度缝和沉降缝导致的。

(3)裂缝宽度分析

裂缝宽度基本上处于轻微张开、张开和宽张开三种形式(图8-2a)。

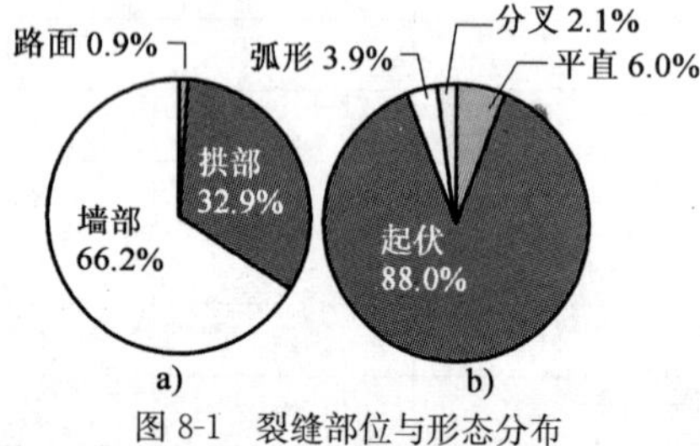

图8-1 裂缝部位与形态分布

a)裂缝分布部位;b)裂缝形态分布

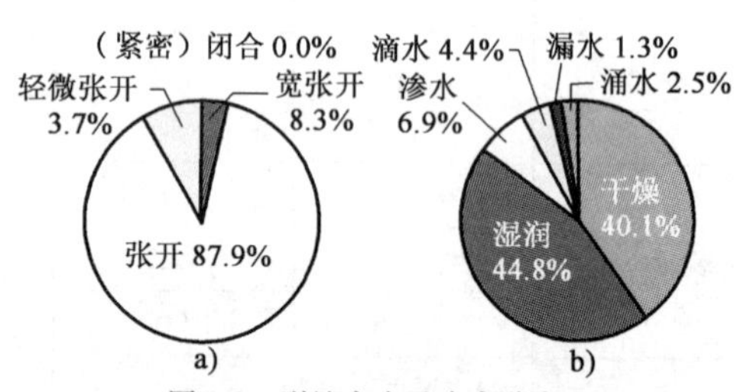

图8-2 裂缝宽度及病害分布

a)裂缝宽度分布;b)裂缝渗漏水病害分布

·微张:裂缝宽度界于0.20～0.50mm之间,处于轻微张开状态的裂缝有13条,占3.7%;

·张开:裂缝宽度界于0.50～2.50mm之间,处于张开状态的裂缝有306条,占87.9%;

·宽张开:裂缝宽度大于2.50mm,处于宽张开状态的有29条,占8.3%。

(4)发生渗、漏水病害和治理措施

·漏水病害:所有隧道裂缝出现漏水现象的有4处;

·涌水病害:所有隧道裂缝出现持续大量涌水的有8处。

在分析漏水和涌水现象时,认为最近的降雨是外界条件,裂缝与地表水源构成通路是出现这种现象的必要条件。治理时要注意地表水的排放,切断水源与衬砌裂缝的通路。

·滴水病害:所有隧道发生滴水裂缝有14条,占了4.4%。应特别注意这类裂缝,而且隧道的中墙和边墙都存在这种现象,特别要重视裂缝的发展和地下水、地表水的及时排放。

所有连拱隧道呈干燥状态、湿润状态和渗水状态的裂缝分别有128条、143条、22条,分别占40.1%、44.8%、6.9%(图8-2b)。

2. 云南连拱隧道裂缝,渗水病害剖析

以老苍坡3号连拱隧道为例,对其裂缝分布及发生原因进行剖析研究。

1)老苍坡 3 号连拱隧道概况

老苍坡 3 号连拱隧道系 2002 年建造,位于元磨高速公路 K296+150～K296+360 之间,全长 210m、全部位于直线上,纵坡-3%。

该隧道为中墙整体式双跨连拱,单跨净宽为 10.24m、净高为 7.2m。单跨采用单心圆、边墙侧为曲线、中墙为直线、厚 2.5m。

隧道净宽为 22.98m,最大开挖跨度为 24.58m。洞顶最大埋深 59m,围岩级别为 VI、V 级,洞内预留、预埋了照明控制及电线、电缆管、槽。

2)工程地质

隧道岩性为泥岩、粉砂岩夹石英砂岩。隧道进口为泥岩夹粉砂岩,出口为泥岩夹粉砂岩。围岩级别为 VI、V 级。全隧道工程地质情况,如图 8-3 所示。

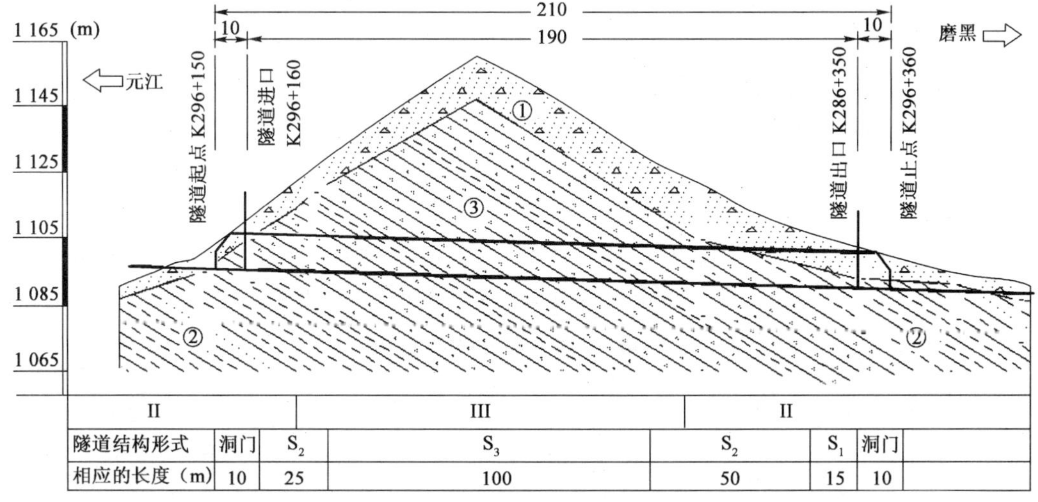

图 8-3　老苍坡 3 号连拱隧道地质纵断面图(单位:m)

图中所示的序号意义:

①代表为褐红色、紫灰色残坡积碎石、泥岩,允许承载力为 300～350kPa。

②代表为侏罗系地层,以紫色、紫灰色、褐红色泥岩为主夹粉砂岩,层间差异风化比较大,强～弱风化,破碎程度不均匀,允许承载力:全～强风化为 400～600kPa。

③代表为侏罗系地层,以紫灰色石英砂岩为主夹泥岩,强～弱风化,块状～碎块状,允许承载力:泥岩为 600～800kPa,石英砂岩 1800～2200kPa。

3)洞口工程

根据本隧道为双跨连拱的特点,并结合地形情况,进出口采用正交形台阶式洞门。洞口施工中尽量减少扰动周围岩体,尽早做好了洞口边仰坡的防护及隧道洞门,确保了洞口安全(图 8-4)。

4)洞身工程

老苍坡 3 号隧道的衬砌形式,根据围岩级别、地形、埋深、成洞条件等进行设计的。隧道进出口成洞条件困难段,设计 15m 长的 S_1 型明洞衬砌,其余隧道各段与围岩级别 III、II 相对应的 S_3、S_2 型复合式衬砌。由于本隧道跨度较大,因此 S_2 型衬砌段采用大管棚,S_3 型衬砌段采用小导管，对前方围岩进行注浆加固后再开挖。先下行线(外)后上行线(内)，采取暗挖进洞。

a)

b)

图 8-4　老苍坡 3 号隧道进出口

a)进口洞门；b)出口洞门

5)裂缝，渗水病害调查及病因分析

(1)隧道裂缝调查情况

老苍坡 3 号隧道裂缝统计如表 8-3 所示，隧道裂缝总计 66 条，其中：中墙(上、下行线左侧)55 条，占裂缝总数的 83.3%，隧道边墙有 11 条裂缝，占裂缝总数的 16.7%。裂缝分布情况，见素描图(图 8-5)，其中中墙裂缝较多，渗漏病害较为严重(图 8-6)。

老苍坡 3 号连拱隧道裂缝统计表　　表 8-3

项目	分类	调查面				总计
		上行线左	上行线右	下行线左	下行线右	
裂缝部位	拱	4	8	9	3	24
	墙	17	0	25	0	42
	道	0	0	0	0	0
裂缝倾角	$\|\alpha\|\leqslant 20°$	3	7	6	0	16
	$20°\leqslant\|\alpha\|\leqslant 70°$	1	2	0	0	3
	$\|\alpha\|>70°$	17	24	3	3	47
裂缝形态	平直	0	0	7	1	8
	起伏	0	20	0	25	45
	弧形	0	6	0	0	6
	分叉	0	0	0	7	7
裂缝宽度(mm)	紧密闭合	4	4	0	0	8
	闭合	0	3	5	0	8
	轻微张开	0	0	0	1	1
	张开	20	0	19	2	41
	宽张开	0	8	0	0	8

续上表

项目	分类	调查面				总计
		上行线左	上行线右	下行线左	下行线右	
渗漏水	干	4	20	11	3	38
	湿	6	0	6	0	12
	渗	9	1	6	0	16
	滴	0	0	0	0	0
	漏	0	0	0	0	0
	涌	0	0	0	0	0

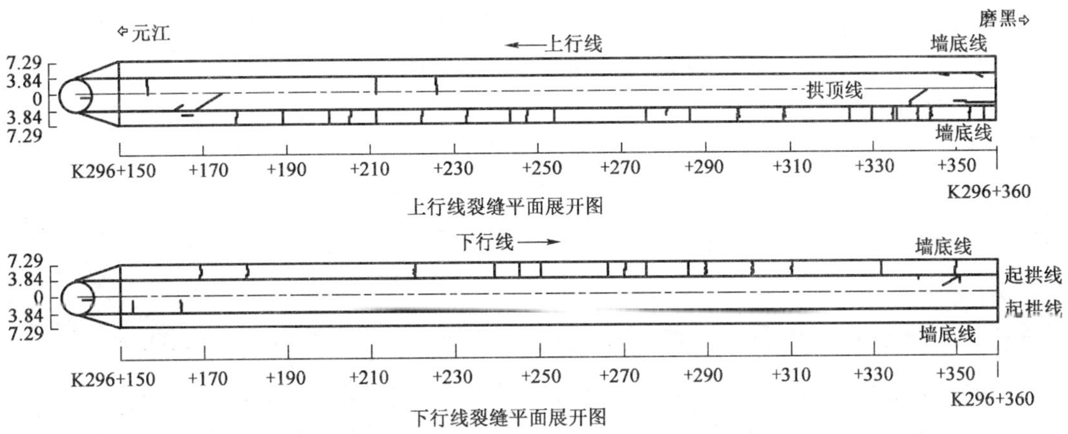

图 8-5 老苍坡 3 号隧道裂缝素描图(尺寸单位:m)

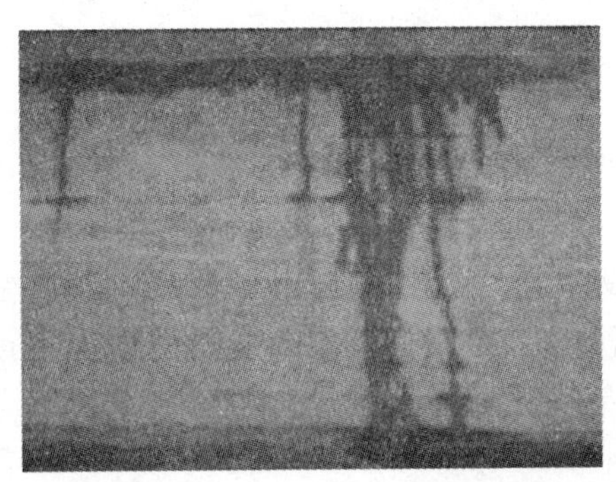

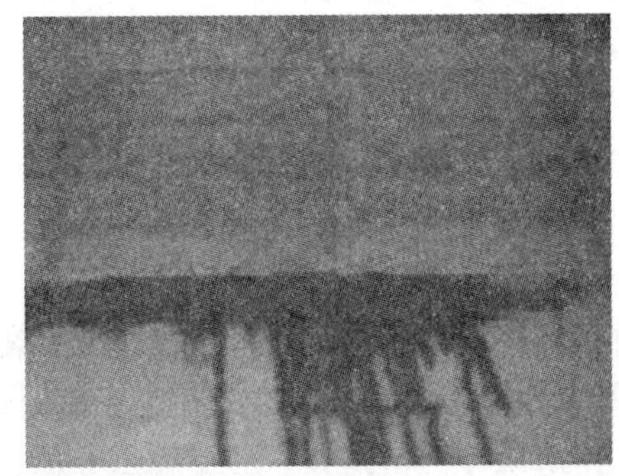

图 8-6 老苍坡 3 号隧道中墙渗漏水病况

根据统计资料表明,隧道裂缝总长 172.8m,是隧道长度的 0.83 倍。其中,有 32 条位于隧道洞口附近,裂缝密度为 0.53 条/m,有 33 条位于隧道洞身,密度为 0.22 条/m。

由于隧道长 210m,说明洞口和洞身裂缝分布区别较大,洞口裂缝密度比洞身大,洞口出现裂缝和渗漏水情况比洞身严重些,这是由于洞口成洞比较困难,地形条件比较恶劣。

(2)老苍坡 3 号隧道裂缝分布部位

根据调查资料,裂缝分布部位,其中 24 条位于拱部,占裂缝总数的 36.4%,42 条位于墙

部，占裂缝总数的 63.6%，道路上没有裂缝产生，如图 8-7 所示。说明老苍坡 3 号隧道墙部相对于拱部和路面是较容易出现裂缝的部位。路面没有裂缝产生，施工质量较好。同时，老苍坡 3 号隧道的中墙相对于边墙是容易产生裂缝的部位。隧道边墙没有裂缝产生，裂缝全部位于中墙两侧，问题比较严重。

(3)老苍坡 3 号隧道裂缝形态统计分析

从隧道裂缝的形态观察，隧道只有中墙左侧有 7 条裂缝呈起伏状，此时裂缝总体上呈直线状，仅在裂缝细部有弯曲起伏(表 8-3)，隧道质量总体上较好。

(4)老苍坡 3 号隧道裂缝宽度分析

老苍坡 3 号隧道裂缝有 41 条处于张开状态，裂缝宽度界于 0.50～2.50mm 之间，占裂缝总数的 82.0%。其中处于张开状态的 41 条裂缝中有 39 条在中墙，说明中墙出现裂缝较严重，如表 8-3 所示。处于宽张开的裂缝有 8 条，裂缝宽度大于 2.50mm，占裂缝总数的 16.0%(图 8-8a)。从裂缝的宽度指标看，裂缝张开比较厉害，隧道病害比较严重，特别要注意宽张开裂缝的宽度变化情况，裂缝宽度对隧道影响很大。8 条宽张开裂缝均位于上行线右侧，这些隧道裂缝主要是由于偏压影响引起的。

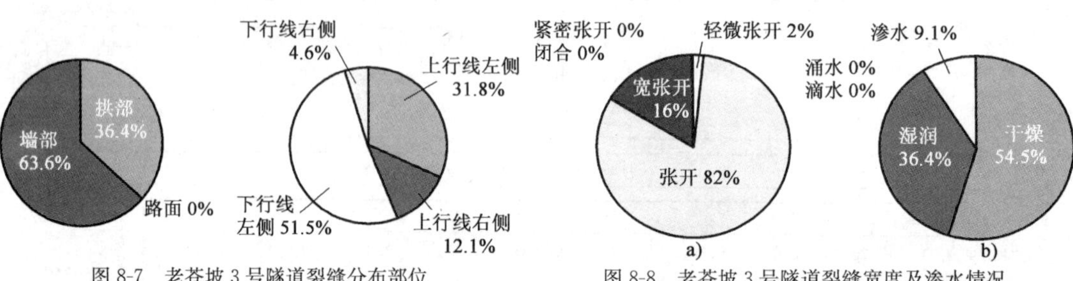

图 8-7　老苍坡 3 号隧道裂缝分布部位

图 8-8　老苍坡 3 号隧道裂缝宽度及渗水情况

a)裂缝宽度分布；b)裂缝渗水分布

(5)老苍坡 3 号隧道裂缝的渗漏水病况

隧道渗漏水情况不是很严重，处于干、湿两种状态的裂缝共 30 条，占裂缝数的 91.9%(其中干燥状态裂缝占 54.5%，湿润裂缝占 36.4%)，隧道基本上无渗水及更严重的水害情况。隧道中墙的渗漏水情况比边墙突出一些(表 8-3)。从渗漏水程度说明，中墙是容易产生病害的部位。

(6) 老苍坡 3 号隧道裂缝的倾角分析

老苍坡 3 号隧道垂直裂缝占 73.6%，近水平裂缝占 22.2%，其中很大一部分是由施工缝、温度缝和沉降缝所致，如图 8-9 所示。隧道中裂缝多数是施工中设置的施工缝和变形缝(温度缝、沉降缝)没有处理好而出现的裂缝。裂缝中仅有 4.2%呈倾斜状态，是由于结构受力较大引起的。

6)老苍坡 3 号隧道典型裂缝原因分析

施工时中墙顶部没有处理好，如图 8-9b)。施工时拱与墙的施工缝位置不一致，易导致拱对应墙的施工缝处产生裂缝，或者墙对应拱的施工缝和变形缝位置产生裂缝，如图 8-10。

从现场的调查记录分析，老苍坡 3 号隧道中存在的裂缝，主要有以下几种：

(1)在施工中设置的施工缝，没有对齐而出现的裂缝；

施工质量不好，混凝土浇捣不实、模板不平，使得隧道衬砌表面产生蜂窝磨面，从而出现渗漏点的裂缝。

(2)隧道衬砌结构不匀沉降产生的沉降缝，甚至出现了错位等引起的裂缝。

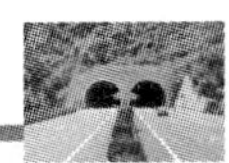

(3)纵向裂缝平行于隧道纵向轴线，斜裂缝与隧道纵轴线以及隧道衬砌横截面均有一定角度。

(4)有一些纵向裂缝也和施工质量有关。施工时，在浇筑中墙拱部前中墙顶部没有清理，使得混凝土浇筑后中墙与拱部之间胶结不好形成裂缝，并出现了渗漏水。

(5)另外一些纵向裂缝和斜向裂缝，其产生的主要因素是由于地质因素和水的作用、施工工序和设计方面的原因以及隧道偏压等所致。

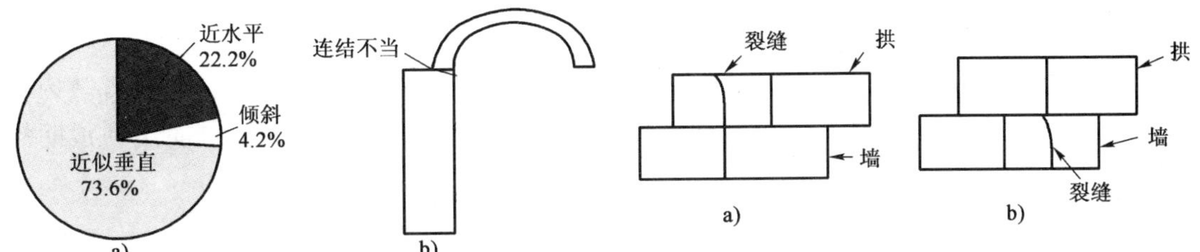

图 8-9 老苍坡 3 号隧道裂缝倾角分布及缺陷

a)裂缝倾角分布；b)拱脚处处理缺陷

图 8-10 施工缝不对整

a)拱部出现裂缝；b)墙部出现裂缝

纵向及斜向裂缝，多出现在进出洞口处。从隧道进出口地形看，这种形态的裂缝应该主要是由于偏压产生的，隧道经过的山坡左右相差 20m 到 30m，尤其是进口，地形很陡峭，偏压严重，进口处在施工时出现过塌方，有滚石冲击隧道衬砌，使得隧道拱部因为冲击荷载的作用产生了比较严重的结构裂缝。

3. 四川、重庆连拱隧道病害剖析

通过对某甲连拱隧道调查统计表明：总共发现 61 处有结构开裂、渗漏水病害，其中：中墙 32 处、占 49%；拱部 24 处、占 38%；边墙 9 处、占 13%(图 8-11a)。

某乙隧道渗漏水统计共计 24 处，中墙渗漏水达 16 处，达 67%(图 8-11b)。从中墙开裂、渗漏水分析，中墙开裂 32 处，其中漏水就 16 处，有一半以上的开裂漏水。

1)裂缝原因分析

通过其他方法检测，还发现有的连拱隧道存在混凝土强度不足、二次衬砌厚度不够、拱部存在大量空洞等问题，特别是拱部空洞，隧道超挖和塌方部位大部分未回填，其高度范围一般为 15～50cm，最高可达 109cm。

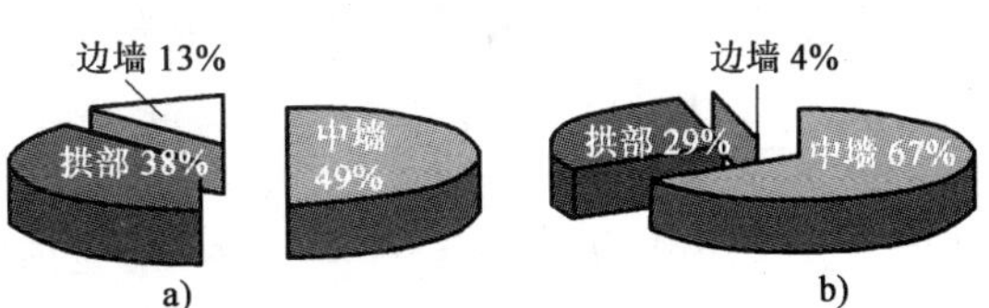

图 8-11 连拱隧道开裂与渗漏水分布

a)某甲隧道；b)某乙隧道

由于空洞的存在，使结构受力处于很不利的状态，为后期裂缝的产生埋下了伏笔。有的连拱隧道施工缝处混凝土连接质量不理想，加上隧道底部未设仰拱，基底受力较大且沉降不均，因此，就在结构薄弱部位施工缝处产生了开裂。

另外，也有一些环向或竖向裂缝，它们不处于施工缝处，这些裂缝主要是由于混凝土施工质量差，再加上混凝土收缩等因素造成的；当然，也有一小部分是属于结构性破坏裂缝。

除上述环向裂缝外，在隧道的拱部还存在几条纵向裂缝，从外观上看，这些裂缝都属于受拉裂缝。通过检测发现：这些裂缝上方都存在空洞，说明由于空洞的存在致使结构受力不均引起的结构破坏。

隧道渗漏水大多发生在施工缝处，少数可能是由于局部地段混凝土施工质量差、振捣不密实致使地下水渗透引起的。

2)避免裂缝产生的建议

通过上面的调查和分析说明，连拱隧道底部宜设置仰拱，以减少墙底沉降量，从而避免或减少裂缝的发生。另外，调查检测结果表明，连拱隧道的施工质量较差，尤其是拱部空洞大量存在，给结构的安全埋下了极大隐患，渗漏水病害的广泛存在，也说明隧道施工缝处理与防排水系统施工质量很不理想。

因此，要想避免或减少连拱隧道的病害，就要从设计和施工两方面共同努力，完善结构设计，确保施工质量。尤其是后者，再好的设计若没有施工质量作保证，都不可能达到预期的目的。

第三节　连拱隧道裂缝机理研究

1. 隧道裂缝仿真模拟分析

仿真模拟连拱隧道裂缝，可采用十分成熟的商业软件 ANSYS6.1。该软件已广泛应用于各种工程中。在隧道衬砌裂缝的仿真模拟中，采用的是结构分析中的非线性有限元法，由于对隧道采用荷载结构法的计算模型，因此，模拟的主要对象是隧道二次衬砌结构。

在 ANSYS 非线性分析软件中，采用了三维 8 节点的固体 solid65 单元，该单元可以模拟非线性的混凝土材料，具备裂缝分析功能，可以模拟有钢筋或没有钢筋的三维结构中出现的拉裂和压碎情况。该单元有八个节点，每个节点有三个自由度，分别是 x，y，z 方向的位移。

在模拟分析中，混凝土材料的屈服准则可表示为：

$$\frac{F}{f_c}-S\geqslant 0 \tag{8-1}$$

式中：F——基本应力状态下($\sigma_x,\sigma_y,\sigma_z$)的应力函数；

S——由基本应力和 5 个输入参数 f_1,f_c,f_{cb},f_1,f_2 确定的屈服面；

f_c——材料的单轴抗压强度；

$\sigma_x,\sigma_y,\sigma_z$——$x,y,z$ 方向上的基本应力；

f_{cb}——双轴抗压强度；

f_1,f_2 与 f_c 有关的参数，$f_{cb}=1.2f_c$，$f_1=1.45f_c$，$f_2=1.725f_c$。

在结构分析中，如果衬砌结构中的应力状态，出现以下情况：

- 不满足屈服准则式(8-1)，则衬砌就不出现拉裂缝或压碎情况。
- 如果满足式(8-1)，衬砌结构中主应力有拉应力，则出现拉裂缝；
- 如果主应力都是压应力时，材料产生压碎破坏。

因此，在隧道衬砌混凝土裂缝产生的模拟中，计算参数主要包括：衬砌混凝土材料的单轴抗拉强度和抗压强度。

2. 裂缝分析思路

某连拱隧道结构，按新奥法原理进行设计施工，采用复合衬砌，以锚杆湿喷混凝土和钢筋网等作初期支护，辅以钢支撑、注浆小导管等支护措施，充分调动和发挥围岩的自承能力，在监控量测信息的指导下，模筑二次衬砌。

模拟连拱隧道裂缝分析，针对的是隧道二次衬砌，因为隧道初衬和围岩已简化为结构荷载。模拟二次衬砌裂缝，取隧道中部 30m 一段进行三维分析，材料使用的是 concrete（混凝土）材料，单元统一采用 solid（固体）65 单元。整体网格、横剖面网格，见图 8-12。

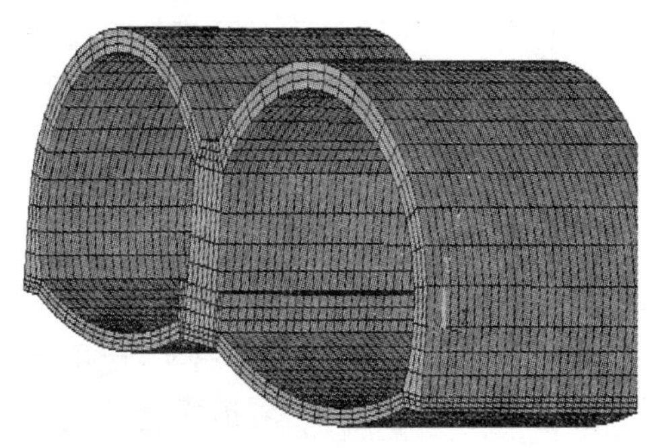

图 8-12　整体网格图

二次衬砌网格、仰拱网格、中墙网格图，见图 8-13。

二次衬砌网格共有 3 525 个三维单元，中墙共有 2 850 个单元，仰拱共有 2 250 个单元。

Concrete 材料使用 C15 的混凝土参数，弹性模量为 $25.5\times10^{9}\mathrm{N/mm^{2}}$。泊松比为 0.15，单轴抗拉强度为 $1.5\times10^{6}\mathrm{N/mm^{2}}$，单轴抗压强度为 $13.5\times10^{6}\mathrm{N/mm^{2}}$。收敛准则以力（或力矩）为基础。

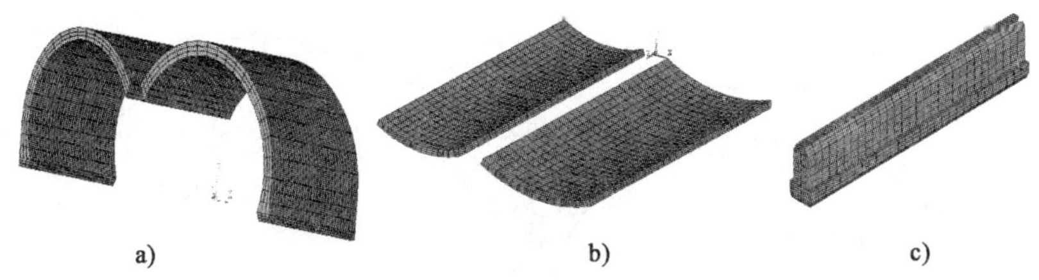

a)　　b)　　c)

图 8-13　局部网格图

a）二衬网格；b）仰拱网格；c）中墙网格

在进行裂缝仿真模拟过程中，还采用了以下几个假定：

（1）在每一个将出现裂缝的节点上，裂缝均有 x、y、z 三个正交方向的变化；

（2）若在某个节点上有裂缝产生，裂缝模型将自动修改材料特性使得该裂缝附近是一个连续的裂缝带而不是一条孤立的裂缝；

（3）裂缝模拟所采用的混凝土（concrete）材料是各向同性的；

（4）在出现裂缝和压碎情况之前，混凝土（concrete）材料将先出现塑性状态，使用 Drucker—Prager 屈服准则为判定准则。

3. 裂缝的数值模拟

1）偏压数值模拟方法

由于隧道衬砌裂缝的模拟，采用的是荷载结构模型，因此，摸拟在隧道衬砌上施加不同的荷载，以此来模拟隧道衬砌所受的偏压条件。在模拟中，把衬砌周边分为 10 个部分，每个部分施加均匀的法向分布荷载，通过依次改变各部分荷载的大小，来研究在各个部位荷载变化情况下裂缝出现的部位和发展规律，以得到对隧道衬砌最不利的偏压荷载情况，为隧道的设计、施工提供一定的参考。隧道衬砌上加载部位的名称见表 8-4。

荷载分布部位　　表 8-4

荷载	P_1	P_2	P_3	P_4	P_5
所处部位	大拱边墙	大拱拱肩	大拱外拱顶	大拱内拱顶	大拱内拱
荷载	P_6	P_7	P_8	P_9	P_{10}
所处部位	中墙顶	小拱内拱顶	小拱外拱顶	小拱拱肩	小拱边墙

2)局部空洞(局部荷载)模拟方法

隧道衬砌中出现回填不密实，产生局部空洞或者局部荷载，这是一种普遍的情况。在局部空洞或局部荷载作用下，隧道裂缝的模拟也至关重要。从前述的在偏压荷载作用下隧道裂缝的模拟分析可以知道，连拱隧道两拱的内外拱顶压力对中墙以及拱部裂缝的产生有比较大的影响，对两侧边墙裂缝也产生一定的影响。

本章着重进行局部空洞作用下隧道裂缝的模拟，主要是针对大拱外拱顶荷载(P_3 荷载)、大拱内拱顶荷载(P_4 荷载)以及小拱外拱顶荷载(P_8 荷载)、小拱内拱顶荷载(P_7 荷载)局部不存在时裂缝的产生和发展情况，找出对衬砌结构最不利的结构受力。在局部荷载作用下，裂缝的模拟将荷载分成六个部分或五个部分，局部空洞的模拟就是模拟当某些荷载不存在时裂缝的产生发展情况，具体的荷载分布剖面图见图 8-14。

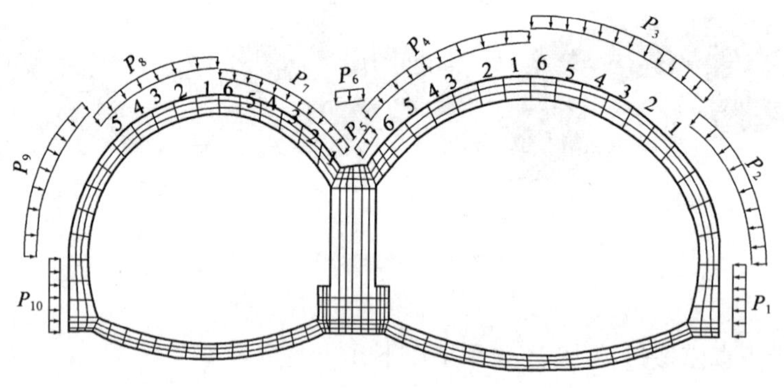

图 8-14　加载剖面图

3)不均匀沉降情况下裂缝模拟思路

在隧道建设中，隧道纵向穿过不同力学性质的岩层，特别是在断层、破碎带、岩溶通过处，地基承载力差异较大，当衬砌背后回填不对称，以及不同断面的衬砌抵抗不均匀形变能力的差异等原因，都有可能导致隧道纵向不均匀沉降，引起纵向弯矩而产生裂缝。这在隧道的出入口及岩层性质突变的地方往往比较突出。

隧道不均匀沉降的表现形式是多种多样的，其中最常见的有以下形式：

(1)高低形沉降曲线，即基础沉降一边大、一边小。这是由于隧道一端或局部的岩土力学性质差异所致，这种形式的沉降很容易产生剪切裂缝。

(2)盆形沉降曲线，即两边沉降小，中间沉降大。一般岩石隧道而言，中部上覆岩层厚、荷载大，而端部上覆岩层薄、荷载小；同时中部压力相互影响高于端部的相互影响，且端部对受载

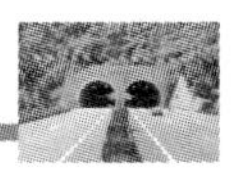

区下沉有剪切阻力等共同作用的结果，它使地基反力在边缘区偏高。

(3)马鞍形沉降曲线，即中间沉降小，两边沉降大。在福建某高速公路隧道的明挖法施工中，由于隧道中部的岩土力学性质较好，而两边的岩土体的力学性质相对较差，隧道在两边的沉降较大而中间较小，隧道设计时又因为隧道较短没有设置沉降缝，结果在隧道中部产生了一条环向裂缝，裂缝贯穿了隧道衬砌。

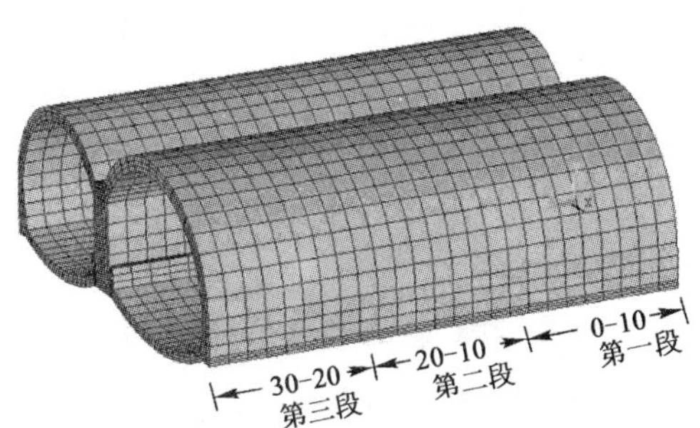

图 8-15 隧道纵向分段图

针对上述三种情况的不均匀沉降，对隧道衬砌变形压力导致的裂缝进行模拟。模型主要取隧道中部 30m 洞身进行模拟，在不均匀沉降模拟时主要考虑上述三种情况，对沉降曲线进行简化，把该隧道分成三端，平均 10m 一段，如图 8-15 所示。

在分析中，主要考虑三种情况的不均匀沉降。

• 第一种情况：模拟 0～10m 洞段与其他两段有不均匀沉降时裂缝产生及发展规律，可以简化为第一种高低形沉降曲线下产生形变压力导致裂缝情况。

• 第二种情况：模拟第二段 10～20m 与其他两段有不均匀沉降时裂缝产生及发展规律，这是盆形不均匀沉降曲线情况下产生形变导致裂缝产生。

• 第三种情况：第一段 0～10m、第三段 20～30m 与第二段有不均匀沉降时裂缝的产生及发展规律，这是在马鞍形不均匀沉降情况下产生裂缝的情形。

4. 裂缝数值模拟结论

在处于偏压、存在局部空洞和局部荷载作用及不均匀沉降情况下，对隧道衬砌裂缝的形成和发展做了一些数值模拟，取得如下主要结论：

1)数值模拟偏压隧道产生的裂缝

(1)隧道受压均匀，可以承受较大的荷载而不产生裂缝。当隧道在均匀的压力作用下，先出现裂缝的部位是中墙和仰拱。

(2)当隧道承受偏压，产生裂缝时，隧道承受的压力的绝对值和偏压值都比均匀压力产生裂缝时的压力值小得多，约为 1/5 左右。

(3)当边墙承受偏压时，压力大的一侧墙脚处产生裂缝。

(4)连拱隧道当两外侧拱墙和边拱的压力较大并有偏压，而内拱侧和中墙顶部的压力较小并也有偏压时，压力大的一侧的外边墙脚处产生裂缝，而且沿边墙脚向上发展并有压碎，压力小的一侧的拱与中墙交接处产生裂缝而且沿中墙向下发展并有压碎。

(5)连拱隧道当两外侧拱墙和边拱的压力更大并有偏压时，而内拱侧和中墙顶部的压力较小而产生偏压时，两侧的外边墙脚处产生裂缝而且沿边墙脚向上发展并有压碎，两侧的拱与中墙交接处产生裂缝而且沿中墙向下发展并有压碎。

(6)边墙承受偏压，压力大的一侧墙脚处产生裂缝。通过增加外拱顶荷载可以缓解边墙外侧墙脚裂缝的产生，但压力加得太大，又会引发拱与中墙的裂缝。

(7)连拱隧道内拱荷载较大时,中墙会产生压碎裂缝。

2)模拟隧道衬砌结构上存在局部空洞产生裂缝

(1)当隧道衬砌结构存在局部空洞时,空洞的部位对隧道衬砌结构裂缝的产生影响很大,当局部空洞出现在拱顶附近时,将会在拱顶和中墙腰部产生裂缝,空洞偏离拱顶越远,产生裂缝就越小,局部空洞较小(尺寸小于衬砌宽度),即使在拱顶,也不一定在衬砌中产生裂缝。

(2)当隧道衬砌结构内拱顶存在局部荷载时,对隧道是最不利的,当隧道衬砌结构外拱顶存在局部荷载时,在中墙与拱交接处以及拱顶部位产生裂缝。

3)模拟隧道衬砌结构不均匀沉陷裂缝

(1)在高低形差异沉降曲线情况下,隧道衬砌裂缝主要产生在不均匀沉降处,随着差异沉降值的增大,裂缝从差异沉降点向两边洞口发展,边墙裂缝还向拱部(拱肩)发展,仰拱处裂缝随着差异沉降值的增大贯穿衬砌。

(2)在盆形差异沉降曲线情况下,隧道衬砌随着差异沉降值的增大裂缝向洞口及洞内方向发展,向洞内发展的主要是大小拱边墙以及中墙底部裂缝,发展速度较快。向洞口发展的主要是仰拱处裂缝,发展速度不快,但是随着差异值的增加,在仰拱厚度方向裂缝已经贯穿,随着差异值的增加,各部分裂缝均向拱上发展。

(3)在马鞍形差异沉降曲线情况下,隧道衬砌的发展情况同盆形差异沉降曲线情况相反,向洞内发展的是仰拱处裂缝发展较慢,随着差异值的增加,在仰拱厚度方向裂缝已经贯穿,向洞口发展的是大小拱边墙裂缝以及中墙底部裂缝,发展速度较快并向拱上发展。

第四节　连拱隧道病害及防止与治理措施

连拱隧道衬砌裂缝是其受力状态的综合反映。裂缝发生部位和特性,不仅与衬砌结构形式、结构几何尺寸、围岩压力大小及分布有关,而且与施工技术、工程质量及建筑材料等因素密切相关。

1. 裂缝和渗水病害特征分析

通过上述实际调查,经过归纳整理,连拱隧道衬砌所产生的裂缝和渗水病害原因分析如下:

(1)隧道洞口段比洞身段严重,中墙比边墙严重,而且问题最多的是中墙顶部与拱部的连接处。

(2)连拱隧道出现结构性破坏的裂缝并不多,主要是构造处理不当造成的构造裂缝,或施工养护原因产生的温差裂缝,以及施工缝、变形缝诱导的裂缝。

(3)绝大部分裂缝呈直线状和起伏直线状,弯曲起伏和弧形裂缝仅占小部分。

(4)垂直裂缝约占70%,近水平裂缝约占20%,这两类裂缝基本上都不是结构性裂缝。倾斜裂缝仅占10%,倾斜裂缝大多是结构性裂缝,大部分分布在洞口,主要是受到洞口偏压、中墙不均匀沉降、仰拱开挖不当、中墙顶回填不密实等,隧道处于复杂的受力状态,局部应力、变

形过大而出现裂缝。

(5)大部分裂缝的宽度都在0.20mm以上,结构性裂缝对隧道衬砌的受力、防水和耐久性不利;非结构性裂缝仅对隧道衬砌的防水和耐久性不利。

(6)干裂缝约占40.1%,湿和渗水的裂缝约占51.7%,滴水以上的仅占8.2%,但是大部分隧道刚施工完成,运行一段时期后,估计干的裂缝将会减少,而湿和渗水的裂缝将有较大的增多。其原因有中墙早期都为整浇直中墙,存在固有的结构形式缺陷、施工缝位置设置不当、施工质量不高,排水通道不畅等。

2. 从裂缝类型不同分析产生的病因

现场调查对裂缝进行了归纳,主要的三种裂缝为:

(1)中墙与拱结合部水平裂缝。施工时中墙顶没有凿毛清洗,就直接浇注拱部,造成拱和中墙之间胶结不好,形成软弱面,当中墙与拱承受外力后就会产生裂缝,并出现渗漏水现象。

(2)墙部和拱部垂直裂缝。施工时拱与墙的施工缝位置不一致,容易导致与墙的施工缝对应处的拱部产生裂缝,与拱部的施工缝对应处的墙部产生裂缝。

(3)衬砌环垂直裂缝。施工时没有处理好衬砌环之间的施工缝。

3. 预防裂缝发生的对策

从现场检测的结果来看,裂缝产生的主要原因,还在于施工质量问题,拱部存在大量空洞,混凝土强度不足、振捣不密实,施工缝处理不好,大部分裂缝都位于施工缝处。

从渗漏水情况来看,大部分是由于施工缝防水处理不良造成的,也有部分是由于混凝土不密实而被地下水渗透形成的,这一方面说明施工质量较差,设计意图不能得到保证;另一方面也说明设计可能还不完善,施工上难于实现。

因此,要想避免连拱隧道病害的发生,就要从设计与施工两方面着手,一方面完善设计、消除隐患,另一方面严把质量关,确保施工质量,使设计者的意图得到贯彻和实施。本书所述的连拱隧道构造、设计、施工等章节中内容,均是在总结裂缝和渗漏水病害分析做出的初步研究成果。然后,随着连拱隧道工程实践和研究的进展,裂缝防止和治理措施将逐步深化,进而总结出更科学、成功的方法和措施。

第九章

连拱隧道设计与施工分析软件

在吸取 ANSYS 等大型商业有限元软件和有关专业软件优点的基础上，紧密结合连拱隧道结构特点，由同济大学开发了同济曙光软件，用于连拱隧道设计与施工分析。该系列软件通过建立统一图形平台，采用层次式模块架构法，从而研制出既有一定通用性、灵活性，又能实现与规范充分结合的连拱隧道设计与施工分析软件。

第一节　连拱隧道设计与施工分析系列软件

同济曙光连拱隧道设计与施工分析系列软件，其总体结构可表述为图 9-1。该软件利用 Windows 环境下的 Visual C++ 作为首选开发工具。其中统一图形平台为所有的专业模块提供图形、有限元及系统集成所需的基类。专业模块从统一图形平台中继承这些类，并借助于类的多态性完成各自特定的任务。由于类的继承具有多重性，因此，可以从各专业模块中再派生出其他的专业模块，因而组成了系统的层次式模块架构。

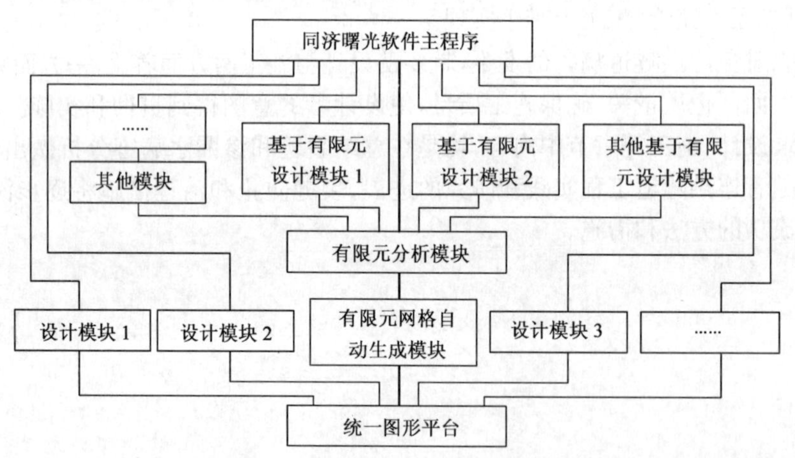

图 9-1　同济曙光连拱隧道软件框架图

同济曙光软件系统界面，采用了目前流行的 Windows 用户界面，即窗口、菜单、对话框设计技术，更主要的是符合国内用户习惯，构造一个全汉化的人机界面(Human-Computer Interface)环境，直接面向设计、施工、监测与监理等部门的用户。在设计系统界面时，遵循了以下原则：

1)面向用户

本软件系统界面,需要符合技术和管理人员的操作习惯和工程习惯,主菜单放在上边,且不超过三级,以免层次太多查找不便,滚动条在右边,状态栏在下边等,以符合视觉流程和用户使用心理;所有交互语言均使用通用的工程术语,接近于工程实际。

2)开发的完整性

本系统界面应尽可能集成软件功能的各个方面,各功能模块间的交互以数据文件或数据库为中心进行实施,保证数据的准确性、及时性和一致性。

3)面向应用

系统的各模块既相互联系构成整体,本身又具有独立性。首先,保证系统是一个有机整体,协调解决连拱隧道设计、分析与监测管理等问题;其次各功能模块能相对独立地解决管理中的某一问题。

4)良好的提示和帮助系统

在系统运行过程中,经常需要选择图形界面上的某些元素,或与当前激活对象有关的操作,在这种情况下系统会动态生成中文菜单或中文提示,帮助用户选择。

第二节 连拱隧道施工监测数据库管理软件

伴随着计算机技术飞速向前发展,数据库技术已日渐成熟,利用数据库可以存储和处理大量的数据,并且可以进行数据分析,及时反馈信息。数据库系统的出现,使人们可以为施工监测建立相应的数据管理系统,通过监测数据管理系统对工程监测进行有效的管理,在施工过程中,又可充分利用监测数据来掌握围岩和支护结构的动态信息,随时了解工程稳定状况及确定新的岩石力学参数和支护结构参数,并将这些信息及时反馈于设计和施工决策。监测数据管理系统的开发已经成为监测技术发展的一种新趋势和方向。

软件构架与计算机技术系统,采用 Microsoft Access 数据库。鉴于连拱隧道监测数据不十分复杂,监测数据量也不庞大,因此数据库功能虽然不是很强大,但是可以满足工程实际需要。

系统采用 Visual C++ 开发监测数据库,数据库访问采用 ODBC 技术。ODBC(Open Database Connectivity)是一个数据库访问的标准接口。使用这一标准接口,可以不必关心具体的数据库管理系统的细节,而只要有相应类型数据库的 ODBC 驱动程序,就可以实现对数据库的访问。

ODBC 是一个应用广泛的数据库访问应用程序接口,使用标准的 SQL 作为其数据库访问语言,ODBC 编程接口提供了极大的灵活性,可以通过这一个接口访问不同种类的数据库。而且,通过相应的 ODBC 驱动程序,可以方便地实现不同数据类型之间的转换(图 9-2)。

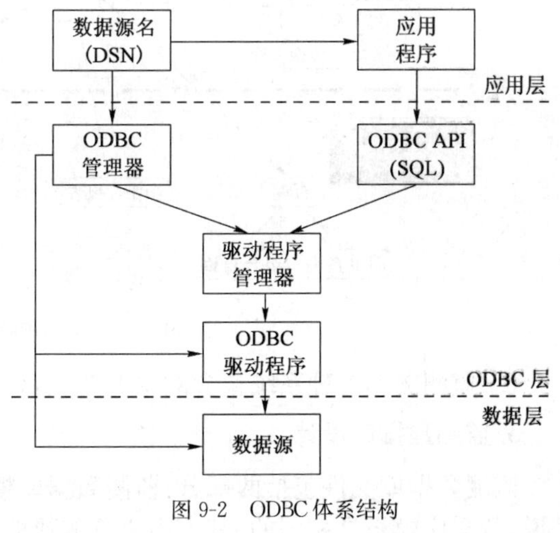

图 9-2 ODBC 体系结构

1. 监测数据管理系统功能

监测数据管理系统，具有以下功能：

(1)根据现场监测实况绘制(或导入)测点地图和监测断面布置图，使用户对工程包含哪些监测断面，断面上布置了哪些测线和测点一目了然。

(2)实现监测数据的录入、删除、修改和存储，并进行数据的计算和转换；允许用户通过各种方法对监测数据进行查询，并将查询结果保存或输出。

(3)使系统能够自动生成图形和报表，根据用户选定的绘图数据和绘图方式绘制出监测数据的时程曲线和空间分布曲线等，进一步生成阶段报表。

(4)对以获得的监测数据进行分析预测，判断围岩稳定性，修正施工参数，指导后续施工。

(5)系统在监测数据接近警戒值时具有自动报警功能。

(6)界面友好、功能齐备、操作简便。

针对上述连拱隧道的特点与实际需求，监测体系包含监测数据库、图形可视化系统和分析预测系统三个方面。

2. 监测数据管理系统的原理与设计

(1)监测数据管理系统总体结构及功能模块组成，如图 9-3 所示。

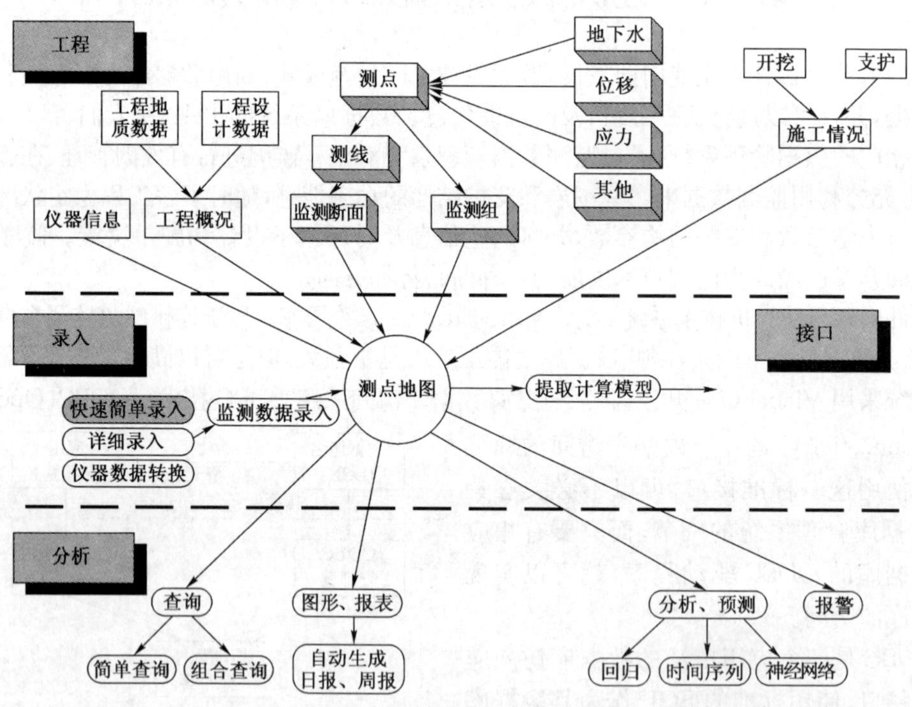

图 9-3　监测数据管理系统总体结构图

(2)监测数据管理系统包含的主要功能，如图 9-4 所示。

3. 监测数据库设计

监测数据库文件包括两部分：监测数据库模板和监测数据库工程文件。对于所有的工程来说，数据库模板是相同的，其中主要监测数据库文件里存放不同表格结构。监测数据库工程

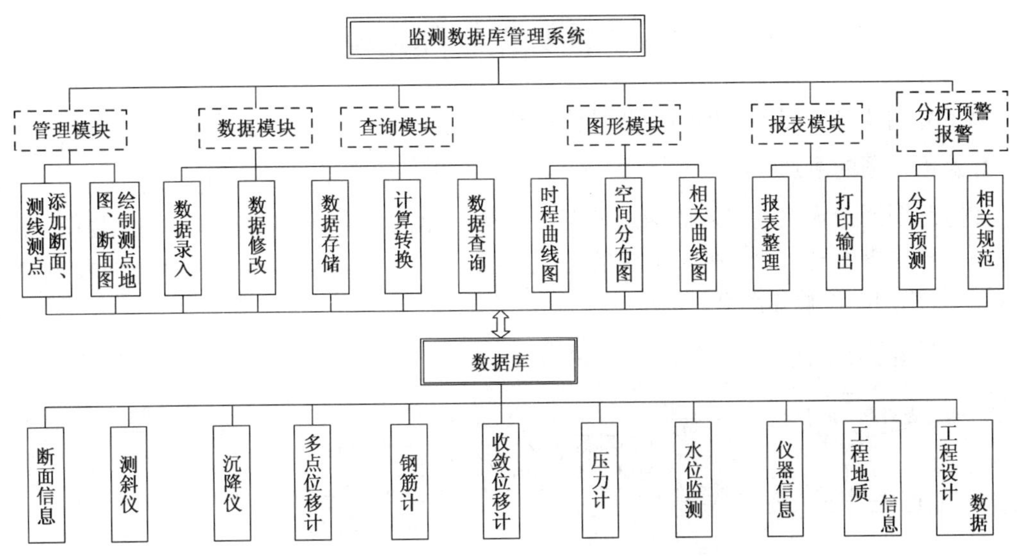

图 9-4　数据库与系统模块关系图

文件在没有监测数据存放的时候，是一个空的文件，没有监测数据，也没有数据库表格。程序、数据库模板与数据库工程文件的关系见图9-5。数据库模板里存放的表格按照类型可以分为：各种测点表格、仪器元件表格和名称表格。

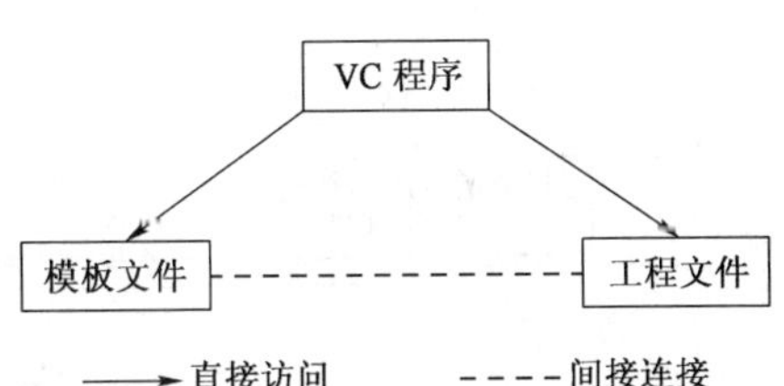

图 9-5　数据库文件之间的连接

存放监测数据的时候，除了包括数据库模板里的表格外，还包括监测断面、测线、仪器参数标定等表格信息（图 9-6）。

图 9-6　监测数据库里的所有类型表格的结构图

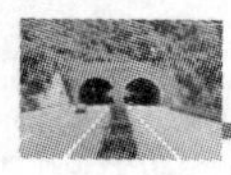

第三节　监测数据管理系统的实现

以下介绍监测管理系统中的一些具体操作。

1. 监测地图的添加

测点地图泛指施工过程的监测总平面图，一项工程可能包含一个或多个测点地图，每个测点地图与程序界面测点地图列表框中的一个元素相对应，同时也对应监测断面列表中的第一个视图，其添加的流程如图 9-7 所示。

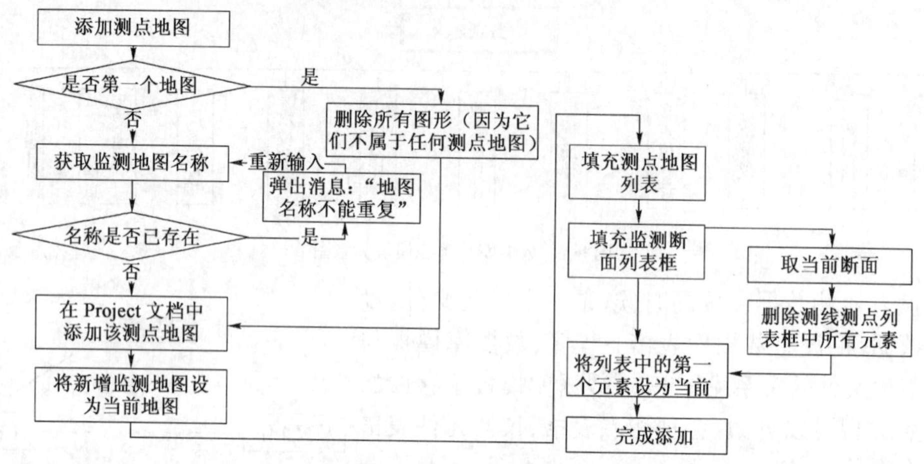

图 9-7　添加测点地图的流程图

测点地图的添加操作完成以后，系统中就注册了该地图，但是，此时的测点地图仍是一个空的地图，用户此时可以在主界面的绘图窗口中绘制或从外部（如 Autocad）导入监测布置图。

2. 测点信息输入

由于施工监测中监测项目繁多，监测手段各异，所用仪器更是多种多样，各个测点数据类型、数据表结构、查询语句等各不相同，由监测点类（CMonPnt 类）派生出与现场监测相对应测点类。图 9-8 所示为设计完成的添加测点对话框。

3. 数据录入

当测点地图、测点创建后，就可以开始向系统输入监测数据和信息。对于监测数据的存储，系统采用存储原始数据的方式。也就是说，数据库中存储的是直接从仪器上读到的原始数据（电阻值、频率值、应变值等），需要时用户可以通过简单操作得到转换后的结果（位移、应力等）。这样，就避免了由于仪器的标定错误或其他原因而导致的监测真实值的丢失，如果在后续工作中发现某仪器的标定有问题，重新标定后只需对仪器的标定曲线加以修改，按照新的转换公式处理原始数据，就可以重新得到正确的测量值。

在进行测量数据的录入时，通过设置对数据上下限检验，可自动将用户输入的数据转换成有效的格式，在权限允许的情况下，还可以对错误的记录进行删除、修改等编辑操作。图 9-9 是一个实际工程录入的数据实例。

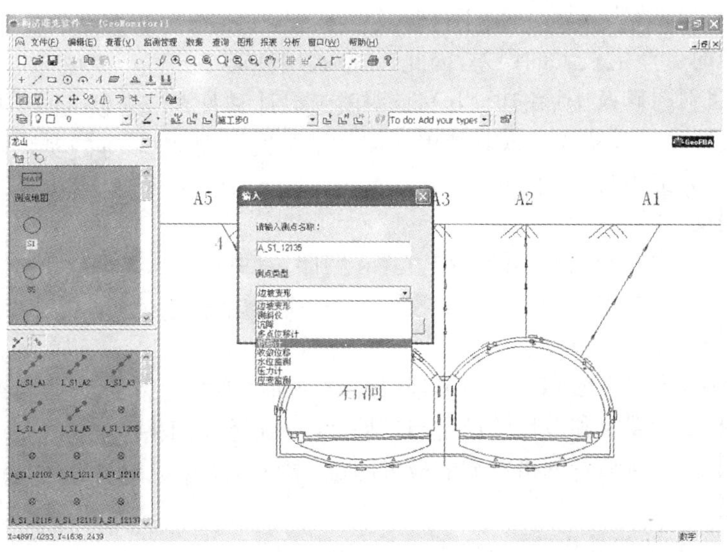

图 9-8 添加新的监测点

4. 数据查询

在系统中数据查询方式灵活多样，可选中某一测点进行简单查询（查询结果只是该测点的记录）或时段查询（输出该测点在指定时段内的记录）；还可以通过组合查询扩展到同一测线或同一监测组（由不同断面上监测项目相同的点组成）上的其他测点的记录；此外，还可以按监测断面查询、按仪器查询（图 9-10），等等。

图 9-9 数据录入

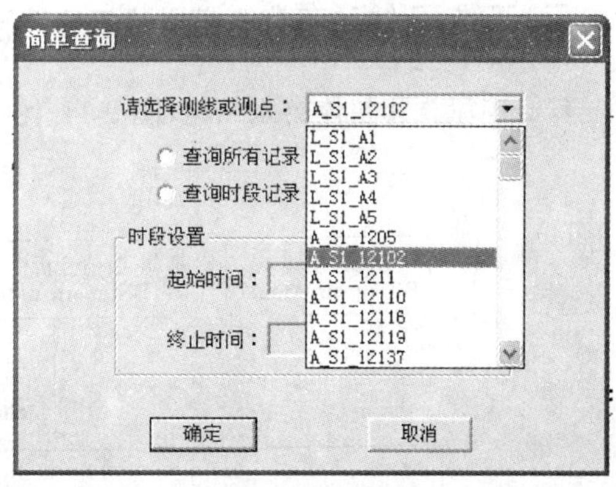

图 9-10 简单查询

第四节 连拱隧道施工动态数值模拟分析软件

一、二维、三维动态数值模拟分析软件的功能

数值模拟分析软件的主要功能，简要介绍如下：

1）连拱隧道衬砌及中墙数值模拟

对连拱隧道进行数值计算时,由于衬砌及中墙厚度比整个分析模型的特征尺寸要小得多,用实体单元模拟时会产生较大的误差,因此,一般采用杆梁单元进行模拟;但是,这样处理后会有较大的误差,且对衬砌及中墙的模型简化、对隧道设计和验算带来较大的不便。本软件拟采用较高精度的有厚度广义梁单元或其他单元按连拱隧道衬砌、中墙等的实际轮廓形状进行计算,使整个数值计算更为直观、准确。

2)开挖过程动态模拟

连拱隧道导洞及左、右洞的不同开挖方式和顺序,对于整个体系的受力状况有着比较大的影响。在分析软件中,提供了专门的专业模块对连拱隧道的开挖过程进行动态的施工模拟。

3)衬砌开裂及岩土节理模拟

在隧道岩体中,天然贯通和非贯通节理以及衬砌和中墙中的裂纹,对连拱隧道安全与稳定有着重要的影响;由于裂纹和节理的产生与扩展,涉及到计算网格的不断变动,采用有限单元法对其进行模拟时,就面临着网格重划的极大困难,本软件拟用无网格方法来模拟衬砌开裂及节理发展的过程。

4)复杂岩体中复杂荷载作用下的三维全自动数值模拟

在实际的隧道数值分析模型中,其材料性质、施工过程和荷载条件极其复杂,采用有限元分析时,即使使用目前功能最强大的商业软件,要建立其三维模型也需要几天到几个星期的时间,还要求使用者具有深厚的理论和分析功底。本软件系统拟将连拱隧道的三维数值分析模型的建模过程自动化,以使其能更好地为工程计算服务。

5)完善同济曙光现有的二维分析软件,研制连拱隧道的专用数值计算模块,并在此基础上研制同济曙光的三维计算软件。

二、二维、三维动态数值模拟分析软件原理与设计

1. 基本流程和整体类系结构(图 9-11、图 9-12)

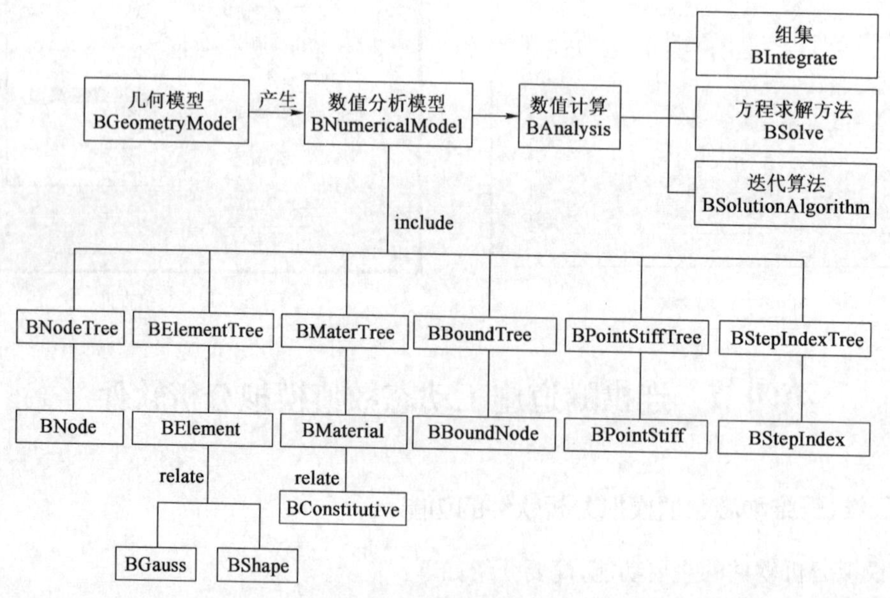

图 9-11　整体类系结构

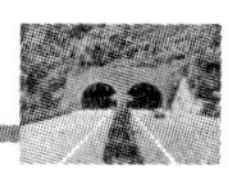

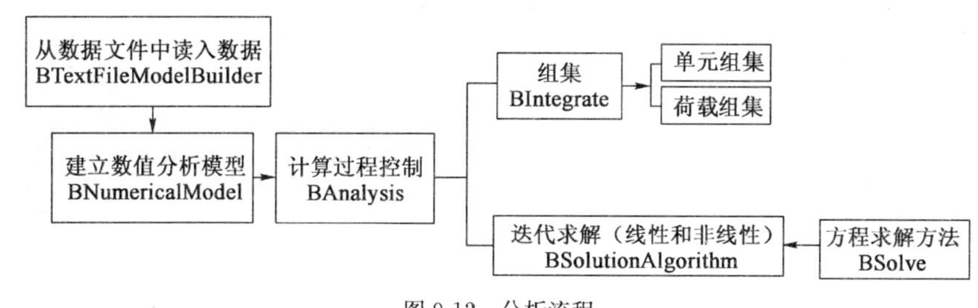

图 9-12　分析流程

2. 主要基本类的派生(图 9-13、图 9-14)

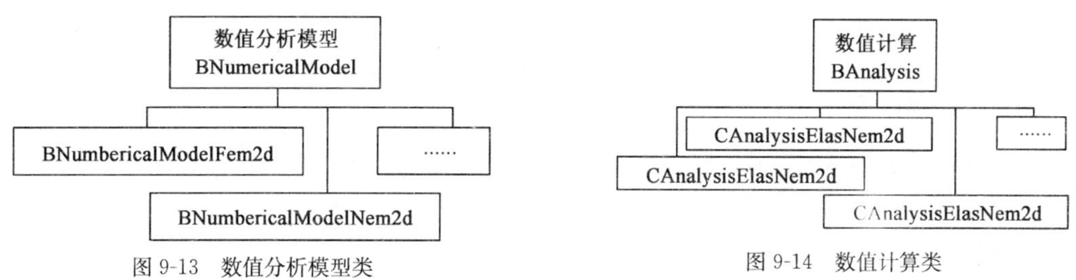

图 9-13　数值分析模型类

图 9-14　数值计算类

3. 二维、三维动态数值模拟分析软件的实现

以下简单介绍施工动态数值模拟分析软件的一些具体操作。图 9-15 的流程图即为施工动态数值模拟分析软件使用的基本步骤。

1)绘制几何模型

几何模型可以在软件中绘制,或者导入 CAD 建立好的几何模型(如 Autocad Dxf 文件)。

2)建立有限元模型

建模就是定义分析对象,它主要是通过一系列操作步骤将要分析的实际工程问题转化为系统能够分析和处理的数据。其一般流程为:

组织模型→定义材料→作图及修改→自动寻找封闭面→赋材料给封闭面→设置开挖过程→在图形对象上施加边界条件→全自动生成网格→手动修改/添加网格→有限元计算及后处理。

3)有限元正分析

在有限元正分析求解的过程中,用对话框实时跟踪计算进度,在命令窗有求解过程的详细信息。如果计算过程中发生错误,可以在命令窗口中查找错误原因。

在模拟地下工程的施工过程中,有时会遇到材料性质发生变化的情况。例如,注浆就会使材料性质发生变化。在本软件中,材料性质转换是以整个材料为单位的,即一种材料的所有单元一次性转变为另一种材料,如果在分析模型中一种材料的一部分转变为另一种材料,则为了使用材料性质转换功能,必须将要转变的材料重新定义为另一种名称的材料(参数完全不变)(图 9-16)。在使用过程中,需要指定在哪个施工步,指定的材料转换为哪一种新材料。

三、连拱隧道施工动态反馈分析软件

在地下工程开挖过程中,岩土体性态、水土压力和支护结构的受力状态等都在不断变化,采用确定不变的力学参数分析不断变化的体系的力学状态,显然很难得到理想的效果。

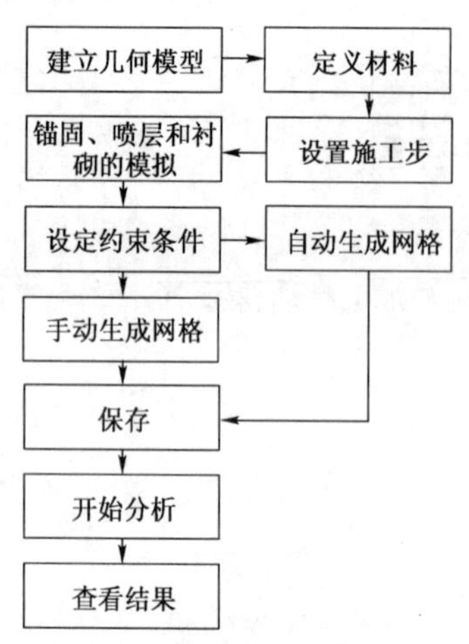

图 9-15　软件使用基本步骤

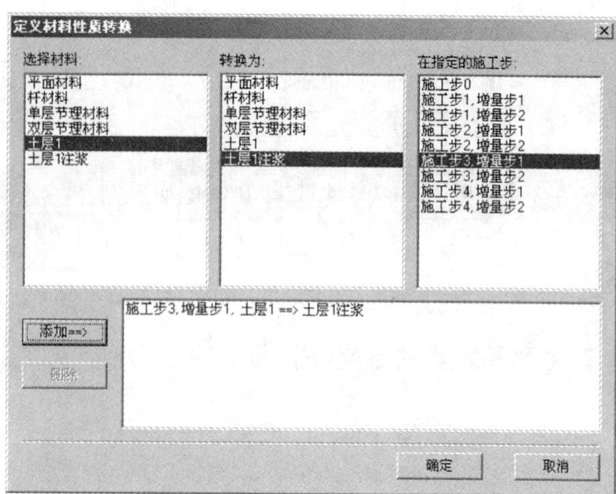

图 9-16　定义材料性质转换界面

反演分析方法就是以现场位移或内力增量量测值等为依据,借助优化反演分析方法确定地层性态参数值,并将这些参数值作为输入量算得的测点位移计算值与实测值相比较误差最小时的参数作为优化反演分析解,然后,将其用作预测计算分析的依据。将常规的反演分析法与施工过程结合起来,建立施工动态反演分析方法,通过利用当前施工阶段的全量或增量量测信息,来反求地层性态参数和初始地应力参数,进而准确预测相继施工阶段的岩土介质和结构的力学状态响应,可为施工监控设计提供指导性依据。

1. 施工动态反馈分析软件功能

1)连拱隧道施工动态反演分析方法的研究

首先,建立连拱隧道施工过程的数值模型,其中考虑连拱隧道的各个施工过程,并对初期衬砌、二次衬砌及中墙建立相应的本构关系;以该数值模型为基础,采用动态施工反演分析的方法,建立动态量测目标函数,用优化方法确定地层材料参数和初始地层的构造应力,进而反推各相继施工阶段的结构变形与内力、周围地层的应力变化情况。

2)优化方法研究

目前,应用较多和研究较为广泛的优化方法有单纯形法、遗传算法、模拟退火算法和阻尼最小二乘法等。各种方法都有其各自的优缺点,例如:

- 单纯形法:计算速度较快,但它得到的只是局部最优解。
- 遗传算法:它得到的是全局最优解,但是搜索时间较长,需要提供的参数也较多。

我们在研究中,根据连拱隧道施工动态反演分析的特点,建立一种或多种适合其反馈分析的最优化方法,并考虑将多种优化方法结合使用,以使其更好地为连拱隧道施工反馈分析服务。

3)施工动态反馈分析系统与连拱隧道监测数据库接口研究

施工动态反馈分析所需监测数据,一般都已存放在监测数据库中,如果反馈分析需要的数据还要人工再输入一遍,不但容易出错、耗费大量时间,而且会延误发现工程问题的时机。为了使反馈分析更加及时,必须建立施工动态反馈分析系统与连拱隧道监测数据库接口,自动完成反馈分析系统与监测数据库间的数据传递。此外,施工动态反馈分析系统所需的量测数据与监测数据库中存放的监测数据在格式、数量及要求上并不完全一致,因此,接口还要完成对所要求数据的格式转换或相应的计算。

4)连拱隧道施工动态反馈分析软件的研制

将上述的连拱隧道施工动态反演分析方法用软件实现，应用到实际工程中去，用于指导实际工程的现场信息化施工，并结合实际情况和计算结果对软件系统的可靠性与稳定进行测试。

2. 连拱隧道施工动态反馈分析软件应用

1)测线与测点

与实际工程中的测量类似，反演分析中量测数据以测线形式进行组织。每根测线上可以有一个或若干个测点，量测数据最终在测点上。

测线类型分为绝对位移测线、相对位移测线、轴力测线、弯矩测线、应变测线和应力测线。对于绝对位移测线和相对位移测线，其上布置的测点数不受限制；对于轴力、弯矩、应变和应力测线，其上布置的测点只有一个。

测线可是由直线、圆弧组成的一条连续的线段(可以封闭，也可以不封闭)，其上布置有若干个测点。通常情况测线是一条直线，对于轴力、弯矩、应变和应力测线，直线的起点和终点位置重合。对于绝对位移测线，大小和方向均要输入(图 9-17、图 9-18)。

对于相对位移测线，每根测线最后一个测点为基点，其他测点测值投影到测线上再减去基点在测线上的投影值(同一测线角度相同)，当然还得考虑施工步和增量步的差值。即该投影差值在前后两不同施工步和增量步有两个值，这两个值的差值为反演时采用量测值，其值与计算值比较。单位与网格单位一致。方向程序默认已自动计算好(1－>n)，一般无需修改；相对位移 δ(设 i 点记为 δi)一般填收敛值。设一根相对位移测线上共有 1…i…n 个测点，i 为任一测点，n 点为基点，位移收敛值 $\Delta(\delta_i-\delta_n)$填正值，测线方向角为测线矢量 i－>n 与 x 轴正向夹角；位移收敛值 $\Delta(\delta_i-\delta_n)$表示拉伸时填负值，测线方向角同上。

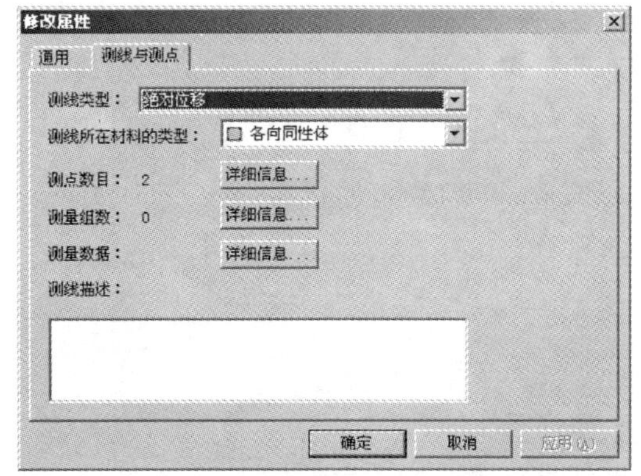

图 9-17 测线属性对话框

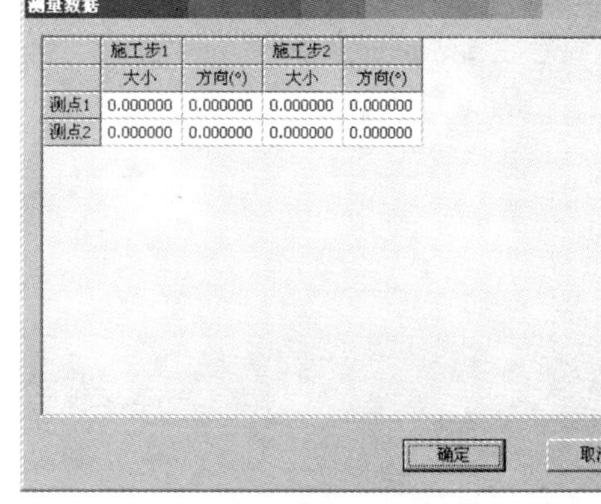

图 9-18 量测数据输入对话框

对于轴力和弯矩测线，只需要输入测点的量测值大小，方向无需输入。

对于应变测线，方向＝1,2,3 分别表示应变在 x、y 和 xy 方向。特别地，对于接触面单元，方向＝1,2 分别表示接触面切线和法线方向。

对于应力测线，方向＝1,2,3,4 分别表示应力在 x、y、xy 和 z 方向。特别地，对于接触面单元，方向＝1,2 分别表示接触面切线和法线方向。

2)反演分析起始步和终止步

反分析起始和终止步
反分析起始步： 施工步0
反分析终止步：
施工步0
施工步1
确定 取消

图 9-19 反演分析起始与终止步设定对话框

定义反演分析测线和测点及输入量测数据，就如同建立了一个量测数据库，实际反演分析计算时，采用哪些施工步的数据进行反算，则由反演分析起始步和终止步决定。

例如，量测数据从第 1 施工步开始，一直到第 5 施工步结束，反演分析时可以指定使用第 2 步到第 3 步的量测数据进行反算，然后将得到的第 4、第 5 施工步反算结果与实测值进行比较，来检验反演分析的效果。当反演分析起始步为施工步 0 时，表示进行的是全量反演分析，否则表示进行的增量反演分析(图 9-19)。

3)反演分析目标

反演分析的目标可以是地应力和材料参数。根据地应力的两种不同表示方法，又分为以线性方程式表达的地应力和以外荷载表达的地应力。地应力用如下方程式表示：

$$\sigma_x^5 = a_1 + a_4 z$$

$$\sigma_z^5 = a_2 + a_5 z$$

$$\tau_x^5 z = a_3$$

式中：a_1, a_2, a_3, a_4, a_5——常系数；

z——纵向坐标，竖直向上为正。

反演分析目标，可以是 a_1, a_2, a_3, a_4, a_5 中的任何一个或其任意组合。

地应力也可是以外加荷载(均布荷载或集中荷载)表示，此时，可以对外加荷载的大小进行反演，如图 9-20 所示。对材料参数的反演分析如图 9-21。

反分析控制
反分析优化方法： 单纯形法 选项(O)
反演目标： 地应力线性表达式 反演参数：
a1
a2
a3
a4
a5
添加
待反演的参数：
名称 初始值
删除 确定 取消

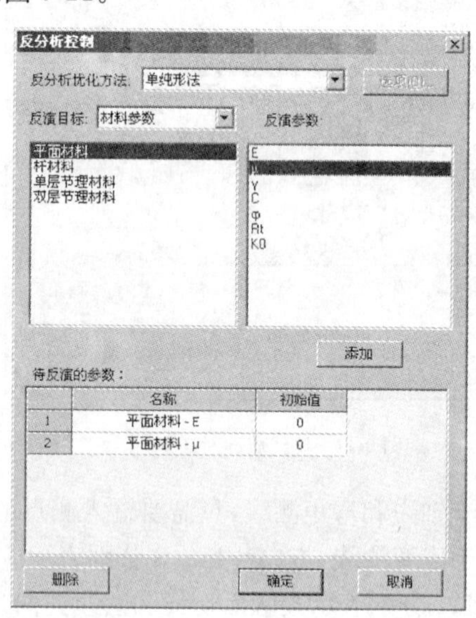

图 9-20 地应力反分析对话框

4)反演分析方法

软件中实现了多种反演分析优化方法，分别是单纯形法、阻尼最小二乘法、遗传算法、遗传

模拟退火算法和混合遗传算法。除单纯形法之外的其他方法,每种优化方法都还有相应的选项设置,见图 9-22 对话框。

5)反演分析计算

由于反演分析计算与给定的初值有相当的关系,因此,初值的选取比较重要,它应尽量接近真值。当反演分析过程不收敛,即目标函数发散时,应停止计算,重新给定初值。实践表明,反演的目标变量不宜太多,当目标变量(即待反演参数的总数)在 1~3 个以内时效果较好。反演分析计算时的量测数据中,应剔除一些异常数据,而且,当一开始反演分析时,所采用的量测数据不宜多。当能够有反演结果,并且结果较为理想时,再考虑适当增加量测数据。反演分析计算完成后,其计算结果将在命令窗口中显示出来。

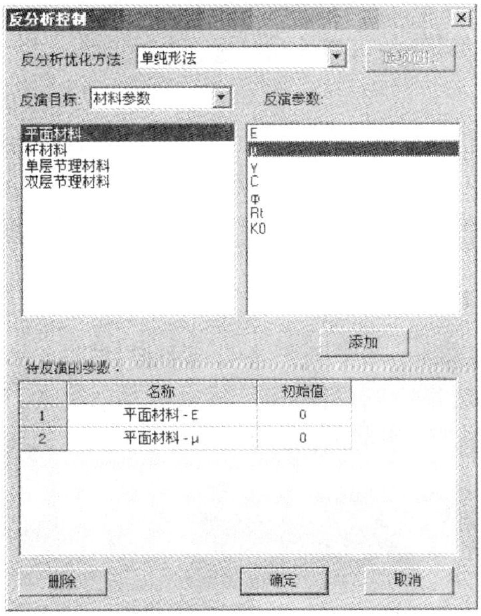

图 9-21 材料参数反演分析对话框

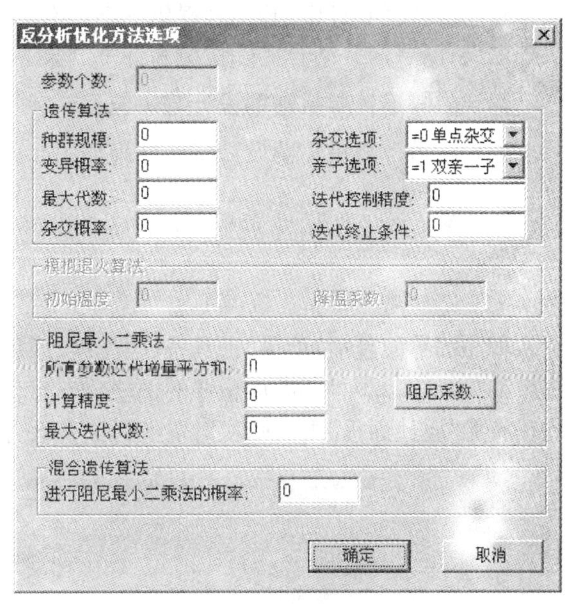

图 9-22 反演分析方法选择及设定对话框

四、连拱隧道计算机辅助设计软件

1. 计算机辅助设计的功能

连拱隧道计算机辅助设计,是将连拱隧道设计过程用计算机软件实现,其主要功能如下:

1)建立连拱隧道计算机辅助设计模型

辅助设计模型内容包括:连拱隧道计算机辅助设计输入输出内容的设计、用户界面设计、隧道断面形状的参数化自动生成与绘制、隧道计算模型的自动生成,以及根据用户需求的调整等内容。

2)连拱隧道断面形状计算与优化

该功能包括:由隧道功能需要自动生成限界,由限界图自动计算隧道断面形状,并可根据隧道断面开挖面积最小或结构内力最优等目标,对隧道断面形状进行优化设计。

3)连拱隧道结构内力计算

连拱隧道结构内力计算功能,是根据假定的受力模型,采用荷载结构法对结构内力进行计算。计算中应对地层抗力作用模式、初期支护和二次衬砌及其厚度在计算模型中的影响等因素，均予以充分考虑。

4)连拱隧道配筋及配筋图绘制

该功能包括：由连拱隧道内力大小计算所需的配筋率、对隧道进行配筋计算以及绘制相应的配筋图。

5)连拱隧道设计计算过程自动文档输出

该功能是连拱隧道计算机辅助设计的最后一个步骤，它是将整个计算机辅助设计过程自动文档化，生成相应的设计计算书和相应图纸，供工程设计审核和存档。

6)连拱隧道计算机辅助设计软件研制

在同济曙光软件中，利用其提供的图形 CAD 平台，开发能满足上述要求的连拱隧道计算机辅助设计软件，并结合实际情况和计算结果，对软件系统的可靠性与稳定进行测试。

2. 连拱隧道计算机辅助设计基本流程

连拱隧道计算机辅助设计基本流程如图 9-23 所示。

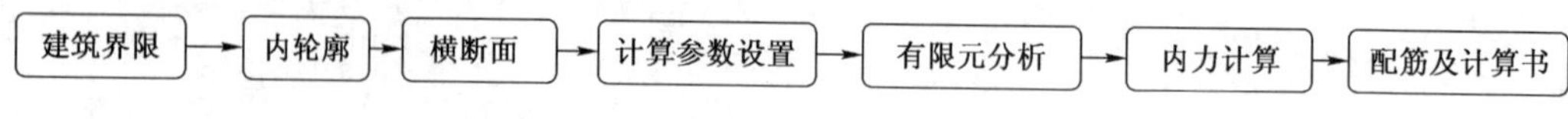

图 9-23　软件应用流程

程序的界面包括：菜单、工具条、绘图区、添加图元面板、图纸与图块管理面板、属性面板。用户在“添加图元面板”添加想要的图块，如建筑限界和净空断面图，复合式衬砌构造图等，然后在右侧“属性面板”内有图块对应的详细参数，修改参数，图形可即时更新(图 9-24)。

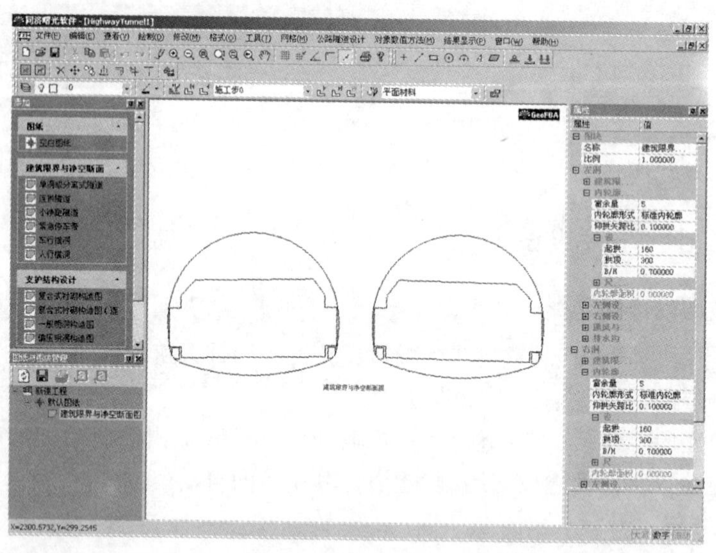

图 9-24　连拱隧道计算机辅助设计软件总体界面

1)隧道建筑限界自动生成和内轮廓生成

软件中公路隧道建筑限界按照《公路隧道设计规范》(JTG D70—2004)进行设定，软件实现界面如图 9-25 所示。

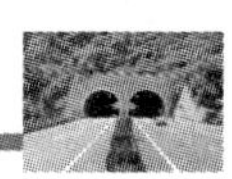

2)隧道衬砌的横断面生成

其自动生成的界面如图 9-26。

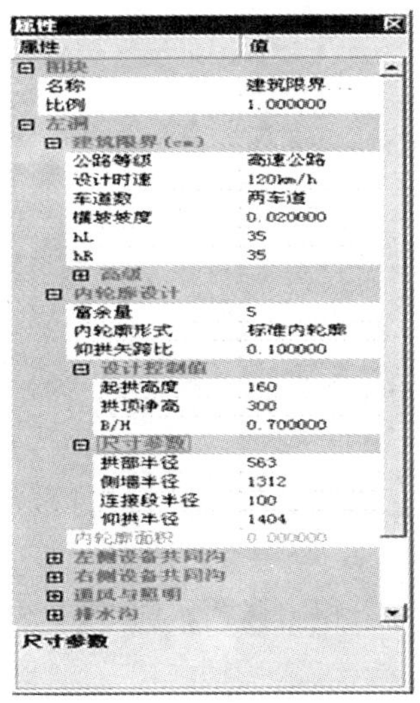

图 9-25 建筑限界和内轮廓

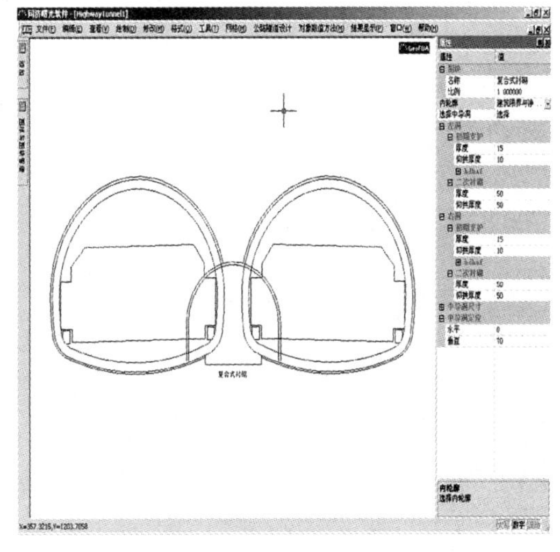

图 9-26 横断面自动生成

3)计算参数设置

计算参数设置包括:衬砌材料的设置,地层参数的设置。其中的各参数值,程序根据用户选择的材料号或围岩级别自动设置,用户也可以修改(图 9-27)。

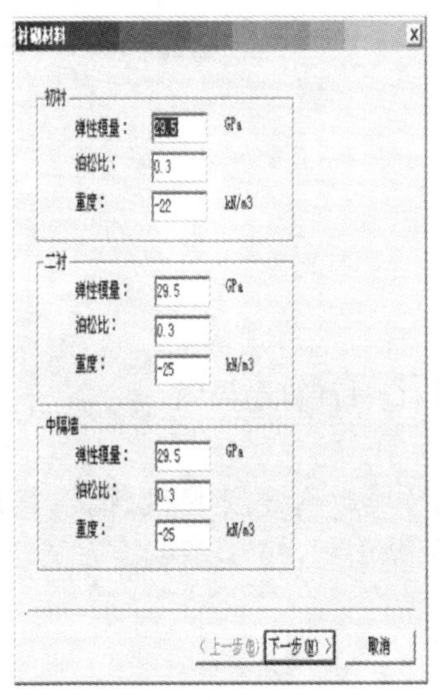

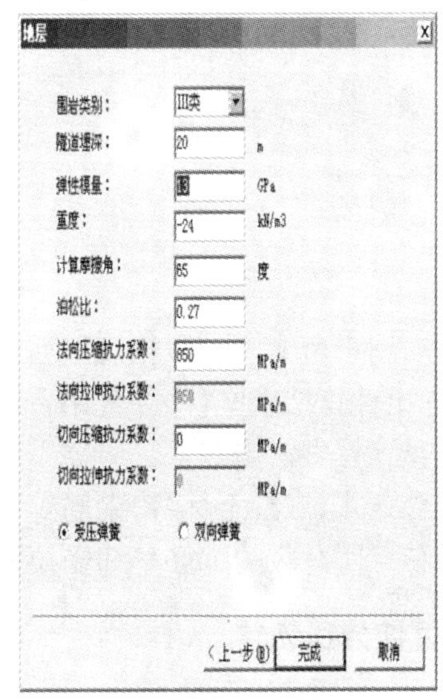

图 9-27 衬砌材料与地层参数设置

4)有限元分析

用户设置完成后,程序开始为有限元计算剖分网格,并在网格上自动加上地层弹簧和荷载，如图 9-28 所示：

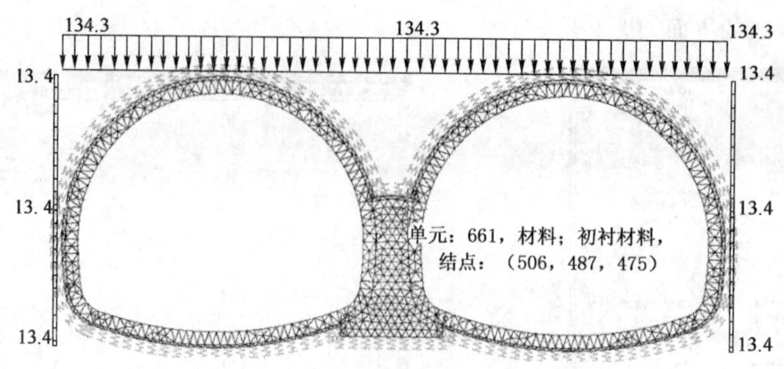

图 9-28　有限元计算网格

网格剖分结束后，用户可以选择分析方法，建议选择流形方法或有限元法，进行数值分析（图 9-29）。其他参数用户一般不用设置。

计算完毕后，使用“结果显示”菜单或工具条，选择查看应力图和位移图。图 9-30 为 σ_x 应力填色图。

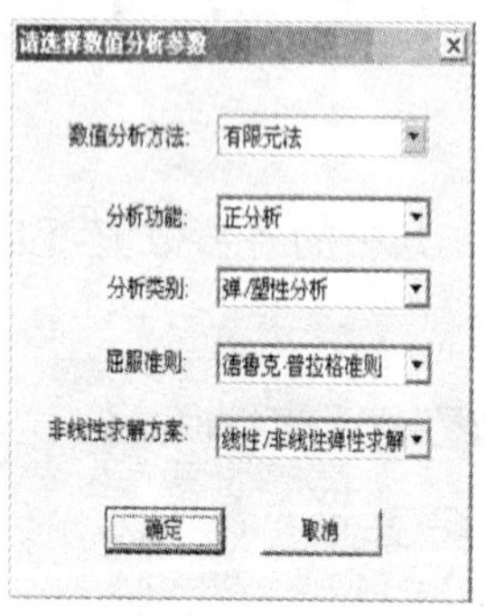

图 9-29　数值分析参数对话框

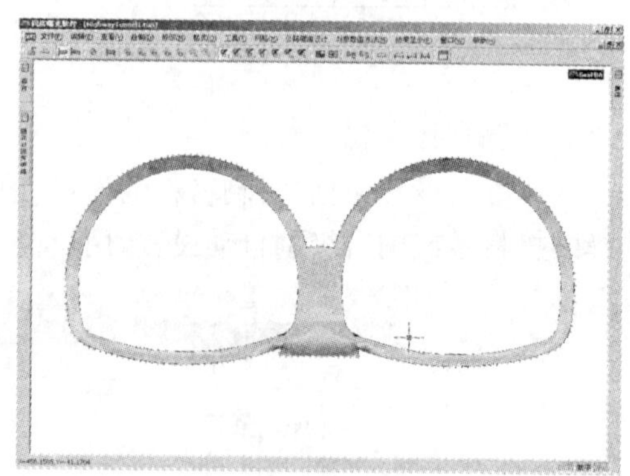

图 9-30　应力填色图

5）内力计算

程序自动调入用户所输入的数据及上面已经计算的各项数据信息，对结构的内力进行计算，计算完成后弹出计算结果文件，并且用户可以查看计算结果图。

6）配筋计算及计算书输出

选择荷载组合方式、混凝土标号、钢筋等级、环境影响、衬砌厚度、偏心受压构件配筋方式，程序将计算出各结点所对应的配筋率和受拉钢筋截面积，并可输出相应的计算书。

五、边坡稳定性分析软件

1. 边坡稳定性分析软件的功能

同济曙光软件，关于边坡稳定性分析的功能，简要介绍如下：

1）条分法边坡稳定性分析可视化软件设计

条分法是边坡稳定性分析的主要方法。常用的方法有简单条分法、BISHOP 法、简布法等。这些分析方法的理论相对比较成熟，目前，也有相当多的边坡稳定性分析计算程序。但

是，由于边坡其自身的几何外形和物理力学特征的复杂性，大多数的边坡分析软件都是采用复杂的数据输入方式，这大大限制了用户的使用效率。同济曙光软件有强大的图形平台，极大地方便了用户对数据的输入与输出。在同济曙光图形平台的基础上，研制了基于图形输入的边坡稳定性分析软件，极大地方便了用户的数据输入，实现了整个计算分析过程的可视化。

2）有限单元法边坡弹塑性稳定性分析

条分法以条块的极限平衡为出发点，这就导致了它不能真实地反映边坡土体内部的应力状态。用有限单元法分析边坡的稳定性能够很好地解决这个问题。利用有限单元法时，采用了以下两种方式来分析边坡的稳定性：

一是：用有限单元法算出边坡土体内部的应力应变，然后采用条分法的基本原理并结合最优化方法来搜寻边坡的最危险滑动面。

二是：采用强度折减法分析边坡的稳定性。

3）边坡滑移面展开的数值模拟

利用有限单元法进行边坡稳定分析的优点，在于它能够在计算过程中根据单元的状态动态地模拟边坡滑移面的展开。

4）完善同济曙光 GeoFBA 现有的二维分析软件，研制边坡稳定性分析的专用数值计算模块。

5）软件的实际工程应用

把研制的软件系统，用于实际设计或完工状态下边坡的安全与稳定性评估计算，并结合实际情况和计算结果，对软件系统的可靠性与稳定进行测试。

2. 边坡稳定性分析软件的实现

在软件中将边坡稳定分析的基本过程为：定义材料、绘制模型、稳定性分析设定和计算分析四个步骤。

1）材料定义

软件中的材料包括土层、土钉、土锚、抗滑桩、挡土墙、土工布这六种材料。图 9-31 为土层和土钉材料的定义：

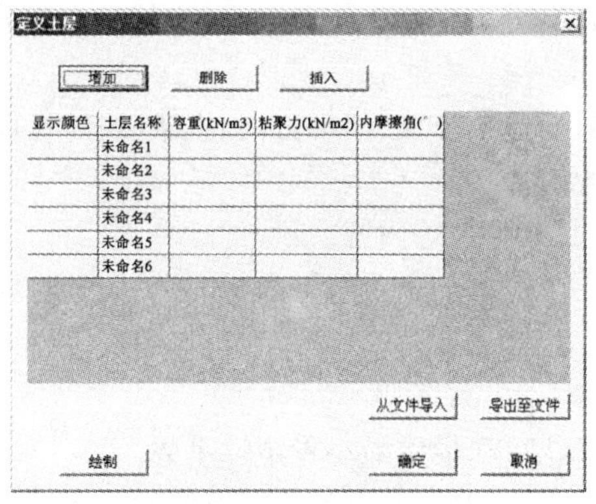

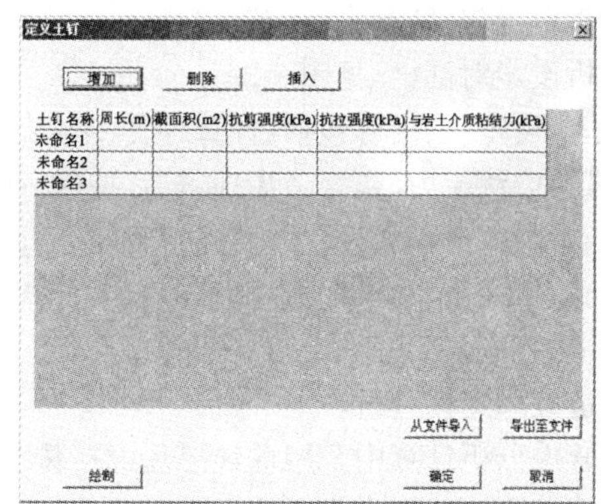

图 9-31　定义材料参数对话框

2)模型绘制

模型绘制是指,绘制土层轮廓线、水位线、土钉、土锚、抗滑桩、挡土墙、土工布、分布荷载和集中荷载这九种基本图元。其中集中荷载只能作用在“坡面线”上,作用点若不在“坡面线”上,而在土体内部或土体以外,则该集中荷载将被忽略(图 9-32)。

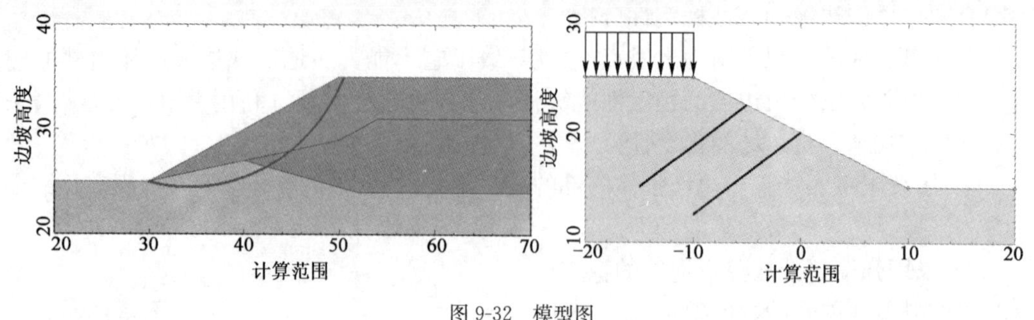

图 9-32　模型图

施加均布荷载的对话框,见图 9-33。

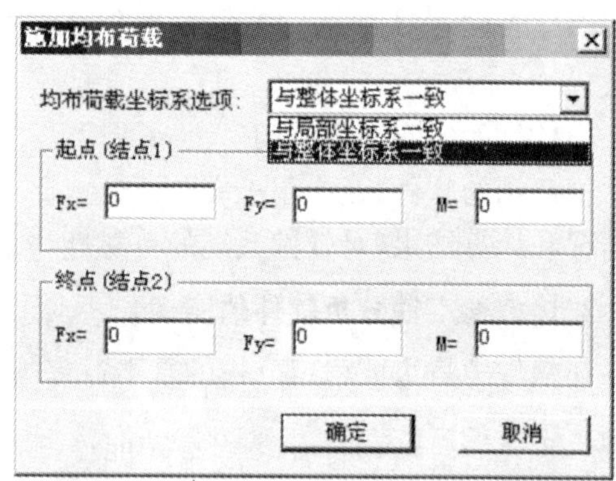

图 9-33　施加均布荷载对话框

3)稳定性分析设定

分析设定包括“基本设定”、“初始圆弧滑动面设置”、“初始折线滑动面设置”三个部分。稳定性分析设定对话框,见图 9-34。

“基本设定”的内容包括:计算种类、滑动面类型、分析方法、滑动方向、土条数、计算应力模式、是否考虑渗流力、是否考虑地震力、搜索方法等。

“初始圆弧滑动面设置”内容包括设定初始圆心和半径等内容。

“初始折线滑动面设置”内容包括设定初始折线滑动面位置等内容。分析结果对话框见图 9-35。

4)边坡稳定性分析

· 软件分析计算中采用单纯形法或遗传算法(GA)来搜索最小稳定性系数。

· 遗传算法基于生物进化论中适者生存,优胜劣汰的原则,对包含可行解的群体反复使用遗传学的基本操作,不断生成新的群体使种群不断进化,同时以全局并行搜索技术来搜索优化群体中的最优个体,以求得满足要求的最优解。与其他优化方法相比,GA 的主要优点是简

单、自适应性强，并且当需要解决的问题越复杂时，其优越性越大。

单纯形法是求解线性规划问题的通用方法，也是目前为止最为成熟有效的解法。

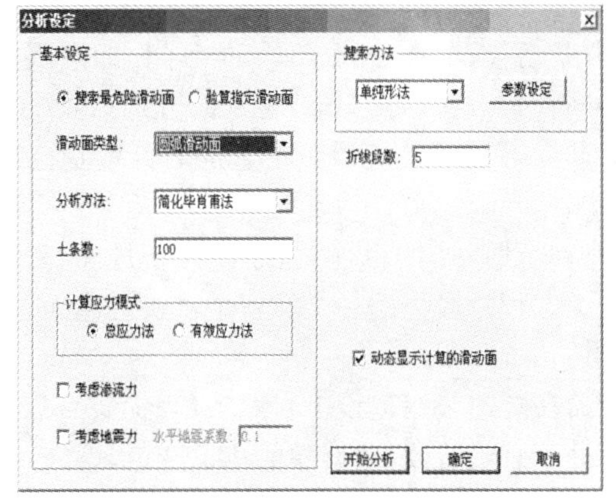

图 9-34　稳定性分析设定对话框

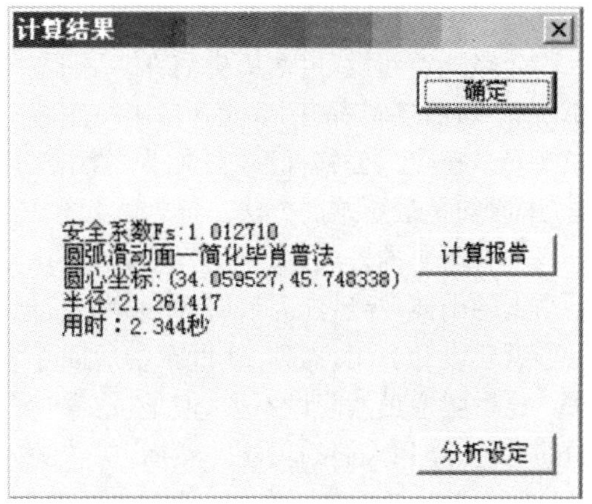

图 9-35　分析结果对话框

六、同济曙光软件评述

同济曙光统一图形平台软件，是面向对象的设计方法，在此基础上分别实现了连拱隧道监测数据库管理软件、连拱隧道施工动态数值模拟分析软件、连拱隧道施工动态反馈分析软件、连拱隧道计算机辅助设计软件和边坡稳定性分析软件，得到了上述五个较为实用的连拱隧道系列软件，可直接用于连拱隧道的设计、施工、监测与管理。所做的工作主要有如下一些创新点：

(1)较为系统完整地建立了连拱隧道监测管理系统，为连拱隧道施工过程中的监测数据提供了一系列的基于数据库的管理功能；

·提出了监测数据库模板的概念，以使监测管理系统能适应于不同的工程需要；

·提出了监测地图—监测断面—测线—测点这一完整的连拱隧道监测数据组织方式，并通过在数据库中存放原始数据的方式保证监测数据的准确性。

(2)研制了连拱隧道二维、三维动态数值分析软件，以及施工动态反馈分析软件，实现了多种优化方法，有多种本构模型和参数可供反分析选择。在进行施工分析以及现场预报工作时，软件前处理方便，后处理形象直观。

(3)研制了连拱隧道计算机辅助软件，利用有厚度的梁单元技术解决了内力计算模型中初砌、二衬厚度在计算模型中的尺寸效应问题，实现了从连拱隧道断面界限图设计到内力计算、配筋计算、设计计算过程自动文档输出等多个方面为连拱隧道的设计计算提供辅助功能，可以大为提高连拱隧道设计水平和工作效率。

(4)研制了边坡稳定性分析软件，可以交互式图形输入方法建立边坡模型，可大大地方便边坡稳定分析过程，提高工作效率；实现了圆弧和折线滑动面，实现了边坡弹塑性有限元分析和滑动面开展的数值模拟。

后　记

公路隧道建设，可谓历史悠久。根据中国公路史记载，早在公元63～69年间，即东汉时期，在今陕西褒斜古道上，就开凿出一座隧道，名为“石门”，其长15.75m、宽和高分别为4.15m和3.6m，按今天公路标准，可称为单洞隧道，这是世界上最早的隧道。不过那时开凿这座隧道，采取的是最原始的方法。

随着历史的发展，火药的发明，工业化文明到来，现代汽车问世，隧道建设日新月异，凿通了高大的山体，穿过江河河底、海峡海底，创造了人类工程建设上的一个又一个奇迹。然而，连拱隧道建设和应用，直到20世纪中后期才萌芽问世。

连拱隧道虽然问世不久，但是，依靠它自身优势，在高速公路建设上崭露头角，犹似一朵绚丽的奇葩，受到人们的关注。然而，对它的认识，还处于必然阶段，已修建的连拱隧道，裂缝、渗水病害频繁发生，于是给人们蒙上一层深色阴影。

为了根治连拱隧道发生的这些病害，依靠当代科学技术与工程实践相结合的方法，通过对其一系列攻关研究，探讨出裂缝产生、发展、分布规律和病害成因，提出相应的设计准则和设计方法，编制出适宜各种围岩级别的连拱隧道标准图，制定出连拱隧道施工操作规程，开发出连拱隧道设计和施工软件，解决了在设计与施工中遇到的一系列关键技术，为连拱隧道建设开创了一条崭新的道路。

知识的海洋浩瀚无边，本书所述的研究成果，并非炉火纯青，只能说是：将连拱隧道建设水平提高到一个新阶段，适应了当今山区高速公路连拱隧道建设的需要。对于它的内在机理认识还有待于深化。随着山区高速公路建设不断实践，不断积累经验，尚会遇到更多的深层问题，需要人们继续深入研究。笔者相信，伴随着科学技术发展，新设备、新材料的不断涌现，人们对连拱隧道内在规律的认识，从初步开始，逐渐发展、深化、完善，从必然王国一定会走向自由王国，在今后的山区高速公路建设中，连拱隧道将会成为人们乐于选择的一种隧道结构形式。

李志厚、朱合华、丁文其

2010.8

参 考 文 献

[1] 中交第一公路工程局有限公司.公路隧道施工技术规范(JTG F60—2009)[S].北京:人民交通出版社,1995.

[2] 王毅才.隧道工程[M].北京:人民交通出版社,2000.

[3] 云南省公路规划勘察设计院.连拱隧道建设关键技术的研究项目执行情况汇报材料.2004.

[4] 思小高速公路第1—2合同段:实施性施工组织设计,2001.

[5] 南宏峰.双连拱隧道中隔墙防排水施工技术探讨.科技情报开发与经济[J].2004.014(005).300-301.

[6] 贾永刚,王明年.连拱隧道两种工法的施工力学分析[J].铁道工程学报.2004.000(001).123-126,104.

[7] 唐亮.双连拱隧道施工方法[J].重庆交通学院学报.2004.023(002).31-35.

[8] 黄木林,汪汉生,陈访琼.高速公路整体式双跨连拱隧道Ⅱ类围岩浅埋段施工技术.公路隧道[J].2003.000(004).29-33.

[9] 王军,夏才初,朱合华,李永盛,林志良,陈晓钜.不对称连拱隧道现场监测与分析研究[J].岩石力学与工程学报.2004.023(002).267-271.

[10] 秦之富.偏压连拱隧道施工与监控量测[J].公路隧道.2003.000(003).22-27.

[11] 熊江陵,汤勇洛.北京城市铁路双连拱隧道防排水施工综合技术[J].岩土工程界.2003.006(004).53-57.

[12] 汪俊民.软弱围岩地段双连拱隧道施工技术[J].西部探矿工程.2003.015(006).95-97.

[13] 李德宏.连拱隧道施工监测与分析.现代隧道技术.2003.040(001).59-64.

[14] 杜文斌.高速公路双连拱隧道三导洞开挖施工技术[J].西部探矿工程.2003.015(005).57-58.

[15] 熊江陵,汤勇洛.城市铁路双连拱隧道防排水施工综合技术[J].隧道建设.2003.023(001).29-33,37.

[16] 唐亮.柳州市南二环路桐油山隧道与施工[J].广西交通科技.2002.027(004).59-62.

[17] 汪俊民.软弱围岩地段双连拱隧道与施工技术[J].西部探矿工程.2003.015(006).95-97.

[18] 李德宏.连拱隧道施工监测与分析[J].现代隧道技术.2003.040(001).59-64.

[19] 张国华,宋军.双跨连拱隧道防排水技术[J].西部探矿工程.2002.014(003).82-84.

[20] 赵阳,唐健等.元磨高速公路隧道监控量测的应用[J].公路隧道.2002.000(003).12-16.

[21] 昝成忠.水磨房2号连拱隧道施工方案探讨[J].云南交通科技.2002.018(005).55-58.

[22] 杨宏波,曾恕辉.浅谈公路双跨连拱隧道中隔墙施工技术[J].现代隧道技术.2001.038(006).44-47.

[23] 陈向阳.如山头隧道防排水设计与施工[J].中外公路.2002.022(001).34-36.

[24] 杨宏波,施建等.双跨连拱隧道的中隔墙施工[J].铁道建筑.2002.000(004).11-14.

[25] 周玉宏,程崇国等.元磨高速公路桥头隧道施工中的监控与分析[J].地下空间. 2002. 022(002). 115-119.

[26] 夏保祥,张永康.练江连拱隧道的施工[J].公路. 2001. 000(006). 122-125.

[27] 叶慧斌.公路连拱隧道施工技术初探[J].浙江交通科技. 2001. 000(003). 53-55.

[28] 杨宏波,曾恕辉.浅谈公路双跨连拱隧道中隔墙施工[J].西部探矿工程. 2001. 01 3 (004). 63-64.

[29] 卢耀宗,杨文武.莲花山大跨度连拱隧道施工方法研究[J].中国公路学报. 2001. 014 (002). 75-77.

[30] 刘洪洲,黄伦海.连拱隧道设计施工技术研究现状[J].西部探矿工程. 2001. 013(001). 54-55.

[31] 蒲春平,胡占荣等.京珠高速公路粤境南段五龙岭大跨、连拱隧道的施工[J].世界隧道. 2000. 000(006). 34-37,47.

[32] 胡占荣,李奇平.大跨浅埋双连拱隧道的施工方法[J].公路隧道. 2000. 000(004). 21-25.

[33] 柏松平,周建昆.我省第一座整体式双跨连拱隧道的设计与施工[J].云南交通科技. 1999. 015(004). 42-46.

[34] 吴永忠,相思岭.M 型双洞连拱公路隧道施工技术[J].北京公路. 2000. 000(004). 26-30.

[35] 赵三堆.高速公路双跨连拱隧道施工[J].铁道建筑技术. 2000. 000(005). 44-46.

[36] 隧道.铁道部第二工程局.中国铁道出版社.

[37] 肖勇华.软岩连拱隧道施工研究与应用[J].铁道标准设计. 2004. 000(004), 80-82.

[38] 贯永刚,王明年.连拱隧道两种工法的施工力学分析[J].隧道建设. 2004. 024(001). 6-8,25.

[39] 高世军.开肩堡Ⅱ号连拱隧道结构分析[J].公路隧道. 2003. 000(004). 13-15.

[40] 赖锦兴,陈晓钜.坑面兰"一明一暗"连拱隧道方案[J].公路. 2003. 000(011). 126-129.

[41] 林刚,何川.连拱公路隧道施工方法模型试验研究[J].现代隧道技术. 2003. 040 (006). 1-6.

[42] 马万权,程崇国.关于连拱隧道建设技术问题的思考[J].公路. 2003. 000(011). 29-32.

[43] 赵玉光,张焕新,林志远,李晓洪,杨峥.双连拱隧道施工力学数值模拟与施工方法比选[J].广西交通科技. 2003. 028(004). 25-30.

[44] 冯明峰,姚化栋.连拱隧道洞口段滑坡处理[J].铁道建筑技术. 2003. 000(003), 31-33.

[45] 郝景文.浅埋段连拱隧道施工中的关键环节[J].山西交通科技. 2003. 000(003). 70-71.

[46] 高珍忠,朱光仪.互通匝道上连拱隧道设计[J].公路隧道. 2003. 000(002). 7-11.

[47] 刘招伟,何满潮,肖红渠.浅埋大跨连拱隧道施工中变形的监测与控制措施[J].岩土工程学报. 2003. 025(003). 339-342.

[48] 王章荣.龙慈隧道偏压段施工技术[J].福建建筑. 2003. 000(002). 54-55.

[49] 韩常领.公路隧道总体设计中若干问题的探讨[J].公路隧道. 2002. 000(004). 12-14.

[50] 曾恕辉,付超.双连拱公路隧道施工技术[J].铁道建筑技术. 2002. 000(005). 31-33,53.

[51] 林军,周辉等.连拱隧道施工方法及渗漏水整治对策建议[J].浙江交通科技. 2002.000(004).48-49.

[52] 刘以庆.棋盘山连拱隧道大跨度开挖施工探讨[J].公路隧道.2002. 000(004). 15-18.

[53] 周玉宏,程崇国等.偏压连拱隧道合理开挖方案分析[J].公路隧道.2002. 000(003).1-6.

[54] 余晓琳,黄小华等.软弱围岩条件下连拱隧道施工阶段的受力分析[J].西部探矿工程.2002. 014(004). 66-68.

[55] 昝成忠,熊四华等.水磨房 2 号连拱隧道施工方案探讨[J].重庆交通学院学报. 2002.021(004). 20-23.

[56] 彭定超,章勇武等.开挖施工方式对连拱隧道中隔墙影响的空间分析[J].现代隧道技术. 2002. 039(001). 47-53.

[57] 杨宏波,施建等.双跨连拱隧道的中隔墙施工[J].铁道建筑.2002. 000(004). 11-14.

[58] 李寿伟,鲍益生.中导洞法施工双连拱隧道[J].浙江交通科技.2002. 000(001). 53-54.

[59] 朱有元,蒲春平.浅埋大跨双连拱隧道的施工[J].湖南交通科技.2001. 027(003).72-74.

[60] Arne Grpnhaug, Optimization of Linnings in Road Tunnels, 1996.

[61] E. Goodman,Method of Geological Engineering in Discontinuous Rocks, West Publishing Company, 1976.

[62] Ashok,K. Chugh, Parmetric Study on the Plasticity Parameters in Elastic-Plastic Analasis of Underground Openings, Canadian Geotechnical Journal, Vol. 17, No. 1, February 1980.

[63] D. R. J. Owen, E. Hinton, Finite Elements in Plasticity, Theory and Practice, Pineridge Press, Swansea, U. K. , 1980.

[64] D. J. Naylor, G. N. Pande, Finite Elements in Geotechnical Engineering, Pineridge Press, Swansea, U. K. , 1981.

[65] Handin J,Heard H C and Magouirk J N. Effects of the Intermediate [P1]:Principal [P2]:Stress on the Failure of Limestone, Dolomite, and Glass at Different Tem-peratures and strain Rates. J. Geophysical Researeh, 1967,71(2):611-639.

[66] Moji K. Effect of the Intermadiate principal stress on Rock Failure. j. Geophysical Research,1967,72(20):5117-5131.

[67] Sakurai S,Takeuchi K. Back analysis of measured displacement of tunnel. Rock Mech and Rock Eng, 1983,16(3):173-180.

[68] Ahmed Moussa. Harald Wagner,Effect of construction speed on the behavior of NATM tunnels[J]. Computer Methods and Advance in Geomechanics,Yuna(ed)1997Balkema.

[69] T. Y. Chang, A Constitutive Model For Structural Analysis of Fusion Magnets, Nuclear Engineering and Design, 58, (1980), 237-245.

[70] W. Q. Ding, Z. Q. Yue, L. G. , Tham, H. H. Zhu, C. F. Lee and T. Hashimoto, Analysis of Shield Tunnel[J], International Journal for Numerical & Analytical Methods in Geomechanics,2004;28:57-91.

[71] Cai YC ,Zhu HH. Direct imposition of essential boundary condition and treatment of material discontinuity in EFG method. Comput. Mech. , 2004,34(4): 330-338.

[72] Cai YC ,Zhu HH. A meshless local natural neighbour interpolation method for stress analysis of solids. Engineering Analysis with Boundary Elements, 2004, 28 (6): 607-613.

[73] Zhu HH, Cai YC . Theory and application of manifold method based on rectangular meshes. 5th European Conference Numerical Methods in Geotechnical Engineering, Paris,2002: 259-264.

[74] 陈文辉,秦峰,陈贵华. 小净距隧道、连拱隧道、普通分离式隧道造价对比分析[J]. 公路交通技术,2005,6:120-122.

[75] 刘伟. 小净距公路隧道净距优化研究[D]. 上海,同济大学,2004.

[76] 重庆交通科研设计院. 公路隧道设计规范[S]. JTG D70—2004. 北京:人民交通出版社, 2004.